教育部全国高等学校体育教学指导委员会公体组推荐教材

课 程 思 政 + 互 联 网 + 新 理 念 一 体 化 教 材

现代大学体育

XIANDAI DAXUE TIYU

主编◎刘 波

北京体育大学出版社

策划编辑：赵海宁
责任编辑：潘海英
责任校对：李光源
版式设计：睿恒盛彩

图书在版编目（CIP）数据

现代大学体育 / 刘波主编. -- 北京 : 北京体育大学出版社, 2023.8（2024.8重印）
ISBN 978-7-5644-3832-6

Ⅰ. ①现… Ⅱ. ①刘… Ⅲ. ①体育－高等学校－教材 Ⅳ. ①G807.4

中国国家版本馆CIP数据核字(2023)第093426号

现代大学体育 **主编◎刘 波**

出版发行：北京体育大学出版社
地　　址：北京市海淀区农大南路 1 号院 2 号楼 2 层办公 B-212
邮　　编：100084
网　　址：https：//cbs. bsu. edu. cn
发 行 部：010-62989320
邮 购 部：北京体育大学出版社读者服务部 010-62989432
印　　刷：三河市龙大印装有限公司
开　　本：787 mm×1092 mm　1/16
成品尺寸：185 mm×260 mm
印　　张：22. 75
字　　数：635 千字
版　　次：2023 年 8 月第 1 版
印　　次：2024 年 8 月第 2 次印刷
定　　价：49. 80 元

编委会

顾　　问　钟秉枢　孙麒麟　毛丽娟

主　　编　刘　波

副 主 编　郝光安　胡振浩

编写人员　（按姓氏笔画排序）：

于洪军　万　梨　马勇志　王　粟
王俊林　王海燕　王壹伦　亓　昕
田奇乐　冯宏鹏　邢　玮　朱宝峰
刘　钰　刘　爽　刘国正　刘静民
关亚军　许亚萍　孙葆洁　李　刚
李　妍　李　波　杨半伴　杨听宇
何奇泽　张　伟　张　晨　张　锐
张文清　张会景　张树峰　张继东
陆　淳　陈　祚　陈　磊　陈津梁
周　放　周　涛　周小菁　赵　青
胡　凯　胡孝乾　胡博然　姜　来
姜懿伦　秦　朗　贾书申　贾昱冰
钱俊伟　高晓峰　郭　振　陶永纯
黄益苏　曹春梅　彭建敏　董　智
董晓琪　蒋　婷

前言

学校体育是实现立德树人根本任务、提升学生综合素质的基础性工程。上好体育课，组织好学生的课外锻炼和竞赛，督促学生在校期间养成锻炼习惯，是实现享受乐趣、增强体质、健全人格、锤炼意志“四位一体”学校体育目标的根本保证。好教材，则是上好体育课、提高学生学习积极性和学校育人效果的有效载体与重要媒介。

大学体育作为高等教育的主要组成部分，是体育教学的重要阶段。进入新时代，大学体育需要进一步转变观念，从以往以教学为中心，更多地强调技能学习、增强体质，发展为以提高学生全面素质为中心；在知识传授和能力培养的基础上，应强调价值塑造的功能，使学生全面了解体育的作用和价值，学会如何锻炼身体、提高自己的身体素质，在体育运动中培养爱国主义、集体主义和顽强拼搏的精神，树立“为祖国健康工作五十年”的目标，成长为德智体美劳全面发展的栋梁之材。

为此，我们在参考以往教材的基础上，依据《学校体育工作条例》和《高等学校体育工作基本标准》等文件的要求，以终身体育、健康教育为宗旨，以“四位一体”学校体育目标为指导，不断创新教学理念和教学方法，并汲取国内外体育教学的先进经验，根据高校学生的特点，结合各高校教学的实践，编写了本教材。本教材的主要特点有：

（1）强调课程思政，在各个项目的教学环节中突出课程思政元素，帮助教师和学生更深入地理解体育育人的重要作用。

（2）理论与实践相结合，既有理论篇（体育与文化、体育与健康、体育与科技、体育与经济），也有实践篇（各类运动项目的教与学）。

（3）内容全面，几乎覆盖了所有体育课项目，还包括体质健康标准、身体素质练习、校园体育竞赛的组织与开展等内容。

（4）编写方式新颖，以二维码的形式提供了更为全面的技术动作视频，供大家学习。

（5）考虑了高职院校的适用性，在前十二章的基础上，单独用一章的篇幅讲述高职体育教育的特征和职业体能训练。

本教材的编写凝聚了多位资深专家教授和一线体育教师的辛勤劳动和智慧，由钟秉枢、孙麒麟、毛丽娟担任顾问，刘波担任主编，郝光安、胡振浩担任副主编，以清华大学教师为主体，联合多所知名高校教师共同编写，在此感谢各位专家和清华大学、北京大学、浙江大学、中南大学、哈尔滨工业大学、哈尔滨工程大学、中国地质大学（北京）、北京工业职业技术学院等高校的大力支持！

本教材分为理论篇和实践篇两部分，共十三章。具体章节的编写分工为：

第一章：郭振、胡博然。

第二章：曹春梅。

第三章：于洪军。

第四章：胡孝乾。

第五章：王俊林、张树峰（田径），陈祚、杨听宇、张文清（游泳），周涛、周小菁（健美操、啦啦操和艺术体操）。

第六章：孙葆洁、邢玮、何奇泽（足球），田奇乐、陈磊、杨半伴（篮球），赵青、周放、张晨（排球），贾昱冰、胡孝乾（棒球、垒球），刘静民（其他集体球类项目）。

第七章：刘国正、王海燕（乒乓球），陆淳、姜来（羽毛球），王壹伦、蒋婷（网球、其他个人球类项目）。

第八章：张继东、马勇志（武术），许亚萍（龙舟），黄益苏（舞龙、舞狮）。

第九章：陶永纯（负责冰雪项目的统筹工作），朱宝峰、刘钰（滑冰），关亚军、王粟、张伟、李刚（滑雪），朱宝峰（冰球），李妍、姜懿伦（冰壶），董晓琪（其他冰雪项目）。

第十章：李波（轮滑），亓昕、万梨、秦朗（瑜伽），张会景（跆拳道），冯宏鹏（空手道），陈津梁（定向运动），钱俊伟（户外运动），刘爽、郭振、董智（其他休闲项目），张锐（自卫防身项目）。

第十一章：刘静民（体质健康标准），彭建敏（身体素质练习）。

第十二章：胡凯。

第十三章：贾书申、高晓峰。

本教材采取文字与视频相结合的方式呈现，充分利用现代多媒体手段，理论内容丰富，技能教学化繁为简，身体素质练习针对性强，适合作为普通高校公共体育课通用教材使用。本教材在编写过程中参考了多位专家、学者的研究成果，也参考了一批优秀教材和专著，在此对这些原作者表示衷心的感谢！

由于编写时间比较仓促，也由于本教材在结构、内容和编写方式上都属于首次尝试，教材中难免有不足之处，恳请同行专家和广大读者谅解并批评指正！

编者

2023 年 7 月 8 日

目录

理论篇

实践篇

理论篇

第一章　体育与文化
——现代大学体育的人文社会科学基础

从古至今，作为社会文化的主要组成部分，体育一直有着它独特的功能和价值，在社会发展过程中传递了很多积极向上的力量。大学体育的功能和价值正在被进一步地认识和开拓，以便为增进青少年健康服务、为建设社会主义体育强国服务。

关键词：大学体育、功能和价值、课程思政、体育精神。

第一节　大学体育的功能和价值

随着我国经济的发展和国际地位的提高，新时代下人民对美好生活的追求更为丰富多样。体育作为社会文化的主要组成部分，在我国社会发展的过程中起到了重要的作用。竞技体育在奥林匹克运动会（以下简称“奥运会”）的神圣赛场上，充分展现了人体之美，向各国人民展示了体育的魅力；学校体育是实现立德树人根本任务、提升学生综合素质的基础性工程；群众体育能够促进全民健身和全民健康，提高人民体质。

一、大学体育的功能

在《现代汉语词典》（第 7 版）中，功能的定义是“事物或方法所发挥的有利的作用”，也称为“效能”。功能，一般是指事物（作为系统）在其结构制约下所具有的能力和作用。因此，功能还可以视为系统实现目的的行为能力和目的本身。体育的功能是由体育实践这种客观存在的结构所制约的运动行为所表现的能力和作用，是体育系统与社会其他系统相互作用下于人、于社会所具有的作用。

体育与社会系统中的各个子系统都有着紧密的联系。人们在对体育的功能进行系统思考时，应将体育视为与个体和社会密切相关的一项实践活动。因为体育可融入个人发展的方方面面，以及社会的各大重要领域，所以人们应结合其自身的特点及其与外部系统的联系来具体分析体育的功能。体育的本质决定了其功能如同心圆结构向外扩展，并形成了一个功能系统，这个功能系统包括核心功能和派生功能。其中，核心功能主要体现在体育对人自身的作用上，人体改造是体育的本质目标所在，是体育功能和价值体现的前提和基础；派生功能主要体现在体育的社会属性上，包括体育的社会化功能和系统功能。下面重点介绍大学体育的核心功能、社会化功能和系统功能。

（一）大学体育的核心功能

大学体育的核心功能是促进人的身心健康。体育所特有的育体功能是强身健体、调适心理，也是其他活动所不可替代的功能。其主要体现在：提高心血管、呼吸、神经等主要系统的机能水平，增强免疫力和身体适应能力，增强体质；培养人的坚毅品质，增强个人意志力；增强人的心理承受能力，使其学会释放压力、劳逸结合；体会信仰体育的力量，发挥积极的心理暗示作用，在运动中体验身体获得感。

（二）大学体育的社会化功能

大学体育的派生功能之一就是社会化功能，这是介于人自身和体育外部系统之间的功能，主要体现在人与其所处的集体、社会环境之间的互动。具体来说，大学体育主要有以下三种社会化功能。

1. 教育功能

大学体育的教育功能之一是智育，即在身体动作的习练中向人传授体育知识，使人掌握基本的体育技能和运动方法，科学地进行体育活动，养成终身锻炼的体育习惯。大学体育的教育功能之二是德育，即培养人追求更快、更高、更强——更团结的意识，追求公平、公正的竞争环境，学会尊重对手，最重要的是养成遵守秩序和规则的意识，这也是在现代社会生存最重要的品质之一。大学体育的教育功能之三是美育，即体育提供给人们一种发现美的新方向，人们在体育运动中可以感受形体美、力量美、思想美，为生活增光添彩。

2. 休闲娱乐功能

生活在学校环境和社会环境中，学生群体会面临各种各样的学业困境和生活压力，多样的体育课程内容和休闲体育形式为学生创建了释放压力、缓解苦闷的渠道，让学生在体育中实现自由，超越自我，获得宁静的享受，感受身体的放松和快乐，为更好地学习和科学研究积蓄能量。

3. 社交功能

大学体育的社交功能之一是加强合作意识。学生既是个体，也是存在于集体之中的人，因此学会合作与交流是每个学生的必修课。在参加体育锻炼或者竞赛的过程中，学生会与他人进行语言、肢体、情绪的沟通，以逐渐完善技术技巧，达到最优状态。大学体育的社交功能之二是增强团队凝聚力。为同一个目标而努力拼搏奋斗的过程，也是团队精神逐渐凝聚和形成的过程。体育运动的开展是团队建设的一种方式，团队成员在相互配合中能够体会团队合作的乐趣。大学体育的社交功能之三是调节集体内部关系。当发生矛盾、冲突时，体育是一剂有效的“润滑剂”，将体育作为理解的桥梁，有利于缓和气氛，增进沟通。

（三）大学体育的系统功能

大学体育的派生功能之二是系统功能。体育系统是社会系统的子系统。大学体育系统与文化、科技、生态子系统存在着联系和互动，在这个过程中也发挥了大学体育对个人培养、民族复兴、社会发展的独特作用，这也是大学体育多功能的体现。大学体育主要有以下两种系统功能。

1. 文化功能

大学体育有利于形成积极向上、追求卓越的校园文化氛围。体育的组成要素和互动环境都是活跃的，可以为大学带来青春、阳光、拼搏、努力的风气。此外，体育还可以传承和传播校园体育文化，体育运动的开展也是体育文化传播和继承的过程，这种真实的载体让体育文化的发展有了根基。

2. 科技功能

大学体育的开展对科技的进步有间接促进功能，科技的发展也为体育提供了更有利于提高高水平代表队竞技成绩的服装、器械，还提供了有利于广大普通学生身心健康的运动辅助用品和体质监测仪器。这些仪器可以加深学生对自己身体的了解，使其更加科学地进行体育运动。

二、大学体育的价值

大学体育的功能虽然具有多样性，但是绝不能简单地将其等同于大学体育的价值。体育的功能取决于客观的固有的体育结构，不以人的意志为转移，而体育价值与客观现实环境和人的主体需要相联系，不同的社会历史时期、生活生产环境和人类活动与需求等，都有可能对体育形成不同的价值取向和思考判断。基于人的主要需求，大学体育主要形成了四种价值——自然价值、人文价值、社会价值、迁移价值。

（一）大学体育的自然价值

体育在生物学意义上的自然价值反映在体育活动所带来的强身健体的效果上。体育的自然价值来自体育对身体进行锻炼的效果，也可以说是遵循自然规律的身体活动对人的身体的自然属性所产生的积极作用。随着自然科学的兴起，人们认识到体育可以增强肌肉力量、提高身体的运动能力，也认识到体育可以娱乐身心，释放压力。体育以身体活动为基本手段，以游戏和娱乐的形式回归自然、接近本原；能够培养一种积极健康的生活方式，在增强体质的同时增强人的各种心理素质。

（二）大学体育的人文价值

狭义的体育人文价值是指体育的精神价值和文化价值。它是人的精神文明的组成部分。例如，观看体育比赛时，优美的体育动作、扣人心弦的比赛进程等都给人们以美的享受，如精神上的释放感、愉快感、成就感等。另外，体育不仅有助于培养学生勇敢顽强的性格、超越自我的品质、迎接挑战的意志和承担风险的能力，还有助于培养学生的竞争意识、协作精神和公平观念。一些体育活动和体育赛事对丰富校园文化生活、弘扬集体主义和爱国主义精神，增强拥护国家的向心力、凝聚力，都有着不可或缺的作用。

（三）大学体育的社会价值

体育的社会价值最初萌芽于通过身体活动给自己所属的社会群体带来利益的行为，如在重视劳动力的培养、军事体育主义盛行的时期，体育发挥了提高劳动力身体素质的劳动工具价值和提高军事实力的军事工具价值。在和平年代，体育作为疏导人类攻击性（侵略性、破坏性）的社会安全阀门，体现了稳定社会的价值；在面向未来的后工业时期，体育又成为人们休闲娱乐的重要方式。随着时代的发展，体育的社会价值将进一步拓宽，与社会各个方面相融合。在大学体育的开展中，高校应当认识到体育既是一种特殊的身体文化现象，也是学生在不同学习阶段中由后天习得的身体实践活动；不能单纯地将其当作一种工具和手段来使用，要认识到体育蕴含的巨大社会价值并对其采取正确得当的管理方法。只有这样，才能产生更和谐、更正能量的体育社会价值，培养学生的体育能力和道德品质，帮助他们更好地融入集体和社会。

（四）大学体育的迁移价值

著名体育教育家马约翰先生的文章《体育的迁移价值》对我国学校体育的开展有着重要的指导意义。这篇文章详细阐述了体育的功能，深刻分析了体育的教育价值；认为体育的教育价值不仅能迁移和影响个人及其体育能力、体育实践，还可以迁移到工作、生活等其他领域，并能影响周围的人，产生巨大的示范教育作用。在德智体美劳“五育”并举视域下，学校体育的迁移价值变得更加多维和丰富。正确认识学校体育的迁移价值，既能促进学生身心健康发展，使学生体魄强健、人格健全，又能使其他“四育”的发展具有迁移价值。

第二节　大学体育课程思政

一、大学体育课程思政的内涵

（一）大学课程思政的提出

党的十八大以来，党和国家提出了教育强国、体育强国等诸多重大发展战略。建设教育强国需要将知识讲授、价值引导和能力培养融为一体。课程思政的提出符合国家发展战略要求，其实质是一种课程教学观，不是增开一门课，也不是增设一项活动，而是将高校思想政治教育融入课程教学的各个环节和各个方面。2017 年，中共中央、国务院印发了《关于加强和改进新形势下高校思想政治工作的意见》（以下简称《意见》）。《意见》指出，高校肩负着人才培养、科学研究、社会服务、文化传承创新、国际交流合作的重要使命。习近平总书记在全国高校思想政治工作会议上强调：“要坚持把立德树人作为中心环节，把思想政治工作贯穿教育教学全过程，实现全程育人、全方位育人，努力开创我国高等教育事业发展新局面。”2020 年，教育部印发的《高等学校课程思政建设指导纲要》，对进一步做好高校思想政治工作、把思想政治教育贯穿人才培养体系、实现思政课程与课程思政同向同行有着重要意义。其旨在深入推进思政课程与课程思政在实施德智体美劳"五育并举"、落实"三全育人"、培育时代新人上同向同行，重在培养社会主义建设者和接班人。2022年，教育部等十部门印发的《全面推进"大思政课"建设的工作方案》，要求建设全国高校思政课教研系统，加强国家智慧教育平台思政教育资源建设；并提出要坚持开门办思政课，强化问题意识、突出实践导向，充分调动全社会力量和资源，建设"大课堂"、搭建"大平台"、建好"大师资"等；为推进"大思政课"建设取得实际成效指明了方向和路径。

（二）大学体育课程思政的内容与特点

体育课程思政是建立在构建全员、全程、全课程育人大格局的基础上，发挥体育课程与思想政治理论课同向同行的协同效应，以立德树人为根本任务，丰富体育课程内容的一种综合体育教育理念。体育课程思政建设是学校落实立德树人根本任务的基础工程。

大学体育课程具有独特的育人功能。在落实立德树人根本任务的新形势下，大学体育课程思政明确了立德树人的目标导向，在体育教学过程中融入马克思主义基本原理、社会主义核心价值观，运用辩证唯物主义、历史唯物主义的方法帮助学生理解和掌握体育运动的规律和本质，以引领学生树立正确的世界观、人生观和价值观。

大学体育课程思政将育德与育体放在同等重要的位置，重视体育学科核心素养的发掘与培育，充分提炼体育课程的思政元素，并将其与运动能力、健康行为、体育品德等核心素养教育有机融合，优化和扩大育人价值，使学生在运动能力提升的基础上获得丰富、深刻、富有个性的体育课程思政体验。

大学体育课程思政重点挖掘人文素养，高度关注学生身心健康全面发展的育人目标，突出体育课程培养学生人文情怀、健康体魄、健全人格方面的作用，使体育理论知识内涵更富弹性、体育技能教育更富韧性、体育能力培养更贴近社会需要。

二、大学体育课程思政的价值

（一）丰富体育课程内涵

2020年，教育部印发的《高等学校课程思政建设指导纲要》中明确了教育的三个根本问题是"培养什么人、怎样培养人、为谁培养人"。高校人才培养是育人和育才相统一的过程。建设高水平人才培养体系，必须将思想政治工作体系贯穿其中，必须抓好课程思政建设，解决好专业教育和思政教育"两张皮"问题。高校要牢固确立人才培养的中心地位，围绕构建高水平人才培养体系，不断完善课程思政工作体系、教学体系和内容体系。从系统角度来看，课程体系由课程目标、课程设置、课程实施、课程管理、课程评价等要素构成。高校充分挖掘体育课程中的思政元素，以课程思政理念优化体育课程体系建设有益于丰富体育课程内涵，也有益于立体多元化发展体育课程，即从体育知识技能传授、健康生活方式的培育走向体育精神、社会品德和人文精神的熏陶。

（二）实现体育育人目标

大学体育课程的育人目标，包括显性目标和隐性目标，与全员、全程、全方位的"三全育人”战略方针相契合，也符合德智体美劳“五育并举”的全面育人指向。大学体育课程思政的显性目标是培养学生健康的体魄、提高学生的身体素质，教授学生运动项目专业知识；同时充分发挥其隐性育人功能，即寓价值观引导于体育知识传授和运动技能培养之中，强化体育教育教学中的价值引领作用，帮助学生树立正确的世界观、人生观、价值观，提高身体素质，形成乐观的生活态度，并逐渐培养学生顽强的意志力、刻苦的精神和团队协作能力，以及在集体锻炼和竞技比赛中养成深厚的爱国情怀。

（三）推进体育强国建设

体育承载着国家强盛、民族振兴的梦想。体育强则中国强，国运兴则体育兴。大学体育课程思政的建设将学生成长成才要求和大学体育课程思政目标紧密融合起来，进一步引导全体学生将个人的身心发展与国家前途命运紧密结合、将个人奋斗与国家强盛紧密结合，把弘扬中华体育精神同坚定文化自信结合起来，为中华民族伟大复兴提供凝心聚力的强大精神力量。

（四）助力教育强国建设

教育强国建设是党和国家的重大战略举措，推进“世界一流大学和一流学科”（以下简称“双一流”）建设是提升我国的教育发展水平、增强国家核心竞争力的重大战略决策，而“双一流”大学建设应围绕一流课程这一基础开展，既重视知识传授、能力培养，又注重价值观引导。积极挖掘大学体育思政教育价值，推进体育课程思政建设，既可以引导学生树立正确的价值观、养成良好的道德品质，提升大学人才的培养质量；又可以满足丰富个人内在精神追求、外化自觉实践行动的需要；是全面贯彻党的教育方针、提升我国高等教育综合实力和国际竞争力、实现教育强国建设的需要。

三、大学体育课程思政的实施

（一）明晰大学体育课程思政的目标导向

立德树人是习近平新时代中国特色社会主义思想铸魂育人、贯彻党的教育方针的根本任务。体育课程思政建设是大学体育落实立德树人根本任务的基础工程，也是推动新时代体育教育高质量发展的重要途径。随着立德树人根本任务在学校体育领域不断深入推行，体育课程的“育体”价值和“铸魂”功能更加深入地被挖掘出来，以体育课程为载体和主渠道，对学生身体素质的提高与正确价值观的引导起到积极的推动作用，为体育课程思政建设创造了有利条件。

（二）创新大学体育课程思政的教学方法

体育课程思政建设成果的落实，需要体育课程教学与学科育人的统一。对体育课程教学内容与思政教育要求进行一体化构思和设计，使思政教育元素恰到好处地融入体育课程教学过程之中，达到润物无声的育人效果，避免在体育课程教学中生硬地植入思想政治教育内容。体育课程教学可充分挖掘体育项目特征，通过多样的锻炼方法和先进的教学工具，用体育锻炼的方式引导教育，帮助学生树立正确的价值观；也可注重个性化教学，突出学生的主体性作用，加强师生之间的交流，不断启发学生的发散思维和创造力，提升课堂上师生间的互动效果，增强团结协作意识和拼搏奋斗精神。

（三）打造大学体育课程思政的教学队伍

教师的认知水平与教学能力是课程建设的根本。体育课程思政的有效落实，需要不断加强教师队伍思政教育理论的学习，使其真正领会课程思政教学理念，促进“知识传授”“技能提高”与“价值引领”的有机统一；需要不断增强专业课程教师的育德意识，充分发挥课程育人功效；需要增强教师队伍挖掘思政元素的能力，提高其思政素养与理论水平；此外，还需要建立与体育课程思政相匹配的考核评价机制，对课程考核评价过程与结果进行经验总结与效果反馈，进而完善考核评价机制，达到“以评促改，以评促建”的课程思政建设效果。

（四）重视大学体育课程思政的体系建设

习近平总书记强调：“要坚持把立德树人作为中心环节，把思想政治工作贯穿教育教学全过程，实现全程育人、全方位育人，努力开创我国高等教育事业发展新局面。”这要求高校应从历史文化、现实需要、国际视野出发，深入挖掘体育课程蕴含的隐性和显性思政教育资源，构建全面覆盖、类型丰富、层次递进、相互支撑的课程思政体系，确保体育课程思政资源的整合能够契合时代发展的指向和要求；此外，还应注重大思政课程体系的建设，全面整合社会资源，注重体育课程思政的实践效果，通过教学、训练、组织课外体育活动和红色体育教育活动等方式，构建多层次的体育课程思政体系。

第三节　体育传统与体育精神

一、我国大学体育传统的形成

我国大学体育可以追溯到 19 世纪六七十年代的教会学校和洋务学堂。1864 年创办的山东登州文会馆作为中国近代第一所教会大学，是已知最早设立体操课程的学校。洋务运动后建立的洋务学堂虽不同于普通学校，但在客观上却是中国自办的最早的新式学校。洋务学堂引进西方体育，弥补了我国传统学堂体育课程缺乏的情况。例如，1880 年，天津北洋水师学堂成立，设置的体育课程有哑铃、木马、单双杠、游泳、足球、爬山等；随后，天津武备学堂、福建船政学堂等陆续成立。虽然洋务派完全是以增强军事力量为目的而设置体育课程的，但在客观上对中国近代体育的产生和发展起到了推动作用。

大学体育制度的确立保证了大学体育传统的延续。1904 年颁布实施的《奏定学堂章程》是中国近代第一个正式施行的学制，在中国近代教育历史进程中具有里程碑式的地位。按新学制要求，高等学堂每周须开设 3 学时的体操课。体操自此成为一门制度化的大学教学科目。1899 年始，南洋公学（上海交通大学前身）宣布“体育一事与中西各课一律并重”，聘请专任教师主持体育锻炼活动。据《上海交通大学史》记载：“交通大学自光绪三十三年（1907 年）起，学校开设学生体操课，其包括普通操和兵操两大部分，规定每周上课 3～4 小时。”

校际体育组织的出现成为大学体育赛事的起点。民国时期，大学对体育重视程度的提高，以及校际交流的现实需要，促使了校际体育组织的出现。1914 年，在东吴大学（现苏州大学）司马德的提议下，华东地区的校际体育组织——东华六大学校联合运动（亦称“华东各大学体育联合会”）成立。其成员有南洋大学、东吴大学、金陵大学、之江大学、沪江大学和圣约翰大学。该联合会举办了田径、足球、网球、棒球等项目的比赛。后因复旦大学和东南大学的加入，改名为“华东八大学体育联合会”。1926 年，江南大学体育协会成立，随即进行了田赛项目、径赛项目、篮球和棒球比赛，之后又增加网球、越野跑、足球、排球和游泳比赛。1930 年，袁敦礼和马约翰共同发起成立了“五大学体育会”，成员包括北京师范大学、清华大学、北京大学、燕京大学、辅仁大学五所大学。五大学体育会的宗旨是发扬体育精神和体育道德。

二、体育精神的内涵与意义

体育精神是一种文化意识形态，是通过体育运动而形成并集中体现出人类的力量、智慧与进取心理等最积极意识的总和，是体育运动的最高级产物。体育精神是体育运动的灵魂与核心，它反映着人类的价值追求，是人类优秀品格和崇高理想的生动体现，是人类社会珍贵的精神财富。

国外及国内专家和学者对体育精神有着各自观点。美国学者爱德华·西尔在《体育运动中的伦理学决策》中提出尊严、忍耐、互相理解、忠诚、平等、公正、合作、互相支持等体育道德品质的具体内容。英国学者麦金托什的《公正比赛——体育运动中的伦理学》总结了自古希腊奥林匹克运动以来体育发展中成功的历史经验，强调突出“公正的比赛”。费孝通认为，体育精神就是人类精神，就是公平竞争、运动家风度、团队精神。朱光潜认为，要训练合作互助、遵守纪律，最好之场所就是运动场。胡小明认为，体育精神包括竞争意识、规则意识、协同意识。李力研认为，体育精神就是人的精神。

体育精神的内涵主要包括人本精神、英雄主义精神、公平竞争精神和团队精神。

（一）人本精神

人本精神是体育精神中最基本的精神，它以人本主义哲学为思想和理论基础。体育的人本精神主要包括重视人的自身价值，重视人的权利、自由和尊严，保持乐观自信，具有运动家风度，尊重、理解、友爱。

（二）英雄主义精神

从外在特征看，英雄具有“健”与“力”的特征；从内在精神看，英雄具有克服艰难险阻的大无畏特征。这些特征完全符合体育对英雄人物的要求。体育中的英雄主义精神也基本是按古代英雄的模式延续、顺承下来的，主要包括勇于搏击、刚毅执着、顽强抗争、乐于奉献、思想上进、敢于挑战、勇于征服、敢于冒险等。

（三）公平竞争精神

公平竞争能凸显体育精神。尽管人类大力提倡公平竞争，但真正在实践中很好地实现了公平竞争的是体育。公平竞争精神已成为世界上所有国家共同参加体育的重要内聚力。体育是公平竞争的楷模，是公平竞争的典范之作。行为学家洛伦茨认为，体育比赛是对人类最有益的一种竞争方式。保证公平竞争精神在体育实践中能真正落实，需要规则意识、自由民主意识、开放参与意识、诚信意识、创新进取意识、科学效率意识与之相匹配。

（四）团队精神

为实现共同的利益和目标，团队需要队内的互动、协调与配合。团队精神主要包括共为一体、协作互助、尽心尽力。

三、中华体育精神

中华体育精神是中华体育的精髓和灵魂，是民族精神的重要组成部分，是中国人民在长期的体育实践活动中形成并普遍认同的具有历史性、民族特征和家国情怀的价值追求。习近平总书记强调，广大体育工作者在长期实践中总结出的以“为国争光、无私奉献、科学求实、遵纪守法、团结协作、顽强拼搏”为主要内容的中华体育精神来之不易、弥足珍贵，要继承创新、发扬光大。

体育强则中国强，国运兴则体育兴。中华体育精神一直以其独特的姿态承载着民族复兴的梦想和人民幸福的愿望。中华体育精神的特征主要包括如下三方面。

（一）社会功能和育人功能相统一

中华体育精神作为一种精神力量，是社会主义先进文化的重要组成部分，对提振民族自信心发挥着重要作用，同时兼具独特的社会功能和育人功能。《体育强国建设纲要》提出了促进体育文化繁荣发展，弘扬中华体育精神的战略任务，指出要深入挖掘中华体育精神，将其融入社会主义核心价值体系建设。发挥中华体育精神的价值引领作用既是社会主义核心价值体系建设的需要，更是社会主义精神文明建设的需要。

（二）丰富性和包容性相统一

以“为国争光、无私奉献、科学求实、遵纪守法、团结协作、顽强拼搏”为主要内容的中华体育精神，对于提高人的思想意识、政治觉悟、道德品质和文化修养均具有重要的作用。中华体育精神既根植于中华优秀传统文化的沃土之中，又借鉴吸收了西方体育精神的价值追求，是“中西结合”的产物。同时，红色体育是我国独有的特色体育活动，其丰富的历史文化内涵并未过时。红色体育精神在新时代具有重要的现实意义，值得大力弘扬。

（三）凝聚力和感召力相统一

中华体育精神是中国精神谱系的重要组成部分，其凝聚起来的强大精神力量引领着人们在社会主义现代化建设的道路上不断奋进、勇攀高峰。当前，中华体育精神正以其强大的凝聚力和感召力在历史上和国际上凝聚起强大的中国力量，展现出独特的中国气质，散发出豪迈的中国气派。

第四节　大学校园体育文化

一、大学体育赛事

大学体育赛事是大学校园文化的重要组成部分。大学体育赛事既能延续大学的体育传统，又能保持体育代表队良好的竞技水平，还在招生宣传、凝聚校友、文化传承上发挥着独特作用。大学体育赛事在全球范围内都有一定的影响力。在我国，有中国大学生体育协会下属各单项体育分会的各类体育赛事，如在全国颇具影响力的中国大学生足球联赛(China University Football Association，CUFA)、中国大学生篮球联赛，以及大学校内体育赛事，如北京大学的“北大杯”系列体育赛事、象征清华大学体育最高荣誉的“马约翰杯”（以下简称“马杯”）等。在美国，有全国大学体育协会（National Collegiate Athletic Association，NCAA）举办的橄榄球、篮球、棒球、足球等各种体育项目的联赛，还有常春藤大学间的校际竞赛——常春藤联盟（Ivy League）。

中国大学生篮球联赛是由中国大学生体育协会主办，被教育部官方认可的中国大学生五人制篮球联赛。1998 年首届联赛正式推行，男、女组分设一级联赛、二级联赛、三级联赛三个级别，每年总计有 1600 多支队伍参赛，覆盖中国 32 个省（自治区、直辖市）。中国大学生篮球联赛在赛事规模、竞赛水平、人才孵化等层面都是中国体育界顶级的业余联赛，其影响力仅次于中国男子篮球职业联赛（Chinese Basketball Association，CBA)。中国大学生篮球联赛创建之初的定位是“大学生自己的篮球赛”，它依托于大学，突出大学生体育赛事的文化内涵，紧紧抓住校园文化主题。近年来，中国大学生篮球联赛正逐渐成为大学生心中的篮球赛事殿堂，不仅孵化和培育了许多优秀的篮球后备人才、推动了篮球运动在校园中的普及与推广，还主张大学生追逐梦想，在赛场上挥洒青春。中国大学生篮球联赛这种积极向上的价值观也是当代大学生群体应追求的正能量。

“马杯”是清华大学最重要的体育赛事之一，以为清华体育做出重大贡献的马约翰先生命名。经过岁月的洗礼，如今“马杯”已经成为清华大学校园文化的重要组成部分，具备成熟的竞赛机制。42 个竞赛项目几乎容纳了校园内能够开展的、有群众基础的所有运动项目。学校体育赛事以“马杯”为龙头，辅以新生运动会、校园马拉松和研究生运动会，构成全年的赛事体系。学校把院系教职工及毕业三年以上的校友纳入“马杯”的新体系，以拓展“马杯”的内涵，使“马杯”的关注面、支持面和参与面覆盖清华园并延伸至社会，使体育与健康成为所有清华人事业的支撑和交往的纽带之一。通过多年的努力，清华大学让全体学生通过“马杯”了解体育、参与体育、热爱体育、融入体育、享受体育，将积极进取、奋勇争先的理念植入人心，并落实到具体的行动中。

二、大学体育口号

根据《现代汉语词典》（第 7 版）的注释，口号指“供口头呼喊的有纲领性和鼓动作用的简短句子”。大学体育口号是大学体育思想的直观呈现，不仅能使学生群体更为直接地接受大学体育思想，还能够推动大学体育教育思想的传播与宣扬。体育口号是时代政治、经济、文化的缩影，大学体育口号立足于时代的特性，结合高等教育机构的立场，演绎出独特的历史谱系。

清末及民国时期，国家积弱积贫，列强环伺。此时，反抗列强压迫和争取民族独立的爱国热情也体现在大学体育口号与理念上。张伯苓提出“强国必先强种，强种必先强身”，一改几千年中华文明倡导的“重文轻武”思想。蔡元培提出“完全人格，首在体育”。他坚持体育的基础地位，将体育排在“德育、智育、美育”的前面，他曾说“凡德道以修己为本，而修己之道，又以体育为本”。清华大学原校长周诒春首倡“德智体三育并重”的口号，将体育置于重要地位。清末及民国时期，救亡图存是时代使命，对此，大学体育口号与理念充斥着爱国和自强的主旋律，体现了军国民尚武的体育思想。同时，大学体育口号对凸显体育的基础地位、强调体育对人格的塑造发挥了重要作用。

中华人民共和国成立初期，百废待兴，开始了社会主义建设的时代历程。体育事业积极响应社会主义建设热潮。1952 年，毛泽东提出“发展体育运动，增强人民体质”的体育口号，为体育的发展指明方向。这一时期，一些大学也提出了体育口号，用以指导学校体育工作。1958 年，西安交通大学提出“人人上操场，个个都锻炼”的口号。可以看出，各大学把体育锻炼作为学校重点工作来贯彻，而不再是单薄的口号。与此同时，由于建设社会主义的时代使命，中华人民共和国成立初期的大学体育口号与理念带有较强的政治意味。四川大学的“强身健体，报效祖国”、中国地质大学的“锻炼身体，增强体质”、清华大学的“为祖国健康工作五十年”，都强调体育为生产和国防建设服务的功能，将个人命运与国家命运相连，具有浓厚的国家使命和爱国主义色彩。

改革开放以来，随着我国综合国力不断提升，人民对体育的娱乐、健康等功能的需求凸显。大学体育呈现出“以人为本”的理念，考虑个体需求与感受，体育口号也更个性化。体育的育人功能、促进健康的本质功能也被提到第一要义。北京大学提出“健康校园，体育先行”的口号，在体育课程的实施中提出“健康第一”的指导思想、“以人为本”的教育理念、着力培养“终身体育”的意识和能力；上海交通大学提出“教育要贯彻德智体全面发展”；武汉理工大学提出“育人至上，健康第一”。可见，以“体”育人，实现健康第一和学生的全面发展成为大学体育教育的主要目标。大学体育口号体现了体育本质价值的回归，关注体育对健康体魄的基础作用，以及体育对健全人格的塑造作用，保持育人初心，强调体育的教育价值。体育功能的需求由群体需求走向个体需求，体育的政治功能被逐渐弱化，“以人为本”的思想逐渐凸显，体现了新时代青年人的个性。

三、大学体育社团

体育社团是社会社团的重要组成部分，也是体育活动的重要组织形式之一。1924 年，中国第一个全国性体育社团——中华全国体育协进会正式成立。20 世纪 50 年代，体育社团在我国得到了飞速发展。随着学校体育教学改革的不断深入，加之《体育与健康课程标准》的修订，体育社团在大学体育教学中所发挥的作用逐步凸显。体育社团的发展对学生的素质教育与终身体育意识的形成具有非常重要的教育意义。

高校体育社团作为高校体育的重要组成部分，在拓展学生的课外体育活动等方面起到越来越重要的作用。已有的研究结果证明，保持高校体育社团的良性、可持续发展是促进高校学生进行课外体育锻炼较为有效的组织形式，是学生提高身体素质、培养终身体育锻炼观念的重要途径。其本身蕴含的隐性德育价值和外显体育价值能通过培养学生交流合作能力、集体协作意识来提高学生思想道德水平和实践能力，实现身体实践和德育价值的互动融合。

大学体育社团是体育文化传播的媒介。随着我国教育改革的逐步推进，校园体育文化在高校文化建设上有着突出贡献，体育运动和各种赛事形成的校园文化能够提升高校声誉，其所营造的群体意识、行为规范、环境氛围使学生拥有健康积极的生活和学习状态、坚强不屈的精神状态。大学体育社团既能够将体育运动与文化熏陶深度融合，让学生更深入体会体育目的、价值及其生活含义，提高学生的社会适应能力和健康生活意识；又能够从教育理念上让学生热爱体育文化并建立起终身体育意识，成为代际传承的重要精神内容。

大学体育社团既能够实现思想引领、塑造学生人格，又能够顺应学生思想品德的形成、发展和变化规律，通过沉浸式体育场景传递政治教育、法治教育、心理教育等内容，拓宽了思想政治课堂的空间维度。在日常社团活动和参加校内外的各种体育比赛过程中，学生能够以团体形式参与各种类型的体育活动，在接受体育运动知识的基础上，磨炼意志品质，激发体育运动的信念感。

大学体育社团能增强学生的实践拓展能力，提升其技能素养。大学体育社团所特有的活动自主性质使得社团本身比公共教学有着更多实践和拓展机会。学生通过参加各种体育活动，或是在比赛中担任志愿者及其他工作人员等，有助于全方位提升实践能力。参加大学体育社团活动能锤炼学生的意志品质，使学生提高对自我的定位和认知水平，通过运动排解自身的负面情绪；同时，竞技类体育项目在比赛对抗中能锻炼学生的抗挫折能力，不断提高学生的体育技能素养。各类体育活动比赛能满足学生身体运动的需要，激发学生体育情感，培养和强化学生运动兴趣，通过体育社团拓展交友圈，促使学生找到自身价值，促进学生全面发展。

思考题

（1）大学体育的功能是什么？

（2）结合自身体会，谈谈大学体育的价值。

（3）体育精神的内涵是什么？

（4）结合本校体育开展的情况，谈一谈大学体育口号和大学体育社团对大学体育文化形成的作用有哪些。

第二章 体育与健康

——现代大学体育的人体科学原理

人生最可贵的是健康。人人都希望拥有健康的身体，以便更好地为社会服务。然而，身体的健康会受到各种因素的影响，其中以体育运动与健康的关系最为密切，正如法国思想家伏尔泰所说，“生命在于运动”。我国也有句俚语，即“健身之道，运动为妙”。可见，运动是增进健康的重要手段。在科技和精神文明高度发展的今天，体力劳动已逐渐减少，脑力劳动正逐渐增加，通过运动来增进身体健康更不可忽视。

关键词：健康定义、身体健康、心理健康。

第一节 健康的概念

一、健康定义

健康是人类最重要的财富，是创造社会物质财富和精神文明最基本的条件。世界卫生组织（World Health Organization，WHO）在成立之初的宪章中指出：“健康不仅是没有疾病或病痛，而且是一种身体上、精神上和社会上的完全良好状态。”随着内容的不断更新，到 1990 年，WHO 对健康的阐述是：在身体健康、心理健康、社会适应良好和道德健康四个方面皆健全。

二、健康的标准

WHO 指出：健康不仅是没有疾病或病痛，而且是一种身体上、精神上和社会上的完全良好状态。也就是说，健康的人要有强壮的体魄和乐观向上的精神状态，并能与其所处的社会及自然环境保持协调的关系。WHO 因此提出健康的十条标准。

(1) 充沛的精力，能从容不迫地应对日常生活和工作的压力而不感到过分紧张和疲劳。

（2）处事乐观，态度积极，乐于承担责任。

（3）善于休息，睡眠良好。

（4）应变能力强，能适应外界环境中的各种变化。

（5）能够抵御一般感冒和传染病。

（6）体重适当，身材匀称，站立时头、肩、臂位置协调。

（7）眼睛明亮，反应敏捷，眼睑不发炎。

（8）牙齿光洁，无龋齿，不疼痛，牙龈颜色正常，无出血现象。

（9）头发有光泽，无头屑。

（10）肌肉丰满，皮肤有弹性，走路轻松有力。

其中前四条为心理健康的内容，后六条为身体健康的内容。

近年来我国飞速发展，人民生活水平不断提高，健康逐渐成为日常生活中重要的问题。截至2022年6月，我国仅有10%的健康人群，约75%是亚健康人群，约15%是患病人群。为了满足人们想要了解健康生活相关知识的迫切需求，我国学者不断努力，提出了有关健康生活的相应标准及建议。

（一）身体健康

良好的身体状态是我们进行一切身体活动的基础，是进行思考、交流、创造等活动的重要基石，没有健康的身体就无法高效地完成日常生活中的各项工作，因此，身体健康对我们来说至关重要。

（二）心理健康

中国心理卫生协会提出了“心理健康六大标准”，内容如下。

（1）自我意识：认识自我，接纳自我。

（2）生活和学习能力：能自主学习、具有独立生活能力。

（3）情绪健康：情绪稳定，有安全感。

（4）人际关系：人际关系和谐良好。

（5）角色功能：角色功能协调统一。

（6）环境适应：适应环境，乐观面对挫折。

根据心理健康六大标准及相应的评估要素，我们可以通过自我评估来衡量自己的心理健康程度，并及时做出调整。

（三）道德健康

道德健康是我们的立身之本。中国自古以来就强调个人的道德修养。其具体内涵是人们以社会道德规范为指导，履行对社会、学校、家庭和其他人的义务，保证自身的行为举止不违反道德规范。如今体育教育中的德育功能得到了界内的广泛认可。体育教育具有实施德育的良好条件和环境，能够有效地对学生进行爱国主义教育、集体主义教育、意志品质教育和道德品质教育，进而影响学生的内心信念与行为修养，塑造他们的价值观、人生观。在体育教育中，德育的目标及道德健康标准如下。

1. 个人行为

（1）能自觉保护公共环境和珍惜资源。

（2）能坚持做到仪表整洁和礼貌待人。

（3）能坚持做到遵守公共秩序。

（4）能坚持做到文明使用网络。

2. 价值观

（1）能坚持做到严于律己。

（2）甘愿为他人奉献。

（3）能坚持做到诚实守信。

（4）在追求自身利益的同时，总是以遵守社会秩序为前提。

3. 个人品德

（1）能坚持做到履约践诺和知行统一。

（2）拒绝考试作弊和学术剽窃行为。

（3）热爱劳动，珍惜他人和社会的劳动成果。

（4）能坚持帮助有个人缺陷及学习不如意的同学。

（5）在新的环境经常怀念曾经帮助过自己的人。

（四）社会适应性

社会适应性有双重标准。标准一：人的心理及行为是否与社会达成共识的道德准则和行为规范相一致。标准二：当前人的心理及行为是否与自身过去一贯的心理及行为规范准则等相一致。

三、健康的影响因素

（一）个体因素

WHO 曾提出健康的四大基石：合理膳食、适量运动、戒烟限酒、心理平衡。由此可见，个体通过调控饮食、生活、情绪等来保持自己的身心健康是十分必要的。

1. 饮食习惯

饮食是人类维持生命的基本条件。一个人若想生活健康、充满活力和智慧，必须养成良好的饮食习惯，这是维持身体机能和健康的基础。良好的饮食习惯的作用表现为：为身体活动摄入足够的能量以及为生长发育提供所需要的营养物质，调节物质代谢和内环境相对稳定。例如，健康的成年人每天需要基础消耗 2 000～3 000 千卡（1 千卡≈4.19 千焦）的能量，活动量较大时需要消耗更多的能量，在此期间就需要通过食物摄入足够的营养物质，提高机体对疾病的抵抗能力，保障正常的生长发育。

2. 生活习惯

目前，在我国由于吸烟、酗酒、药物滥用等有害的行为，以及缺少体育锻炼、精神压力大等不良生活方式导致死亡的人数正在逐年上升。缺乏运动是现代人的通病，由于工作、学习紧张以及对运动的不重视，很多人缺乏运动。缺乏运动是高血压、糖尿病、高脂血症、冠心病、脑卒中、肥胖等常见病的致病原因之一，因此人们应该坚持锻炼，保持适量运动，养成良好的生活习惯。

3. 情绪状态

随着社会竞争的日益激烈，人们每天需要承受来自学习、工作、社会交往等多方面的压力，这种情况下情绪调节显得尤为重要。首先，良好的情绪调节能力能够使人保持乐观、积极、稳定的人生态度，也会使人在面对困境时拥有足够的自信心。此外，情绪还会影响人的个性发展。其次，良好的情绪可以提高机体的免疫功能，维持身体正常的生理机能；不良的情绪会造成内分泌和神经系统紊乱，影响人的精神健康和身体健康。

（二）遗传因素

遗传指亲代的性状又在下代出现的现象。在遗传学上，指遗传物质携带的遗传信息从上代传递给下代。这在很大程度上决定了后代个体的身体形态、生理功能和健康状况，还决定了一些遗传性疾病的发生，因此遗传因素是影响健康的主要因素之一。

（三）环境因素

环境干燥、寒冷对健康有不利影响。因此，有些北方人常常被鼻炎、咽炎、气管炎、高血压等困扰，而这些人到南方久住后，前述疾病可能会不治而愈。相反，江南、沿海地区气候湿热，人们容易患风湿性关节炎等疾病。近年来，大气、土壤、水污染严重，增加了肺炎、气管炎等疾病的发生率。

（四）社会因素

社会经济发展状况与人类的健康水平呈正相关关系，经济发展水平高则人类健康水平相对较高。就个体而言，其在社会经济状况中的收入、在社会中的职业与地位以及受教育程度都会影响自身的健康水平，且大都呈正相关关系。此外，社会基础设施与社会保障也是影响健康的重要因素，和谐安定的社会环境、健全的医疗保障措施、丰富的物质生产资料都会对身心健康产生积极正面的影响。

第二节　体育对身体健康的促进作用

体育锻炼对人的生理健康与心理健康同时起作用，在两者相互作用和相互影响下可以产生新的效应。

生物体的生命现象主要表现为五个方面的基本特征，分别是新陈代谢、兴奋性、应激性、适应性以及生殖。身体活动可以影响与干预人的神经中枢、肌肉组织等，从而影响生物体的生命现象。

一、体育对肌肉骨骼系统的作用

骨骼肌是人体运动的动力。骨骼肌通过收缩与舒张牵引其吸附着的骨以关节为支点进行转动，帮助人体完成各种简单或复杂的运动动作。人们只有了解在运动过程中关节的运动以及引起关节运动的肌群、掌握肌肉力量训练的方法，才能在运动实践中进行有针对性的、有效的锻炼，达到促进健康的目的。

（一）骨骼肌

肌肉收缩是人体完成身体活动的主要形式之一，而人体内的肌肉组织包括骨骼肌、心肌和平滑肌三种。正常的人体骨骼肌重量约占人体体重的 40%。人体的各种形式的运动大多是依赖骨骼肌的收缩来完成的。

肌肉的基本构成要素以及功能单位是肌纤维，又可以称为肌细胞。许多肌纤维排列成束，构成肌束，许多肌束聚集在一起就形成了一块肌肉。每一块肌肉中可以膨胀的部分称为肌腹，两端没有收缩能力的肌肉则是肌腱，肌腱直接附着在骨骼上。人体的运动一般通过肌肉收缩，由肌腱牵动骨骼来实现。常见的运动损伤，如肌腱断裂，就是因为肌腱与骨骼不相连，无法很好地通过肌肉收缩带动骨骼活动，从而影响了运动。

（二）肌纤维类型

肌纤维可以依据收缩速度、颜色、代谢特点等进行划分。

肌纤维根据收缩速度可分为快肌纤维和慢肌纤维，根据颜色可分为红肌纤维和白肌纤维，根据收缩速度可以分为快缩型肌纤维和慢缩型肌纤维。收缩速度是划分肌纤维类型时无法避开的话题，也是运动训练领域最直观的划分方法。

（三）运动对骨骼肌产生的影响

在运动过程中，小强度的运动，慢肌纤维会首先被启动；而需要爆发力、运动强度较大的项目，快肌纤维会首先被启动。在运动过程中，不同类型的运动，如力量训练或者有氧耐力训练可以有效发展不同类型的肌纤维。在不同的运动项目中，不同运动员的快肌纤维与慢肌纤维的比重也有迹可循，如从事爆发力运动的运动员往往快肌纤维的百分比更大；从事耐力运动的运动员往往慢肌纤维百分比较大；耐力与力量都非常需要的运动项目，如自行车项目或者全能项目运动员，他们的快肌纤维与慢肌纤维的百分比相当。

特定的训练可以提高特定肌肉纤维的力量，大强度或者大重量的力量训练可以有效地提高快肌纤维的代谢能力，而低强度但持续时间长的耐力训练可以有效地提高慢肌纤维的有氧能力。

二、体育对身体内部组织的作用

身体内部组织类型多样，下面仅选取有代表性的四类作为示例进行阐释。

（一）血液

人体的血液主要是由血浆与血细胞组成的液态组织。血细胞包括红细胞、白细胞、血小板，这些血细胞都会因为运动而发生改变，进而影响运动表现。

运动的时候人体会动用更多被储存的血量，促使血液循环加快。运动员的循环血量的增加比无训练者更大，耐力项目运动员循环血量的增加更加明显。在进行短时间大强度运动时，血浆容量和血细胞容量都明显增加，其中血细胞容量增加尤其明显。在进行耐力性运动时，血容量主要受血浆水分转移情况而定。

（二）心脏

心脏的活动对维持人体的正常运转有关键作用。运动时心脏与血液会进行调节，以帮助人们适应高强度的运动，而长期的运动也会对人们的心血管功能产生良性的影响。

常规的运动可以帮助普通人有效地控制心血管疾病。运动可以增加心肌氧的供应，减少心肌耗氧量，使心脏在静息状态下的工作效率更高，减轻心脏的压力；可以提高心肌的功能和电稳定性以及运动或者休息时的每搏输出量和心肌抗缺氧的能力；可以帮助人体提高血管储备力。同时运动可以通过增加肌肉内毛细血管数提高血管舒张能力，参与心血管功能的调节；可以通过调整人体的脂肪与肌肉的比重、改善各类血细胞的聚集性等方式，提高心血管的健康程度，增加心血管的韧性。

长期坚持适宜的运动，可使心脏的体积和重量增加，心肌纤维增粗，其所含肌红蛋白和肌球蛋白增多；能使安静时每搏输出量和每分钟输出量增大，心率减慢从而降低心肌耗氧量；使机体氧利用率提高，血液循环的效率提高，心率储备增加；能够使动脉管壁中的膜增厚，弹性纤维和平滑肌增厚，血管壁的弹性增加。

（三）肾脏

人在代谢过后产生的一部分废物会通过肾脏以尿液的形式排出。肾脏排出的物质种类最多，数量最大。如果肾脏的排泄功能紊乱或者丧失，人体内的代谢产物就不能正常地排出体外，进而在身体血液内堆积，堆积较多可能会造成机体中毒，甚至会威胁生命。

运动可以引起肾脏功能的改变，适度运动可以有效地保护肾脏并且帮助肾脏提高各方面的功能，达到强身健体的目的。人们可以通过尿液的情况对肾脏的功能现状进行判定，从而掌握运动对肾脏功能影响的规律。

三、体育对神经系统的作用

运动可以调节中枢神经系统的兴奋与抑制过程，使其活动趋于平衡，反应灵活，更好地适应外界环境的变化。

人体的一切活动都是在神经系统的支配下进行的。反之，各种活动对神经系统也会产生相应的影响，使其机能发生一定的变化。体育锻炼往往要求身体完成一些比日常活动更为复杂的动作，故中枢神经必须迅速动员和发挥各器官、系统的功能，使之协调，以适应肌肉活动的需要。

脑神经的生理活动需要有物质基础，以及氧气和其他营养物质的供应。脑的需氧量占全身需氧量的1/4，为肌肉需氧量的10～20倍。经常参加体育锻炼不仅能改善神经系统对全身各器官、系统的调节和支配作用，还能提高肺部的工作能力，增大肺活量，使大脑可以得到更多的氧气。例如，当我们学习时间过长时，便会感到头昏脑涨，注意力不集中，思考问题变得迟钝。此时，如果我们继续不断地加强对大脑的刺激，勉强维持它的兴奋，长期下去就会发生神经细胞功能衰竭。当学习疲劳的时候，体育锻炼是积极性休息的有效方法，因为在进行体育锻炼时，有关大脑皮质运动区域的神经细胞处于兴奋状态，使大脑皮质管理思维的部分得到了休息，有利于缓解脑疲劳。

四、体育对免疫系统的作用

长期适宜的运动能够提高身体的免疫功能，避免感染各种感染性疾病，降低肿瘤生成的风险；同时，运动能促进能量的消耗，造成机体热能负平衡，减少身体脂肪。运动能够减少末梢血管的阻力，降低和维持正常的血压，对心脑血管系统具有有利影响。

第三节　体育对心理健康的促进作用

身体健康与心理健康密不可分、相互影响。身体健康可以帮助个体保持良好的心理状态。身体健康发生问题时，会导致一系列心理与行为的变化。同样地，心理健康也会影响身体健康。心理状态良好时，我们会精力充沛，学习与工作效率更高。体育运动是保证身体健康的重要手段，同时可以促进心理健康。

一、体育对情绪调节的作用

良好的心理状态是个体能够正常学习和工作的重要条件。体育运动可以增强个体的情绪调节能力。运动除了能够让个体产生积极情绪，也可以使个体在面对负面情绪时，及时地调整情绪，以减少负面情绪对个体带来的生理和心理危害。体育运动还可以提升个体情绪的稳定性，使个体在面对挫折与压力时，具备更好的应对能力，让情绪波动维持在合理的范围内，避免对身体或心理造成负面影响。

（一）促进积极情绪

体育运动有助于个体获得良好的情绪体验。在体育运动过程中，个体可以感到身心合一、轻松忘我、充满活力等积极情绪。同时，体育运动容易使个体获得“流畅体验”。流畅是指个体完全沉浸在一项活动中时产生的心理状态。体育运动也能促进个体的与积极情绪相关的神经递质的分泌。

（二）缓解压力情绪

从心理角度看，运动可以让个体更好地面对压力、挫折等消极情绪。运动可以帮助个体转移注意力，打断压力源，提供新的刺激，从而缓解疲劳。团体运动中，轻松愉快的氛围可以为个体带来良好的情绪支持与反馈。运动中的对抗与竞争也可以让个体的情绪得到恰当的宣泄，从而释放压力。

（三）预防心理疾病

运动由于其改善情绪、缓解压力的功效，逐渐被视为预防抑郁、焦虑等心理障碍，甚至治疗心理疾病的重要手段与处方。

近年来，大量研究表明，运动干预对注意缺陷多动障碍（attention deficit and hyperactive disorder，ADHD）儿童有积极的治疗效果。运动对此类儿童的认知、人际交往和动作能力有积极的影响。在需要执行控制的认知任务实验中，经过运动训练后，ADHD 儿童在前额叶、扣带回以及尾状核的血流量明显增加。此时，ADHD 儿童脑部的血氧浓度已经接近一般儿童。

二、体育对认知功能的作用

认知功能一般包括感觉、知觉、记忆、思维等，是人类生存与发展的重要介质，是人的心理活动过程中的一个基本阶段，是反映大脑功能状况及个体思维能力的实用指标。体育运动具有提升脑可塑性、对智力进行再开发的功能。长期的、规律性的体育运动可以增强个体的记忆力、反应能力和想象力等，从多个维度提高个体的认知功能。

（一）增强记忆力

由于大脑的可塑性，运动可以为个体的大脑带来改变。科学研究发现，有氧运动能扩大脑中掌管学习和记忆功能的海马体面积。每天运动 10 分钟，可以改善大脑的认知功能，促进大脑中神经元的产生，从而提高记忆力。经常运动，可以促进大脑的自我更新、促进血液流向身体各处和大脑。流向大脑的血液，能够帮助个体维持记忆力，使大脑更活跃。

（二）提高反应能力

运动最直观的作用是可以提高身体的反应能力，可以使身体更加敏捷和协调，在面对危险状况时可以更快地做出反应。同时，运动也可以改善神经可塑性，身体活动会导致大脑产生一种叫作脑源性神经营养因子的蛋白质，这种蛋白质有助于建立和维持神经细胞的连接，如同大脑的“肥料”。

（三）锻炼想象力与发散思维能力

体育运动的过程也是学习的过程。新的运动动作、运动技能和竞赛规则的学习可以有效锻炼个体的想象力与发散思维能力。运动动作的主要学习方式是模仿，需要个体在脑海中想象动作，从而用身体复制动作；同时，在学习过程中，想象力可以得到很好的锻炼，从而促进个体进一步学习。职业运动员也会通过想象力练习的方式来提高技战术的学习效率。

三、体育对社会适应的作用

社会适应指的是个体心理在社会环境、群体组织等不断变化的环境当中，为了保证自身的生存和发展而不断调整的能力。体育运动具有很强的社会属性，可以促进人的社会化。个体在进行运动，尤其是在参与团体项目的过程中，可以有效锻炼自身的人际交往能力，并培养良好的集体意识、竞争意识和合作意识。

（一）人际关系

体育运动是塑造和维持良好人际关系的重要手段。很多运动项目都属于团体项目，如传统的“三大球”——篮球、足球、排球。可见，体育运动本身即具有社交属性，可以为个体带来新的朋友，构筑新的人际关系，从而让个体获得新的社会支持。

（二）集体意识

很多体育项目都属于团体项目。团体项目在竞技过程中，所有个体都会为了同一目标而努力，这时一种集体荣誉感油然而生。体育运动对于培养集体意识至关重要，可以让个体更好地理解个体与集体的关系。在团体项目中，个体与集体相互依存，只有每个个体都竭尽全力，才能在体育比赛中有精彩的表现。在社会生活中，人们只有正确认识集体与个体的关系，才能在实现个人价值的同时，为集体争得荣誉。

（三）竞争意识与合作意识

体育运动中既包含竞争意识，又包含合作意识，这两种意识在社会适应的过程中缺一不可。只要是体育比赛就有输赢，这种竞争可以激发个体的竞争意识。个体为了取得体育比赛的胜利，大多要与他人合作，所以体育运动又能激发个体的合作意识。在社会中，个体只有具备竞争意识和合作意识，才能取得更大的进步。

（1）健康的影响因素有哪些？

（2）除了书中提到的体育对身体健康的促进作用的内容，你还了解哪些相关内容？

（3）体育对认知功能的作用有哪些？

第三章　体育与科技
——现代大学体育的科技支撑

几十年来，体育和科技相互促进、共同发展。科技的创新使新兴运动的产生成为可能，并成为新兴运动更好、更安全、更公平开展的工具。科技给体育事业提供了更多的发展机遇。科技的发展是顺应时代潮流的，体育领域应把握好机会，充分利用好科技对自身的催化作用。

关键词：运动表现、人工智能、大数据、新材料、科技奥运。

第一节　科技对体育的促进作用

一、科技促进体育事业发展

在习近平新时代中国特色社会主义思想的指引下，加快体育强国建设已成为中国社会发展的重点之一。当前，我国体育产业也加快了市场化发展步伐，各类体育主体、产品迅速进入市场，拥有巨大活力。

体育产业需要科技的支持，科技的发展促进体育产业的发展。在这一过程中，科技满足了体育更高层次的需求。两个行业的融合发展需要以体育资源为依托、以科技创新为主导，利用科技对体育事业中的各个业态环节进行支持。科技在体育产业中发挥着越来越大的作用，如将体育运动与虚拟现实（virtual reality，VR）技术结合，打造情境式、游戏式运动场景，体验奇幻冒险的运动闯关模式，激发人们运动的兴趣；在体育赛事中，越来越多的科技元素得到应用，如 2008 年北京奥运会采用了高科技的焰火技术，带给观众一场精彩的焰火盛宴。

二、科技与体育的动态关系

随着科技的发展和大数据技术的进步，各种形式的科技创新不断涌现，科技与体育间有着一种动态关系。体育是新兴科技的重要试验场之一，科技也正在促进体育领域的快速发展。

（一）科技可以提高运动员的运动表现

在过去，训练和比赛更多依赖经验和直觉，通过教练的经验，而不是通过数据分析其背后的运作原理。现在，无论是专业运动员还是业余运动爱好者，在新技术的帮助下可最大限度地发挥身体能力。可穿戴设备使得数据的储存和分析越来越便利，专业运动员借助科技手段不断获得竞技优势。这些科技的应用从根本上改变了传统的训练和竞争方式。当前，体育运动中使用的科技包括传感器和可穿戴设备、身体表现跟踪系统。这些科技都旨在通过测量和解释身体活动、健身和训练方法、身体数据，提供身体反馈和训练指导。他们可以帮助运动员将训练压力保持在一定范围内，减少运动损伤的风险。大多数技术分析在赛前、赛后都被广泛运用，其中科技在残疾人奥运会比赛中的运用和影响尤为明显，如在赛场中可以看到很多运动辅助器材、残疾人运动员的假肢和一些相关的设备。很多残疾人运动员都依赖技术辅助工具来进行体育运动，可以说科技在最需要的地方得到了创新和应用。

（二）科技可以促进体育消费

新技术改善了人们体育消费的方式，增强了观看体育比赛的体验感。新技术使得不同类型的体育内容能够以更适宜的方式得到宣传，如通过传统媒体和新兴流媒体平台传播原创视频、体育新闻等；无人机可以在赛场上方进行 360°的拍摄，提高了体育运动的观赏性。互联网的发展也使体育圈的粉丝与他们喜欢的运动明星、球队等联系更加紧密，提高了二者的黏性，也促进了体育消费。

（三）科技可以提高各个主体的体育治理能力

科技可以提高体育团队、体育协会、各大联赛主办方和体育媒体公司等的管理能力。职业或业余运动队、体育俱乐部和体育场馆也可以通过科技提高效率。例如，一些专业应用程序可以帮助球队或俱乐部招聘人才；提供体育场内的解决方案，以提高其运营能力；还能作为锦标赛、联赛等各大比赛的工具。在体育比赛中，裁判工作也是重要一环。近年来，竞技体育中出现了越位球的跟踪系统、门线技术和视频辅助裁判等，减少了人为判断的错误。

（四）科技可以使新级别的运动员参加比赛

科技使机器人运动员可以参与人类比赛，在比赛中与人类同场竞技。早在 1996 年，国际象棋的第一次人机对决就得到了广泛关注。在人工智能技术的帮助下，很多软件和程序都能够自我学习。赛车则是另一个例子，在电动方程式赛车中，已经不再需要人类的投入，它们可以通过自主程序进行竞争，这些赛车的第一批原型已经在各种赛道上进行了测试。

（五）科技推动新兴体育的产生

科技除了改进和助力现有的体育运动，也能够创造新的运动，如电子竞技从一个小众的亚文化成长为价值数十亿美元（且在不断增长）的产业。虚拟环境可以让人们在电子竞技中实现一些在其他运动中实现不了的梦想。电子竞技一般由几百名职业玩家组成，但全球的电竞观众已经超过 4.5 亿人，这些电竞爱好者是全球 25 亿游戏玩家社区的一部分。此外，还出现了很多从未见过的运动，如 Speedgate（世界上首个人工智能创造的运动会），是深度学习算法通过分析 400 多种不同运动的数据、7 300 条比赛规则和 1 万张运动品牌图片创造出来的。它包括橄榄球、足球和棒球的元素，在比赛中也是通过踢球得分。

三、新兴技术塑造体育未来

在当今时代，人们根据历史和现在的数据对未来进行预测，借助趋势和指标，考虑未来 20 年甚至是 30 年的体育前景。我们将会采用系统的技术预测、扫描或路线图的方法，使我们更有创意地去思考体育与科技的主题。

新技术将在推动未来体育发展方面发挥关键作用。随着脑机接口、增强现实（augmented reality，AR）和 VR 技术的成熟，越来越多的数字沉浸式体验将在物理世界和数字世界之间架起桥梁，使体育的形式更加丰富和动态。低功耗的传感器与先进的存储和网络相结合，使捕捉、分析和处理数据成为可能。网络有可能捕捉、存储和汇编更多来自人类和城市的数据，使人工智能能够根据个人喜好、能力、地点和时间提供个性化的体育体验。

当然，要使这些令人兴奋的创新以积极的方式影响体育和社会，仍面临许多障碍。必须考虑如何设计和实施这些强大的技术，以确保它们是安全、公平和可持续的。重要的是，新的 AR 和 VR 应用的设计方式要将物理世界和数字世界结合起来，而不是进一步将虚拟与现实断开。

第二节　体育前沿科技

一、体育中的人工智能技术

人工智能技术很早就应用在了体育领域的棋类项目中。棋类作为智力竞技运动项目，胜负取决于竞赛双方的逻辑计算对抗能力。过去仅存在于大脑之间的对决，随着人工智能的出现，开始转变成与来自人造的大脑——计算机的对决。在博弈竞赛中，人工智能已经达到与人类最强大脑相抗衡甚至战胜人类的水平。纵观历史发展，在 20 世纪早期，仿真计算机的出现为人工智能的发展提供了物理基础。在早期的人工智能研究领域中，技术人员开发可以玩游戏的智能程序，并借此测试计算机在游戏中的表现，是一个相当主流的研究主题。1952 年，第一个可以运作的“西洋跳棋”计算机程序诞生。1996 年，国际商业机器公司的国际象棋超级计算机“深蓝”首次挑战国际象棋世界冠军加里·卡斯帕罗夫，但以 2∶4 落败；经研究小组改良后，1997 年新版程序“更深的蓝”再度挑战，并以 3.5∶2.5 获胜，成为首个在标准比赛时限内击败国际象棋世界冠军的计算机程序。此事件被视为计算机真正击败人脑的开端。2016 年谷歌公司开发的人工智能程序“阿尔法围棋”以 4∶1 战胜世界围棋冠军李世石。

（1）人工智能技术在训练监控中的运用。现如今，除棋类项目外，人工智能在其他竞技体育中也被大量应用。例如，在球类比赛的战术制定上，球队可以根据采集到的对手的信息，利用图像识别技术，结合机器学习分析对手的战术，根据实时算法决策，制定己方的打法；在训练反馈上，可以通过一些可穿戴设备深度采集运动员的动作速度、距离、心率和疲劳指数等训练数据，借助人工智能技术来反馈训练效果。再如，球队可通过在运动鞋中加装感应芯片，追踪运动员跑步的距离、节奏和速度，判断运动员的肌肉疲劳程度，以监测运动员的训练效果。在预防损伤方面，球队可利用可穿戴设备和运动影像技术采集数据，基于历史伤病数据，采用机器学习算法，在训练或比赛中提前预警运动员伤病发生的可能性，并告知教练及时对运动员的训练负荷进行相应调整。

(2) 人工智能技术在体育产业和学校体育中的运用。人工智能技术促进了体育产业的进一步转型升级。人工智能技术有助于建立更科学的商业模式，并提升客户服务体验，为体育产业高质量发展奠定坚实基础。人工智能技术的引入还将促进个性化体育教学，帮助学校建立科学创新的体育生态圈，组织学生开展个性化的体育活动，帮助教师为学生提供更科学的教学指导。

一方面，人工智能推动了体育的发展；另一方面，竞赛又推动了人工智能技术的提升。近年来，机器人世界杯正在使用国际足球联合会（简称国际足联）的规则进行足球比赛，并预计在 2050 年之前与人类进行比拼。

二、体育中的大数据分析

大数据分析是大数据理念与方法的核心，是指对海量、多样、增长快速且真实的数据进行分析，从中找出有用信息的过程。体育大数据分析旨在借助数据挖掘、网络科学和统计技术解决体育科学中的问题。

大数据技术的运用使得竞技体育的训练方法、竞赛组织方式等得到了拓展。传统的竞技体育领域相对封闭，体育情报、训练手段及制胜规律的把握相对保守和隐秘，为了保持竞技优势，训练的组织者和实施者会千方百计封闭自己的信息通道。随着大数据时代的到来，原本封闭的“系统”将被打破，竞技体育所处的环境也会变得相对复杂。在竞技体育领域，原本依靠经验进行的如训练选材、技术分析、训练数据管理等，如今都可以依靠大数据技术来实现。

大数据时代的到来将推动体育传播方式的变革。第一，体育传播的形式和数据传播方式呈现多元化趋势。大数据时代的到来也迫使体育传播从纸质媒体传播向数字化传播和云端数据化传播的方向转变，人们逐渐摆脱对传统媒介传播手段的依赖，开始步入多元化的传播互动时代。第二，促进实时反馈机制的建立并能够对舆情进行预测。在大数据时代，借助网络媒介的转发率、点击率等数据即可快速了解受众的真实反馈。通过云计算等相关技术对体育新闻事件的分析、预测，可以明确了解受众的相关需求和关注点。在 2013 年的温布尔登网球锦标赛上，赛事组委会就利用国际商业机器公司的内容分析软件系统建立了针对球迷的“社交舆情视图”，对发布在各种网络媒介上的话题进行计算和评估。这一系统平均每秒钟就可以分析 40 条微博内容，经过对舆论数据的精确计算和统计，将网民关注的热点舆论制成社交对话舆论图，使主办方了解网民关注的热点时事，从而做出评估。第三，体育传播的方式和载体呈现多样化发展趋势。以电视媒体为主的现代传媒在大数据时代开始实现多媒体的深度融合，网络媒体所具有的现代特征结合大数据的云计算等多项技术的应用在一定程度上弥补了传统媒体的不足，传统媒体借助网络平台和大数据技术实现了新闻实时报道和新闻的定向传播，这极大地扩展了体育文化的影响力。第四，大数据技术的广泛应用开创了体育传播的“自媒体”时代。大数据时代，体育传播的主体和受众的界限开始逐渐模糊，体育传播开始呈现私人化、平民化、普遍化趋势，观众不仅仅代表着接受体育文化传播的受众群体，更是体育文化的传播者和“特派记者”，人们通过现代网络传播平台发布自己亲眼所见、亲耳所闻的体育新闻事件，同时可以发表个人评论、意见和切身感受。

三、体育中的人机交互技术

人机交互技术是指通过计算机输入输出设备实现人与计算机信息交换的技术。体育运动为人机交互技术提供了广阔的应用场景。在运动手表、运动服装和新兴的其他可穿戴产品制造商的推动下，可穿戴设备的市场目前正在蓬勃发展。这类设备的日益普及，一方面得益于传感器逐渐小型化带来的可穿戴性的改善；另一方面，身体传感器网络和可穿戴传感器的活动识别研究的进展，使得收集人们运动时的准确信息成为可能。

VR 也是人机交互技术的应用之一。VR 是一种可以创建和体验虚拟世界的计算机系统，它既可以是某种特定现实世界的真实再现，也可以是构想的世界，操作者可以通过视觉、听觉和触觉等与之交互，从而能产生“身临其境”的感觉。例如，一种太极训练器，可以对运动员的姿态进行识别。虚拟教练可帮助马拉松初学者训练，根据他们的心率来调整他们的速度，以便他们的身体能够及时做出反应，保持所需的训练强度。美国开发了一种雪橇比赛装置，这种装置可以把运动员带到一个仿真世界，利用计算机技术制作的立体图像将一间黑暗的训练室变成了比赛现场，运动员在这套装置上能真切地体验到驾驶雪橇沿着跑道飞速下滑的感觉。参加第 16 届冬季奥运会（以下简称“冬奥会”）的美国队利用这套装置训练运动员比去法国实地训练节省了一半的费用，并且训练次数大大增加。1996 年，科学家开发的滑雪橇和滑雪板仿真器能够模拟科罗拉多州的著名滑雪场地，使体验者不用到山上的真实滑雪场地就能够体验到震荡、摇摆、起伏和偏航等真实的滑雪感受。

第三节　体育器材与新材料

一、体育中的碳纤维复合材料

现代体育竞赛持续挑战人类极限，这对专业的运动器材提出了更高的要求，运动器材与装备也得到了不断的改进和发展。传统的体育用品大多由木材和木质复合材料制成，受材料物理特性的限制，运动表现很难有实质性的突破。碳纤维增强复合材料凭借其耐高温、耐腐蚀、质量轻、机械强度高、设计灵活以及易于加工等突出优势在新型材料中脱颖而出。在高尔夫、网球、滑雪、自行车、赛艇、帆船、射箭等运动项目中，处处可见这种黑色纤维的身影。

碳纤维是主要由碳组成的一种特种纤维，碳含量一般在 90% 以上。碳纤维具有一般碳材料的特性，如耐高温、耐磨、耐腐蚀性等，但不完全等同于一般的碳材料，它的形状具有明显的各向异性，柔软并可以加工成各种织物。将碳纤维复合材料应用于竞技体育当中，不仅在于其质量轻且耐用的特性，还在于其具备的高自由度，因为这对运动器材的设计和运动员的运动表现至关重要。

拓展阅读

二、体育中的可穿戴传感器

现代竞技体育追求运动成绩的不断提高，高水平运动员逐渐依赖科技仪器反馈的训练数据来制订个性化的训练计划。随着柔性电子、多功能器件集成、人工智能等技术的不断进步，运动传感器向智能化、多元化、微型化、柔性可穿戴化发展，可以通过可穿戴设备对运动员训练过程产生的信号进行全方位、多角度、多层次采集。

拓展阅读

运动传感器不仅可以监控运动员的身体信息，还可以将数据转换为可测量的有意义的电信号，如电压和电流。对这些信号进行实时监测，可实现对运动员的训练效果与身体状况的客观评价。这些信号可以归类为肌肉活动、呼吸、心率、汗液、体温和运动位移等。

三、体育中的三维打印技术

三维打印技术是快速成型技术的一种，是一种以数字模型文件为基础，运用粉末状金属或塑料等可黏合材料，通过逐层打印的方式来构造物体的技术。三维打印通常采用数字技术材料打印机来实现。三维打印技术在各种行业中越来越受欢迎，也延伸至体育行业，并使一些运动项目产生了革新性变化。

拓展阅读

第四节　科技奥运

一、科技在奥运会历史上的运用

回顾现代奥林匹克运动这 100 多年的历史，可以发现奥林匹克运动的发展与科技发展密切相关。世界各地的观众可以通过各届奥运会舞台看到不同国家在竞技体育领域的新科技。例如，2006 年的第 20 届都灵冬奥会，首次全面采用高清晰数字技术采集和传输电视信号；2016 年的第 31 届里约热内卢奥运会，手机小程序被广泛用于比赛转播、赛事服务等领域；2022 年的第 24 届北京冬奥会，“猎豹”（超高速 4K 轨道摄像机系统）成为赛场上一个亮眼的“黑科技”。

二、科技提升奥运表现案例

拓展阅读

竞技体育，特别是奥运舞台上的竞技体育一直秉持着“更快、更高、更强——更团结”的原则，竞技场上最后的冠军往往诞生于那 0.01 秒或 0.01 米的优势。作为身体素质处于人类“金字塔尖”的顶尖竞技体育运动员，通常会通过极其刻苦的训练来突破身体极限，以获得更佳的成绩，但随着科技的快速发展，运动员也开始重视科技对提升运动表现的作用。有了科技的辅助，运动员不仅可以进行更科学、安全的训练，还可以减少一部分阻碍成绩提升的因素，从而获得赛场优势，取得佳绩。

三、科技助力 2022 年北京冬奥会

拓展阅读

2022 年北京冬奥会提出了“绿色办奥”“共享办奥”“开放办奥”“廉洁办奥”的全新发展理念。我国把打造一个安全奥运、数字奥运、智能奥运、绿色奥运、科技奥运的“智慧冬奥”作为办赛的核心目标。2022 年北京冬奥会的圆满举办离不开科技在交通、医疗、餐饮、观众观赛、场馆、媒体、运动员参赛和防疫等方面的强大助力。

思考题

（1）科技对体育的促进作用表现在哪几个方面？

（2）科技助力 2022 年北京冬奥会的保障方式有哪些？

（3）结合本校开展体育工作的实际，提出一种可以实际应用的技术手段。

第四章　体育与经济
——现代大学体育的产业经济支撑

体育的巨大经济功能与意义已广为人知。发达国家的体育产业较为成熟，体育产业在我国也被誉为“朝阳产业”。本章依照“描述现象、分析内容、剖析原理”的逻辑，通过三节的内容，在阐述体育与社会经济发展之间关系的同时，简要地论述体育产业背后的经济原理以及应该如何科学而系统地发挥体育的经济作用。

关键词：体育产业、职业体育联盟、定价、利润、劳动力、竞争平衡。

第一节　体育产业发展现状

当今社会，体育产业作为第三产业的重要组成部分，已经成为国民经济中最具活力的新增长点。在我国，体育产业有狭义和广义之分，狭义的体育产业就是体育服务业，而广义的体育产业则被视作社会主义市场经济体制下运行的、为社会公众提供体育用品和体育服务的一类经济活动以及与之相关的经济单位的集合体。

一、举国体制与体育产业概念的提出

从1949年10月中华人民共和国成立到1978年12月中国共产党第十一届中央委员会第三次全体会议召开，我国体育事业尽管起步艰难、历经坎坷，但依然在计划经济体制和举国体制的背景下稳步发展和壮大。此时期，体育系统各部门和体育活动组织者主要围绕国家体育事业开展工作，尚未形成体育经营与产业开发。

把体育作为一种产业来发展，始于改革开放后。1986年，国家体育运动委员会（以下简称国家体委）发布《关于体育体制改革的决定（草案）》，并明确指出体育场馆等公共体育设施要“实行多种经营，由行政管理型向经营管理型过渡”。该文件也被认为是中国体育产业化的标志性文件。1992年，国家体委在“中山会议”上，首次将体育产业问

题作为深化体育改革的一项重要内容提出，这无疑进一步明确了体育产业的重要地位。

严格来说，处于早期实践阶段的体育产业与真正意义上的“产业”相距甚远，更多还是体育事业的“副业形式”，但体育体制转型和改革开放的政策背景促进了我国体育产业的萌芽和发展。体育用品业是这一时期发展的先锋。例如，李宁（中国）体育用品有限公司先后成为1990年亚洲运动会（以下简称“亚运会”）和1992年巴塞罗那奥运会中国代表队的指定运动装备供应商，使我国摆脱了在大型赛事上只能使用国外装备的尴尬境地。

2008年北京奥运会推动我国体育产业形成了基本的产业格局。一方面，体育用品业迅速发展，以李宁、安踏等为代表的体育用品企业不断壮大；另一方面，竞技体育职业化和市场化不断推进，国内陆续承办了中国网球公开赛、上海网球大师赛等大型商业体育赛事，为体育竞赛表演业拓展了更多元的市场空间。

二、体育产业发展新时代与阶段现状

经过20多年的探索，体育产业已展现出巨大的发展潜力与良好的发展态势。2014年，国务院发布的《关于加快发展体育产业促进体育消费的若干意见》（以下简称《意见》）将体育产业带入了全新的大发展时期。《意见》中用一系列数字为我国体育产业发展锚定了目标、勾勒了前景，既有如“力争到2025年，体育产业总规模超过5万亿元，成为推动经济社会持续发展的重要力量”的整体发展目标，也有“充分考虑体育产业特点，将体育服务、用品制造等内容及其支撑技术纳入国家重点支持的高新技术领域，对经认定为高新技术企业的体育企业，减按15%的税率征收企业所得税”的具体政策支持。体育产业的市场化和商业化已成必然之势。

2015年2月27日，中央全面深化改革领导小组审议通过了《中国足球改革发展总体方案》，并强调将举国体制与市场机制相结合，形成足球事业与足球产业协调发展的新格局。以足球改革为突破口的国家体育体制改革，不仅将中国体育产业引入了综合深化发展的新阶段，其催生的《冰雪运动产业发展规划（2016—2025年）》《山地户外运动产业发展规划》《马拉松运动产业发展规划》等一系列运动项目产业规划，亦促进了我国各运动项目的产业化，有利于我国体育产业补齐发展短板。

受新冠病毒感染疫情影响，2020年我国多数体育产业类别增速放缓，但可喜的是，以非接触性、非聚集性为特征且以管理活动为主的体育服务业增长稳定，其中体育传媒与信息服务增长了18.9%，体育教育与培训增长了5.7%。进入21世纪的第三个10年，互联网技术赋权下的体育数字化传播、智能技术加持下的参与和观赛体验升级以及新教育理念引领下的体育教育与培训等内容将为我国体育产业发展创造新环境、带来新机遇。

第二节　体育与经济的关系

体育产业蓬勃发展的核心是体育赛事、体育场馆和体育消费从不同侧面发挥的经济作用。在市场化和职业化的发展快轨上，优质体育赛事资源释放出巨大的经济价值，体育场馆的有效运营是经济价值可持续开发的重要抓手，体育消费则是体育产业高质量发展的关键动力。

一、体育赛事的经济价值

1993 年，国家出台多项文件，强调体育事业要“面向市场，走向市场，以产业化为方向”，提出“稳住一头，放开一片”的基本原则，即保证少数奥运会优势项目，实行集中管理，而将足球、篮球、网球等有条件的运动项目进行职业化发展，与国际接轨。经过多年的实践和努力，以中国足球协会超级联赛（以下简称“中超联赛”）、CBA、中国网球公开赛、北京马拉松等赛事为代表的国内优质体育赛事日渐成熟，在吸引越来越多体育消费者关注的同时，释放出了巨大的经济价值。

（一）直接经济价值

直接经济价值是指体育赛事组织者在赛事举办期间获得的直接收益，如门票、赞助和转播权收入等。以 2019 赛季中超联赛为例，该赛季中超联赛 16 支球队总票房收入为 2.86 亿元，总上座人数达到 560 万人次，场均观众人数 23 336 人，持权转播媒体数量共 23 家，传统媒体和新媒体平台累计收视人次分别为 3.45 亿人次和 3.55 亿人次，赞助商行业覆盖个数也从 2004 赛季的 3 个行业类别拓展至 13 个，囊括银行、汽车、石油化工、电子商务、服装、食品等多个类别，赞助总金额达到 6.14 亿元。总体而言，以赛事门票收入为基础、以广告赞助费用为核心、以电视转播权市场和特许经营市场开发为拓展的国内体育赛事直接经济价值产出模式已日臻完善。

（二）间接经济价值

间接经济价值是指借由举办体育赛事的产业联动和波及效应，带动周边地区和相关产业发展，提升赛事品牌、赞助商产品、办赛城市的知名度和美誉度等方面的体育赛事经济价值。2008 年北京奥运会产生了巨大的间接经济价值。有数据分析显示，北京奥运会的直接投资不仅拉动 2002 年至 2007 年北京地区的生产总值年均增长 2%，而且其带动京外区域经济发展的贡献度也达到了 60%。

二、体育场馆运营与经济效益

场馆运营是体育场馆经济作用的重要影响因素，不仅关系到场馆短期的经济收益，也会影响其长期的可持续发展。2014 年，《意见》已明确指出，积极推进场馆管理体制改革和运营机制创新，通过推行场馆设计、建设、运营管理一体化模式，将赛事功能需要与赛后综合利用有机结合，进而增强大型体育场馆复合经营能力、激发体育场馆活力。当前，以体育场馆冠名权营销等方式为代表的体育场馆运营和管理模式已成为体育场馆运营的有效手段，不断提升着体育场馆的经济效益。

五棵松体育中心是承办 2008 年北京奥运会篮球项目比赛和 2022 年北京冬奥会冰球项目比赛的“双奥场馆”，是体育场馆冠名运营模式的典型代表，其在体育场馆市场化运营、场馆功能转换和多样赛事活动筹办等方面均处于国内领先水平。五棵松体育中心在 2008 年奥运会后经历了万事达卡、乐视体育、上汽通用汽车凯迪拉克品牌的冠名更迭。在体育场馆冠名运营模式的支持下，五棵松体育中心年均使用率达 70%，在引入和承办篮球、冰球等高水平国际、国内体育赛事的同时，还通过举办明星演唱会、颁奖典礼等文娱活动吸引以年轻人为主的人流量，带动了相关消费。

此外，以“冬季运动＋体育培训＋高科技体验＋文创”的理念，将国家速滑馆所在的奥林匹克公园和首钢滑雪大跳台所在的首钢园区打造成标志性的体育旅游休闲园区；以“户外体育＋传统文化旅游＋社区配套”的形式，将云顶滑雪公园和北欧中心跳台滑雪场建设成休闲度假特色小镇，都是我国在探索体育场馆赛后可持续发展进程中提供的“中国方案”。

三、体育消费的经济效益

体育消费的经济效益首先表现为体育在提高生产力方面的积极作用。体育休闲活动是增强体质、消除疲劳、提振精神、完善人格的有效手段，是劳动力再生产的重要方式。人们通过体育消费参与各种体育休闲活动，在学习和工作之余增强身心素质、积极预防职业病，进而提高个人工作效率以及整个社会的生产效率。

体育消费在推动我国消费结构转型升级方面也发挥着不可替代的作用。体育消费既包含人们购买体育服饰、运动器材、体育杂志等的实物型体育支出，也涵盖人们观看体育比赛、体育表演、体育展览等的观赏型体育支出，还囊括了人们为满足身心健康需求所进行的体育活动、健身休闲、体育医疗康复等参与型体育支出。体育消费作为新时代我国经济发展方式从高速增长向高质量发展转变的一个重要环节，呈现出逐渐从传统实物型体育消费向观赏型、参与型体育消费转变的趋势。户外运动、健身休闲、体育旅游等新兴体育消费形式的发展顺应了国家经济发展和产业结构的战略转型方向，符合人民日益增长的美好生活需要。

此外，体育消费在推动体育产业稳步发展的同时，还能广泛影响和带动其他国民经济部门的活动。当前，“体育＋”模式日益成为体育消费转型升级的发展方向，“体育＋旅游”“体育＋医疗”“体育＋康养”“体育＋互联网”等复合形式在促进体育自身发展的同时，还为旅游、交通、餐饮、建筑、电子信息等行业提供了更多的就业岗位和发展机会，产生了巨大的经济效益。

第三节　体育中的经济议题

体育产业蓬勃发展以及体育产业的经济作用充分反映了体育与经济之间的紧密关系，也吸引了人们对体育与经济之间的关系的研究，并促生了一个专门的学科——体育经济学。

本节先从微观经济学的角度切入，阐释一些常见的经济学概念在体育领域的内涵与特点，再简要地介绍一种体育领域特有的，可以将体育赛事、体育场馆和体育消费联系起来的组织——职业体育联盟。

一、体育中的微观经济学

体育可以是儿童的游戏、成年人的消遣甚至国家、组织间的竞争，然而一旦与产业相结合，体育就成了一种经济活动——一种人们从事物质生产及其相应的交换、分配和消费的活动。为了更好地理解和分析作为经济活动的体育，本节首先介绍一些常见的经济学概念在体育领域的内涵与特点。

（一）成本

从会计学的角度看，体育组织涉及的成本不仅包括一般企业经营会产生的人工成本（如球员、教练员和工作人员的薪资）、设备成本（如租用场地的费用）和运营成本（如各种训练设备的维修和折旧费用），还包括一些特殊的内容，如参赛成本——俱乐部前往客场比赛时的交通支出。这些成本在短期来讲，往往是较为固定且可以预估的，因为一般来说俱乐部和球员都会签订至少 1 年的合同，球场的租约也往往是以 10 年为单位计算的。

当然，从经济学的角度讲，我们还需要考量机会成本，如广州城足球俱乐部因为主场比赛，无法把场地租给文艺工作者开演唱会，而文艺工作者愿付的租金超过球队外租场地比赛的支出，那么我们就可以说广州城足球俱乐部损失的这部分收入（文艺工作者愿支付的租金－外租场地比赛费用）就是他们的机会成本。

（二）收入

传统来说，赛事门票是俱乐部或者职业体育联盟最主要的收入来源。但如今，来自其他渠道的收入已经愈发重要——所以我们才会看到在空场的情况下依旧举办的 2020 年东京奥运会。国际奥林匹克委员会（以下简称“国际奥委会”）2022 年的收入分配方案是，奥运会的最高级赞助商的赞助费、转播费和国际奥委会特许项目费三类收入属于国际奥委会，门票收入、主办国国内赞助费以及主办国国内特许项目费三类收入属于奥林匹克组织委员会（以下简称“奥组委”）。因此，受到空场奥运直接影响的其实是东京奥组委，而非国际奥委会。职业体育俱乐部的收入则更加复杂和多元。

（三）定价

定价是影响体育组织收入的重要环节。以北京国安足球俱乐部（以下简称“国安”）的主场门票为例——假设国安每场中超联赛主场比赛可以吸引 4 万名观众购票入场，那么国安一个赛季的 17 场主场比赛共可以卖出 68 万张门票。2019 年，国安主场的最低票价为 120 元/张。如果忽略观众对价格的敏感性因素的话，那么票价每 10% 的变化就会让赛季门票总收入产生±816 万元的变化。换句话说，如果国安把票价定为 108 元/张，那么他们每完成一场主场比赛，就相当于减少了 48 万元的门票收入。

正因为定价如此重要，所以体育组织为了扩大收入使用了非常多的定价方式。

1. 垄断定价

垄断定价是在某一细分市场中拥有垄断地位的企业常用的定价策略。例如，四川金强蓝鲸篮球俱乐部作为四川省唯一的 CBA 俱乐部，可以控制四川省内每场 CBA 比赛的票量和票价，以使票价接近于球迷愿意为观看 CBA 赛事支付的最高价格，从而扩大利润。研究表明，球迷愿意为比赛支付的门票价格会不断变动，其主要的影响因素包括比赛时间、对阵对手、球队近期成绩、比赛重要程度等。

2. 价格歧视

因为客户的付费意愿和能力不同，所以垄断式价格会使场内产生空位，因此体育组织为了实现收益最大化，会为购买相同“商品”（如观赛服务）的客户制定不同的票价。大学健身房的会员卡分级定价就是典型的价格歧视——尽管学生、教工和普通会员在健身房享受同样的服务，但三种会员卡的价格却有差异。当然，并不是所有的票价差异都是价格歧视——同一场美国男子职业篮球联赛（National Basketball Association，NBA）的比赛，休息区后与球场最远处的球票价格差实际上源于观赛体验的质量差异，所以这两者并非同一种商品，两者的价格差也不是价格歧视。

3. 高峰票价

体育组织非常会利用消费者的偏好提高价格，如 NBA 的“圣诞大战”、夏天的室外泳池等。同理，非高峰时段的价格往往更低，如英国“易健身”健身房 2022 年标准月卡价格约为 268 元（人民币），非高峰时段（晚 9 点到早 5 点）的月卡价格则少了近一半，约为 134 元（人民币）。

4. 捆绑销售

季票是体育捆绑销售方式的经典案例。虽然季票看似为球迷降低了全部比赛的平均票价，但实际上，季票也把球迷不想看（或没法看）的比赛一起打包卖给了球迷。健身房也常常使用捆绑销售的技巧，如甲、乙两人都想在预算范围内进行健身和游泳，如果单项超过了预算，他们就会放弃（表 4-1）。

表 4-1　健身、游泳预期价格表　　单位：元

人物	健身	游泳
甲	20	50
乙	30	40

那么，如果健身房想吸引这两名顾客，就只能按照最便宜的方案定价：

$$(20+40)\times 2=120\text{ 元}$$

但如果健身房推出 65 元健身、游泳套餐的话，不仅两名顾客会以比自己预期总价还低 5 元的价格购买到两项服务，健身房的收入也会变成 130 元。

5. 两部定价

两部定价常见于为会员提供服务的俱乐部中。例如，一些高尔夫球俱乐部往往会要求消费者先缴纳会籍年费，再在每次打球时以会员价进行消费。

（四）利润

简而言之，利润就是总收入减去总成本的差值。职业体育俱乐部是体育领域中获取利

润最具特点的体育组织。以球类项目为例，一般来说，成功的俱乐部往往处在“场上赢球→更多观众→收入增加→购买球星→继续赢球”的正向循环中。球迷希望自己的俱乐部“球星云集、不断取胜”，俱乐部也希望“不断取胜、吸引球迷”，进而提高收入。不过，他们虽然都希望“不断取胜”，但在是否需要购买球员、购买多少球员方面则存在分歧。

首先，我们假设球员数量和俱乐部赢球为正相关关系，但由于比赛场次和赛场容量有限，所以尽管引进球员会提升俱乐部胜率进而吸引观众，但其带来的收入增量不仅边际效用递减而且有上限。同时，身价高的球星往往会大幅提高俱乐部的成本，进而降低了俱乐部的利润。因此，俱乐部就需要关注总成本上升和总收入上升之间关系，以得到球员工资和球迷入场之间的最优解。

这时就出现了“大市场”和“小市场”两种不同的俱乐部盈利模式。资金丰沛的大市场俱乐部的盈利模式相对直接：他们通过买入球员维持竞争力并吸引观众。但由于前面所说的赢球成本问题，大市场俱乐部也并不会一直买入球员，而是依照利润最大化的原则组建球队——即便球队的阵容仍有瑕疵，但如果“新球员产生的收入增量”等于“因为引入他而产生的成本”，球队就不会再继续补强。从经济学的角度讲，当一名新球员带来的边际收益等于由他产生的边际成本时，俱乐部就实现了收益最大化，也就不会再购入新球员了。

小市场俱乐部由于资金有限，支付不起大牌球员的费用，所以往往非常重视培养新秀，以组建在短期内竞争力较强且工资较低的“青年军”（因为新人的工资往往不高）。等到一些新秀成为“球星”后，他们再用这些新星交换其他队的潜力新秀（而且往往是“一换多”）。这样的运行模式帮助他们在低成本的状态下仍然可以保持一定竞争力，吸引部分观众，进而获取利润。

由此，我们不难看出，劳动力（尤其是球员）对职业体育俱乐部的利润产生的巨大影响。下面我们就来谈一谈体育产业的劳动力问题。

（五）劳动力

劳动力是体育产业（尤其是职业体育领域）一个非常有特点的领域，因为，这一领域中同时存在着卖家垄断和买家垄断。

卖家垄断的根源在于球员竞技能力的稀缺性和不稳定性。作为生产“赛事”商品的基本生产力，球员的竞技能力具有很强的稀缺性和不稳定性。以梅西为例，不仅梅西绝无仅有，而且巅峰时期和生涯末期的他也差异极大，因此我们说生涯巅峰时的梅西是非常稀缺的。同时，无数因伤陨落的体坛“流星”也极好地例证了这种生产力的不稳定性。而且，由于球员在“赛事生产”过程中一直处于核心地位，只要能够增加利润，俱乐部就会展开针对球员或教练的“金钱大战”——即便他们不能带来更多的胜场，但只要能够制造话题、吸引视线、创造利润就会成为俱乐部追逐的目标，于是就出现了一些天价收入。

但与此同时，劳动力市场也存在着买家垄断，职业体育俱乐部和职业体育联盟对劳动力市场具有巨大影响力。其原因主要有以下两点。首先，职业运动员很难兼顾两个项目，因此基本固定在一个行业中。其次，一个国家某个项目的职业体育俱乐部和职业体育联盟数量也很有限，职业运动员的就业机会也就受到了限制。而且，职业体育俱乐部和职业体育联盟还会用各种方法扩大自己的买家垄断。例如，他们可采用如下方法。

（1）准入规则——运动员只能通过某种方式（如选秀）进入联盟。

（2）新秀合同——规定新秀运动员为首支俱乐部效力的年限和薪资。

（3）制造萧条——俱乐部暗中达成共识，不与自由运动员签约。

（4）保护条款——将运动员和某队捆绑，转会目标俱乐部需要付出额外代价。

二、职业体育联盟——一种经济组织

（一）职业体育联盟的特性与本质

职业体育联盟是一种体育领域特有的组织。由于以职业体育联盟形式组织的赛事比俱乐部或个人之间单独约定的比赛具有更规律的日程、更成体系的排名规则和更多可以炒作的议题，也更便于媒体转播和观众观赛，还能够激发更多的市场需求。因此，职业体育联盟的出现使体育赛事、体育场馆与体育消费得以整合，使三者的经济作用产生叠加。

职业体育联盟与其他经济组织相比具有很强的特殊性。这种特殊性首先表现在组成主体的多样性上。与由国家或地区单项体育协会组成的国际单项体育组织不同，有些职业体育联盟由以俱乐部为主体组成，有些由以个人为主体组成，还有些由个人和组织混合组成。

职业体育联盟成员之间的关系也是其特性之一。以中超联赛或者美国四大职业联赛这样的俱乐部联盟为例，联盟中的各个俱乐部虽然在竞技层面上是竞争关系，但在经济层面上则是合作关系——各俱乐部在各自的省份和城市中都处于一种垄断地位（只有在经济体量够大的城市或省份中才会出现同一个联盟的两个俱乐部），故俱乐部之间的市场竞争关系比较少，更多的是通过出售相互之间的比赛而获利的合作关系。

究其本质，职业体育联盟与国家或地区单项体育协会完全不同。体育协会往往是具有非政府、非营利性质的社会组织，其任务主要是推动某项运动在国家或地区的发展，并组队参加国际赛事；职业体育联盟则是一个追求利润的商业组织。

简单来讲，作为商业组织的职业体育联盟具有两种主要身份。

其一，职业体育联盟是一个出售赛事的合资企业——各俱乐部是它的投资者。但与普通投资者不同，俱乐部也是赛事产品的生产者，而且互相争夺生产力和生产资料——球员、教练、管理人员。同时，为了能使自己投资的企业（职业体育联盟）实现利润最大化，各俱乐部还要服从职业体育联盟的管理与规则——这相当于董事会成员要服从经理层的管理，这在企业中是不多见的。

此外，有些职业体育联盟要求俱乐部不仅投入与赛事生产相关的生产力和生产资料，还要向职业体育联盟注资。例如，中超联赛公司的注册资金为 500 万元。其中，中国足球协会出资 100 万元，占股 20%；14 家中超联赛俱乐部以“均股均权”的方式平摊价值 320 万元的 64%的股权，剩下的 16%股权由中国足球协会预留代持。

其二，由于职业体育联盟往往垄断了某地区内一项运动在特定水平的竞赛市场，而且他们的垄断兼具买家垄断（对球员和想加入职业体育联盟的俱乐部而言）和卖家垄断（对观众、赞助商和广播商而言）的特性。

（二）竞争平衡

简单来说，竞争平衡就是职业体育联盟中各队实力的平均程度，或者说职业体育联盟中各队能在各自主场获胜的可能性（可能性越高，就越平衡）。在主客场比例 1∶1 的情况下，如果各队都保持主场获胜，那么各队的战绩就都是一样的。

虽然，观众会希望自己支持的运动队赢得越多越好，但职业体育联盟则希望各运动队之间能维持竞争平衡，因为竞争激烈、充满悬念的比赛更能够吸引观众，也就可能出售更多赛事产品。当然，这种竞争平衡并不局限于单个赛季，而是尽量让各运动队在中、长期保持“你方唱罢我登场”的状态。

为了保持各运动队之间的竞争平衡，职业体育联盟会采取各种手段与策略，如财政可持续性规则、选秀制度、新秀工资仲裁、收入分享政策、工资帽和工资地板等。当然，这些手段与策略不仅保持了竞争平衡，也在一定程度上促进了职业体育联盟的健康发展。

思考题

（1）简述我国体育产业的发展现状。

（2）体育赛事的经济价值有哪些？

（3）为本部分列举的体育中的经济学议题找一两个案例。

实践篇

第五章　基础项目

第一节　田径

价值塑造：通过田径项目的学习、练习和比赛，培养学生不怕困难的意志品质、互相帮助的良好品行和坚毅顽强的心理素质等。

能力培养：全面发展学生的身体素质，让学生掌握常用的身体素质锻炼方法，为学生的终身体育打下坚实的基础。

知识传授：了解田径运动各项目的基本理论知识，初步掌握跑、跳、投的主要技术，基本掌握跑、跳、投的运动技能。

教学任务

视频讲解

一、认识田径

田径运动是由田赛和径赛两大部分组成的。

田径运动对人体有很多方面的影响，如它能提高力量、速度、耐力、协调性、灵敏性等身体素质水平，使人获得广泛的运动技能；它也能促进血液循环，增强心肺功能，提高新陈代谢，从而增强体质。

田径运动是体育运动的基础项目。跑、跳、投的各种动作在体育运动项目中都是必不可少的。例如，奔跑的速度、弹跳力在足、篮、排三大球等运动中都起着关键作用，所以我们称田径为运动之母。

英国是现代田径运动的发源地。19 世纪初，英国的一些大学就曾举办田径比赛，但 1896 年举行的第 1 届现代奥运会是正规且大型比赛的起点。该届奥运会上，田径比赛只有男子 12 个项目，参加比赛的仅有 59 人。直到 1928 年举行的第 9 届奥运会才增设了女子项目。

20 世纪初，外国传教士将现代田径运动带入中国，当时只在教会创办的学校之间开展田径比赛。1919 年“五四运动”以后，田径运动被列为学校体育内容，同时在中国逐步开展起来。

在大学课程中普及田径运动，可以全面提升学生的身体素质，培养学生坚强的意志品质，使学生在未来走向社会时，争取能够做到为祖国健康工作五十年。

二、短跑

短跑运动是人类历史上最古老且广为开展的田径运动项目。在公元前 776 年举行的第 1 届古代奥运会上，仅有短跑一个比赛项目，以后才逐步增加了跳跃项目和投掷项目。短跑的魅力在于不断有优秀的运动员刷新纪录。从 1929 年刘长春的 100 米手计时 10.8 秒，到 1978 年袁国强的 100 米电计时 10.61 秒，再到 2021 年苏炳添的 100 米电计时 9.83 秒（是中国人首次进入奥运会的百米决赛），标志着中国短跑运动训练水平迈上了新的台阶。

短跑运动的项目特征是以肌肉工作和无氧供能为主的快速向前的周期性运动，决定跑速的是步频和步长。步频和步长的表现因人而异。步频与遗传因素的联系较为密切；步长与训练因素的联系较为密切，与跑的技术、力量、柔韧性等素质有关。短跑运动员需要具备的主要身体素质是速度、力量、耐力、灵敏性和柔韧性等，所以短跑训练需要不断地发展这些身体素质。

（一）基本技术

400 米及以下的竞赛项目称为短跑，它是人体在大量缺氧状态下持续高速跑的极限强度运动。短跑是一项要求全身协调配合，反应性、灵活性高，强度大的激烈运动项目。

1. 起跑技术

根据规则规定，短跑比赛须采用蹲踞式起跑。蹲踞式起跑的目的是获得向前冲力，使身体尽快地摆脱静止状态，为起跑后的加速跑创造有利的条件。

2. 加速跑技术

在起跑的基础上，大腿积极向后方下压，起跑后第一步为三脚半至四脚半长，以后的步长逐渐增大，直到途中跑。起跑后上体自然前倾，随着跑速的加快，上体逐渐接近正直。起跑后加速跑的前几步，两脚落点自然分开（加速跑一般为 25～30 米），随着步长的增大，两脚落点逐渐合在一条直线上，并自然过渡到途中跑。

3. 途中跑技术

当身体重心移过支点垂直面时，就进入了支撑腿的后蹬与摆动腿的前摆阶段；这时，摆动腿的大小腿折叠，从超越支撑腿开始，迅速有力地向前上方摆出，并且带动同侧骨盆前送大腿与水平面成 15°～20°角；支撑腿在摆动腿积极前摆的配合下，快速有力地伸展髋、膝、踝关节，蹬离地面，形成支撑腿与摆动腿协调配合动作。这是途中跑的关键。

4. 终点跑技术

终点跑是全程跑的最后阶段，其任务是尽量以途中跑的高速度跑过终点。终点跑包括终点跑技术与撞线技术。终点跑应加快摆臂动作，且摆臂动作的快慢与下肢动作频率的快慢紧密相关。

（二）短跑的练习方法

1. 速度练习

速度练习可以经常进行，但要做充分的准备活动。只有神经系统和肌肉系统得到充分动员，速度练习才能达到理想的效果。其主要训练手段有以下 4 种。

（1）快速跑台阶。注意上、下肢动作的协调配合。

（2）高抬腿跑。以最快频率进行高抬腿跑，持续时间为 5～10 秒。

（3）小步跑。大腿带动小腿积极下压落地，以最快频率或者逐渐加快频率的方法跑 30 米。

（4）跑小标志物。20 个小标志物，之间间隔三脚距离，要求两脚快速下趴落地，不用高抬腿。

2. 力量练习

力量是短跑运动员最基本、最重要的身体素质，分为最大力量、快速力量、力量耐力。其主要训练手段有以下 4 种。

（1）负重弓箭步走。上体保持正直，两腿间夹角尽量拉大。负重 20 千克杠铃杆走 20 步，初学者可以不负重。

（2）负重前后分腿跳。两腿同时起跳，膝微屈，身体保持正直。

（3）壶铃蹲跳。深蹲或者半蹲，上体保持正直，髋、膝、踝关节要快速伸直，快速跳起。

（4）负重半蹲起。上体保持正直，两腿屈膝，大、小腿夹角为 140°左右，须做到慢蹲快起。

3. 跳跃练习

跳跃练习是短跑的专门性力量训练，能够发展爆发力和快速力量。其主要训练手段有以下 7 种。

（1）立定跳远。跳时注意两脚用前脚掌蹬地，同时两臂由两侧后方向前上方做强有力的摆动，使身体向前上方腾起。

（2）多级跳。注意髋的伸展幅度要大，上下肢配合协调，可练习助跑三、五、十级跳。

（3）跳栏架。动作连贯，上体保持正直，踏跳及时有力，尽量做到落地就起。

（4）跳台阶。单腿和双腿连续跳台阶，落地就起，轻快有力。

（5）跳深。从跳箱上跳下，接着再跳上跳箱或者栏架。

（6）跳绳。原地双脚跳绳、高抬腿跳绳，落地轻快，高抬腿跳绳时要做到尽量抬高大腿。

（7）快速后蹬跑。要求计时计步，注意上下肢协调用力，充分伸髋。

4. 柔韧性练习

柔韧性的好坏对短跑运动员的动作幅度是有一定影响的，因此在平时应注重学生的柔韧性练习。

5. 弯道跑练习

200 米、400 米和接力跑都有一半的距离是在弯道上进行的，所以合理的弯道跑技术非常重要。在弯道跑中，要根据速度和道次，使整个身体逐渐向内倾斜，速度越快，倾斜度越大，但要保持身体的向心力。在平时的训练中要安排进、出弯道跑训练，注意脚蹬地和摆臂的弯道跑技术动作。

6. 接力跑练习

接力跑是一个高度体现团体动作和默契配合的项目，在学校体育中，这是一个非常好的培养集体主义精神的项目，学生能在这个过程中学会配合，理解什么是责任。

4×100 米接力跑的 4 棒握棒分别采用右、左、右、左手持棒。传递棒一般采用下压式的传递法，此法安全性高，使用较为普遍。需注意的是，第一棒是右手持棒，第二棒是左手接棒，那么两位运动员在交接棒时要合理共用一条跑道，第二棒运动员应该站立在预跑线内跑道外侧，内侧留给第一棒运动员，后面第三、四棒运动员依此类推。助跑线的确定也要因人而异，由接棒运动员用脚丈量，一般运动员丈量 24～28 个脚长，如接棒运动员启动速度特别快，那么两人交接的距离要按最短丈量，反之则拉大距离。接棒过程中如果第一次交接不成功，接棒运动员不要回头找棒，应该放慢速度，把接棒的手伸出去等待再次交棒。

棒次安排原则：所有运动员都应该具备良好的心理素质。第一棒须安排起跑技术较好的运动员；第二棒须安排速度较快、协调性好的运动员，由于要完成接棒和交棒两个任务，速度较快的运动员会逐步拉开与其他队的距离；第三棒最好安排一名 200 米专项运动员，擅长弯道跑非常重要，在领先的情况下可以保持优势，如果落后也有追赶的能力；第四棒运动员需要有顽强的拼搏精神，无论成败都需要全力以赴，拼搏到终点。

三、跨栏跑

跨栏跑需要具备的身体素质是灵活性、协调性、力量素质，400 米跨栏跑还需具备耐力素质。良好的节奏感是跨栏运动员必备的特点。

跨栏跑课程可以和短跑课程一起安排学习。

（一）基本技术

跨栏比赛项目分为男子 110 米跨栏跑和女子 100 米跨栏跑，男、女 400 米跨栏跑。其跨栏技术在动作结构上基本相同。

1. 起跑至第一栏的技术

合理的起跑至第一栏技术应符合以下要求。第一，适宜的起跑动作姿势。起跑的“预备”姿势，身体重心应保持较高的位置，这样有利于上体较早抬起和快速地蹬离起跑器。第二，积极地加速。起跑后应利用积极的后蹬和有力的摆臂动作来逐渐加快速度，上体抬起的时间要比短跑早些。第三，快速积极的栏前短步。栏前最后一步是一个比倒数第二步短 10～15 厘米的短步，这是为了保持起跨时较高的身体重心位置，提高重心前移的速度，为跨越第一栏做好技术和心理上的准备。第四，准确地踏上起跨点。栏前最后两步要跑得更加积极，身体姿势、后蹬角度和跑动步幅都应调整到适合起跨攻栏，并以准确的节奏踏点起跨。

2. 跨栏步技术

跨栏步是从起跨脚踏上起跨点开始到摆动腿的脚过栏后着地为止。其主要任务是在越过栏架高度的前提下，尽量减小起跨时的垂直速度，取得较大的腾空初速度和较低的身体重心抛物线轨迹，尽快地越过栏架。跨栏步技术包括起跨攻栏和腾空过栏，起跨点要远，着地点要近。

对于初学者来说，起跨腿动作非常重要，其向前提拉时，小腿收紧，使脚跟接近臀部，膝高于踝，脚尖稍向上翘，并与摆动腿的下压形成协调有力的剪绞动作。当摆动腿前脚掌着地时，膝关节是伸直的，踝关节进行缓冲，这样能使身体重心处于较高的位置。摆动腿着地时，上体仍保持一定的前倾。随着起跨腿大幅度地向前做提拉动作，身体重心迅速移动过支撑点。

3. 栏间跑技术

栏间跑是指下栏着地点到下一栏起跨点之间的跑动过程。栏间跑技术与短跑途中跑技术有所不同，它要求在规定的距离内以固定的步数跑完，并且为过栏做好准备。栏间跑的特点是重心高、频率快、节奏强，栏间三步步长的比例大小是小、大、中。

4. 终点跑技术

跨栏跑终点冲刺基本技术同短跑终点跑技术，要求是起跨腿跨过最后一个栏即向前摆出，全力冲过终点。

（二）跨栏跑的练习方法

1. 速度练习

跨栏跑的速度练习方法同短跑的速度练习方法，但技术要求做到高重心和快步频相结合，与快速过栏有效结合。跨栏还需要对栏间三步节奏进行练习，练习的方法如下。

（1）双手支撑，快速高抬腿。

（2）高抬腿过小栏架。

（3）栏中间高抬腿过栏。

2. 力量练习

跨栏跑的力量练习同短跑的力量练习，但有一些针对性的练习，具体如下。

（1）壶铃蹲跳。

（2）轻负重快速蹲起。

（3）快速抓举。

（4）快速连续拉橡皮带抬腿、下扒。

3. 柔韧性和灵敏性练习

髋关节灵活性对跨栏跑非常重要，以下练习可以在准备活动的拉伸中应用。

（1）敏捷梯练习。

（2）绕栏架练习。

4. 专项练习

(1) 走栏架练习，让学生理解跨栏跑的基本动作。

(2) 跑小栏架，栏间距为 8.5 米（男子）、7.5 米（女子），也可根据实际情况调整。

(3) 专门练习侧面过栏。

(4) 缩短栏距、降低栏高练习。

四、中长跑

中长跑分为中距离跑和长距离跑。中距离跑一般指 800 米、1 500 米跑，长距离跑一般指 3 000 米跑、5 000 米跑、10 000 米跑、马拉松等。

中长跑项目首先依赖耐力素质和速度素质，其次才是力量素质、灵敏素质和协调素质。

中长跑项目的训练应该是多元化的，要合理地利用自然环境，如山坡、高原等，并根据运动员的个人特点制订训练计划。

(一) 基本技术

1. 起跑技术

中距离跑一般采用低姿态的站立式起跑，长距离跑采用高姿态的站立式起跑。

2. 途中跑技术

为了减少着地时产生的阻力，脚应以“扒地”式的着地方法，落在离身体重心投影点较近的地方。前脚掌着地时，着地腿的膝关节是稍微弯曲的，脚跟和膝关节几乎在一条垂线上。脚着地后，小腿后侧肌群和大腿前侧肌群应积极而协调地退让，以减缓着地的制动力，并为后蹬创造有利条件。在缓冲的过程中，应迅速屈踝、膝、髋，其中屈膝起着主导作用。

3. 终点跑技术

终点跑技术动作要求同短跑技术，不同的是冲刺跑的距离比短跑长，具体长度根据个人能力来决定。

(二) 中长跑的练习方法

1. 速度练习

虽然中长跑比赛距离较长，但是在比赛中往往在最后几十米或者几米才见分晓，所以，速度水平也决定了运动员的冲刺能力。在速度训练中，我们可以参考短跑运动员的训练手段。在中长跑训练中，800 米项目的速度训练占 30%～40%，1 500 米项目的速度训练占 20%左右，5 000 米项目的速度训练占 15%左右，10 000 米项目的速度训练占 10%左右。

速度练习的主要训练手段有 30～80 米加速跑、60～200 米重复跑、变速跑等。教练员可以在一次速度耐力训练后、运动员机体乳酸水平没有完全恢复时安排短距离速度练习。

2. 力量练习

为了促进中长跑运动员的步长、步频和动作节奏的稳定性，中长跑运动员的力量素质练习可以围绕着专项需要进行，如 200 米跨步跳、上坡跑、单足跳、双足跳、轻杠铃负重练习，这些练习不仅能够刺激肌肉的快速收缩和协调性，还能有效避免肌肉增粗。

例如，循环训练：左右跳→跳绳→两头起→背起→小哑铃摆臂→橡皮带抬腿→立卧撑→肋木举腿等（选 6 个动作为一组，每个动作根据能力设定时间 0.5～1 分钟，练习 4～5 组）。

3. 柔韧性和灵敏性练习

柔韧性和灵敏性练习也是中长跑不可缺少的练习内容。柔韧素质和灵敏素质的好坏将影响运动员是否能掌握更好、更加合理的中长跑技术。在运动中，柔韧素质也会影响运动员运动损伤发生的概率。

发展柔韧素质的训练方法有两种，即动力拉伸和静力拉伸。动力拉伸是指有一定节奏的多次重复同一动作的拉伸练习。静力拉伸是指通过缓慢的拉伸将肌肉、韧带等软组织拉长，拉到一定程度时就静止不动使其得到持续被拉长的刺激。

发展灵敏素质的练习有各种变换方向的追逐性游戏，如贴人游戏。当 2 人配合练习时，可根据同伴的身体移动情况，进行各种躲闪、突然进攻、迅速转体等练习。

4. 专项训练

一般耐力训练的特点是强度小、时间长，如越野跑、变速跑等。专项耐力是高强度的运动能力，在中跑中主要训练方法是大强度间歇跑和重复训练，一般为比赛距离的 1/4～3/4。长跑训练主要采用持续负荷法，运动员常常利用早操进行 10～20 千米的越野跑。长跑训练采用重复训练法时一般安排的距离是比赛距离的 1～1.5 倍。

五、跳高

跳高运动历史悠久，起源于古代人类生活与劳作中的垂直跳跃的活动。现代跳高项目已有 100 多年的历史，其间历经了跨越式、剪式、滚式、俯卧式等几种不同技术的演变，最后发展为现在广泛应用的背越式。在技术不断地变化过程中，运动成绩也在不断提高。由此可见，掌握合理的技术并进行科学的训练是取得优异成绩的关键。

（一）基本技术

跳高项目是一项速度、力量与弹跳力相结合的跳跃类项目，整个技术动作由助跑、起跳、过杆和落地四部分组成。整个技术过程对运动员的身体素质的要求较高，在正确合理的专项技术条件下，短距离跑速度越快，全身爆发力越好，柔韧性与协调性越佳，运动员的竞技水平就越高。

1. 助跑

背越式跳高的助跑由直线跑和弧线跑组成，直线跑的任务是获取更大的水平速度，弧线跑的任务则是为起跳创造离心加速度。直线跑与横杆之间的角度为 70°～90°，弧线跑时由开始的面向横杆逐渐过渡成侧对横杆。

2. 起跳

助跑的最后一步起跳到起跳脚离开地面瞬间的过程即为起跳，位置一般在跳高架横杆的 1/4 处。起跳的主要目的是将助跑获得的速度迅速转变成向上运动，使身体充分向上腾起，为过杆做准备。

3. 过杆

过杆就是充分利用起跳时获得的腾起高度与速度，改变身体姿态，旋转身体越过横杆的过程。过杆瞬间要求双肩放松，头部后仰，髋部上顶，大腿下放，小腿下垂，身体呈“背弓成桥”姿势。

4. 落地

过杆后身体下落到垫子的过程即为落地。当臀部和大腿越过横杆后，身体开始下落，此时在挺髋的基础上，大腿带动小腿快速向后上方甩动，使整个身体脱离横杆，然后低头含胸，肩部着垫并顺势后翻，注意缓冲。

（二）跳高的练习方法

1. 速度练习

决定跳高成绩的主要因素是速度。背越式跳高采用弧线助跑技术，不仅提高了跑动速度，而且还利于身体重心的平稳降低与升高，获得更大的垂直速度与腾空初速度，提高了起跳效果。根据跳高项目的技术特点，运动员在速度练习时应更趋向于接近专项速度的练习，主要从平跑速度、弯道跑速度及动作速度 3 个方面着手进行训练。

（1）平跑速度练习。改善平跑技术可以采用小步跑、高抬腿跑等练习手段。提高平跑速度的方法有 30～100 米不同距离的计时跑、加速跑。改进跑步节奏可以根据自身能力进行一些不同距离的跨栏跑练习。无论是哪一种练习方法，都要求动作准确、到位，自然放松。

（2）弯道跑速度练习。弯道跑是跳高项目中不可缺少的练习内容之一，它能有效地改善身体向内倾斜角度、脚的落地位置及跑动节奏等问题。其练习方法繁多，常用的有弯道加速跑、大步跑、计时跑、负重跑、跨栏跑、曲线绕杆跑等。

（3）动作速度练习。快速重复练习某一动作，能有效地提高肌肉的收缩速度和改善中枢神经系统的协调性。提高动作速度的练习方法有：快速摆臂与摆腿练习、摸高练习、连续跳跃栏架练习、高处跳下并快速向上跳起练习。

2. 力量练习

力量是基础，是完善技术和提高成绩的重要因素。跳高项目属于快速力量项目，对爆发力和专项力量的要求非常高，所以提高爆发力和专项力量是该项目力量练习的重点。训练过程中，练习方法可分为有器械和无器械两大类。

有器械练习方法主要有：杠铃练习——抓举、高翻、深蹲、半蹲、提踵、弓箭步走等；壶铃练习——蹲跳、抡摆等；小器械练习——利用沙衣、弹力带等进行弓箭步换腿跳、摆臂、摆腿等。

无器械练习方法主要有：高跳练习——原地纵跳摸高、不同距离的助跑摸高、跳台阶等；远跳练习——立定跳远、立定三级跳、立定五级跳、跨步跳、单足跳及助跑的各种跳跃练习。

3. 柔韧性和协调性练习

跳高运动对柔韧性和协调性有较高的要求。良好的柔韧性和协调性不仅能控制和支配关节与肌肉，达到改进和完善技术的效果，还能有效地降低伤病的发生率。柔韧性和协调性练习方法有静态练习方法和动态练习方法 2 种。静态练习方法有压腿、劈叉、下腰等练习（图 5-1 至图 5-3）。动态练习方法有踢腿、摆腿等练习。

图 5-1　压腿练习

图 5-2　劈叉练习

图 5-3　下腰练习

六、跳远

跳远是田径运动中历史非常悠久的项目之一。据记载，早在公元前 708 年的古希腊奥运会上就有跳远项目的出现，距今已有 2 700 多年的历史。一块挖松的土地和一块“门槛”组成了当时的跳远场地，后来为了避免伤病的发生，人们发明了现在的沙坑。18 世纪末，人们将跳远运动列为重要的练习项目，并广泛推广。法国教育学家还在著作里详细地介绍了跳远运动的练习方法与场地设施，而且高度地肯定了跳远运动对人体锻炼的良好作用。

现代跳远运动则起源于英国。1896 年第 1 届现代奥运会上就设立了男子跳远项目，而直到 1948 年的第 14 届奥运会，女子跳远项目才被列为正式比赛项目。

（一）基本技术动作

完整的跳远技术由助跑、起跳、腾空和落地 4 个部分组成，即沿直线助跑、单脚起跳、腾空，最后两脚落入沙坑完成落地动作。

1. 助跑

跳远成绩很大程度上取决于助跑速度。助跑一般分为平稳型和积极加速型。平稳型的特点是助跑开始阶段比较慢，然后逐渐加快步频和加大步幅；积极加速型则是从助跑开始到动作结束始终保持高速水平。助跑距离一般与自身能力有关，能力较强的运动员助跑距离相对较长。助跑距离不是固定不变的，运动员会根据当时的身体状况、外界环境等因素做出适当的调整。

2. 起跳

通过助跑获取起跳初速度，最大化地保持水平速度，这是为了平稳地改变身体重心，为腾空创造有利条件。起跳过程要求动作连贯、流畅、一气呵成。起跳时，上体正直，目视前方，起跳脚脚跟着地，然后迅速过渡到全脚掌，腿伸直。摆动腿迅速折叠，摆至水平位置，两臂摆至体侧。

3. 腾空

起跳腿蹬离地面向空中腾起，并在空中完成各种动作的过程为腾空阶段。此阶段的主要任务是最大限度地利用身体重心抛物线轨迹，将两腿充分向前伸出，为落地创造有利条件。跳远的腾空技术主要包括蹲踞式、挺身式和走步式 3 种。蹲踞式相对简单易学，起跳腿蹬离地面后快速摆动，向摆动腿和胸部靠拢；挺身式的腾空动作最舒展；走步式要在空中完成“走步”动作，对协调能力和平衡能力要求较高，因此走步式也是难度最大的动作。

4. 落地

合理的落地动作不仅可以创造好的成绩，还可以降低伤病的发生概率。落地过程中，上体不要过于前倾，大腿上提，向胸部靠拢，伸膝勾脚尖的同时两臂后摆，脚跟着地。常用的落地方法有侧倒式、折叠式和滑坐式 3 种，无论采用哪种方法都要保持上体的稳定。

（二）跳远的练习方法

1. 力量训练

跳远的力量主要是指下肢肌群的爆发力，而且对踝关节力量也提出了较高的要求。起跳时，要求腿部有强大的支撑力量和爆发力，腰腹部及髋、膝、踝等关节也需要同时协调用力，在快速的助跑中完成起跳腾空的动作，因此，不仅要注重力量练习，还要注重速度与力量相结合的练习。

（1）上肢力量训练：立卧撑、手持哑铃等重物摆臂、手持重物提拉或上举（站、坐均可）、引体向上。

（2）下肢力量训练：负重深蹲、负重半蹲、负重蹲跳起、负重弓箭步走、负重弓箭步交换跳、单足跳、跨步跳、跳台阶、收腹跳、跳栏架等。

（3）腰腹力量训练：仰卧起坐、俯卧两头起、仰卧起坐抛接球、平板支撑、俄罗斯转体、侧桥等（图 5-4 至图 5-9）。

图 5-4 仰卧起坐

图 5-5 俯卧两头起

图 5-6 仰卧起坐抛接球

图 5-7 平板支撑

图 5-8 俄罗斯转体

图 5-9 侧桥

除了发展全身力量，还应注重速度、灵敏性与协调性等身体素质。学生应根据自身能力合理控制练习负荷及保证练习手段的正确性，避免伤病的发生。

2. 速度训练

速度是跳远项目的基础，也是取得优异成绩的关键。除了绝对速度，踏板速度、起跳与摆动速度也是使助跑速度发挥作用的重要保证。训练应以提高绝对速度为主，配以专业性练习手段，使助跑过程中动作放松、自然、协调，有节奏地在短时间内达到个人最快速度。

(1) 绝对速度训练：30 米跑、60 米跑、100 米跑等。

(2) 组合训练：走动中加速跑、放松大步跑＋加速跑、高抬腿跑＋加速跑、加速跑＋高抬腿跑、下坡大步跑＋加速跑、大步弹性垫步跑、反复跑、跳小栏架＋加速跑、敏捷梯＋加速跑等。

正确的跑步姿势是提高速度的基础，控制好平均跑速是提高跑步能力的重点，合理的间歇时间是保证练习质量的前提，正确地选择练习手段有助于获得事半功倍的效果。

3. 柔韧性与协调性训练

柔韧性与协调性是运动能力的重要组成部分。柔韧性与协调性练习不仅要结合专项特点，而且要与各种能力相结合。其练习手段一般有站立式肋木压腿、弓步压腿、压肩、转肩、同伴间互助拉伸、高频率小碎步跑、敏捷梯组合练习等。

七、铅球

铅球是一项古老的运动。据记载，最早的推铅球运动是从部队的推炮弹游戏演变而来的，当时的炮弹由铅铸造，铅球也因此而得名。1896 年第 1 届现代奥运会男子铅球就被列为正式比赛项目，女子铅球于 1948 年第 14 届奥运会被列为正式比赛项目。正式比赛中铅球的质量分别为：男子 7.26 千克，女子 4 千克。

(一) 基本技术

在完整的推铅球技术中，人体运动呈现出平动与甩动的基本形式。为了便于技术的分析和教学，以背向滑步推铅球为例，我们把推铅球技术分为握球与持球、预备与团身、滑步动作、最后用力和结束动作 4 个部分。

1. 握球与持球

五指自然分开，将铅球放在指根处，大拇指与小指自然扶在铅球两侧，呈半包围状将铅球握住，手腕自然背屈；将铅球置于右侧锁骨外端，紧贴颈右侧。右臂屈肘，从正面看右臂与躯干的夹角约成直角，右肘也可以略低；从侧面看，右肘与身体处在同一平面上。

2. 预备与团身

背对投掷方向，两脚前后站立，两脚间距约 25 厘米；上体前倾，屈膝，左臂下垂，身体重心在前（右）腿上。

3. 滑步动作

滑步的作用是提高最后用力的速度和创造最佳用力的条件。滑步时上体保持原姿势不变，身体重心尽量水平地向投掷方向滑动，后（左）腿应贴近地面，以大腿带动小腿的方式向抵制板方向滑动，形成用力前的开始姿态。

4. 最后用力和结束动作

最后用力阶段身体主要工作肌群始终保持拉紧状态，以由下至上的用力顺序，右脚快速蹬转，右膝尽量沿水平方向运动，右髋向投掷方向转动，形成正弓形后，右臂参与工作，手指拨球，将铅球推出。为减少出手后身体因惯性失衡造成的犯规，可采用交换两腿改变运动方向、身体重心下降、左脚积极后退等方法来维持身体平衡，避免犯规。

（二）铅球的练习方法

铅球属于速度力量型投掷项目。要使肌肉在瞬间发挥最大功率并完成技术动作，力量、速度和爆发力三项素质必不可少。根据铅球项目的特点，良好的力量素质是成功的主要原因之一。除此之外，投掷项目还十分重视核心力量的训练，它不仅能提高全身爆发力、改善技术动作，还能提高运动成绩。

1. 杠铃练习

杠铃练习的方法有抓举、高翻、挺举、深蹲、半蹲、卧推、俯拉（两脚开立，上体前屈，与地面平行，双手握杠铃上拉至胸前）、平推（手持杠铃放置锁骨处，发力将杠铃向斜前方推出并还原，连续多次练习）。

2. 专项力量练习

（1）仰卧飞鸟：平躺于凳上，手持哑铃或杠铃片做胸前上举，向外展至最大限度后快速发力还原成初始状态，连续多次。

（2）站立扩胸：原地站立，手持哑铃或杠铃片前平举至胸前，外展至与身体成一条直线时快速发力回收，成初始状态，连续多次。

（3）杠铃摔腰：杠铃杆一端置于墙角，两腿分开，屈膝下蹲，双手持杠铃杆放在身体一侧，蹬腿转髋，将杠铃杆摔向另外一侧。

（4）壶铃转体侧抛：两脚左右开立，双手持壶铃，髋部发力将壶铃向斜后方抛出。

（5）俯卧撑：双手撑于地面，两脚后伸，使头、后背、臀部及两腿在一条直线上，然后屈肘，身体重心下降至最大限度，发力推起至起始状态，连续多次。加强版可做俯卧击掌练习。

（6）负重行进间转体：肩负杠铃杆原地站立，上体微转，髋部发力，带动上体向异侧转动，再次发力还原成起始状态，重复练习。

（7）负重跨步走：肩负杠铃杆，上体保持直立，做跨步走练习。

（8）健身绳：两脚左右开立，屈膝下蹲，上体保持直立，手持健身绳上下摆动。

3. 速度、弹跳练习

（1）速度练习：30 米、60 米加速跑。

（2）弹跳练习：立定跳远、立定三级跳、立定五级跳、收腹跳。

教学相长

体育课程思政，并不是“体育课程＋思政课程”的简单拼凑，也不是在原有体育课程内容的基础上直接增加体现思政和育人的话语，而是将体育课程与思政教育元素互相融合，进行嵌入式发展，将价值引领潜移默化地贯穿于体育课程教学全过程和各环节，实现知识与技能、过程与方法、情感态度与价值观的有效整合，从而落实“立德树人”的根本任务。从毛泽东的《体育之研究》和马约翰的《体育的迁移价值》就可以了解到，体育本身就具有“价值塑造”的功能，体育教学蕴含着丰富的“思政元素”。

为深入挖掘体育教学的课程思政元素，本教材在“教学相长”栏目专门对运动项目的课程思政元素进行挖掘和阐释，希望通过这种方式，让任课教师了解更多体育课程思政元素、更好地将课程思政带入课堂，也让学生在预习或复习时更深入地思考，体会体育的育人价值。

在田径课程的学习中，课程思政元素包括以下几个方面：通过田径理论知识的讲授，教会学生什么是规则；通过短跑的学习，培养学生一往无前的拼搏精神；通过跨栏跑的学习，培养学生不畏艰难、挑战自我的能力；通过跳远的学习，培养学生坚决果断的品质；通过跳高的学习，培养学生坚毅与顽强的性格；通过推铅球的学习，培养学生的勇气和信心；通过接力跑的练习，增强学生的集体主义精神，让学生学会配合和信任同伴；在长跑练习中，学生学会制订计划，培养吃苦耐劳的精神。田径运动的学习可以整体提高学生的生理、心理承受力，使学生逐步养成良好的思维习惯，在学习过程中提高心智水平。

思考题

（1）举例说明掌握田径基础素质的重要性。

（2）请列举一下各个田径运动项目的基本技术动作。

（3）苏炳添是第一个站在奥运会 100 米决赛上的中国人，他的成功给我们什么启示？

（4）长跑能够培养我们什么素质？请从生理和心理两个方面谈一谈你的认识。

第二节　游泳

教学目标

价值塑造：培养团结协作、相互配合的精神和尊重同伴、讲究礼仪的品质。

能力培养：提高学生的身体素质和运动能力，并通过课堂教学活动提高学生的组织能力和交往能力等。

知识传授：掌握游泳的基本技术，了解游泳的基本常识，提高运动兴趣，养成经常参加体育锻炼的习惯。

教学任务

一、认识游泳

（一）游泳的起源与发展

古代游泳，根据现有史料的考证，国内外较一致的看法是由居住在江、河、湖、海一带的古代人创造的。他们为了生存，必然要将在水中捕捉的水鸟和鱼类作为食物，在此过程中通过观察和模仿鱼类、青蛙等动物在水中游动的动作，逐渐学会了游泳。中国历史悠久，水域辽阔，对游泳的记载，始于5 000年前。

17世纪60年代，英国不少地区的游泳活动就开展得相当活跃。1828年，英国在利物浦乔治码头修造了第一个室内游泳池。1837年，在英国伦敦成立了第一个游泳组织，同时举办了英国最早的游泳比赛。1896年第1届现代奥运会，游泳被列为正式比赛项目。游泳的最高组织机构是国际游泳联合会（现已更名为世界游泳联合会），总部设在瑞士洛桑，1908年，由比利时、丹麦、芬兰、法国、德国、英国、匈牙利和瑞典的游泳协会倡议成立。

自中华人民共和国成立至今，游泳运动受到党和政府的高度重视和大力倡导。1953年，吴传玉在第1届国际青年友谊运动会游泳比赛中获得了男子100米仰泳冠军。这是中华人民共和国成立以来，我国运动员在国际比赛中获得的第一枚金牌。1957—1960年，我国游泳运动员戚烈云、穆祥雄、莫国雄3人先后5次创造了男子100米蛙泳世界纪录。

群众性游泳活动在中华人民共和国成立后同样得到了蓬勃发展，国家新建了众多可供游泳活动的场所，并修缮了一些旧的游泳场馆，以满足群众游泳活动和竞技游泳运动的使用。每年除了大、中、小型各类专业游泳赛事，全国成人游泳锦标赛、全国公开水域游泳锦标赛、横渡黄河及横渡海峡等各类群众性游泳赛事，促进了群众性游泳活动的发展，带动了各种形式的游泳活动的出现，丰富了群众运动健身方式和休闲生活。随着游泳活动的快速发展，国家及时推行了社会体育指导员（游泳）、游泳救生员、游泳池（馆）管理员等培训制度，保证了全民游泳健身活动的科学性和安全性。

（二）游泳的分类

游泳分为自由泳、仰泳、蛙泳、蝶泳和混合泳。

1. 自由泳

（1）自由泳比赛可采用任何泳姿，但在个人混合泳及混合泳接力比赛中，自由泳是指除蝶泳、仰泳、蛙泳以外的泳式。

（2）每次转身和到达终点时，运动员身体的某一部分必须触及池壁。

（3）在整个游泳过程中，运动员身体的某一部分必须露出水面。在出发和转身时，允许运动员身体完全没入水中。出发和每次转身后，在15米前（含15米）运动员头的一部分必须露出水面。

2. 仰泳

（1）在出发信号发出前，运动员应在水中面对出发端，双手抓住出发握手器。禁止两脚蹬在水槽里、水槽上或脚趾勾在水槽沿上。当使用仰泳出发器出发时，两脚脚趾必须与池壁或触板接触，严禁脚趾勾在触板上沿。

（2）出发和每次转身后，运动员应蹬离池壁，除在做转身动作外，运动员在整个游程中应始终呈仰卧姿势，允许身体做转动动作，但必须保持与水平面小于90°的仰卧姿势，头部位置不受此限。

（3）在整个游泳过程中，运动员身体的某一部分必须露出水面。在出发和转身时，允许运动员身体完全没入水中。出发和每次转身后，在 15 米前（含 15 米）运动员头的一部分必须露出水面。

(4) 在转身过程中，运动员身体的某一部分必须触壁，允许肩的转动超过垂直面，之后立即做 1 次连贯的单臂划水或两臂同时划水动作，并以此划水动作作为转身动作的开始。

(5) 运动员到达终点时，必须以仰卧姿势触壁。

3. 蛙泳

(1) 在出发和每次转身后，运动员可没入水中并可做 1 次手臂充分向后划至腿部的动作。在第 1 次手臂划水动作过程中，允许做 1 次蝶泳腿接蛙泳蹬腿动作。

(2) 从出发和每次转身后的第 1 次手臂动作开始，身体应保持俯卧，任何时候都不允许身体呈仰卧姿势。只要身体呈俯卧姿势蹬离池壁，允许运动员在触壁后用任何方式转身。在出发后的整个游泳过程中，动作周期必须是以 1 次划臂和 1 次蹬腿的顺序完成。

(3) 两臂的所有动作应同时并在同一水平面上进行，不得有交替动作。双手应同时在水面、水下或水上由胸前伸出。除转身前的最后一次划水动作、转身过程中及抵达终点前的最后一次划水动作外，肘部不得露出水面。双手应在水面或水下向后划水。除出发和每次转身后的第 1 次划水动作外，双手向后划水不得超过臀线。

(4) 在每个完整动作周期内，运动员头部的一部分必须露出水面。出发和每次转身后的第 2 次划臂至最宽点双手向内划水前，运动员头部的一部分必须露出水面。

(5) 两腿的所有动作应同时并在同一水平面上进行，不得有交替动作。在蹬腿过程中，两脚必须做外翻动作。

(6) 在每次转身和到达终点时，双手应分开在水面、水上或水下同时触壁。转身和到达终点前的最后一次手臂动作后可不接蹬腿动作。在触壁前的最后一次划水动作结束后，头部可以没入水中。但在触壁前最后一个完整或不完整的动作周期中，头部的一部分必须露出水面。

4. 蝶泳

(1) 从出发和每次转身后的第 1 次手臂动作开始，身体应保持俯卧，允许水下侧打腿。任何时候都不允许呈仰卧姿势。只要身体呈俯卧姿势蹬离池壁，允许运动员在触壁后用任何方式转身。

(2) 两臂应在水面上同时向前摆动，并在水下同时向后划水。

(3) 所有腿部的上下打腿动作应同时进行。两腿或两脚可不在同一水平面上，但不允许有交替动作，不允许蹬蛙泳腿。

(4) 在每次转身和到达终点时，双手应分开，在水面、水上或水下同时触壁。

(5) 在出发和每次转身后，允许运动员在水下做 1 次或多次打腿动作和 1 次划水动作，这次划水动作应使身体升至水面。在 15 米（含 15 米）前运动员头的一部分必须露出水面。运动员应使身体保持在水面上，直至下次转身或到达终点。

5. 混合泳

(1) 个人混合泳必须按照蝶泳、仰泳、蛙泳、自由泳的顺序进行比赛。每种泳式必须完成赛程 1/4 的距离。

(2) 混合泳接力必须按照仰泳、蛙泳、蝶泳、自由泳的顺序进行比赛。

(3) 在个人混合泳和混合泳接力项目的比赛中，每一泳式都必须符合对应泳式的有关规定。在仰泳转蛙泳的过程中，运动员应呈仰卧姿势触壁。

二、学习游泳

视频讲解

(一) 熟悉水性

初学者可以先适应水中的环境，掌握水中行动的基本理论和基本技能，克服恐惧心理，为学会基本泳姿打下一定的基础。

1. 水中行走

感受水的温度与阻力，通过行走练习熟悉水中环境，逐渐达到行动自如的目标。

2. 水中呼吸

呼吸技术是初学游泳者必备的关键入门技术，是熟悉水性阶段的重点学习内容。正确的呼吸可以帮助初学者尽快找到轻松自在的呼吸状态，同时能够使初学者连贯且长距离地游进。初学者可先在陆上进行模仿练习，然后转到水中练习（图 5-10）。

图 5-10 水中呼吸

3. 水中漂浮与站立

漂浮与站立是初学者感受水中浮力的必要环节，是通过控制身体平衡，解决身体下沉问题和克服怕水心理的基本技术。初学者需学会在水中“失重”状态下，如何控制身体平衡（图 5-11）。

图 5-11 水中漂浮与站立

4. 水中滑行

初学者在掌握了漂浮技术后可练习水中滑行，主要体会身体平卧在水中以流线型姿势向前进方向移动。漂浮技术是基础姿势，需借助蹬壁的反作用力向前滑行。

(二) 蛙泳

蛙泳是最古老的一种泳姿，是从模仿青蛙游泳的姿势演变而来的泳姿，游进时人体俯卧于水面。蛙泳与其他泳姿相比，具有动作更省力、抬头呼吸更轻松等特点，故成为大多初学者首选的泳姿。

1. 蛙泳腿部动作

蛙泳的腿部动作不仅起到保持身体平衡的作用，还可以产生较大的推进力。腿的动作可分为收腿、外翻、蹬夹滑行三部分，但它们其实是紧密相连的完整动作。

(1) 收腿。收腿是指两腿和两脚从伸直并拢开始到逐渐收到接近髋部，为外翻做准备的过程。这个阶段不产生推进力，并会产生一定的阻力，所以要考虑如何减小阻力。

(2) 外翻。外翻包括向外翻脚和翻小腿，对蛙泳蹬腿效果起着重要的作用。收腿结束时，足跟位于臀部的两侧，两脚之间的距离略宽于两膝之间的距离，此时向外翻脚，使脚尖朝外，同时膝关节内旋，使脚和小腿内侧对准蹬水的方向。

(3) 蹬夹滑行。蹬夹水时，两腿向身体后方蹬开，目的是获得较大的蹬水截面，而后两腿迅速夹紧，充分获得推进力。在夹水的最后阶段，两脚从勾到绷，这个动作要完成得连贯有力，才能表现出鞭状动作效果。蹬夹结束后，由于蹬腿的惯性作用，模仿练习时应停顿一下，保持两腿放松，想象自己在滑行阶段，为下一次动作做准备。

2. 蛙泳腿部技术

(1) 蛙泳腿陆上模仿练习（图 5-12）。练习时可先进行坐姿练习，然后进行俯卧练习，为了加深印象，可在练习时闭上眼睛，想象自己的技术动作，教师在一旁给予指导。

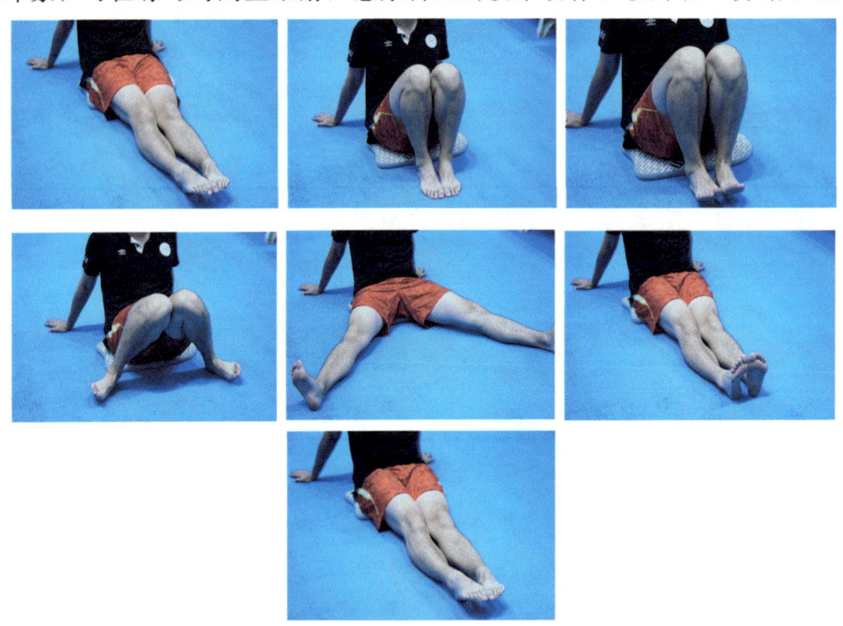

图 5-12　蛙泳腿陆上模仿练习

(2) 蛙泳腿半陆半水练习（图 5-13）。半陆半水俯卧姿势练习失去了视觉帮助，完全依靠肌肉感觉进行蛙泳腿部技术动作练习，以提前做好水中练习的准备。

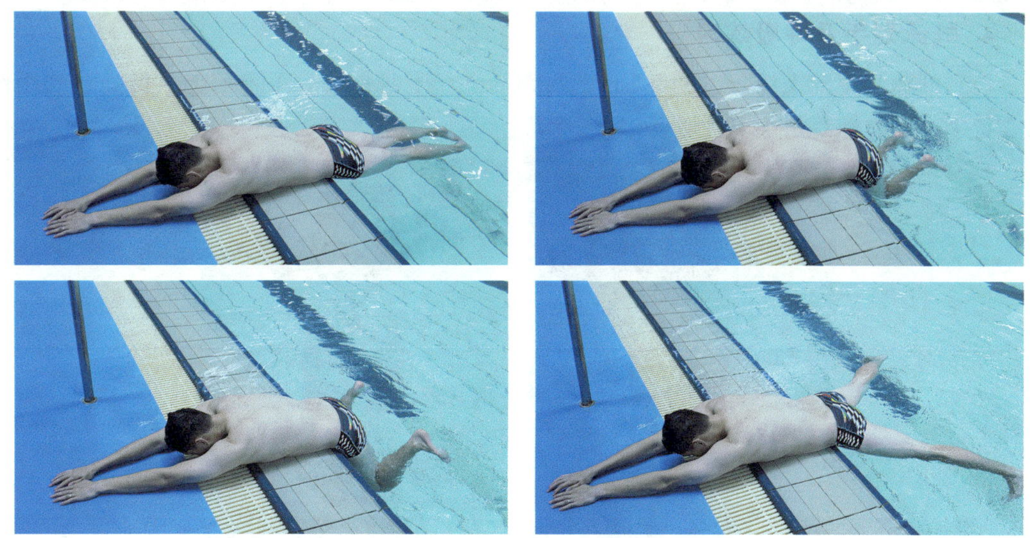

图 5-13　蛙泳腿半陆半水练习

(3) 蛙泳腿水中扶池边练习（图 5-14）。蛙泳腿水中扶池边练习可以使学生在提前感受身体在水中漂浮并保持平衡的基础上做蛙泳腿的练习。学生每次蹬腿需适当，以能够产生一定的推进力，并保持身体稳定漂浮为好。

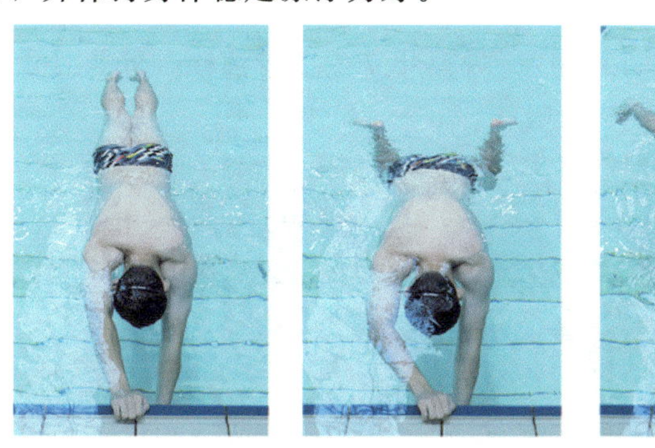

图 5-14　蛙泳腿水中扶池边练习

3. 蛙泳划手及呼吸技术

蛙泳划手可以帮助学生实现抬头吸气的目标，现代蛙泳技术更加强调划手的作用。配合呼吸可以使学生持续向前游进，同时满足规则的要求。

(1) 外划与抓水。外划与抓水前，两臂前伸，与水平面平行，掌心向下，身体充分伸展并保持流线型。向外划水时，手掌外旋，手背相对而后向外划手。双手分开，超过肩宽时，屈肘，开始抓水，手掌从朝外转为朝后下方，寻找手掌和前臂抓住水的感觉。

(2) 内划。内划是划手过程中产生推进力最大的阶段，在外划抓水结束后肘关节随即向内夹紧，内划结束时应手掌相对，肘在肋下做夹肘动作，注意在夹肘时手与肘齐平，指尖指向正前方，再开始伸臂。

(3) 前伸。前伸是在内划的基础上进行的。当双手在胸下接近并拢时开始前伸，通过向前伸肘和伸肩，两臂前移至伸直姿势。伸臂时应双手并拢，手臂呈流线型沿直线前伸。

(4) 划手与呼吸。手臂外划时抬头吸气，手臂前伸时低头呼气。

4. 蛙泳划手及呼吸练习

（1）蛙泳划手陆上练习（图 5-15）。两脚开立，上身前倾，手臂前伸，做蛙泳划手练习，待手部动作熟练后加上呼吸动作。

图 5-15　蛙泳划手陆上练习

（2）蛙泳呼吸陆上练习（图 5-16）。两脚开立，上身前倾，低头且手臂前伸，双手靠拢时吐气。双手向两侧下压，抬头时吸气。

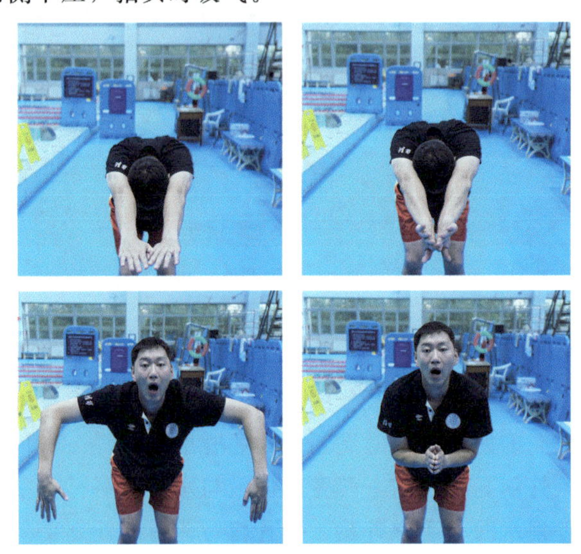

图 5-16　蛙泳呼吸陆上练习

5. 蛙泳完整配合技术

蛙泳完整配合可遵循“6 字原则”：1 划（划手）、2 抬（抬头吸气）、3 收（收腿）、4 伸（伸手）、5 低（低头吐气）、6 蹬（蹬夹）。这 6 个字包含相应的技术动作，同时符合动作的逻辑顺序。前 3 步会产生较大阻力，应将动作速率放缓；后 3 步会产生推进力，动作完成要相对连贯。

（1）蛙泳完整配合陆上练习（图 5-17）。陆上练习要在流线型的身体姿势下进行，体会完整配合动作的逻辑顺序。因为练习过程中有单腿站立动作，所以需控制好自身的稳定性。

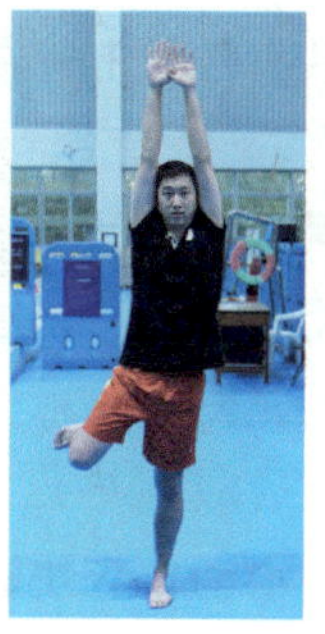

图 5-17 蛙泳完整配合陆上练习

（2）蛙泳完整配合水中练习。练习时注意将原有的动作质量发挥出来，按照规律做动作，如无法完整配合游进可先加强之前技术环节的练习。游进时为避免慌乱，可佩戴浮漂等辅助器材进行练习。

（三）爬泳

爬泳时，人在水中呈俯卧姿势，两腿上下交替打水，两臂交替划水，动作很像爬行，所以人们称之为“爬泳”。爬泳是 4 种竞技泳姿中游进速度最快的一种泳姿，在自由泳项目（不限制泳姿）中运动员都采用这种阻力小、速度快的泳姿，所以人们也会把“爬泳”称为“自由泳”。

1. 爬泳腿部技术

爬泳打腿动作采用两腿交替上下打水的形式，主要作用是保持身体姿势和位置，维持身体平衡，同时可以利用打水推动身体前进。

（1）爬泳腿陆上练习（图 5-18）。坐在地上，两腿伸直，双手后撑。两腿抬离地面，做打腿动作。

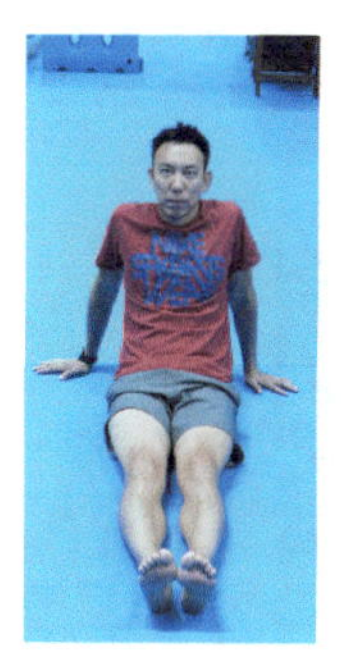
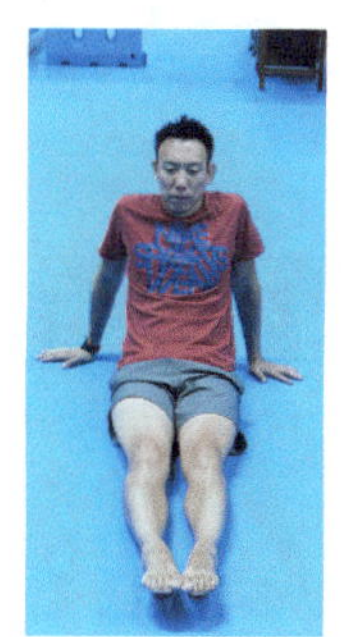
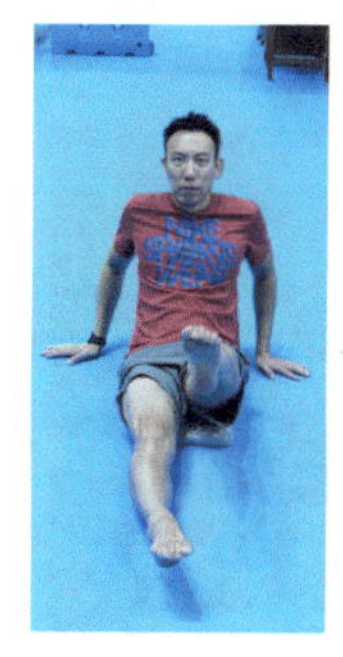
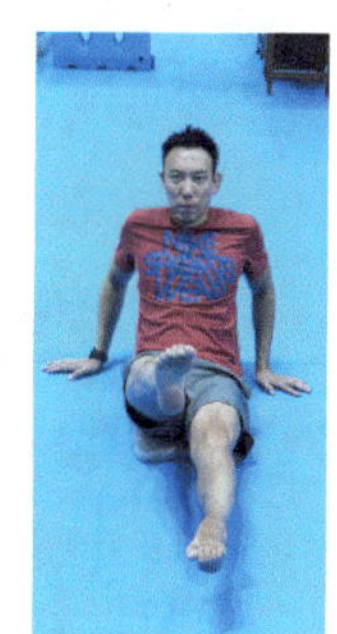

图 5-18 爬泳腿陆上练习

（2）爬泳腿半陆半水练习。上半身俯卧在泳池边，髋关节在泳池边沿，将腿部置于水中做爬泳打腿模仿练习。

（3）爬泳腿水中练习。为了体会依靠自己打水推动身体前进的感觉，学生可采用推动浮板辅助练习。

2. 爬泳划手及呼吸技术

（1）入水前伸。手、前臂与上臂在头的前方延肩部延长线依次前伸，指尖指向游进方向，掌心向下，充分伸直。

（2）抓水与划水。抓水时主动屈肘，使肘高于手，高肘的目的是使前臂和手最大限度地向后对准水；运动周期内手不可越过中线，保持住对水面积向后划水，划水过程中避免提肘动作，加速推至大腿外侧。

（3）出水。划水结束后应顺势出水，在肩的带动下将手臂提出水面。出水的顺序是肩、上臂、前臂和手。出水动作应快速连贯，但前臂和手应尽量放松。

（4）空中移臂。空中移臂与出水并没有明显的界限，而是出水的延续，不能停顿。衔接好入水前伸动作即可。初学者可采用直臂移臂技术，使上臂肌群在移臂过程中更为放松，熟练后再练习高肘移臂技术。高肘移臂技术，即上臂带动前臂（肘高手低），经空中向前移臂后入水。

（5）两臂配合。可采用前交叉配合形式，即一臂保持伸直状态，另一臂做划水动作，接近入水时前伸的一臂开始抓水，两臂在头部的前侧获得交叉点。

（6）爬泳的呼吸应随着身体的转动与手臂动作协调配合，自然轻松地完成。划手时身体向同侧转动，逐渐转向侧卧位，头部随身体的转动出水吸气，随着移臂的动作头部转入水中。注意呼吸时头部、颈部与躯干围绕纵轴一起转动，而不是仅转动头部，切勿有抬头动作。

（7）爬泳划手及呼吸陆上单臂练习（图 5-19）。初步学习爬泳划手技术时，可先做单臂模仿练习。动作要领：站立、弓箭步，一只手撑住膝盖，另一只手做划手动作练习。

图 5-19　爬泳划手及呼吸陆上单臂练习

（8）爬泳划手及呼吸陆上两臂配合练习。单臂划手熟练后，身体前倾 90°，双手前伸做自由泳两臂分解划手练习。一只手划完再划另一只手，每次划手，头部可伴随身体转动出水吸气。两臂配合可采用前交叉配合形式。

(9) 爬泳划手及呼吸水中练习。初步进行水中练习时可先一只手扶打腿板，做单臂划水及呼吸练习。单臂练习熟练后，可进行两臂分解练习，即每划水一次换一次手。

3. 爬泳配合技术

爬泳配合技术的手臂动作可采用前交叉形式，即一臂保持伸直状态，另一臂移臂接近入水时前伸的一臂开始抓水。呼吸节奏可采用单侧的两臂一呼吸或两侧的三臂一呼吸。初学阶段打腿频率不宜过快，随着技术的不断提高，打腿频率可采用一次划手两次打腿或一次划手多次打腿等不同频率。

在熟练掌握爬泳配合动作及动作节奏后，进行水中的完整配合动作练习。俯卧于水中，徒手做爬泳手部、腿部及呼吸动作。

(四) 仰泳

仰泳是 4 种泳姿里唯一一个仰卧在水中游进的泳姿，其游进速度慢于爬泳与蝶泳，快于蛙泳。同爬泳相同，仰泳也需采用两臂交替划水的动作向前游进。仰泳的优势在于动作相对省力，可相对自在地呼吸，并且仰卧在水中也有别样的体会。

1. 仰泳腿部技术

仰泳腿的作用及技术与爬泳腿的相似，保持身体位置并产生一定的推进力，技术动作同样是采用两腿上下交替打腿的形式。

(1) 仰泳腿半陆半水练习。仰卧于池边，腿部沉入水中，膝关节置于水面以下，踝关节放松，两腿交替踢打。保持大腿带动小腿的动作，膝关节适当弯曲和放松。

(2) 仰泳腿水中练习。保持仰卧姿态，两腿交替踢水，踝关节与颈部放松，感受用踝关节与脚背拨动池水，视线锁定在游泳池棚顶的正上方，不要向后仰头或过度抬头，身体适当放松。

2. 仰泳划手与呼吸技术

仰泳手臂的划水动作是产生推进力的主要因素，主要动作如下。

(1) 入水。站立在池岸上，一手置于体侧，另一手做入水模仿动作，入水时上臂要贴近耳朵，手的入水点应在头顶正上方、同侧肩的延长线上。手臂应伸直，肘关节不能弯曲，以小拇指领先，手掌朝外，干净利落地切入水中，准备下划水。

(2) 抓水与划水。抓水前应先完成下划水的技术动作，先伸肩而后下划再抓水，此时肘部应高于头部，指尖指向身体一侧，保持前臂与手掌的最大对水面积进行划水动作，划至大腿外侧，掌心朝内，贴于腿部，准备出水动作。注意划动过程中手腕不可弯曲，同时应在体侧完成划水动作，并且应有一定的深度，反之会出现划水手出水的现象。

(3) 出水与空中移臂。出水时可采用大拇指领先出水的技术动作，此动作衔接空中移臂环节。出水时肘关节伸直，在肩的延长线上移臂。快速出水，而后进行空中移臂，移臂时肩膀及上臂肌群相对放松，保持伸直状态，在身体前方移臂而后接入水动作。

(4) 两臂配合与呼吸。单臂练习熟练后可进行两臂配合练习，即一臂上举过头，另一臂自然下垂。双手同时运动，一臂进行入水与抓水动作，另一臂进行出水与空中移臂动作。保持动作连贯、没有明显停顿。两臂配合与呼吸过程中应做到一手移臂时吸气，另一手移臂时吐气，保持稳定的呼吸节奏。

（5）仰泳划手及呼吸陆上练习（图 5-20）。呈站立姿势，面对镜子或玻璃练习划手及呼吸动作。先进行单臂练习，待动作熟练后转为两臂交替练习。

图 5-20　仰泳划手及呼吸陆上练习

（6）仰泳划手及呼吸水中练习。身体仰卧于池面，通过打腿动作推动身体前进，待动作平稳后加入单臂划手练习，可在头顶或大腿侧面停顿，以此来保持身体稳定，通过划手获得推进力。

3. 仰泳完整配合水中练习

两臂交替划水，保持动作速度缓慢，这样既省力又稳定，两臂划水均可获得推进力。

（五）蝶泳

蝶泳，是从蛙泳技术演变而来的泳姿。在蛙泳技术发展过程中，有些运动员在蛙泳比赛时会使用手臂划水至大腿处后从空中向前移臂的动作，因其像蝴蝶飞舞，所以称它为“蝶泳”。因其蝶泳的腿部动作像海豚的尾部，所以也被称为“海豚泳”。

1. 蝶泳腿部技术

蝶泳腿也被称为“海豚腿”，是因为腿的动作像海豚的尾部一样作为一个整体来打腿，是由 1 次上打动作和 1 次下打动作组成的。蝶泳腿与爬泳腿有相似之处，爬泳腿是大腿发力而蝶泳腿是躯干（髋关节处）发力。蝶泳腿打水时屈膝的角度更大，两腿同时进行。

（1）蝶泳腿陆上练习（图 5-21）。陆上练习时身体呈站立位，手扶髋部，体会身体躯干部位的波浪动作和鞭状打水动作。

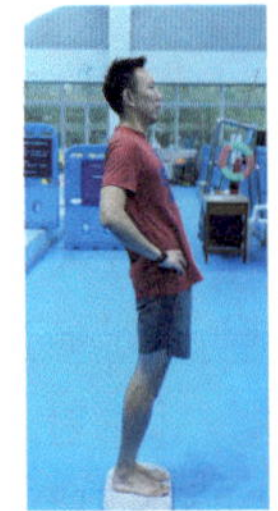

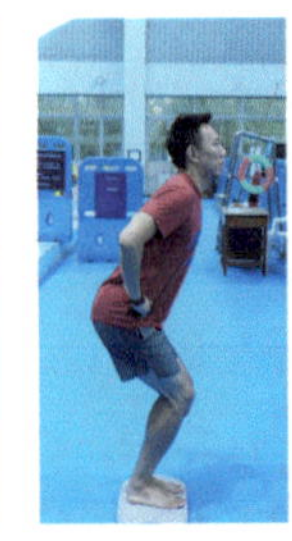
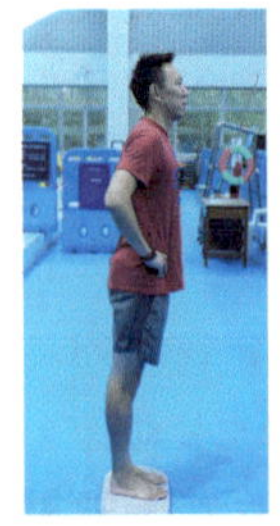

图 5-21　蝶泳腿陆上练习

（2）蝶泳腿水中练习。陆上练习熟练后可手持浮板俯卧于水中，借助浮板进行水中练习。

2. 蝶泳划手及呼吸技术

蝶泳的两臂动作是对称且同时进行的。水下动作产生推进力，移臂动作不产生推进力，造成蝶泳的游进速度不均匀。

（1）入水与抓水。双手在两肩的延长线上以大拇指领先斜插入水，前臂与上臂依次入水。入水后继续向前伸展肩部，随后双手外划，超肩宽时屈肘开始抓水，手掌转向后下方，与前臂形成最大对水面积。

（2）划水。抓水紧接划水，继续屈肘，保持高肘位置，两臂在身体下方向后加速划水，划至大腿外侧。

（3）出水与空中移臂。手划至大腿外侧后，小拇指领先出水，借助划水的惯性，用肩带动手臂，手臂放松，伸直于身体两侧，沿水面上移臂至头前入水。

（4）划手与呼吸配合。划水阶段，手划至身体下方时头出水吸气，移臂至手臂与身体呈十字形时低头。注意：头应早于手出水、早于手入水，借助身体的波浪动作自然地将面部露出水面，切勿因呼吸动作打破动作节奏和身体位置。

（5）蝶泳划手及呼吸陆上练习（图 5-22）。站立在池岸上，两臂向前伸直，目视前方，做蝶泳划手练习，待手臂动作熟练后加上与呼吸的配合。

图 5-22　蝶泳划手及呼吸陆上练习

（6）蝶泳划手及呼吸水中练习。在浅水中站立，弯腰低头，将上半身俯于水中，手臂做蝶泳划手动作，待手臂动作熟练后配合呼吸动作。

3. 蝶泳完整配合技术

蝶泳的配合要求肩背部和腰腹部有较强的力量和较好的柔韧性。打腿的时机是蝶泳配合游进效果的关键，划手与打腿的配合方式是手入水时腿开始第 1 次下打，手划至腹部时腿开始第 2 次下打，也就是每个动作周期内 1 次划手、2 次打腿。呼吸次数可根据游速、游距、个人能力等因素自由调整为每个周期内都呼吸或多次动作后呼吸 1 次。注意：无论是否呼吸，移臂时都应将肩部露出水面以减少阻力。

（1）蝶泳完整配合陆上练习。站立在池岸上，两臂向前伸直，目视前方。首先做手臂与腿部的配合练习，待动作熟练后加上呼吸动作。

（2）蝶泳完整配合水中练习。对于力量较弱的学生或肢体不够协调的学生可先做单臂练习，掌握划手与打腿的配合时机后，进行两臂交替划水练习。在单臂和两臂交替划水练习熟练后进行进阶练习，即练习 1 次划水、1 次呼吸、2 次打腿的完整配合技术。

（六）出发与转身

1. 出发

出发技术的学习相对要难一些，对学生的协调性、体能的要求相对较高，因此出发技术教学通常应放在 4 种泳姿技术教学之后。在出发技术的教学中，要加强组织管理和保护，禁止在浅水区或直接上出发台练习，以免发生危险。技术总体分为陆上出发技术与水中出发技术。陆上出发技术包含的泳姿有蝶泳、蛙泳、爬泳及混合泳。水中出发技术只针对仰泳项目。

（1）池边出发练习（图 5-23）。出发练习具备一定的危险性，要待池边出发动作较为熟练后才可进行出发台上的练习，这个过程需要教师辅助指导。

图 5-23　池边出发练习

①站姿。身体直立，两脚与肩同宽，目视前方，背部挺直，脚趾勾住池台边。两臂向上伸直，夹紧头部，形成流线型。

②屈膝与屈髋。站立姿势形成后缓慢屈膝下蹲，此过程背部持续挺直，直到无法下蹲后向前屈髋，背部同样保持绷紧状态。屈髋幅度接近 90°，指尖指向斜前方水面。

③移动重心与前倾。保持屈髋状态，缓慢向前移动重心，准备蹬离池壁。注意重心移动过程中保持原有身体姿态，不可抬头和放松背部，否则容易跌入水中。

④蹬离与入水。重心移动至无法控制的阶段后两腿顺势发力，在腾空阶段不可抬头，蹬出后两腿并拢伸直，呈流线型姿态入水，入水后利用惯性向前滑行，双手向上抬起回到水面。

（2）仰泳出发练习（图 5-24）。仰泳出发可以分为以下几个部分：预备姿势、蹬离池壁、腾空、入水、水下海豚腿、出水起游。

图 5-24　仰泳出发练习

①预备姿势。等待“各就位”的口令时，运动员应该在水中面向池壁，双手握住仰泳出发握手器。两脚在水下与出发侧池壁相接，脚跟离开池壁。两腿屈曲，臀部在水中。

②蹬离池壁。当出发信号发出时，根据握手器的位置，运动员用双手向上或向后下方拉握手器，使身体在蹬离池壁前向上高出水面。同时，头部应向上、向后方甩出，就像看到泳池对岸一样。

③腾空。腾空时身体应呈弧形，腰部背弓，头部向后，两臂于头顶伸展，两腿伸展并拢，踝关节绷直。在腾空阶段，整个身体应尽量跃出水面。

④入水。入水时身体应呈流线型姿势，两臂伸展并拢，头部位于两臂之间，两腿两脚并拢伸直。入水角度应是使双手领先入水，然后是头、躯干，最后是腿。

⑤水下海豚腿。入水之后，两臂应略微向上，两腿应低一些，这样就能使原本向下的身体方向改为向前。之后在规则允许的范围内（15 米）快速做出海豚腿。

⑥出水起游。最后的 2～3 下海豚腿应是逐渐靠近水面的。出水之前应开始仰泳，交替打腿，而后通过一次水下仰泳划臂到达水面，准备以比赛频率游进。在出水之前都应该保持流线型的姿势，特别是头部不要从两臂之间抬起来。

2. 转身

（1）蛙泳和蝶泳摆动式转身技术。蛙泳和蝶泳转身动作一致，从触壁到滑行几乎没有什么区别，通常采用摆动式转身动作，目的是可以连贯地持续游进。

①触壁。双手同时接近墙壁，触壁瞬间两臂弯曲，为转身做准备。

②转身。触壁屈肘后肩部继续靠近墙壁，而后推壁、收腿、团身，一脚前脚掌蹬壁，一只手从水下、另一只手从水上摆动的同时转动身体，腹部朝向地面，准备蹬离滑行。

③蹬离与滑行。转身完成后，双手夹头，呈流线型蹬出。

④蛙泳和蝶泳摆动式转身陆上练习（图 5-25）。面朝一面墙，距离 3 米左右，弯腰低头，做划手与换气动作练习，脚步随着上身动作慢慢靠近墙壁，直至双手触壁。然后一条腿支撑地面，另一条腿收腿团身，做转身动作练习，蹬离墙壁后弯腰低头，手臂在头前夹紧，脚向前蹬离墙壁。

图 5-25 蛙泳和蝶泳摆动式转身陆上练习

⑤蛙泳和蝶泳摆动式转身水中动作。待陆上动作熟练后，为降低难度，转为水中抓池壁原地收腿与摆动练习，着重体会收腿与摆动动作，随后进行游近池壁后完整的转身练习。

(2) 前滚翻转身技术。在比赛中，运动员一般都采用前滚翻转身，只用脚触壁、蹬壁，目的是节省时间，加快速度。

①游近池壁。根据每个人身材和速度的不同，在适当时机完成最后一次划水动作。仰泳则在转身前使身体转为俯卧位。

②滚翻转身。最后一次划水结束时，低头、屈髋、屈膝做团身姿势，身体向前转动180°，再向一侧转动 90°。仰泳无须向一侧转动。

③蹬离与滑行。滚翻结束，脚触池壁后立即蹬出，由于转动后身体呈侧卧位，所以在滑行阶段将身体转至俯卧位，仰泳直接呈仰卧位蹬出滑行。

④前滚翻转身水中练习。前滚翻转身水中练习应由易到难，先站在浅水区做原地前滚翻练习，着重练习团身和身体的翻滚；再进行游进池壁滚翻脚触壁练习，确认适合自己的转身距离；最后进行游进池壁后完整的前滚翻转身练习。

教学相长

(1) 游泳项目具有独特的项目特性，首先该项目是在水中进行，这有别于传统的陆上项目。水中游进要体会减小阻力和利用阻力，这很像生活中面对压力时不可一味地莽撞前行，要学会顺势而为。

(2) 每个项目都有自己的比赛，有比赛就有规则，可在教学中设置比赛环节，教会学生游泳竞赛规则，让学生学会尊重、遵守比赛规则，学会利用比赛规则，以取得更好的成绩，更好地树立规则意识。

(3) 培养学生树立正确的胜负观。通过比赛形式刺激学生的胜负欲，培养学生的竞争意识。培养学生正视比赛结果，让学生认识到只要有比赛就有输赢，赢了比赛也不要得意忘形，嘲讽对手；输了比赛也不要过于郁闷，埋怨队友，要正确看待输赢，不要盲目悲观或兴奋，即胜不骄、败不馁。团队作战时对于自身的失误要有勇气面对并勇于承担责任，吸取教训、认真反思，培养永不放弃的精神。

(4) 教学过程中，很多同学在初学阶段就试图提升游进速度，这与正常的学习发展规律是不符的。应让学生了解正常的练习规律，如从初学进阶到省力、从省力到长距离游进，从长距离游进到减小自身阻力，而后增加推进力，最后进阶到提升速度。这一发展过程既需要有从量变到质变的积累，也需要进行反复练习。

思考题

（1）通过学习和练习游泳，你认为游泳运动能培养哪些优秀品质？

（2）你认为游泳运动最需要的身体素质是什么？

（3）说出一个你喜欢的游泳运动员，讲一讲他/她让你佩服和感动的地方，以及能从他/她身上学到些什么。

（4）参与游泳运动的注意事项有哪些？

第三节　健美操、啦啦操和艺术体操

教学目标

价值塑造：培养学生的责任感、大局意识及正确处理竞争与合作关系的能力。

能力培养：全面提高身体素质，在学习与运动中体验愉快的情绪，提高审美能力，陶冶美的情操，使个性、潜力和创造力得到充分展示和发挥。

知识传授：学习健美操、啦啦操和艺术体操项目基本知识、基本技术和锻炼方法，培养健与美的体格、独立锻炼的习惯和自我评价的能力。

教学任务

一、健美操

（一）健美操的起源与发展

健美操运动可追溯到2000多年前的古希腊。古希腊人认为只有健美的人体才是最匀称、最庄重、最和谐、最有生气和最完美的。他们提出“体操锻炼身体，音乐陶冶精神”的主张。文艺复兴时期，欧洲先后出现各种体操流派，如瑞士教育家雅克·达尔克罗兹和欣里希·梅道等都创编过和音乐伴奏相结合的“音乐体操”。这些新的方法和技术的创新为现代健美操的发展奠定了良好的基础，也是现代健美操发展的初级阶段。

我国在1937年出版了由马约翰等人所著的《女子健美体操集》。书中阐述了人体美的价值和重要性，介绍了采用站立、坐卧姿势的各种健美操动作，并附有30多幅图片，其动作与现代健美操有许多相似之处。1986年，广州举行了首届全国女子健美操邀请赛。1992年，中国健美操协会成立。至此，我国每年都要举行不同形式、不同规模的健美操比赛。如今健美操已成为深受广大师生欢迎的学校体育课项目和锻炼方式。

(二) 健美操的特点和分类

1. 健美操的特点

(1) 有氧运动。健美操属于有氧运动。其在音乐的伴奏下，通过徒手、手持道具或轻器械的练习，达到锻炼心肺功能、增进健康、塑造形体和娱乐身心的目的。

(2) 操化动作。健美操以基本步法配合手臂动作为基础，通过变换动作方位、空间、幅度，以及改变动作节奏、频率和路线等，创造出动感、持续和运动强度各异的一串动作。

(3) 音乐伴奏。健美操一般选用 2/4 拍的节奏音乐，包括爵士音乐、迪斯科、摇滚和电子音乐等。

(4) 动作节奏。健美操的动作节奏体现在成套动作中。它通过每一个动作的力度、幅度、速度和姿态造型的变化来表现其动作的律动性。

2. 健美操的分类

(1) 健身健美操。健身健美操的主要目的是增强肌肉的力量、弹性与身体的柔韧性、协调性，娱乐身心。其动作简单，具有重复性、针对性和实效性，强度和难度相对较低，适合不同年龄段、不同职业和不同基础的人群进行锻炼。

(2) 竞技健美操。竞技健美操是一项在音乐的伴奏下，表现连续、复杂、高强度、成套动作能力的运动项目，有特定的比赛规则，要求运动员在规定的时间内展示一定难度、柔韧、力量、步法的多样性操化组合动作，对运动技能和艺术表现力有较高的要求。该项目适合身体健康、有一定技术基础的 35 岁以下人群参与。

(三) 健美操的基本动作

视频讲解

1. 基本姿态

在一般情况下，健美操的身体姿态为：头部稍稍扬起，躯干自然挺拔且和腿保持在一条垂直线上，四肢则根据动作要求置于准确的位置上。

2. 上肢动作

上肢动作通过不同手型和手臂的组合来呈现动作的多样性。动作“可刚可柔”，只要能表达出创编者的思想、项目风格的意义即可。

(1) 常用手型。健美操对手型没有特别的限制，可以采用具有相同风格的对应手型来增加动作的力度与美感。对于竞技健美操，国际体操联合会的手型如图 5-26 至图 5-29 所示。

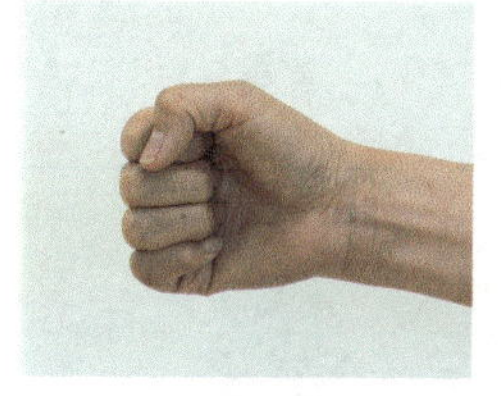
图 5-26　拳

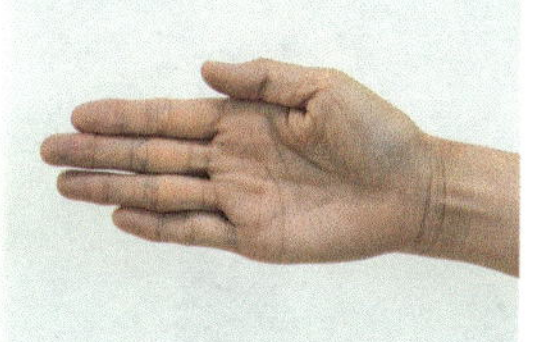
图 5-27　并掌

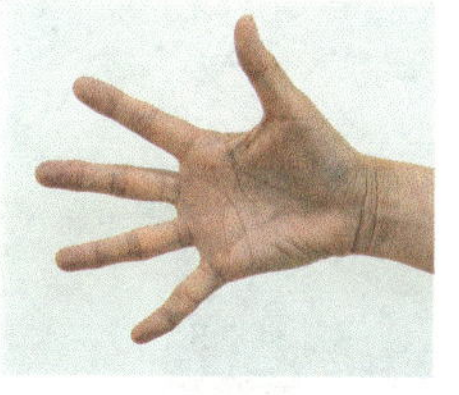
图 5-28　开掌

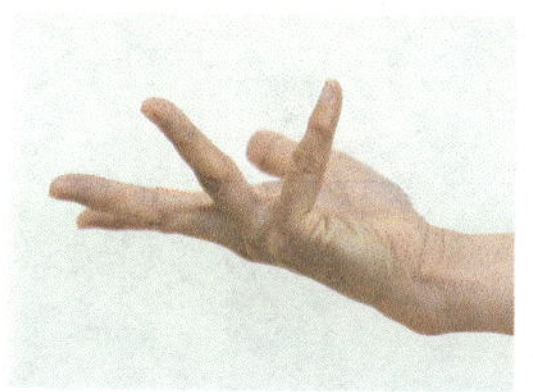
图 5-29　花掌

（2）常用手臂动作。健美操常用手臂动作以不同高度（高、低或对角线）、不同长度（屈臂、延伸）、不同节奏和速度、不同平面（矢状面、冠状面、水平面）的组合或非组合、对称或非对称的“屈、举、绕”三种类型的动作为主。

①屈：以肘关节为轴，前臂弯曲到指定的部位。部分动作示例如图 5-30 至图 5-33 所示。

图 5-30　上屈

图 5-31　平屈

图 5-32　上下屈

图 5-33　非对称屈

②举：以肩关节为轴，手臂伸直，向特定的方向举起。部分动作示例如图 5-34 至图 5-36 所示。

图 5-34　侧平举

图 5-35　斜上举

图 5-36　非对称举

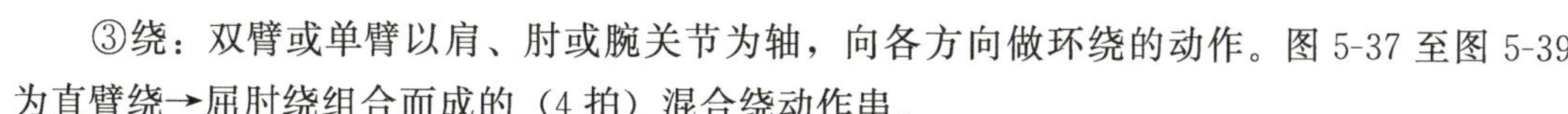
③绕：双臂或单臂以肩、肘或腕关节为轴，向各方向做环绕的动作。图 5-37 至图 5-39 为直臂绕→屈肘绕组合而成的（4 拍）混合绕动作串。

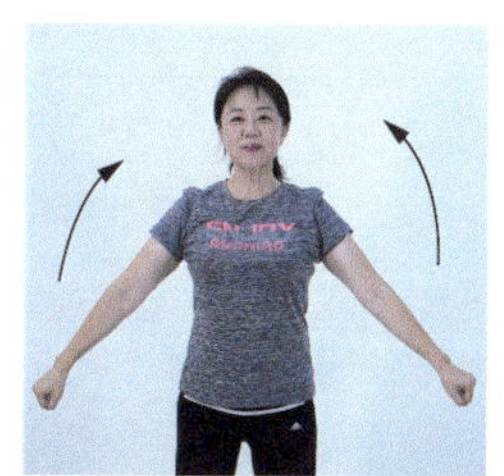
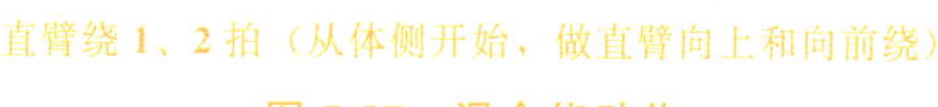
直臂绕 1、2 拍（从体侧开始，做直臂向上和向前绕）

图 5-37　混合绕动作 1

屈肘绕 3 拍

图 5-38　混合绕动作 2

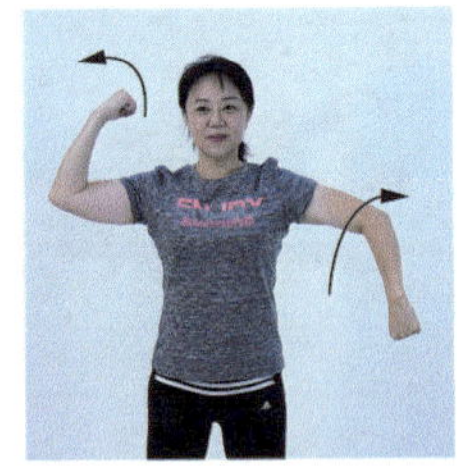

（依次做：右臂屈肘外绕、左臂向前、下、后再屈肘外绕） 4拍

图 5-39 混合绕动作 3

（3）基本步法。基本步法是健美操运动中最基本的元素和重要的组成部分，有无冲击力、低冲击力、高冲击力三种表现形式，所有步法均可根据动作的需要做相应的强度转换或变形。

①无冲击力步法：两脚始终接触地面的动作，如弹动、下蹲或移动重心等。部分动作示例如图 5-40 至图 5-42 所示。

图 5-40 弹动和下蹲

图 5-41 分腿移重心

图 5-42 并腿移重心

②低冲击力步法：一脚着地、另一脚离地的动作，主要有踏步、点地、迈步、吸腿和踢腿等几种类型。部分动作示例如图 5-43 至图 5-47 所示。

图 5-43 踏步

图 5-44 点地

图 5-45 迈步

图 5-46 吸腿

图 5-47 踢腿（高度因人而异）

③高冲击力步法：两脚离开地面有腾空或跳步的动作，主要有后踢腿跑、吸腿跳、弹踢腿跳、开合跳、弓步跳、踢腿跳等动作。

二、啦啦操

（一）啦啦操的起源与发展

啦啦操原名 cheer leading，其中 cheer 一词有振奋精神、提振士气的意思。啦啦操源于早期部落族人为激励外出打仗或打猎的战士而举行的一种仪式，以欢呼、手舞足蹈的表演来鼓励战士，并寄予战士凯旋的期望。19 世纪 60 年代，英国的学生开始在比赛场地旁为运动员加油助威；70 年代，第一个啦啦队俱乐部在美国普林斯顿大学成立。1898 年，美国明尼苏达州立大学一年级医学生约翰尼·坎贝尔带领 6 名男生组成了世界上第一支啦啦队，并在该大学的冬季橄榄球赛上，喊出了第一句啦啦操口号：“Rah，Rah，Rah! Ski-u-mah，Hoo-Rah! Hoo-Rah! Varsity! Varsity! Varsity，Minn-e-so-tah!”从此拉开了啦啦队口号发展的序幕。1998 年，国际啦啦操联盟成立。2013 年，国际单项体育联合会正式接受国际啦啦操联合会。进入国际体育单项组织联合会，标志着啦啦操比赛成为一个独立的单项体育赛事。2016 年，国际啦啦操联合会被国际奥委会授予为期三年的临时认可。2021 年，会议投票通过，国际奥委会授予国际啦啦操联合会正式认可。

1992 年，中国大学生健美操艺术体操协会成立。协会隶属于教育部，致力于中国学校“健美操、艺术体操、啦啦队、体育舞蹈、街舞、健身健美”等 6 个项目的推广和普及。2006 年，首届中国全明星啦啦操锦标赛在武汉市举行。2010 年，国家体育总局体操运动管理中心正式启动啦啦操项目。2014 年，全国啦啦操委员会正式成立，全国各省、自治区、直辖市也陆续建立了啦啦操委员会，它们共同致力于啦啦操项目在我国的推广和发展。2021 年，为了进一步规范全国啦啦操项目的推广普及工作，确保全国啦啦操竞赛、培训和活动等相关工作的衔接和稳步推进，国家体育总局体操运动管理中心决定，停止使用“全国啦啦操委员会”称谓，以“中国蹦床与技巧协会啦啦操分会”的名义负责全国啦啦操推广普及等工作。

（二）啦啦操的特点和分类

1. 啦啦操的特点

（1）技术特点。

花球：动作要求有清晰的开始和结束，干净利索，制动时间短且没有延伸，身体控制准确，通过短暂加速、制动定位和快速发力来实现力度感。

爵士：强调动作的伸展、风格，以及连续性和队伍的统一性；通过肢体动作由内向外地延伸、制动、连贯性及难度的把控，突显爵士啦啦操特有的控制力。

街舞：以肢体多关节的短暂加速、停顿，身体各部位的展开和控制，以及其他技巧动作的运用，展示动作的松弛有度和运动强度。

技巧：重视运动员不同能力的展示。运动员在参与团队配合时形成一种风险共担、利益共享的集体意识，包括整体的运动能力，表演的激情、自信心、感染力、号召力和默契配合。

（2）战术特点。

啦啦操战术以团体为主，表现在成套动作的编排与创新性、音乐的选择与编辑效果、口号的设计、服装款式与色彩的新颖性、运动员展现的精神风貌与极强的团队合作性和技术的完美完成等方面。

2. 啦啦操的分类

（1）竞技性啦啦操。

竞技性啦啦操是以参加比赛为目的，有特定竞赛规则的体育运动项目，可以分为舞蹈啦啦操和技巧啦啦操两种。

舞蹈啦啦操是在音乐伴奏下，运用多种舞蹈元素组成的操化动作，结合转体、跳步、柔韧、翻腾等难度动作，通过空间、方向与队形的变化，展示出动作的速度、力度与运动负荷，体现运动员的舞蹈技能、身体的控制能力以及团队风采的体育项目。舞蹈啦啦操主要包括花球、爵士、街舞啦啦操，有些赛事还有高踢腿、比赛日舞蹈和自由舞蹈等项目。

技巧啦啦操是以跳跃、托举、金字塔、翻腾、抛接等技巧性难度动作为主要内容，配合一些标语牌、旗帜、扩音器、花球、口号和吉祥物等元素，使用啦啦操基本手位、舞蹈动作及过渡连接等，展示运动员高超的技能技巧的团队竞赛项目。

（2）表演性啦啦操。

表演性啦啦操是以提升和活跃赛场或某项特定活动的气氛、鼓舞双方士气、振奋观众情绪，让整个“事件”更加精彩和激烈为目的，专为表演而设计的集体项目。其动作没有特定要求，可徒手也可利用花球，用更具风格化的舞蹈动作达到烘托气氛、感染观众、增强表演的效果。这类啦啦操可分为看台啦啦操、赛场啦啦操和庆典啦啦操三种。

看台啦啦操：在看台上的运动员用集体欢呼、喊口号、简单的肢体动作或持器械（花球、鼓、小旗喇叭等），配合音乐所做的一些整齐划一、递次、有互动效果、鼓舞士气的动作，以此方式带领观众鼓舞本队士气，烘托比赛或活动的气氛。

赛场啦啦操：在比赛暂停或中场休息时，表演者在场地中间带领观众喊口号、进行表演或做其他形式的活动，目的是烘托赛场气氛、振奋观众情绪，让整个比赛更加精彩和激烈。它的表演形式和服装均不受限制。

庆典啦啦操：在某项活动或节日庆典中，为增强气氛而进行的啦啦操表演活动。

（三）啦啦操的基本动作（以花球啦啦操为例）

36个基本手位是花球啦啦操的重点。其动作技术要求在有核心控制的情况下干净、有力、准确（如上肢的发力点在前臂，均在肩关节前制动，手臂保持在身体的额状面前方

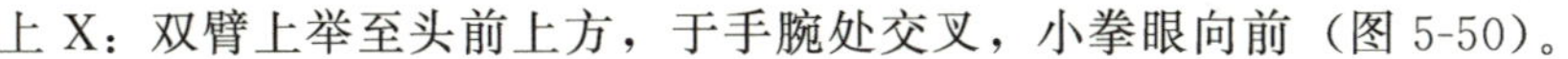

并在视线范围内）、移动平稳。

1. 上举类（7 个）

视频讲解

上 A：双臂上举，两拳相触，小拳眼向前，拳心相对（图 5-48）。

上 V：双臂侧上举至与身体成 45°角，大拳眼向前（图 5-49）。

上 X：双臂上举至头前上方，于手腕处交叉，小拳眼向前（图 5-50）。

X：双臂在头后屈臂，拳面相对，大拳眼向下，肘关节稍向上抬（图 5-51）。

上 H：双臂垂直上举，上臂或轻触脸颊，肩部下压，小拳眼向前（图 5-52）。

上 L：一臂上举，小拳眼向前；另一臂侧平举，大拳眼向前；反之亦然（图 5-53）。

O：双臂上举，稍屈肘，小拳眼向前，手臂成 O 字形（图 5-54）。

图 5-48 上 A

图 5-49 上 V

图 5-50 上 X

图 5-51 X

图 5-52 上 H

图 5-53 上 L

图 5-54 O

2. 下举类（5 个）

下 A：双臂体前下举，双拳轻触，大拳眼向前，拳心相对（图 5-55）。

下 V：双臂侧下举至与身体成 45°角，大拳眼向前（图 5-56）。

下 H：双臂体前下举，夹紧身体，肩部下压，大拳眼斜向下（图 5-57）。

下 L：一臂体侧下举，另一臂侧平举，双手均大拳眼向前；反之亦然（图 5-58）。

下 X：双臂腹前交叉，拳心向内，大拳眼向外（图 5-59）。

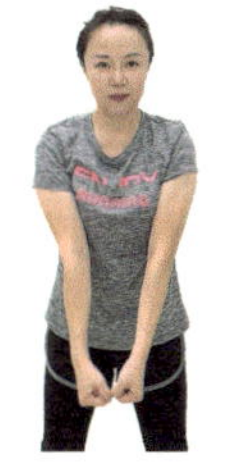

图 5-55 下 A

图 5-56 下 V

图 5-57 下 H

图 5-58 下 L

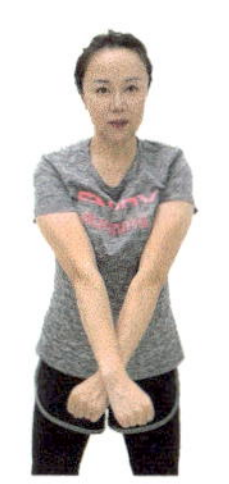

图 5-59 下 X

3. 平举类（3 个）

前 X：双臂前平举，于手腕处交叉，拳心向下，大拳眼向外（图 5-60）。

大 T：双臂侧平举，与肩部同高，拳心向下，大拳眼向前（图 5-61）。

前 H：“提桶式”为双臂前平举，大拳眼向内，小拳眼向外，拳心向下；“持烛式”为双臂前平举，大拳眼向上，拳心相对（图 5-62）。

图 5-60　前 X　　图 5-61　大 T　　提桶式　　持烛式

图 5-62　前 H

4. 斜举类（3 个）

斜线：一臂侧上举，另一臂侧下举，大拳眼向前；反之亦然（图 5-63）。

K：一臂体前上举，另一臂体前下举，大拳眼相对；反之亦然（图 5-64）。

侧 K：一臂侧上冲拳，大拳眼向前；另一臂体前斜下冲拳，大拳眼向外；反之亦然（图 5-65）。

图 5-63　斜线　　图 5-64　K　　图 5-65　侧 K

5. 屈臂类（13 个）

加油：双手胸前击掌或拳心相对，双肘夹紧身体（图 5-66）。

短 T：双臂做体前平屈，拳处于肩部位置，小拳眼向前（图 5-67）。

弓箭：一臂侧平举，另一臂体前平屈，拳心向下；反之亦然（图 5-68）。

小弓箭：一臂侧平举，另一臂体前上屈，拳心向内；反之亦然（图 5-69）。

短剑：一臂体前上屈，小拳眼向前；另一臂下屈，拳面抵腰，小拳眼斜向下；反之亦然（图 5-70）。

W：双臂肩侧上屈，上臂与地面平行，前臂垂直于地面，小拳眼向前（图 5-71）。

屈臂 H：双臂胸前立肘上屈，前臂垂直于地面，小拳眼向前（图 5-72）。

小 H：一臂上 H 手位，另一臂胸前上屈，前臂垂直于地面，小拳眼向前；反之亦然（图 5-73）。

屈臂 X：双臂胸前屈臂交叉，大拳眼向内（图 5-74）。

R：一臂头后屈，另一臂体前斜下冲拳，小拳眼向前；反之亦然（图 5-75）。

上 M：双臂肩侧上屈，上臂平行于地面，拳抵于肩部，小拳眼向前（图 5-76）。

下 M：双臂体侧下屈，拳面抵于腰际，小拳眼向前（图 5-77）。

后 M：双臂体侧屈肘，肘关节向后，双手收回至腰侧，拳心向上，肘关节向后，大拳眼向外（图 5-78）。

图 5-66　加油

图 5-67　短 T

图 5-68　弓箭

图 5-69　小弓箭

图 5-70　短剑

图 5-71　W

图 5-72　屈臂 H

图 5-73　小 H

图 5-74　屈臂 X

图 5-75　R

图 5-76　上 M

图 5-77　下 M

图 5-78　后 M

6. 冲拳类（5 个）

高冲拳：一臂上举，小拳眼向前；另一臂下屈，拳面抵于腰际，小拳眼向前或向下；反之亦然（图 5-79）。

侧上冲拳：一臂高 V，另一臂下屈，拳面抵于腰际，小拳眼向前或向下；反之亦然（图 5-80）。

侧下冲拳：一臂下 V，另一臂下屈，拳面抵于腰际，小拳眼向前或向下；反之亦然（图 5-81）。

斜下冲拳：一臂体前斜下举，小拳眼向前；另一臂拳面抵于腰际，小拳眼向前或向下；反之亦然（图 5-82）。

斜上冲拳：一臂斜上举，小拳眼向前；另一臂拳面抵于腰际，小拳眼向前或向下；反之亦然（图 5-83）。

图 5-79　高冲拳

图 5-80　侧上冲拳

图 5-81　侧下冲拳

图 5-82　斜下冲拳

图 5-83　斜上冲拳

三、艺术体操

（一）艺术体操的起源与发展

艺术体操是奥运会项目，在大体操类中最具有艺术观赏性。艺术体操是在音乐的伴奏下徒手或持轻器械进行的一项以自然性和韵律性为基础的体育运动项目，由舞蹈、跳跃、平衡、波浪形动作及部分技巧动作组成，被称为“地毯上的芭蕾”。

艺术体操起源于 19 世纪末 20 世纪初的欧洲，并于 20 世纪 50 年代经苏联传入中国，1984 年成为奥运会正式比赛项目，设置个人全能比赛，1996 年又增设集体项目比赛，1994 年成为亚运会正式比赛项目。

我国艺术体操在几代人的共同努力下得到了蓬勃发展，无论是专业队，还是校园队伍和俱乐部队伍都呈现出欣欣向荣的态势。国际赛事中一直有中国艺术体操队的身影，我国艺术体操队活跃在奥运会、亚运会、世界艺术体操锦标赛、艺术体操世界杯、艺术体操世界挑战杯、四大洲艺术体操锦标赛、亚洲艺术体操锦标赛等重大赛事上，多年来在国际重大赛事中取得了冠军、亚军、季军及前八名的成绩。

1998 年，周小菁在曼谷亚运会上荣获艺术体操个人全能冠军。她与队员王维肖、浦云飞共同奋战，又荣获了曼谷亚运会艺术体操个人及团体冠军，帮助中国艺术体操队实现了在亚运会上金牌零的突破，她也成为中国艺术体操队在亚运会上的第一位双料冠军的得主，她还是作为中国艺术体操队队员代表国家连续参加两届奥运会的第一人。

（二）艺术体操的特点和分类

1. 艺术体操的特点

（1）艺术体操是一项以自然性和韵律性动作为基础、以节奏为中心的运动。摆动性动作、波浪形动作及弹性动作是艺术体操的基本运动形式。肌肉的合理紧张与放松是体现各类动作节奏性的关键，因此在做动作的过程中必须合理地调节参与运动的各肌群间紧张与松弛的关系，准确地运用和控制在不同空间及时间上的肌肉用力程度。只有这样才能避免不必要的肌紧张，使动作完成得自然、协调、流畅，充分表现出艺术体操动作的节奏性和韵律性。

（2）艺术体操必须合理使用器械。手持轻器械做动作是艺术体操的主要练习内容。利用器械进行练习能发展动作的协调性和提高肌肉的敏感度。器械是身体的延长，可以加大动作的幅度，同时使动作更有节奏感。使用器械是为了表现各种器械的特性及熟练运用，而不是把器械当作一种装饰。在任何情况下，器械与身体动作都应协调一致、融为一体。艺术体操如果离开了器械动作，那就失去了自身的特点，也就毫无难度价值了。

（3）艺术体操须有音乐伴奏。音乐是艺术体操的灵魂。它不仅能激发练习者的情绪，提高练习者的兴趣；而且能发展练习者的想象力和表现力，培养动作的节奏感，促进身心全面发展。音乐有助于练习者掌握“力”的运用，以使练习者轻松自如地完成动作。音乐可以使艺术体操的表演更有感染力，给观众以美的享受。音乐的节奏和情感须与动作的节奏和情感保持一致，只有这样，才能使音乐发挥作用。

2. 艺术体操的分类

艺术体操分为徒手操和器械操，其中器械操分为绳操、圈操、球操、棒操和带操。

（1）徒手操。

徒手操是指在音乐的伴奏下，不持器械，结合各类平衡、旋转、跳步、舞步等动作完成成套比赛动作。

（2）器械操。

①绳操。艺术体操中加入绳子的元素会使动作更富有多样性。在绳操中使用的轻器械（绳子）是由纤维或相似材料制成的，长度依练习者的身高而定。绳操动作主要有过绳跳、转动、抛接、跳跃等。

②圈操。在圈操中，练习者可以使圈在地面上、在身体的某一部位做各种滚动和转动动作，还可以做抛接、过圈等难度动作。

③球操。球操是非常具有表现力的项目，观赏性很强。其比较容易被人记住的动作有滚球、拍球、绕八字、抛接球等。

④棒操。棒操是艺术体操中唯一的双器械比赛项目。练习者双手各持一棒，同时完成各种绕环、抛接等动作。

⑤带操。带操是在艺术体操中加入彩带元素的一种操。艺术体操使用的彩带又长又软，舞动时，在空中会呈现出不在同一平面上的蛇形、螺形；当彩带被抛至空中时，像腾起的一条长龙，给人以一种流畅、优美的感觉。

(三) 艺术体操的基本动作

视频讲解

艺术体操基本动作包括彩带、球及圈的基本技术。

1. 彩带

(1) 体前水平螺形（图 5-84）。体前水平螺形可结合前平举等动作进行练习。

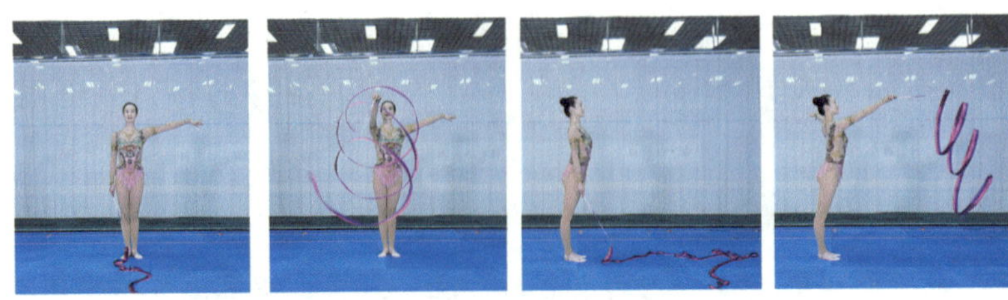
图 5-84 体前水平螺形

(2) 体侧水平螺形（图 5-85）。体侧水平螺形可结合侧平举向前跑动等动作进行练习。

图 5-85 体侧水平螺形

(3) 体前垂直蛇形（图 5-86）。体前垂直蛇形可以使学生建立空中感觉，刺激其想象力、创造力，还可增强学生的肩部力量，提高身体的协调性和各关节的灵活性。体前垂直蛇形可结合身体动作或身体难度形成多种动作组合。

图 5-86 体前垂直蛇形

（4）体前水平蛇形（图 5-87）。体前水平蛇形可结合三位手、五位脚等动作进行练习。

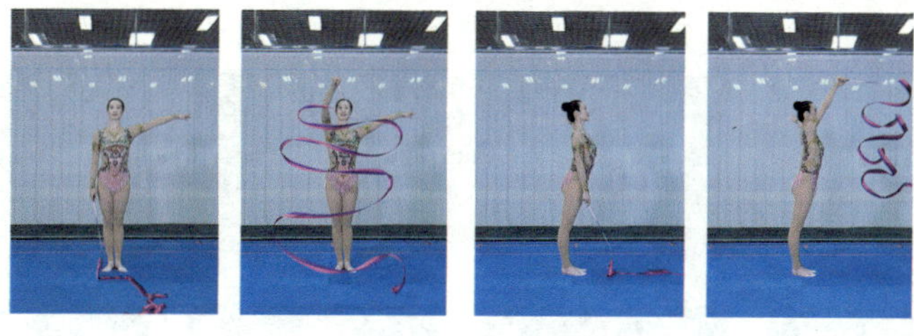

图 5-87 体前水平蛇形

（5）头上体后蛇形（图 5-88）。头上体后蛇形可结合向前行进间起踵走等动作进行练习。

图 5-88 头上体后蛇形

（6）体侧向后大绕环（图 5-89）。彩带中的大绕环动作幅度大，能充分体现艺术体操的舒展美。它可以结合身体动作或身体难度形成不同的动作组合。体侧向后大绕环可结合并步小跳进行练习。

图 5-89 体侧向后大绕环

(7) 体侧左右大绕环（图 5-90）。体侧左右大绕环体现了彩带的飘逸感。此动作可锻炼学生的协调性。

图 5-90 体侧左右大绕环

(8) 体前水平“8”字绕（图 5-91）。体前水平“8”字绕体现了彩带带形的多样性。此动作可锻炼学生左右手的协调性。

图 5-91 体前水平“8”字绕

(9) 体前大绕环（图 5-92）。体前大绕环是比较常用的彩带动作。它可以结合身体动作或身体难度形成不同的动作组合。

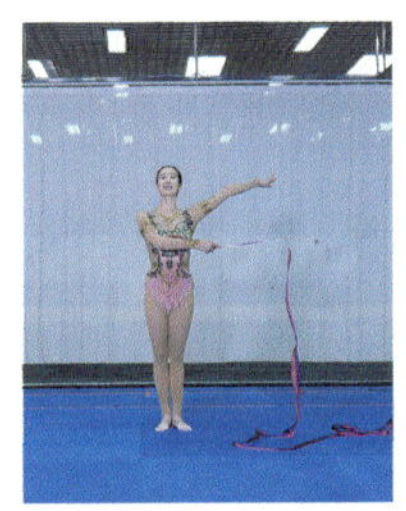

图 5-92 体前大绕环

（10）体前大绕环过带走（图 5-93）。体前大绕环过带走动作有一定的趣味性。此动作能加强学生手、脚和彩带之间的配合。

图 5-93　体前大绕环过带走

（11）头上水平大绕环（图 5-94）。头上水平大绕环动作幅度大，可结合五位脚或巴塞平衡等动作进行练习。

图 5-94　头上水平大绕环

（12）向前过带跑（图 5-95）。向前过带跑动作很有动感和节奏。此动作能加强学生手、脚和彩带之间的配合和协调性。

图 5-95　向前过带跑

（13）体前脱手再握（图 5-96）。体前脱手再握动作能锻炼学生的反应能力及手与彩带的配合能力。它可以结合身体动作或身体难度形成不同的动作组合。

图 5-96　体前脱手再握

（14）剑客（图 5-97）。剑客动作是趣味性较强的彩带动作。它能锻炼学生的眼睛、手臂与彩带的配合，可结合四位脚等动作进行练习。

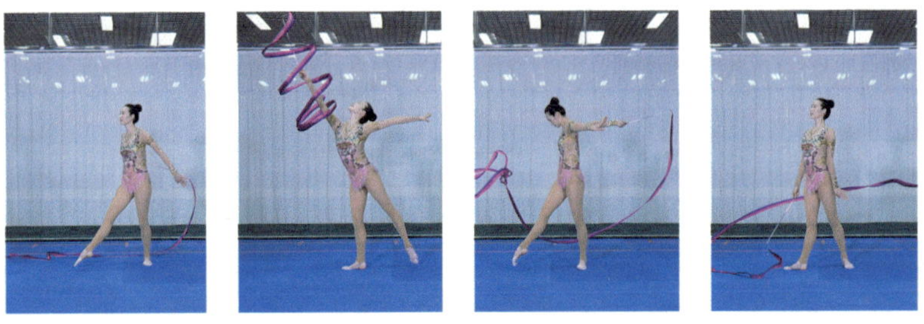

图 5-97　剑客

（15）水平大绕环侧滚棍（图 5-98）。水平大绕环侧滚棍动作能锻炼学生左、右手配合的能力及反应能力。

图 5-98　水平大绕环侧滚棍

（16）抖抛带（图 5-99）。抖抛带动作有一定的技术难度，需要学生反复练习才能成功完成抖抛带动作，能锻炼学生手与彩带的配合能力，可以结合身体动作或身体难度形成不同的动作组合。

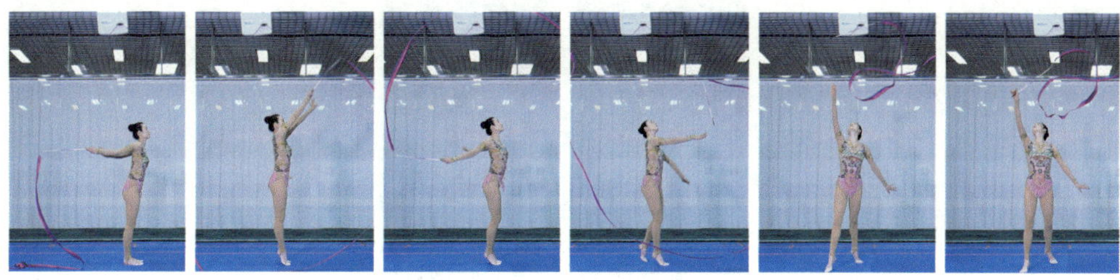

图 5-99　抖抛带

2. 球

（1）体前托球头上举球（图 5-100）。体前托球头上举球动作是球操的基础动作。它可以锻炼学生持球的稳定性。体前托球头上举球可结合五位脚、前巴塞平衡等动作进行练习。

图 5-100　体前托球头上举球

（2）双手体前转动球（图 5-101）。双手体前转动球可以锻炼学生双手手心、手背与球的配合能力。它可以结合起踵碎步退、上身小波浪等动作进行练习。

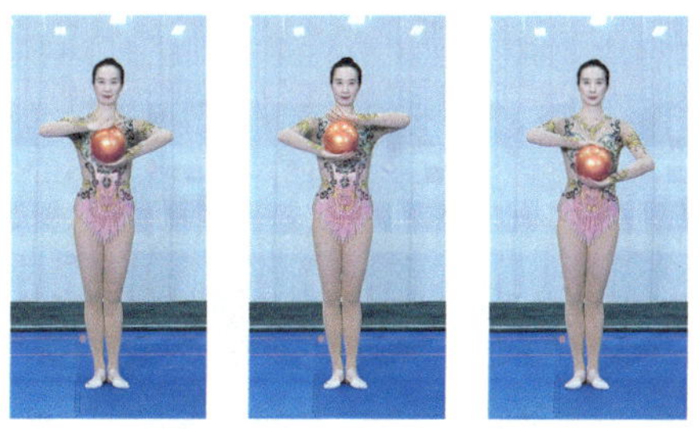

图 5-101　双手体前转动球

（3）单手持球前臂反弹球（图 5-102）。单手持球前臂反弹球可以锻炼学生眼睛、手和球的配合与反应能力。

图 5-102　单手持球前臂反弹球

（4）向外水平绕“8”字（图5-103）。向外水平绕“8”字动作是艺术体操中比较有代表性的动作。它可以锻炼学生持球的稳定性，胸、腰的舒展度及肩关节的灵活性。

图5-103　向外水平绕“8”字

（5）向内水平绕“8”字（图5-104）。向内水平绕“8”字动作与向外水平绕“8”字动作的技术要领相似，只是动作顺序相反。

图5-104　向内水平绕“8”字

（6）体前双手滚球（图 5-105）。体前双手滚球动作是球操的基础动作。它可以作为滚球入门的练习方法。体前双手滚球可锻炼学生双手与球的配合能力。

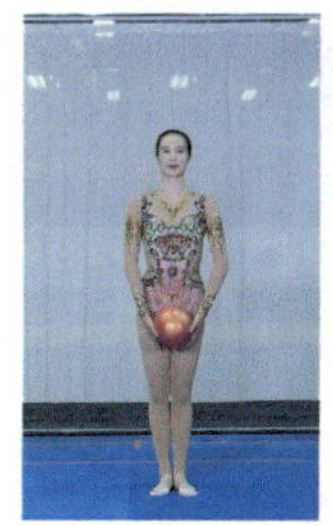

图 5-105　体前双手滚球

（7）体前长臂滚球（图 5-106）。体前长臂滚球动作是难度相对较高的动作。体前长臂滚球可锻炼学生双手与球的配合能力，达到人球合一。

图 5-106　体前长臂滚球

（8）双臂背后滚球（图 5-107）。双臂背后滚球动作可以作为滚球入门的练习方法。双臂背后滚球可锻炼学生在视线外的凭感觉拨球和托球的能力。

图 5-107　双臂背后滚球

（9）胸拍球（图 5-108）。胸拍球动作可锻炼学生手、躯干和球的配合能力与节奏感。

图 5-108　胸拍球

(10) 膝盖拍球（图 5-109）。膝盖拍球动作可锻炼学生手、腿和球的配合能力与节奏感。

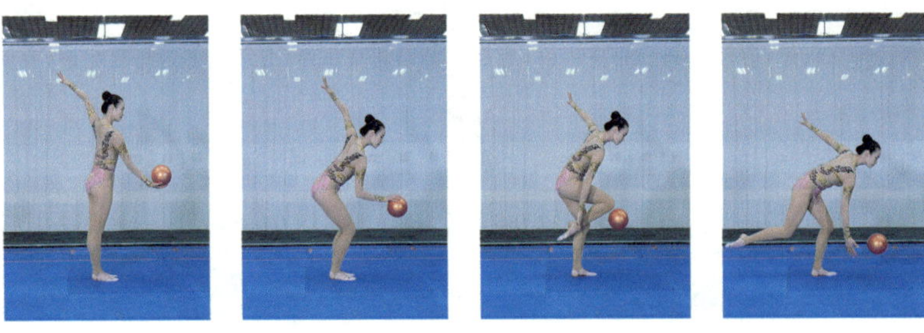

图 5-109　膝盖拍球

(11) 小抛前臂反弹球（图 5-110）。小抛前臂反弹球动作可锻炼学生眼睛、手和球的配合与反应能力。

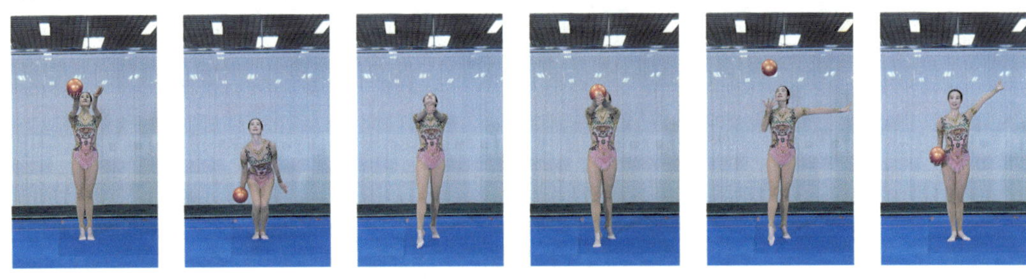

图 5-110　小抛前臂反弹球

(12) 地滚球（图 5-111）。地滚球动作结合身体动作，令人感觉优美舒展。它可锻炼学生眼睛、手和球的配合能力。

图 5-111　地滚球

(13) 地面身上长滚球（图 5-112）。地面身上长滚球动作有一定的难度，需要学生反复练习。此动作可增强学生对身体的敏感度。

图 5-112　地面身上长滚球

(14) 单手抛胸前双臂接球（图 5-113）。单手抛胸前双臂接球是锻炼学生抛接球的反应能力的练习。在高度 8 米以上的场地练习此动作可锻炼学生对空间变化的适应能力。

图 5-113 单手抛胸前双臂接球

(15) 单手抛球背后接球（图 5-114）。单手抛球背后接球可锻炼学生在视线外即背后接球的反应能力。它是在惊险性动作之后的接球方法之一。由于是视线外的背部接球，学生不仅要将抛球的位置与接球时间进行完美配合，还要充分相信自己，勇敢地接受挑战。

图 5-114 单手抛球背后接球

3. 圈

(1) 体侧垂直转动圈（图 5-115）。体侧垂直转动圈是圈操的基本技术。它可以结合身体动作进行练习。

图 5-115 体侧垂直转动圈

(2) 头上水平转动圈。头上水平转动圈是圈操常用的基本动作。它可以结合不同的身体动作创造出多样化的动作组合。

(3) 体前双手垂直转动圈（图 5-116）。练习该动作时要注意圈面不要出现倾斜面，应是垂直面。

图 5-116 体前双手垂直转动圈

（4）体前单手垂直转动圈（图 5-117）。体前单手垂直转动圈可以结合身体动作或身体难度进行练习。

图 5-117 体前单手垂直转动圈

（5）体前水平转动圈（图 5-118）。体前水平转动圈（身体前倾）主要锻炼学生手与圈的配合能力，让学生感知练习时圈面在体前需保持水平面。

图 5-118 体前水平转动圈

（6）颈部水平转动圈（图 5-119）。颈部水平转动圈是圈操常用的基本动作。它可以结合身体动作或身体难度进行练习。

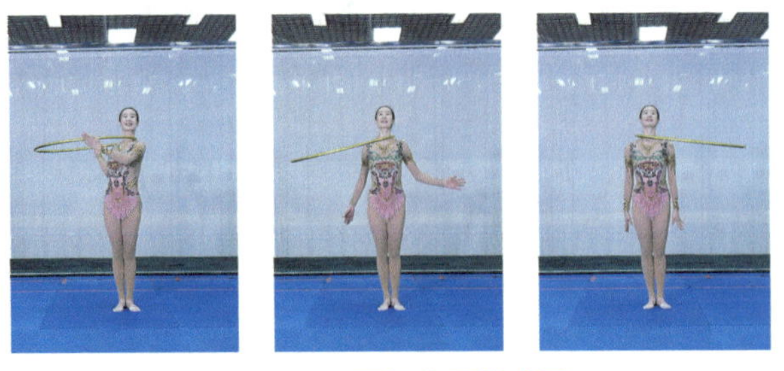

图 5-119 颈部水平转动圈

（7）腰部水平转动圈（图 5-120）。腰部水平转动圈是圈操常用的基本动作。它可以结合身体动作或身体难度进行练习，是学生练习协调性的有效方法。

图 5-120　腰部水平转动圈

（8）手腕闪光圈（图 5-121）。手腕闪光圈动作可以锻炼学生手和圈的配合能力。

图 5-121　手腕闪光圈

（9）体前长臂滚圈（图 5-122）。体前长臂滚圈动作具有一定的难度。它可以锻炼学生手、眼和圈的配合能力及身体的敏感性。

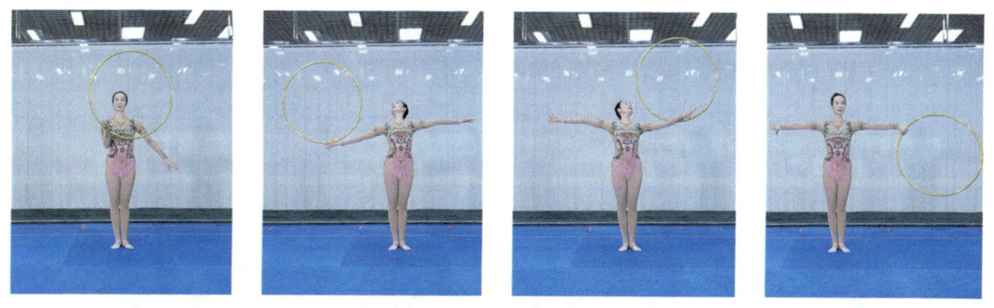

图 5-122　体前长臂滚圈

（10）前屈单臂滚圈（图 5-123）。前屈单臂滚圈动作可以锻炼学生视线外凭感觉滚圈的能力。

图 5-123　前屈单臂滚圈

（11）地面回滚圈（图 5-124）。地面回滚圈动作具有一定的趣味性，是学生比较喜欢的一个动作，学会后会有一些成就感。地面回滚圈动作可以锻炼学生手臂和圈的配合发力能力。

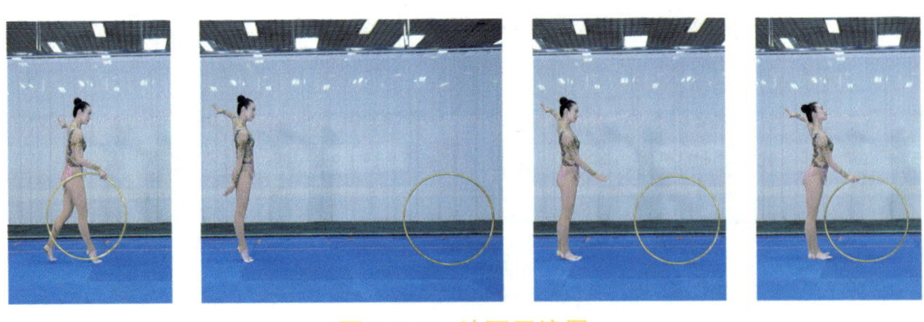

图 5-124 地面回滚圈

(12) 双手翻转抛圈(图 5-125)。双手翻转抛圈动作分为小抛和高抛动作，在日常教学中常采用小抛动作。双手翻转抛圈动作可以锻炼学生手、眼与圈翻转速度的配合能力。

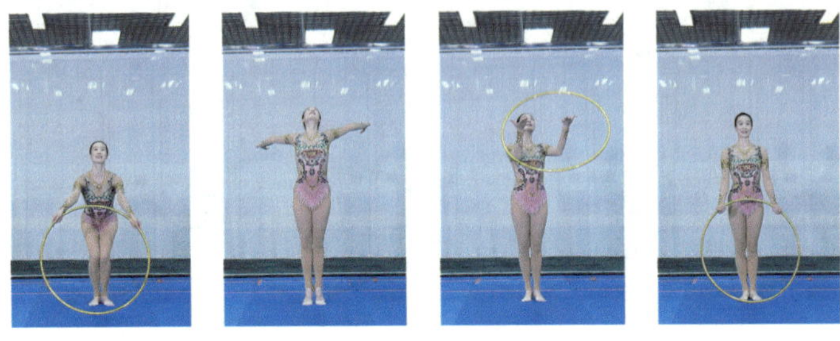

图 5-125 双手翻转抛圈

(13) 平抛接跳过圈(图 5-126)。平抛接跳过圈动作是将抛圈与跳过圈结合在一起的动作。它锻炼学生将抛、接、跳过圈的时间差和多元素组合在一起的协调能力。

图 5-126 平抛接跳过圈

教学相长

1. 发扬不断向上追求的精神，效力社会

课程思政不能太空泛，应落于实处。体操课强调学生练习时要精益求精，对每个动作的细节掌握要追求极致的规范性和美感。在追求动作完美的过程中，学生可以体会到不断向上挑战、不断向上追求的精神。

2. 融入团队，感受集体的力量

体操课集体考试是以小组为单位进行的，这强调学生之间要协作，理解，帮助，共同提高。这部分的教育不是硬生生地传递知识，而是通过实践让学生真正感受到每个人的优势和只有通过团队协作才能得到更大的收获。

3. 爱的力量，大爱无疆

在教学过程中，教师一定要把学生当作自己的孩子一样去爱他们，引导他们；在跟他们沟通的时候，不能用太生硬的语言，而是要以理服人，多讲道理，让学生在受教育的同时，掌握交谈的礼仪和待人接物的适宜方式。

思考题

(1) 健美操的基本特点有哪些?

(2) 练习健美操能提高学生哪些身体素质? 能培养学生哪些精神品质?

(3) 啦啦操的特点是什么?

(4) 如何描述艺术体操的基本特点?

(5) 艺术体操运动最需要的身体素质是什么? 能培养学生哪些优秀品质?

(6) 说一个你喜欢的艺术体操运动员的名字，并讲一讲她或他让你佩服和感动的地方，以及能从她或他身上学到些什么。

第六章　集体球类项目

第一节　足球

教学目标

价值塑造：培养学生团队合作、相互配合的精神和尊重比赛、尊重同伴、尊重对手及尊重裁判的优秀品质。

能力培养：提高学生的身体素质和运动表现能力，通过课堂教学活动提高学生的团队协作能力和社会交往能力。

知识传授：让学生掌握足球基本技术和规则，了解足球运动的国内外文化背景，提高对足球运动的兴趣，养成经常参加足球运动的习惯。

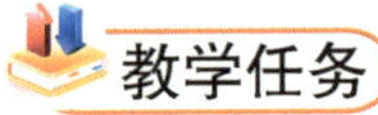

教学任务

一、认识足球

（一）足球的起源与发展

古代足球最早出现于中国的战国时代，又名“蹴鞠”。现代足球起源于英国。1863年，几名足球爱好者在英国伦敦女王大街的弗雷马森酒店聚会，他们讨论并成立了英格兰足球总会，这是世界上成立的第一个足球协会，它的成立标志着现代足球的诞生。1904年，国际足联在法国巴黎成立，标志着足球作为一项世界性体育运动登上了世界体坛。1928年，国际足联召开会议并一致通过决议，决定每年举办一届足球锦标赛，这便是后来的“世界杯”。此后，现代足球运动在世界范围内广泛传播开来。足球运动在传播的同时，其自身也在持续演进；足球运动在规则不断完善的同时，其技术与战术也经历了多次重大变革。与此同时，足球运动的职业化、产业化也在不断增强，如今已经是欢迎度最高、接受度最高、普及面最广的体育运动，所以足球运动也被誉为“世界游戏”。此外，随着现代足球运动的发展，还出现了五人制足球和沙滩足球。五人制足球为乌拉圭体育教师胡安·卡洛斯·赛利亚尼于1930年建立。1989年，荷兰举办了第1届国际足联室内五人制足球世界杯。沙滩足球的发源地是巴西里约热内卢，最早于20世纪20年代出现于巴西的海滩上，它最初被作为一种休闲娱乐活动，并没有统一的规则，也没有国际性的比赛。2005年，国际足联与国际沙滩足球协会达成协议，将沙滩足球正式纳入国际足联的管理范围，并制定了更完善的《沙滩足球竞赛规则》。同年举办了第1届国际足联沙滩足球世界杯。

（二）我国足球运动的开展情况

改革开放是我国的重要转折时期，我国足球运动的发展也与之契合。1978年，我国足球联赛恢复了甲级联赛制度。1980年，国际足联恢复了中国足球协会的合法席位。1984年，我国举办了第1届中国足球协会杯赛，同年中国国家男子足球队获得第8届“亚洲杯”的亚军。1992年6月，中国足球协会在北京西郊的红山口召开全国足球工作会议，史称“红山口会议”。会议明确了中国足球走职业化道路的方向，开启了全面改革之路。在会议闭幕式上，中国足球协会又出台印发了20余部相关文件，并适时推出了中国足球协会的一系列具体改革举措。

“红山口会议”之后，中国足球改革已经初见成效，中国国家足球队也在世界和亚洲的各项竞赛中小有成绩。女子足球方面，1994年广岛亚运会，中国国家女子足球队点球夺冠；1996年的亚特兰大奥运会女子足球决赛，中国国家女子足球队夺得亚军；1999年的国际足联女子世界杯，中国国家女子足球队获得亚军。男子足球方面，中国国家男子足球队夺得1998年曼谷亚运会季军；2001年10月7日，中国国家男子足球队在沈阳的五里河足球场以1∶0战胜阿曼队之后，终于打进了2002年韩日世界杯的决赛圈。这是中华人民共和国成立以来中国国家男子足球队取得的最好成绩，也是最辉煌的时刻。

党的十八大以来，在党和国家领导人的重视下，振兴足球逐渐成为发展体育运动、建设体育强国的重要任务。2015年，中央全面深化改革领导小组第十次会议，审议通过了《中国足球改革发展总体方案》。该文件给中国足球的发展指明了方向，具体体现在以下几方面：定位方面，足球发展上升为国家战略；体制方面，管办分离，中国足球协会与国家体育总局脱钩，明确了权责；制度方面，确立了关于足球会议的制度，最大限度保障政令畅通；目标方面，实行“三步走”战略，充分考虑了改革的长期性和艰巨性；举措方面，明确足球进校园的策略，确定采用由教育部主管的体教融合策略，并大力发展校园足球。

二、学习足球

视频讲解

足球技术是指在足球比赛中所采用的合理行动和动作的总称。技术是完成战术配合的基础，战术的发展又促进了技术的提高。现代足球运动对技术的要求越来越高，不仅内容更加丰富，而且难度也越来越大。特别是现代足球比赛要求运动员能够在高速奔跑和激烈对抗的条件下，准确地完成踢球、运球、接球等技术动作。因此，只有扎实、熟练地掌握足球的基本技术，才能在比赛中有目的地采取正确的处理球的方法，以达到战术要求。

（一）足球运动基本技术

1. 颠球技术

颠球是指运动员用身体的各个有效部位连续触球，并加以控制，尽量使球不落地的技术动作。颠球技术动作包括大腿颠球（图 6-1）、头部颠球（图 6-2）、脚背正面颠球（图 6-3）、脚内侧颠球（图 6-4）等。颠球是运动员熟悉球感的一种练习手段。

图 6-1　大腿颠球

图 6-2　头部颠球

图 6-3　脚背正面颠球

图 6-4　脚内侧颠球

2. 传球技术

足球比赛主要靠集体合作来完成进攻与防守任务。传球是集体配合的基础，是完成战术配合、创造射门机会的主要手段，也是迅速逼近对方球门最有效的方法。在比赛中，传球方法多种多样，选择传球目标、掌握传球时机、控制传球力量是衡量传球技术的主要标志。

（1）脚内侧传球。

脚内侧传球（图 6-5）又叫“脚弓传球”，是最基本的传球技术。脚内侧传球的击球部位是脚弓，技术要点可拆分为五个部分：助跑、支撑腿站位、踢球腿摆动、脚触球和踢球后的随前动作。

图 6-5　脚内侧传球

（2）脚背内侧传球。

脚背内侧传球（图 6-6）具有脚触球面积较大、能充分摆腿等特点，适合中距离和长距离传球。其击球部位为脚背内侧，按照击球点的不同，可分为脚背内侧传贴地球（平快球）和脚背内侧传高空球（长传球）。脚背内侧传球的技术要点可拆分为五部分：助跑、触地、摆腿、击球、随前动作。

图 6-6 脚背内侧传球

（3）脚背外侧传球。

脚背外侧传球又叫“外脚背传球”。该传球技术动作小、出球快，具有很强的隐蔽性。该技术对脚腕灵活性与力量要求很高，是一项较难掌握的传球技术。

3. 停球技术

在足球比赛中，运动员会不断地重复停球、带球、传球这三个动作。停球是连接传球和带球的必要环节，也是场上非常常见的基本技术之一，其可将队友传来的球、双方解围的球、对方没有控制好的失误球顺利停在对自己最有利的位置上。

（1）脚背正面停球。

脚背正面停球多用于接有较大抛物线的来球，可分为提膝式脚背正面停球（图 6-7）和勾脚式脚背正面停球（图 6-8）两种技术形式。

图 6-7 提膝式脚背正面停球

图 6-8 勾脚式脚背正面停球

（2）脚内侧停球。

用脚内侧停球（图 6-9）时，髋关节要打开，脚底要与地面平行。触球部位不要太低，也不要太高；根据来球力度及下一步的行动来决定是缓冲停球还是加力停球，缓冲停球是脚顺着来球方向摆动，加力停球是脚向来球方向摆动。触球的刹那，支撑腿膝关节弯曲，触球脚踝关节绷紧。

（3）脚掌停球。

脚掌停球（图 6-10）相对简单，常用于停地滚球和反弹球。

（4）大腿停球。

大腿停球（图 6-11）一般用于停弧度较大的高空下落球或是高度与大腿部位接近的球。

图 6-9　脚内侧停球

图 6-10　脚掌停球

图 6-11　大腿停球

4. 运球技术

运球是足球运动中的一项基本技术，在足球比赛中占有十分重要的地位。运球技术是突破密集防守的有效进攻手段之一，正向着快速、简练、灵活、实用的方向发展。在激烈对抗的情况下，运球技术的好坏直接影响个人和全队控制球的效果。运球技术与身体素质、心理素质紧密相关，与跑动距离、跑动速度之间相互影响和相互作用。

（1）脚背正面运球。

用脚背正面运球（图 6-12）时，身体保持正常跑动姿势，上身稍前倾，步幅不宜过大，运球脚提起，膝关节微屈，髋关节前送，脚跟提起，脚尖下指，在着地前用脚背正面部位触球中后部并将球推送前进。脚背正面运球多在越过对手之后，前方纵深距离较长，仍需快速运球前进的情况下使用。

（2）脚背外侧运球。

用脚背外侧运球（图 6-13）时，身体保持正常跑动姿势，上身稍前倾，步幅不宜过大，运球脚提起，膝关节稍屈，髋关节前送，脚跟提起，脚尖内转下指，在运球脚落地前用脚背外侧推拨球的后下部。脚背外侧运球多在快速跑动和向外改变方向时使用。

图 6-12　脚背正面运球

图 6-13　脚背外侧运球

5. 射门技术

在足球比赛中，进攻的最终目的就是射门得分。完美的射门技术对于赢得比赛非常重要。平时练习需要注意射门的角度、力量、时机和射门方式。脚背正面射门如图 6-14 所示。

图 6-14　脚背正面射门

6. 头顶球技术

头顶球是指运动员用头的某一部位顶击球，用于进攻中的传球、射门和防守中的抢断。其可原地顶或跳起顶，由移动选准顶球点和上体摆动击球两个环节组成。因头部在人体的最高部位，能够较早地接触到空中的球，故头顶球技术在比赛中对争取时间和争夺空中优势极为有利。

（1）原地头顶球。

原地头顶球（图 6-15）时，身体正对来球方向，眼睛注视运动中的球，两脚左右开立（或前后开立），膝关节微屈，重心下降，两臂自然张开。当球运行到即将垂直于地面的垂线时，两腿用力蹬地，迅速向前摆体；微收下颌，在触球瞬间颈部做爆发式振摆，用前额正面击球的中部，同时上体随球前摆。

（2）跳起头顶球。

跳起头顶球（图 6-16）可分为原地跳起头顶球和跑动跳起头顶球。

原地跳起头顶球时，两膝微屈，重心下降，然后两脚用力蹬地起跳，同时两臂屈肘上摆，在身体上升阶段展腹挺胸，两臂自然张开，眼睛注视来球，身体自然成背弓。当球运行至身体额状面时，迅速收腹，上体前摆，触球瞬间颈部做爆发式振摆，用前额正面将球顶出。同时，两腿向前做振摆，球顶出后两腿屈膝、屈踝落地。此技术主要在本方或对方传来高球时运用。

跑动跳起头顶球时，助跑跳起顶球一般都采用单脚起跳。根据来球的速度、运行轨迹，运动员要及时跑到起跳点，选好起跳位置，起跳前的一步稍大些；起跳腿的脚用力蹬地跳起，同时另一腿屈膝上摆；两臂屈肘自然上提。其余各环节与原地跳起头顶球相同。

图 6-15　原地头顶球

图 6-16　跳起头顶球

（二）沙滩足球基本技术

1. 挑传球

易犯错误：球没有处在稳定的沙坑内，触球部位不准确，踝关节触球时稳定性不够，没有依靠臀部、小腿与踝关节发力。

纠正方法：用脚底让球处于稳定位置，感受臀部、小腿与踝关节发力。

组织教法：2 人 1 组，每组 1 球，进行挑传球练习。

要求：支撑脚指向出球方向，尽量让踢球脚接触球底部较深的位置。

2. 挑射

易犯错误：挑球后与下一步射门衔接不上，挑起球的方向不对，触球部位不准确。

纠正方法：支撑脚脚尖正对出球方向，脚背绷直。

组织教法：2 人 1 组，每组 1 球，在距离球门 6～10 米的位置交替进行挑射练习。

要求：注意支撑脚的位置；不要急于发力，注意踢球脚的脚形；2 人之间相互观察、互相帮助。

3. 脚底传球

易犯错误：脚底与地面没有角度，球处于沙坑内。

纠正方法：脚尖上翘，将球摆放在沙坑外的位置。

组织教法：2 人 1 组，每组 1 球，进行脚底传球练习。

要求：支撑脚指向出球方向，脚底踢在球的中上部。

4. 守门员技术

（1）接反弹球技术。

在沙滩足球比赛中，反弹球射门是得分的主要手段。在比赛中，守门员对球落地后反弹方向的预判及接挡球的时机把握难度最大，这也是接反弹球射门练习的核心内容。练习时守门员不能站在原地接反弹球，而是始终要判断球的第一落点，重心向前，尽可能地在球弹地的一瞬间将球接挡在身体控制范围内。

（2）脚传球技术。

在沙滩足球比赛中，守门员可以接同伴的回传球，因此，脚传球技术成为守门员参与进攻、组织进攻、发动进攻的主要技术之一。在比赛中，守门员经常将球从沙子上挑起来用脚内侧、外侧或脚背完成空中传球。这种传球方式不仅安全，而且便于同伴直接完成下一个连接动作。因此，脚传球成为守门员传球的主要方式，其中脚内侧传球运用最多。

（3）射门技术。

沙滩足球比赛场地小、禁区范围较大，这些特征都使得守门员在比赛中有更多的参与进攻的机会。挑球射门是守门员主要的脚踢球技术和进攻得分手段，其主要包括挑球和凌空射门两项技术。

（三）五人制足球基本技术

1. 脚底踩停球、脚底拖拉运球

（1）脚底踩停球技术。

易犯错误：脚底与地面没有角度，停球时机不对。

纠正方法：脚尖上翘，主动用前脚掌踩球的上部。

组织教法：2人1组，每组1球，进行脚底踩停球练习。

要求：支撑脚指向出球方向，停球脚要踩在球的上部。

（2）脚底拖拉运球技术。

易犯错误：脚底触球力量控制不好，脚底触球部位不准确。

纠正方法：放慢运球速度，脚底运球、触球时间尽量延长。

组织教法：4人1组，每组1球，进行循环运球练习。

要求：控制好运球方向，脚底拖拉运球部位准确；肢体放松，动作协调。

2. 挑传球

易犯错误：摆腿方向不准确，触球部位不准确，踝关节触球时稳定性不够，没有依靠小腿与踝关节发力。

纠正方法：调整动作幅度，感受小腿与踝关节发力。

组织教法：2人1组，每组1球，进行挑传球练习。

要求：支撑脚指向出球方向，尽量让踢球脚接触球底部较深的位置。

3. 脚尖射门

易犯错误：摆腿方向不准确，触球部位不准确。

纠正方法：支撑脚脚尖正对出球方向，踝关节固定。

组织教法：2人1组，每组1球，在距离球门6～10米的位置交替进行脚尖射门练习。

要求：注意支撑脚的位置；不要急于发力，注意踢球脚的脚形；2人之间相互观察、互相帮助。

4. 守门员技术

（1）高手掷球技术。

高手掷球一般是指守门员抛长距离球时，出球手在肩关节以上的手传球技术动作。如果抛球路线上没有防守队员的干扰，可以抛直线快球；若有防守队员干扰，可以抛过顶下坠弧线球。

（2）低手掷球技术。

低手掷球是指守门员用手抛短距离传球的技术动作。一般情况下，当守门员获得球权后，为了方便队友更容易、更快地完成下一个技术动作，守门员往往会选择用下手传球的方式将球直接抛到队友的脚上、大腿或胸部等位置，这样队友就可以在触球后直接传球或一停一传。

（3）守门员门线技术。

由于五人制足球球门较小，守门员在防守球门时应尽量不倒地，如果倒地则易失去防守球门的能力。守门员应随着球的移动不断选择防守位置，双手、两腿尽量打开；当离开球门线去选择防守位置时，尽量让身体覆盖整个球门。当对手射门时，高球用手挡，低球用脚挡；此外，守门员两腿之间的区域也是重点防守区域。

教学相长

足球是一项具有悠久历史的体育运动，被公认为世界第一大运动，因此教师应该让学生在实践中感悟足球运动的精神文化和价值理念。例如，“团队协作”是踢足球的最高境界，集体主义是足球运动的精华所在；输球不一定不光彩，输球后的大气、坦荡，以及比赛中表现的精气神才是最令人尊敬的。教师应该培养学生的“球品”，即尊重裁判、尊重对手、尊重队友、尊重观众，学会胜不骄、败不馁。为了培养这些优秀的品质以及重要的足球运动能力，在教学环节中，教师应该加入更多的“非传统训练”环节来提升教学效果。例如，训练后或比赛后教师进行总结，点评学生在训练过程中的一些文明行为；在训练环节中发现学生间有互相埋怨的现象时应及时喊停，告诉学生互相鼓励与支持的重要性等。我们要通过在课程中引入思政元素，让体育与教育相融合，以达到育人的目的，为社会培养更多的德智体美劳全面发展的人才。

思考题

（1）通过学习和练习足球，你认为足球运动能够培养人的哪些优秀的品质？

（2）你认为足球运动最重要的技术是什么？

（3）说出一个你最喜欢的足球运动员的名字，讲一讲他/她让你佩服和感动的地方，以及你能从他/她身上学到些什么。

第二节　篮球

教学目标

价值塑造：塑造学生顽强拼搏、机智果敢、勇于担当的优秀品质和善于合作、协同奋进、团结向上的集体主义精神，促进学生形成终身体育的意识。

能力培养：提高学生协调性、灵敏性和速度等身体素质，提升篮球专项技战术的掌握和实践能力，培养学生自主锻炼、组织比赛和交往能力等。

知识传授：了解篮球，掌握篮球运动基本技术与基本打法等方面的基础知识。

教学任务

一、认识篮球

（一）篮球的起源与发展

篮球运动的起源地是美国马萨诸塞州的斯普林菲尔德学院。1885 年，由基督教会创

办的该学院设立体育部并任命奈史密斯担任成人培训班的体育课教师。他非常重视青少年身心的全面发展，并主张通过体育锻炼来培养学生的心智。1891 年，经过反复思考之后，奈史密斯把上宽下窄用来装桃子的篮子钉在体育馆两边看台的柱子上并发明了投篮游戏，篮筐的高度正好是 10 英尺（3.05 米），这便是篮球运动的起源。这项运动由于游戏性和趣味性强，在美国得到了广泛开展并迅速传播到世界各地。

（二）我国篮球运动的发展

1895 年，美国基督教青年会传教士来会里将篮球带到了天津，因此天津成了我国篮球运动的发源地。我国篮球运动的发展可以分为以下三个阶段。

1. 自然发展阶段

1905 年前后，篮球运动逐渐成为大中学校的主要体育活动并从学校传入社会。1936 年和 1948 年，我国曾派篮球队参加第 11 届和第 14 届奥运会。中国篮球协会于 1936 年正式成为国际篮球联合会成员。值得一提的是，这一阶段的篮球运动与军队和革命运动有着一定的联系。20 世纪 30 年代后期，在革命根据地，篮球运动已经成为深受广大人民群众和红军、八路军将士喜爱的运动项目。当时特别引人注目的是在国内享有盛誉的八路军一二〇师“战斗篮球队”。其具有纪律严、宗旨明、体能好、斗志强、打法活、技术实的特点，是革命军人优良道德品质和战斗风格的充分反映。

2. 普及提高阶段

中华人民共和国成立后，篮球运动受到政府的高度重视，群众性篮球运动逐渐普及并在全国范围内广泛开展。20 世纪 50 年代初，中央体训班篮球队成立并加强同其他国家之间的交流。1955 年全国篮球联赛制度开始实施，国家多次召开篮球训练工作会议，我国篮球运动开始走上有计划的、系统的训练道路，技术水平得到极大提高，并逐步形成了以“快攻”“跳投”和“紧逼防守”为制胜法宝的独特风格。

3. 改革创新期

改革开放时期，随着市场经济的不断发展，我国篮球运动进入最佳发展时期。CBA 通过改革实践和努力，为我国篮球事业增添了新的生机和活力，吸引了各个年龄段的篮球爱好者和社会的关注。21 世纪后，我国篮球运动的产业化、职业化发展进一步加快，在世界性比赛中不断获得优异成绩：中国国家男子篮球队在 2008 年北京奥运会上获得第 8 名的好成绩；中国国家女子篮球队在 1992 年巴塞罗那奥运会上夺得亚军，在 2022 年国际篮球联合会女篮世界杯上追平该赛事历史最好成绩，获得第 2 名。

二、学习篮球

视频讲解

篮球运动属于开放性运动技能项目，篮球技术是在篮球比赛中合理有效运用各种进攻与防守的专门动作、方法的总称。了解和学会这些技术是学习篮球的第一步。

（一）基本技术

1. 投篮

投篮技术动作是随着篮球运动的演进而发展的。起初的投篮方式并没有规范动作，投

篮的方法五花八门。现代投篮技术动作种类很多，以下我们仅介绍几种。

（1）原地单手肩上投篮。

以右手投篮为例，原地单手肩上投篮（图 6-17）的动作是两脚开立与肩同宽，脚尖正对球篮；重心在两脚之间，屈髋屈膝，上体自然正直；双手持球于胸前，右手五指自然分开置于球的后部，左手扶于篮球侧方辅助。投篮时，两脚蹬地发力，伸髋伸膝；同时双手举球于肩上，使球距额头大约一拳距离，此时右手在球的正下部，然后抬肘、伸臂、压手腕，食指、中指拨球，上下肢发力，协同完成投篮。

图 6-17　原地单手肩上投篮

（2）原地跳起单手肩上投篮。

以右手投篮为例，原地跳起单手肩上投篮（图 6-18）是在原地单手肩上投篮的基础上结合起跳完成投篮的动作。双手持球于胸前，两腿快速屈膝，两脚用力蹬地向上，同时双手举球至右肩上方。当身体接近最高点时，右臂抬肘伸臂，手腕前屈，食指、中指拨球完成投篮。

图 6-18　原地跳起单手肩上投篮

（3）原地双手胸前投篮。

原地双手胸前投篮（图 6-19）的动作是两脚前后或左右开立，两膝微屈，双手持球于胸前，肘关节自然下垂。投篮时，眼睛瞄准篮筐，下肢蹬地发力，腰腹伸展，两臂向前上方伸出，前臂内旋，拇指下压，手腕前屈，食指、中指用力拨球，通过指端将球投出。

图 6-19　原地双手胸前投篮

(4) 行进间单手肩上低手投篮。

以右手投篮为例，行进间单手肩上低手投篮（图 6-20）的动作是在接球的同时右脚向前跨出一大步，接着左脚继续向前跨一小步并用力蹬地起跳，右腿随后向前摆腿并屈膝上抬，双手向前上方举球。当身体接近最高点时，左手离球，右手直臂托球的下部，食指、中指向上拨球，将球投出。

图 6-20　行进间单手肩上低手投篮

2. 传球

篮球运动的传球有双手胸前传球、双手击地传球、双手头上传球、单手肩上传球、单手体侧传球、单手击地传球等，其中双手胸前传球是最基础的传球方式。在传球中，持球姿势是基础中的基础，它的基本动作简单说就是“前后脚、五指分、手心空、持胸腹”。

(1) 双手胸前传球。

双手胸前传球（图 6-21）的动作是两脚前后开立，双手五指自然张开，持球于胸前，两拇指位于球后侧呈八字形，其余手指分开置于球侧，掌心空出，不触球面。传球时，两肘微屈，双手向内引球至离身体约一拳处，随后立即向传球方向伸臂，重心前移，双手手腕在伸臂过程中同时外翻，最后用双手食指、中指拨球，将球传出。

图 6-21　双手胸前传球

(2) 双手击地传球。

双手击地传球（图 6-22）动作与双手胸前传球动作相似，不同点在于用力方向是向前下方，击地时，球的落点在距离接球者 1/3 的地方。拨球的同时身体重心随传球方向微微前移。

图 6-22 双手击地传球

（3）双手头上传球。

双手头上传球（图 6-23）的持球手法与双手胸前传球的持球手法相同，只是其需要双手举球于头上，手心朝前。传球距离近时，前臂前摆，手腕前扣外翻，同时双手拇指、食指和中指用力向前拨球。传球距离远时，应加大两腿蹬地力量，摆动腰腹以带动前臂发力和前摆，手腕和手指用力前扣，将球传出。

图 6-23 双手头上传球

（4）单手肩上传球。

以右手传球为例，单手肩上传球（图 6-24）的动作是右脚向传球方向迈出半步，同时右转体，将球引至右肩侧上方。出球时，右脚蹬地的同时转体带动上臂，前臂迅速前甩，手指用力下压将球传出。

图 6-24 单手肩上传球

（5）单手体侧传球。

以右手传球为例，单手体侧传球（图 6-25）的动作是双手持球于胸前，右脚向右侧跨出半步，同时右手托球后下方将球移至身体右侧，并向前做弧线摆动，在右臂快要伸直之前，迅速收前臂，抖压手腕，通过指端拨球将球传出。

图 6-25　单手体侧传球

（6）单手击地传球。

单手击地传球（图 6-26）与单手体侧传球动作相似，不同点在于用力方向是向前下方，击地时球的落点在距离接球者 1/3 的地方。拨球、出球的同时身体重心随传球方向前移。

图 6-26　单手击地传球

3. 运球

运球是保证运动员在控球时行动自由的基本技术，是各种技术、战术配合的基本元素，也是提高个人攻击能力的重要手段。只有熟练地掌握运球技术，才能娴熟地运用其他技术。

（1）高运球。

高运球时球的反弹高度超过运球者的腰部，多以肩关节为轴，带动肘关节及手腕、手指发力运球；多用于无防守队员接近时的运球推进。

（2）低运球。

低运球时球的反弹高度在运球者的腰部以下，多以肘关节为轴，带动手腕、手指发力运球；多用于靠近防守者或准备运球突破时。

（3）体前变向运球。

以右手运球为例，变向时，右手按拍球的右后上方，把球从身体右侧送至身体左侧，同时，右脚向左前方跨出，上体右转，换左手向前运球。

（4）背后运球。

以右手运球为例，右脚在前，右手将球运至身体右侧后方，左脚前跨，右手按拍球的侧后方，使球经过身后运至左脚前方，右脚迅速向左前方跨步。

（5）胯下运球。

以右手运球为例，变向时，左脚在前，右手按拍球的右侧上方，将球从两腿之间运至身体左侧，然后上右脚，换左手继续运球。

（6）后转身运球。

以右手运球为例，运球时，按拍球的侧前上方，把球运至身体右侧，跨出左脚，并以左脚为中枢脚做后转身；同时右手将球运至身体的左前方，然后换左手继续运球。

4. 突破

突破分为运球突破和持球突破，这里的突破是指持球时的突破技术。持球突破是摆脱防守、获得进攻机会的重要手段。持球突破具有速度快、幅度大、真假结合的特点，常令防守队员顾此失彼、防不胜防，是“一对一”攻防对峙时进攻队员最常用、效果最好的突破手段。其技术环节当中的假动作能使防守队员失去重心，进而让出进攻队员的移动路线，使进攻队员顺利摆脱防守；即使防守队员没有因为进攻队员的假动作失去重心，进攻队员也可以将计就计，顺势顺步突破。

(1) 交叉步持球突破。

以右脚做中枢脚为例，交叉步持球突破（图 6-27）的动作是两脚左右开立，屈髋屈膝，身体重心下降，双手持球于腹前。突破时，左脚先向左侧做一个快速的刺探步假动作，吸引防守队员重心向右移，左脚前脚掌内侧迅速蹬地；上体右转，左肩向前探出，左脚利用刺探步的反作用力快速向右前方跨出；同时双手引球，放于身体右后方，左手保护，右手运球加速过人。

图 6-27　交叉步持球突破

(2) 顺步持球突破。

以右脚做中枢脚为例，顺步持球突破（图 6-28）的动作与交叉步持球突破动作的前面部分相同。突破时，左脚蹬地，右脚向身体右前侧方跨步，身体向右侧转肩转体；同时双手引球放于身体右前方，左手保护，右手运球加速过人。

图 6-28　顺步持球突破

5. 抢篮板球

抢篮板球是篮球技术的重要组成部分，是获得球权控制的重要手段，也是篮球比赛中攻防转换的标志和核心。控制好篮板球意味着终结对手的攻击或己方又一轮进攻的开始。在比赛的关键时刻，抢到篮板球往往能起到取得比赛胜利的关键作用。抢篮板球技术分为抢占位置、起跳、空中抢球、获得球的保护四个动作。进攻队争夺投篮未中的球称为抢进攻篮板球或抢前场篮板球，防守队抢对方未中的球称为抢防守篮板球或抢后场篮板球。在抢篮板球的过程中，积极主动、顽强拼搏的意识是前提，争夺技巧及抢占有利位置技术是关键。抢占位置前要特别注意球的反弹方向、落点和对手的移动方向。占据有利位置后，要继续注意球的情况以便选择恰当的起跳时机，使人和球在最适宜的空间相遇。篮板球手法技巧可以归纳为“点”“捅”“抢”“夺”“抱”五个字，即点拨、捅打、拼抢、夺取和抱怀等积极主动的动作。抢篮板球的起跳技术可以分为单脚起跳、双脚起跳、原地起跳、行进间起跳四种。

6. 防守

防守分为防守有球队员和防守无球队员。防守有球队员主要是防守其投篮和突破，干扰和破坏其传球，并伺机进行抢、打、断球，争取尽早夺得控球权。防守无球队员主要是根据球、篮筐和对手的情况来合理选择自己的防守位置（防守位置应该在对手和篮筐之间偏向有球的一侧），做到人球兼顾，并限制对手向有威胁的区域移动。防守技术随着篮球攻守技术的演变而发展，随着进攻技术的提高而改进，随着防守战术的变化而丰富，同时受到篮球规则修改完善的制约和促进。

（二）基本打法

篮球战术是比赛中队员个人技术合理运用和队员之间相互协调配合的组织形式。篮球比赛过程是比赛双方战略和战术筹划、选择、运用的过程。比赛的胜负在很大程度上取决于战略和战术运用得正确与否。两三人之间的配合是组成全队战术配合的基础，其中包括进攻战术和防守战术。

1. 进攻战术基础配合

进攻战术基础配合包括传切配合、突分配合、挡拆配合和策应配合四种。由于配合的位置、移动路线及配合的技术动作不同，传切配合分为一传一切和空切；突分配合分为持球突分和运球突分；挡拆配合分为有球挡拆和无球挡拆；策应配合分为内策应和外策应。

（1）传切配合。

进攻队员❶传球给❸后，突然加速变向摆脱防守，竖切插入篮下附近，接进攻队员❸的回传球投篮（图 6-29）。

（2）突分配合。

进攻队员❸运球向中路突破，虽然没有完全超越防守队员③，却将防守队员①吸引住，进攻队员❶此时立即向远离球的方向移动接应，进攻队员❸及时传球给❶，❶伺机投篮或突破得分（图 6-30）。

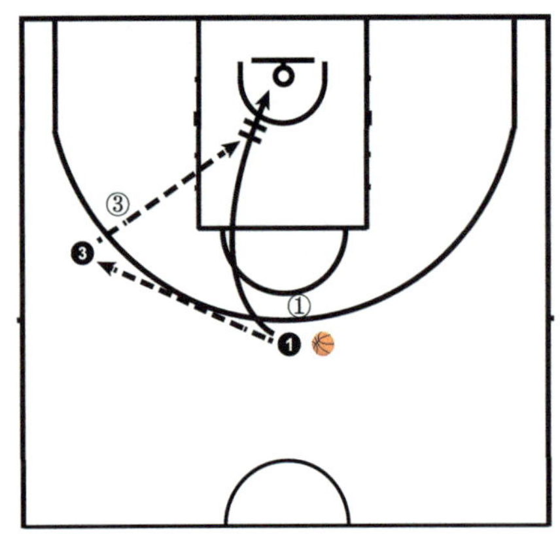

图 6-29 传切配合

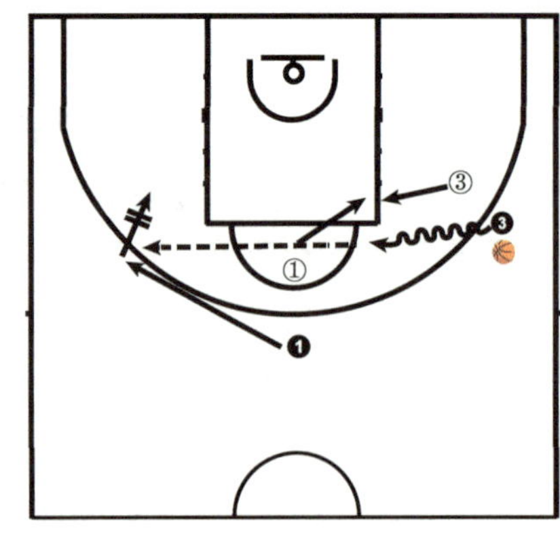

图 6-30 突分配合

(3) 挡拆配合。

无球进攻队员❹借助身体挡住防守队员①，使其失去防守位置；进攻队员❶此时获得上篮的路线，可以选择自己突破或吸引防守队员并传球给顺下的进攻队员❹，完成进攻（图 6-31）。

(4) 策应配合。

进攻队员❶传球给上提至罚球线附近的进攻队员❹，然后立即利用变向加速摆脱防守，接进攻队员❹的回传球上篮（图 6-32）。

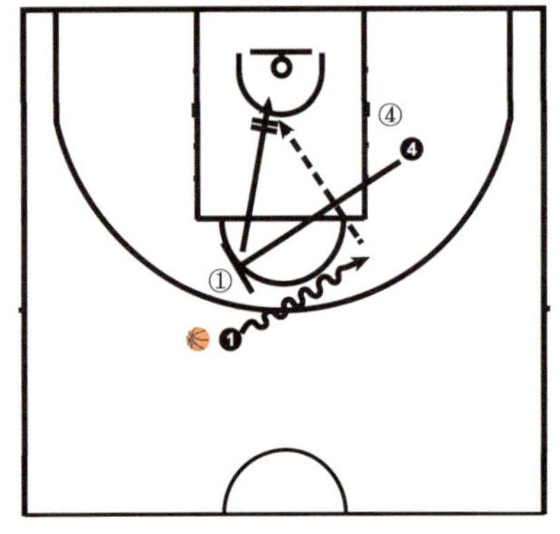

图 6-31 挡拆配合

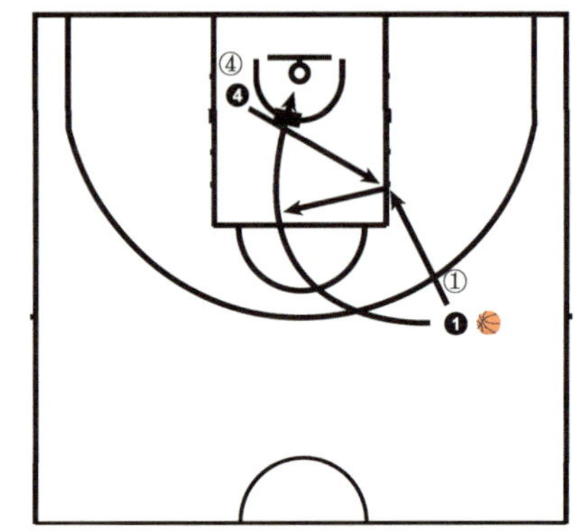

图 6-32 策应配合

2. 防守战术基础配合

防守战术基础配合是指两三名防守队员为了破坏对方进攻配合或同伴防守出现困难时及时相互协作的方法。其包括挤过配合、穿过配合、绕过配合和换防配合。

(1) 挤过配合。

当进攻队员❹给进攻队员❶做挡拆配合时，防守队员①在进攻队员❹接近自己的一刹那，迅速抢前，横跨一步贴近进攻队员❶，并从 2 名进攻队员之间侧身挤过去，从而破坏挡拆进攻，继续防守进攻队员❶（图 6-33）。

(2) 穿过配合。

当进攻队员❹做挡拆进攻时，防守队员④立即主动后撤一步，让同伴①及时从④和掩护队员之间穿过，继续防守进攻队员❶（图 6-34）。

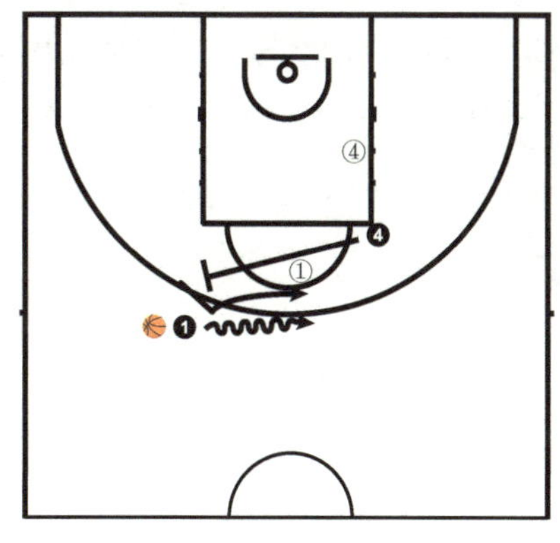

图 6-33　挤过配合

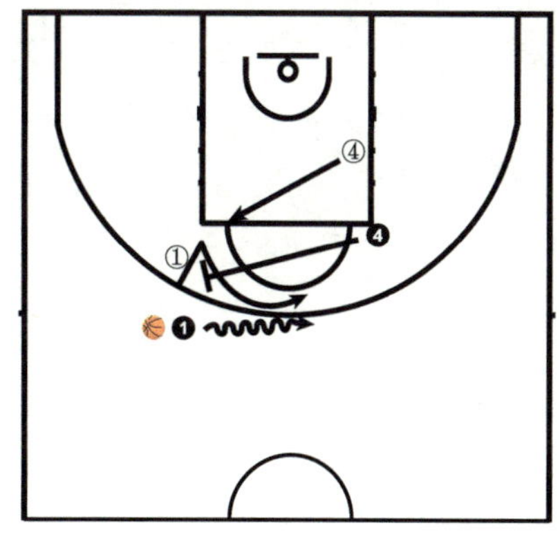

图 6-34　穿过配合

（3）绕过配合。

当进攻队员❹做挡拆进攻时，防守队员④主动前迎并贴住进攻队员❹，让同伴①及时从自己身后绕过，继续防守进攻队员❶（图 6-35）。这种防守适合针对没有投篮威胁的持球队员。

（4）换防配合。

当防守队员①完全被进攻队员❹掩护住的时候，防守队员④主动告知防守队员①由他来防守控球队员❶，防守队员①听到换防信息后立即调整位置，卡在掩护队员❹的身前不让其下顺打挡拆配合（图 6-36）。

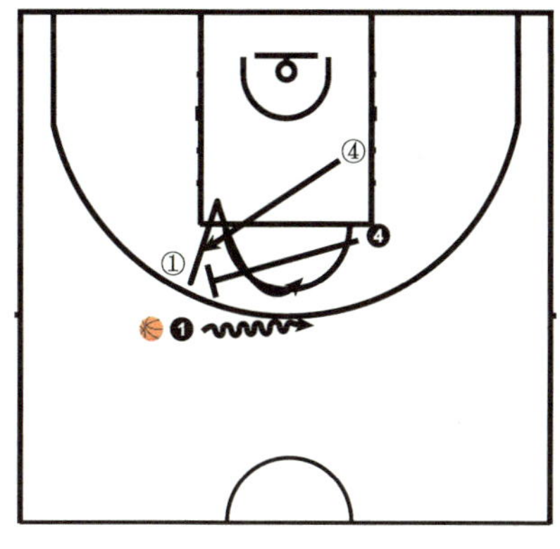

图 6-35　绕过配合

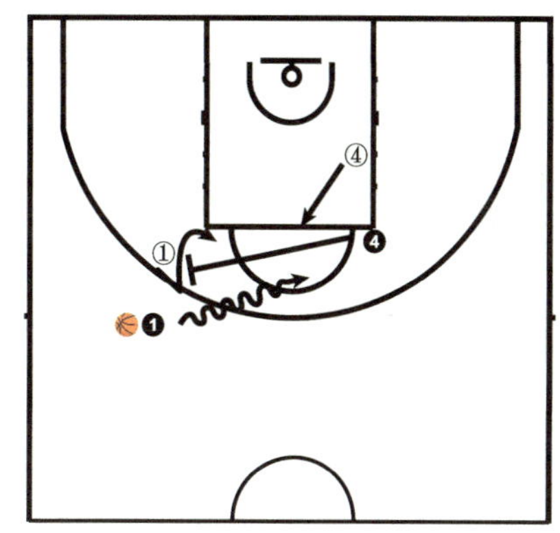

图 6-36　换防配合

教学相长

体育课思政的目的更多的是通过身体行为的活动让学生在心灵上有震撼，在人格上受影响。篮球运动课程的思政元素主要可以从以下几个方面来发掘。第一，培养团队精神和合作精神。篮球作为集体球类项目，队员之间的配合非常重要，一个人单打独斗可以刷个人数据，但不能保证球队获得胜利，只有讲究团队配合才能使球队的利益最大化。第二，鼓励坚定的执行力和敢打敢拼的个人精神。篮球有比较激烈的身体对抗，能坚决执行教练的要求，在高强度的防守中敢于做动作、敢于上篮，体现了一个人的勇敢精神。第三，提倡敢于担当、勇于担责的品格。比赛的关键时刻，决定胜负的一球是否敢于出手，不仅取决于技术水平的高低，而且取决于心理素质的强弱和是否具有敢于担当的品格。第四，培养遵守规则、尊重裁判的规则意识。比赛场上对裁判必须绝对服从，在对裁判的判罚有疑义的时候，坚决服从并控制好自己的情绪，体现的是规则意识和服从大局的精神。

思考题

(1) 经过理论和实践的学习，篮球给你带来了哪些精神层面的益处？

(2) 通过学习和练习篮球基本技术，你目前擅长的个人技术有哪些？

(3) 说一说你喜欢的篮球运动员都有哪些，并说一说你为什么喜欢他/她们。

第三节　排球

教学目标

价值塑造：加强爱国主义教育，培养学生的团队精神、协作能力，以及坚韧不拔和顽强拼搏的意志品质。

能力培养：加强身体素质和专项素质能力，促进学生身心健康的全面发展。介绍排球运动的锻炼价值，培养学生对排球运动的兴趣和爱好，逐渐养成终身锻炼的习惯。

知识传授：掌握排球的基本技术，熟悉排球的基本战术和打法。

教学任务

一、认识排球

（一）排球的起源与发展

排球运动起源于美国。1895 年，马萨诸塞州霍利约克市的一个名叫威廉姆·G. 摩根的人受到篮球运动的启发，发明了排球运动。起初排球运动并不是以竞技比赛为目的的，而是为了让大众得到更好的体育锻炼。早期美国非常盛行橄榄球和篮球，但其对抗过于激烈，并不适合所有人。威廉姆·G. 摩根在经过一段时间的实践探索后，发明了一项隔网对抗游戏，将网球的球网架到约 1.98 米的高度，将篮球内胆作为球，隔着球网来回拍打，使球在空中运行。这就是早期的排球雏形。但篮球的内胆太轻，考虑到篮球和足球的外表皮质及软硬程度的原因，若直接使用则会造成手指或手腕的损伤。因此，威廉姆·G. 摩根与当地著名的斯伯丁体育用品公司沟通，制作出了圆周为 63.5～68.5 厘米、质量为 255～340 克、外表为皮质、内装橡皮胆的球，这种球成为最早使用的排球。

由于地理位置的原因，早期排球运动最先传入美洲地区。亚洲地区则是通过基督教会之间的活动传入的，时间相对较早。1914－1919 年，美国军队将排球传入欧洲。虽然欧洲国家排球传入的时间较晚，但当时排球已经发展得相对成熟，所以欧洲直接采用 6 人制的比赛，发展比较迅速。

（二）我国排球运动的发展

1. 第一阶段：继承学习阶段（1951—1955 年）

该阶段主要是继承我国之前的 9 人排球的技战术打法，特别是上手传球、大力勾手发球、正面勾手扣球、快球和快攻等技战术。1950 年，我国学习了苏联的高打强攻、倒地防守等技术和二次球进攻战术。

2. 第二阶段：探索发展阶段（1956—1965 年）

该阶段，各省、自治区、直辖市的球队，根据各自的特点，开始发展各自不同的风格和打法。在 1959 年的第 1 届全国运动会（以下简称“全运会”）上，南方球队发展了快攻，体现了战术的灵活多变，北方各队发展了高举高打的强攻技术。20 世纪 60 年代中后期，我国学习了日本队的训练经验，提出了“三从一大”（从难、从严、从实战出发，坚持大运动量训练）等号召。我国国家男子排球队创造了“盖帽拦网”技术和“平拉开快球”扣球技术，推动了我国排球运动的发展。

3. 第三阶段：低潮阶段（1966—1971 年）

此阶段由于我国的排球运动受到“文化大革命”的影响一度中断，运动技术水平普遍下降，运动队伍出现了青黄不接的现象。

4. 第四阶段：恢复阶段（1972—1978 年）

1972 年，我国恢复了排球比赛，建立了漳州排球训练基地。我国国家男子排球队创造了“前飞”“背飞”“拉三拉四”的打法，我国国家女子排球队发展了快速反击打法，运动水平有了进一步提高。

5. 第五阶段：高峰阶段（1979—1987 年）

1979 年底，我国国家男子排球队和女子排球队均获亚洲冠军，并取得了参加奥运会的资格。1981 年至 1986 年，我国国家女子排球队 5 次荣获世界冠军。

6. 第六阶段：改革发展阶段（1988 年至今）

1988 年汉城奥运会失利之后，中国排球的发展进入低迷阶段。1996 年是排球运动管理体制改革开始的一年，首先是以赛制改革为先导促进体制改革，全国排球联赛实行主客场制。这一新举措的实施使冷落了多年的排球赛场重新拥有了观众，使运动员在场上又找回了拼搏奋进的感觉，因此各队技战术水平明显提高。此后，我国国家女子排球队分别在 2003 年世界杯、2004 年奥运会、2015 年奥运会、2016 年奥运会、2019 年奥运会再获冠军。

我国排球运动在不断发展和提高的历史过程中，涌现了一大批优秀的教练和运动员，如袁伟明、邓若曾、张蓉芳、周晓兰、郎平、陈忠和、戴廷斌、汪嘉伟、余有为、沈富麟、周苏红、朱婷等，以他们为代表的中国排球优秀人才在世界排坛比赛中都曾取得了振奋人心的殊荣。

二、学习排球

视频讲解

排球技术主要由移动步法和击球的动作手法组成，排球运动规则允许比赛中运动员用身体的任何部位击球。其基本技术分为两大类，即无球技术和有球技术。无球技术分为准备姿势与移动步法两大基本技术，有球技术包括垫球、传球、扣球、发球和拦网五大基本技术。

（一）无球技术

1. 准备姿势

准备姿势（图 6-37）是排球技术的基础。按照身体重心的高低，准备姿势可分为半蹲准备姿势、微蹲准备姿势和低蹲准备姿势三种形式。

图 6-37　准备姿势

2. 移动步法

排球技术中，移动步法是完成其他技术动作的基础。正确的移动可以保证人与球在合理位置上，便于击球，迅速占据场上有利位置。排球比赛中的移动多数是短距离的，两三步的移动比较多。其技术动作主要包括启动和制动两个环节，距离稍长的，还包括途中步法和频率。移动步法可分为跨步、跑步、滑步、交叉步（图 6-38）。

滑步

交叉步

图 6-38　滑步和交叉步

无论采用哪种技术动作，都需要快速启动、迅速制动。击球前手臂要稳定对准球，保持有利的击球位置。准备姿势和移动都是完成发球、垫球、扣球和拦网等各项击球技术的前提和基础。准备姿势的作用是为及时移动和完成击球动作做好准备。移动的作用是及时接近球，调整人与球的位置关系，便于完成击球动作。

（二）有球技术

1. 垫球

垫球在排球比赛中用于接发球、接扣球、接拦回球及防守和处理各种困难球。接发球是组织一攻的基础，对争取得分、夺回发球权、减少失分具有重要意义。接扣球是组织防守反击的基础，是变被动为主动，稳定情绪、鼓舞士气，促进排球攻防平衡的重要手段。另外，在比赛中还可以用垫球来组织进攻，起着弥补二传球的不足、辅助进攻的作用。正面双手垫球完整动作如图 6-39 所示，正面双手垫球手型和击球部位如图 6-40 所示。

图 6-39 正面双手垫球

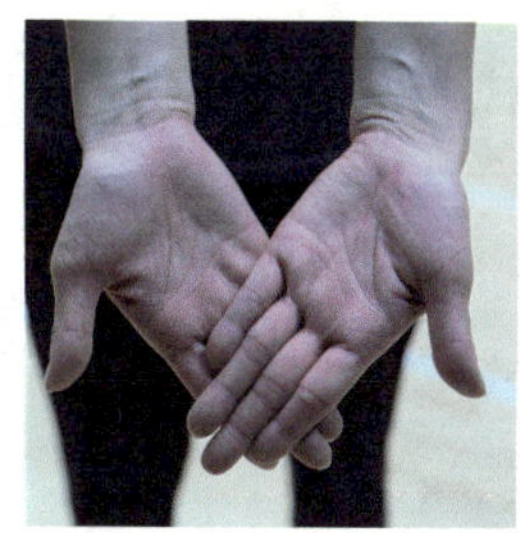
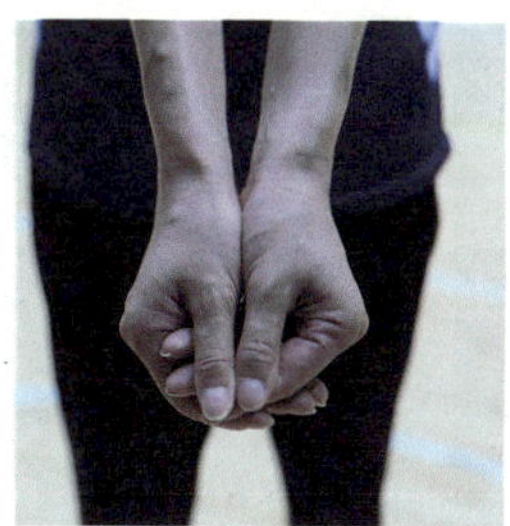
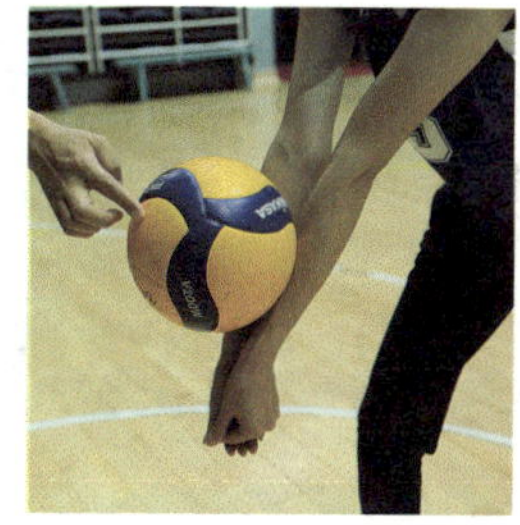

图 6-40 正面双手垫球手型和击球部位

2. 传球

传球是一个精确的技术动作，不仅需要较高的手指、手腕控制和调整球的能力，还需要上下肢的协调配合。传球技术在比赛中的运用主要体现在二传上。二传在组织进攻中一般是第二次击球，故称为二传。二传是从防守转入进攻的桥梁和纽带，二传的好坏直接影响着进攻技术和战术的发挥。二传质量好，可以弥补一传和防守的不足，还可用假动作迷惑对方、牵制对方，达到助攻的目的。有时还可用二传直接吊球，起到出其不意、攻其不备的作用。因此，二传在比赛中的作用是十分重要的。正面双手传球如图 6-41 所示，正面双手传球手型如图 6-42 所示。

图 6-41　正面双手传球

图 6-42　正面双手传球手型

3. 扣球

扣球（图 6-43）是排球基本技术中攻击性最强的一项技术，它在比赛中占有重要地位，是得分的主要手段，也是进攻中最积极、最有效的武器。扣球是战术配合的最终目的，强有力的、富有战术目的的扣球可使对方难以拦防，从而掌握比赛的主动权。

图 6-43　扣球

4. 发球

发球是一项先发制人的进攻技术。攻击性强的发球可以直接得分，也可以破坏对方的一传与进攻，动摇其士气，为本队拦网和防守制造有利条件。发球一旦失误就会失去发球权并给予对手得分的机会。如果发球技术好，则会带动接发球技术的提高。

（1）下手发球。

以右手发球为例，下手发球（图 6-44）的动作是身体侧对球网，两脚开立，与肩同宽，两膝微屈，上体稍前倾，重心落在两脚之间，双手持球置于腹前。发球时，左手将球平稳抛起，抛球高度为 20～30 厘米。抛球的同时，右臂摆至身体右侧后下方，利用右脚蹬地向左转体的力量，带动右臂向前上方摆动。在腹前用全掌、虎口或掌跟部位击球的后下方，击球后，身体迅速面向球网，并顺势进入场内。下手发球的触球部位如图 6-45 所示。

图 6-44　下手发球

图 6-45　下手发球的触球部位

（2）上手发球。

以右手发球为例，上手发球（图 6-46）的动作是身体面对球网，两脚前后开立，左脚在前，右脚在后，左手托球于腹前。发球时，左手将球平稳地向右肩上方抛起，抛起高度一般为高于头 1 米左右。左手抛球的同时，右臂抬起，屈肘后引，肘与肩平，手指自然张开，拉至耳边。身体稍向右转，利用右脚蹬地，使上体向左转动，同时收腹，带动右臂向前上方快速挥动，全手掌击球的中下部。击球时，手指自然张开，手腕迅速、主动做推压动作，使击出的球呈上旋飞行。击球后，身体随着重心前移，并迅速入场。上手发球的触球部位如图 6-47 所示。

图 6-46　上手发球

图 6-47　上手发球的触球部位

5. 拦网

拦网（图 6-48）是排球的基本技术之一，是队员贴近球网起跳，将手伸向高于球网处，拦截和阻挡对方进攻来球的一种行为。拦网是防守的第一道防线，是反击的重要环节，拦网效果直接影响着比赛的胜负。拦网主要分为单人拦网和集体拦网。集体拦网主要指两人拦网或三人拦网。拦网也具有很强的攻击性，可以直接拦死、拦回对方的扣球，能够削弱对方的锐气，动摇对方的信心，给对方造成心理压力。

图 6-48　拦网

（三）基本打法

排球运动是需要团队紧密合作的竞赛项目，不仅要求每名队员有比较熟练的基本技术，而且全队必须运用一定的集体战术配合。只有这样，才能在比赛中取胜。战术打法的运用要从本队实际情况出发，制定出最实用、最有效的团队配合打法；合理地运用每名队员所掌握的技术，采取有意识、有目的、有组织的个人和集体配合行动。

当前排球运动已进入了一个新的发展时期，随着队员技术水平的提高，排球进攻战术日益丰富。进攻战术可分为进攻形式和进攻打法。

1. 进攻形式

进攻形式，即进攻时所采用的组织形式，可分为两类：一类是由前排队员做二传队员组织进攻的“中一二”进攻形式和“边一二”进攻形式；另一类是难度较大的由后排队员做二传队员组织进攻的“插上”进攻形式。

（1）“中一二”进攻形式。

如图 6-49 所示，由前排中间的 3 号位队员担任二传队员，其他 5 名队员将来球垫（传）给二传队员，再由二传队员将球传给 4 号位或 2 号位队员，让其进行扣球的进攻形式，称为“中一二”进攻形式。这种形式是排球进攻最基本、最简单的形式。其优点是一传队员的目标明确，二传队员易于接应，战术配合简单，便于组织进攻；缺点是战术配合方法较少，进攻点不多，突然性不大，战术意图易被对方识破。这种形式适合于技术水平较低的球队采用，但有时技术水平较高的球队在来不及组织复杂战术进攻的情况下也可以采用。

图 6-49　“中一二”进攻形式

(2)“边一二”进攻形式。

如图 6-50 所示，由前排边的 2 号位队员担任二传队员，将球传给 3 号位或 4 号位队员，让其进行扣球的进攻形式，称为“边一二”进攻形式。这种形式也比较简单，容易掌握。但由于对一传队员、二传队员的要求都较高，组织“边一二”进攻要比组织“中一二”进攻的难度大，其战术配合也较为复杂。“边一二”进攻形式由于两名进攻队员的位置相邻，便于互相掩护，可以组织较多的快变战术；因此，“边一二”进攻形式的突然性和攻击性比“中一二”进攻形式的要大。

图 6-50　“边一二”进攻形式

(3)“插上”进攻形式。

二传队员由后排插上到前排做二传队员，把球传给前排扣球位队员，让其进攻的组织形式，称为“插上”进攻形式（图 6-51）。其优点是能保持前排三点进攻，战术配合变化多，并能利用网的全长组织进攻；缺点是对插上的二传队员的要求较高。

图 6-51　“插上”进攻形式

2. 进攻打法

进攻打法是指排球比赛中，一传队员、二传队员和扣球队员之间进行的各种进攻战术配合的方法。其目的是充分利用球网上方各区域空间，通过扣球有效突破对方的拦网和防守，争取主动进攻得分、扩大战果。

(1) 强攻。

强攻是指凭借队员个人的身高和弹跳力，利用扣球的力量和线路变化，强行突破对方的拦防的击球手段。

(2) 快攻。

快攻是指二传队员将高度和弧度较低的球传至球网上沿，以提高扣球速度，缩短过网时间的击球手段。

组织快攻战术，主要靠二传队员和扣球队员的密切配合。二传队员要根据扣球队员的特点、一传落点和扣球助跑路线、起跳位置和时间，主动传球配合。扣球队员应根据一传的落点和二传队员的位置来确定助跑路线、起跳位置和时间，主动与二传队员配合。

(四) 阵容配备及其主要形式

根据比赛中每名队员的职能分工，场上队员可划分为主攻队员、副攻队员、二传队员、接应队员和自由人。

阵容配备是指比赛中场上不同职能分工队员的搭配组合，主要形式有“四二”配备、“五一”配备、专人专位三种。

1. “四二”配备

“四二”配备，即场上由两名二传手、四名攻手（其中两名主攻手、两名副攻手）组成的阵容配备。每一轮次前排都有一名二传队员和两名进攻队员，便于组织前排二传队员传球的两点进攻和后排二传队员插上传球的三点进攻，但每名进攻队员须熟悉两名二传队员的传球特点。

2. “五一”配备

“五一”配备，即场上由一名二传队员、五名进攻队员组成的阵容配备。为了弥补二传队员有时来不及传球所出现的被动局面，通常在二传队员的对角位置上配备一名有进攻能力的队员来接应二传队员。二传队员在前排时采用两点进攻，在后排时采用三点进攻。在“五一”配备中，全队进攻队员只需适应一名二传队员传球的习惯特点和速度节奏，队员之间容易建立配合的默契。

3. 专人专位

排球运动专人专位的规律是把在前排的主攻队员放到 4 号位，把拦网好、移动快、连续起跳能力强的副攻队员放到 3 号位，把二传队员放到 2 号位；在后排，把主攻队员换到 6 号位，把防守灵活的副攻队员换到 5 号位，二传队员换到 1 号位。这样各队员能各司其职，始终在自己的专项位置上发挥技术能力和优势。

(五) 接发球进攻站位阵型

在排球比赛中，接发球可按接发球人数分为五人接发球、四人接发球和三人接发球三种站位阵型。业余比赛一般采用五人接发球站位和四人接发球站位阵型。目前世界高水平排球队则大多采用三人接发球站位阵型。这里着重介绍五人接发球站位阵型和四人接发球站位阵型。

1. 五人接发球站位阵型

五人接发球站位阵型的优点是每人接一传的范围小，由于接发球时已站成了基本进攻阵型，因而组织进攻战术比较方便。

2. 四人接发球站位阵型

四人接发球站位阵型在插上进攻中运用较多，在缩短插上时间或弥补某个队员一传不好的缺点时使用。

（六）拦防反击站位阵型

1. “边跟进”拦防站位阵型

由后排防守队员跟进到场地边线以内附近，在拦网队员身后进行防守的阵型，称为“边跟进”防守站位阵型。

2. “心跟进”拦防站位阵型

由后排防守队员跟进到场地中部，在拦网队员身后的中场区域进行防守的阵型，称为“心跟进”防守站位阵型。

教学相长

排球是一项集体项目，在教学中教师通过课堂常规、课堂要求、排球规则、排球中的礼仪等教学内容，使学生掌握排球技能与规则，培养学生坚韧不拔、永不放弃、团结互助的良好品格，教会学生战胜困难、挑战自我、突破自我的坚定思想。学生可以将排球课堂中学到的知识运用到日常的学习、生活中，努力成为德智体美劳全面发展的优秀人才。

女子排球是我国的优势项目，在历史上取得了辉煌的成绩。在世界排球比赛中，中国国家女子排球队凭着顽强战斗、勇敢拼搏的精神，五次蝉联世界冠军，先后十次获得世界冠军，为国争光，为人民建功。她们的这种精神给予全国人民巨大的鼓舞。“祖国至上、团结协作、顽强拼搏、永不言败”的女排精神广为传颂，各行各业的人在女排精神的激励下为中华民族的腾飞顽强拼搏。因此，排球项目自带思政教育属性，在教学中应很好地挖掘和利用。

思考题

（1）简述排球运动的起源和发展。

（2）你认为参加排球运动的最大收获是什么？

（3）谈一谈你认为排球比赛中最难的技术是什么，并说一说最终你是如何学会这项技术的。

（4）说出一个你最喜欢的排球明星的名字，并把他/她的成长故事讲给同学听。

第四节 棒球、垒球

价值塑造：本课程将通过频繁的教学比赛与棒球、垒球战术和理念的教学，培养学生的抗压能力，帮助他们形成积极乐观的生活态度，使其更好地面对今后在工作、生活中的压力，克服心理障碍。

能力培养：本课程的目的是将增强学生体质、促进学生健康设定为基本目标，尝试通过教学工作，从理论和实践两方面提升选课学生的身体素质和专项技能。

知识传授：本课程尝试通过在教学过程中融入世界先进体能训练理论知识和技术方法，帮助学生在提升棒球和垒球运动专项身体素质的同时，掌握锻炼身体、预防伤病和运动康复的简单知识，为终身体育奠定理论基础。

一、认识棒球、垒球

（一）棒球、垒球的起源与发展

棒球运动历史悠久。在古希腊和古印度的神庙浮雕、碑石上都有用木棒打球的图案，我国古代也有用长棒打短棒的游戏，这些都是棒球运动的雏形。

1839 年，西点军校的学生道尔布迪设计了初步的棒球场。同年，美国纽约州古帕斯镇进行了有史以来的首次棒球比赛。1845 年，“棒球之父”亚历山大·卡特赖特制定了第一部棒球规则。

1919 年，棒球运动开始在我国沿海地区出现。第二次世界大战后，棒球运动在欧洲各国开展起来。

垒球运动起源于美国，最早由棒球运动演变而来。美国芝加哥弗拉加特划船俱乐部的乔治·汉考克为了在严冬和风雨时能在室内打棒球，在 1887 年修改了部分棒球运动的规则，并于次年组织了首场室内棒球赛。1895 年，美国明尼苏达州的刘易斯·罗伯特再次修订了这些规则，使其更适合在室内运动，取名为“室内棒球”。

“室内棒球”场地较小、技术难度较低，故此受到了人们的喜爱。在移到室外后亦具有较大的吸引力，尤其受到女性的喜爱，故又称“女孩球”“软球”。1933 年，美国业余垒球协会成立，制定了统一的竞赛规则，并根据球的软硬程度，正式将其命名为“softball”（垒球）。自此，垒球运动逐渐流行于世界各地。第二次世界大战后，垒球运动在许多国家和地区都有所发展。

世界棒垒球总会（World Baseball Softball Confederation，WBSC）是棒球与垒球的国际管辖主体单位。

（二）我国棒球、垒球的发展

1907 年，我国举行了第一场全部由国人参赛的棒球比赛，对阵双方是北京汇文书院与通州协和书院。1924 年，中国第 3 届全运会首次将女子垒球列为表演项目。1933 年，中国第 5 届全运会将女子垒球列入正式比赛项目。

棒球、垒球最早传入我国高校是从清华大学开始的。清华大学于 1911 年建校，1912 年便组建了棒球校队。

二、学习棒球、垒球

视频讲解

棒球、垒球技术分为防守技术与进攻技术两部分。

（1）防守技术：投球、传球、接球。

（2）进攻技术：击球、跑垒。

棒球、垒球技术除投球技术以外，其他基本技术相似度极高。因此，我们在统一说明棒球、垒球相似的基本技术的同时，对垒球的投球技术进行了单独的介绍。

（一）基本防守技术

1. 传球

传球动作如图 6-52 所示。

（1）握球。

传球手食指和无名指握在球线上，且两根手指全部贴住球，大拇指和无名指托住球。

（2）准备动作。

两脚自然开立，与肩同宽，脚尖平行；双手掌心相对，肘关节自然放松在身体两侧。

（3）主体动作。

①摆臂与伸踏同步，前脚伸踏指向传球方向，伸踏距离至少是自己肩宽的两倍，摆臂时双手先自然向下垂直于地面，然后手背相对并同时贴近身体，向身体两侧摆臂，摆臂至双手指尖指向身体两侧，掌心向上。

②由前手带动身体旋转，同时大拇指向身体外侧旋转约 180°后，用前手掌根部迅速向同侧腰间抽拉，并且带动身体和传球臂旋转。

③出手时胸部、髋关节及后腿要充分旋转到正面，指向传球方向，同时肘关节在肩关节以上位置，前臂与上臂的夹角大于 90°。

④球出手后前支撑腿保持稳定，前脚尖保持指向传球方向，不能外翻；前手掌心向上至同侧腰间，传球手自然放松，随摆至前支撑腿膝关节外侧，后腿充分旋转至膝关节外侧并且外脚背同时对准传球方向。

图 6-52　传球

2. 接球

（1）接地滚球。

接地滚球动作如图 6-53 所示。

①站位。两脚平行开立，宽度约为肩膀的 1.5 倍。膝关节弯曲约 90°，重心放在两脚前脚掌上，臀部微微前倾。

②两臂。两臂约呈 45°向视线斜下方前伸，手套贴地且与地面垂直。传球手指关节略微弯曲，并放在戴手套的手的小拇指一侧。

③接球。球进手套后，传球手迅速护住并握紧球，同时顺势将戴手套的手向腹部垂直提起。

图 6-53　接地滚球

（2）接高飞球。

接高飞球动作如图 6-54 所示。

①站位。两脚自然开立，戴手套的手的同侧脚微微向前半脚。重心降低，膝关节微屈。

②两臂。两臂约呈 45°向视线斜上方前伸。在保证清晰地看到球飞行路线的前提下，眼睛、手套、来球尽量在视线的斜上方 45°成一条直线。

③接球。接球时手套固定，不要晃动或者变化位置。球进手套后，传球手迅速护住并握紧球。

图 6-54 接高飞球

3. 垒球投球（以右投为例）

垒球投球动作如图 6-55 所示。

（1）准备动作。

①两脚的放置位置。

- 前脚：右脚在前，位于投手板右侧，半脚踩在投手板上。
- 后脚：左脚置于右脚后，不必与投手板接触。
- 有力且平衡的站姿是两脚分开约胯的宽度。

②手的准备。

- 站上投手板时，球和手套必须是分离的；若将球放在手套上，则视为犯规。
- 手部准备动作找到舒服的位置最重要。无论准备将手放在哪里，都应确保手套盖住垒球且握球方式正确，保持该动作 1～2 秒。当把球放进手套里时，顺势将身体的重心移至右脚。

（2）向后摆臂与向前绕臂。

双手合十后，向后摆臂，同时将重心转移到后（左）腿，为接下来的跨步做准备。后摆幅度取决于投手个人习惯。

（3）绕圈摆臂与向前跨步。

投球手后摆完成后，就要向前绕臂进行圆周运动。绕臂过程中要保持手腕向后翘起，当手臂伸过头顶时，球面远离身体。在绕臂过程中，投手要尽可能地通过跨步冲向前方。一般来说，跨步距离是从投手板前缘起六个脚掌的长度。

（4）后（左）脚拖动与翻腕拨球。

①当投手向前跨步时，后（左）脚尖（而不是足侧）在地上拖动。在绕臂接近胯部的过程中，后（左）脚一直往前拖动。

②手臂经胯时翻腕，会提高球的转速，使球的尾速更快。这一动作须在身体侧面完成。

③翻腕拨球的同时，后（左）胯需要向前发力，使身体正面面向本垒，以使球直线移动。

（5）跟进与结束。

①完成翻腕与出手，手的后续动作仍然很关键。与绕臂相似，投手往往有自己个性化的后续动作。但是必须保证翻腕和后续动作是完全分开的，否则翻腕动作会受到影响。

②球出手后，拖地动作结束，后（左）脚向前一步，让身体进入守备位置：两脚平

行，与肩同宽，髋部、胸部、肩部正面对手。

图 6-55 垒球投球

（二）基本进攻技术

1. 击球（以右打为例）

击球动作如图 6-56 所示。

（1）准备。

双手放在右侧肩膀以上，右肘关节高于左肘关节，收腹后重心微微降低，两腿开立，约 1.5 倍肩宽。两脚平行站位，重心在两脚前脚掌上。

（2）引棒。

前（右）脚微微抬起，同时重心微向后移动，球棒、手臂、肩膀同步向身后轻微转体。

（3）挥击。

手臂、上肢、下肢同步转体发力。击球时身体面对来球方向，两臂成三角形，球棒击球位置在左脚前面，前（右）腿直、后（左）腿弯曲，后（左）脚旋转 90°；前脚掌着地。身体重心在躯干处。

（4）随挥。

击中球后手臂要保持挥棒状态，继续放松随挥，在保证重心稳定的前提下充分旋转。

图 6-56 击球

2. 跑垒

（1）跑一垒。跑垒路线为直线，需要注意踩垒位置。

（2）连续进垒。跑垒路线为弧线，需要注意踩垒位置。

（3）离垒。注意离垒距离和回垒方式。

（三）基本规则

1. 好球区

（1）好球区是一个立体的空间，可想象为本垒板向上延伸的立体空间。

(2) 好球区的上缘为打者肩膀上部与裤子上边的中心线，好球区的下缘为膝关节区域。

(3) 球穿过好球区立体空间的任何部分即为好球。

(4) 好球区根据击球员的身材决定，身材不同，大小略有区别。

2. 好球

(1) 直接通过好球区的球。

(2) 击球员挥棒落空或击球员短打触击，棒子没有碰到球。

(3) 球未进入击球区，先落地再弹起的球，也算好球。

(4) 无好球或一好球时，击球员击出界外球。但二好球后击球员击出界外球不再累计好球。

(5) 击球员用短打（触击）碰出界外者。短打（触击）碰出界外者，均算好球。

3. 出局

(1) 三振出局。

击球员在一次击球中累计了三个好球，而且第三个好球击球员没有挥击或没有击到，并且捕手直接将球接住。

(2) 接杀出局。

击球员将球击打成高飞球（界内或者界外），防守队员在球飞行过程中，在没有碰到任何物体的情况下将球接住。

(3) 触杀出局。

当跑垒员身体任何部位没有触碰到任意垒位时，防守队员用拿球手触碰到该跑垒员。

(4) 封杀出局。

在被迫进垒的前提下，击球员击出地滚球，防守队员先于被迫进垒的跑垒员完成拿球并且触碰垒位。

4. 垒上局面

(1) 被迫进垒。

当跑垒员身后的所有垒位都有跑垒员，且击球员击出地滚球时，场上便形成被迫进垒局面，此时所有进攻队员须向下一垒位前进——被迫进垒局面形成。

(2) 自由进垒。

只要不是被迫进垒的情况就是自由进垒。

三、棒球、垒球练习方法

(一) 传球练习

(1) 2人1组，距离8～10米练习传接球，体会传球动作，动作要慢、要伸展、要到位。

(2) 2人1组，距离6～8米练习正面前臂传接球，提升出手的稳定性，重点体会前臂鞭打的动作。

(3) 2人1组，单膝跪地，距离6～8米练习传接球分解动作，掌握躯干和手臂同步发力的一致性、协调性，巩固传球时重心的稳定性。

（4）2人1组，双膝跪地，距离6～8米练习正面前臂传接球，体会球出手时指尖拨球动作，加快球飞行时自转的速度。

（5）2人1组，垒间距离传接球，巩固并掌握传接球的技巧。

（6）四垒位循环传接球，熟练掌握传接球的稳定性。

（二）击球练习

（1）前手挥棒练习，体会球棒的运行轨迹和手臂挥棒的发力。

（2）身体固定，双手打肩挥棒（体会挥棒发力的位置及正常挥击时手臂的流畅）。

（3）打轮胎练习，固定挥击动作，固定击球位置。

（4）全力挥棒练习，固定挥击动作，提升大力挥击时整体的稳定性。

（5）羽毛球练习，在安全的前提下练习击球的稳定性，固定击球动作。

（6）抛击练习，在掌握一定能力的前提下更加有效地巩固击球动作，提升击球的稳定性。

（7）Tee架击球练习，是最佳的固定击球位置的练习，同时可以检验击球的力量和球飞行的远度与速度。

（三）配合练习

（1）3人1组，接、传、杀练习，掌握接、传、杀3个步骤的流畅性、稳定性。

（2）内场守备位置接传杀练习（在正常防守位置熟练掌握接、传、杀3个步骤的稳定性和传球发力的一致性）。

（3）高飞球接球练习（体会下肢移动的重要性）。

（4）全场配合防守练习（根据不同的局面，清晰、正确地处理来球）。

（四）分组比赛

（1）足棒球比赛。

学期前段可以进行棒球规则下的踢足球比赛，这样参与度高，在没有太多技术练习时安全性较高，通过足棒球比赛可以更有效地学习和了解比赛规则。

（2）T-Ball比赛。

在掌握一定的击球技术后，T-Ball比赛可以更加有效地模拟比赛的局面，用实战来检验防守和进攻技战术的掌握情况。

（3）正式比赛。

掌握投球技巧并有一定的稳定性后，正式比赛是感受棒球魅力的非常好的一种方式，也能全面检验学习成果。

教学相长

棒球、垒球是集体球类运动，同时兼顾个人运动项目的特点。在教学过程中，教师要通过课堂的常规及要求、基本的专项技术和规则、球场上的礼仪与尊重、比赛中个人表现与团队的利益的抉择等培养学生勇于挑战、坚韧不拔、团结协作、甘愿奉献的高尚品格，使学生体会到突破自我、挑战极限的精神动力和勇气；鼓励学生将在课堂中学习、感受到的知识、能力、精神在日常的生活、学习和未来的工作中发扬光大。

棒球、垒球运动中的“牺牲”精神能指引学生在面对个人成绩与集体荣誉相冲突时如何选择。在团队利益永远高于个人利益的大无畏精神的指引下，学生可以德智体美劳全面发展，成为建设祖国的栋梁之材。

思考题

(1) 棒球、垒球运动与其他集体球类项目的区别是什么？
(2) 你认为棒球、垒球运动的最大魅力是什么？
(3) 为什么说棒球、垒球是最好的挫折教育运动？
(4) 参与棒球、垒球运动需要注意哪些球场规则和礼仪？

第五节　其他集体球类项目

其他集体球类项目包括板球、手球、橄榄球、水球、毽球、曲棍球等，因受限于篇幅，这些内容已放在二维码中，供读者参考。

其他集体球类项目

第七章　个人球类项目

第一节　乒乓球

教学目标

价值塑造：重点传承“乒乓精神”，培养学生的民族精神、团队精神、不断创新和拼搏向上精神、科学探索精神，团结合作和互相帮助的优良品质。

能力培养：学生可以提高身体素质和掌握乒乓球运动基本技能，以及学会制定基本的比赛战术套路，此外，通过课堂教学活动还可以提高学生的学习能力、理论联系实际能力、批评性思维能力、沟通能力和语言表达能力等。

知识传授：使学生了解乒乓球的发展历史，掌握基本技术和基本打法等。

教学任务

一、认识乒乓球

（一）乒乓球的起源与发展

乒乓球运动的开展始于民间。目前主流看法是乒乓球运动是19世纪后期在英国由网球演变而来的。据传，在英国伦敦，两位青年网球迷看完网球比赛后到一家高级餐厅就餐，因为天气炎热，在等候侍者上菜时，他们随手拿起桌上的大号雪茄烟的硬纸盒子来扇风降温。在闲聊中二人为网球战术争执不休，便拿出一只酒瓶上的软木塞当作球，以餐桌为场地，以烟盒为球拍，现场模拟网球战术。二人越打越激烈，引来众多食客和侍者的围观。餐厅女主人被这别开生面的游戏吸引了，情不自禁脱口而出“table-tennis”。很快，这项餐桌上的游戏就在英国及欧洲的大学、家庭甚至王公贵族中开展起来，成为当时比较流行的一种游戏。乒乓球运动由此拉开了帷幕。

（二）我国乒乓球运动的发展

1904 年，上海四马路一家文具店的老板王道平从日本购进乒乓球，并亲自进行表演。这标志着乒乓球运动正式在我国开启。在中华全国体育总会的组织下，我国于 1952 年在北京举办了首届全国乒乓球锦标赛，时任国际乒乓球联合会主席蒙塔古也应邀出席了开幕式，这标志着我国乒乓球运动步入了一个新的发展阶段。1953 年，中国首次参加世界乒乓球锦标赛。1956 年和 1957 年我国连续参加了世界乒乓球锦标赛，竞技水平不断提升。1959 年，在德国多特蒙德举行的第 25 届世界乒乓球锦标赛中，我国乒乓球运动员容国团一路过关斩将，为中国夺得了第一个世界冠军，实现了零的突破。1961 年，北京工人体育馆首次承办新中国成立以来的第一个国际赛事——第 26 届世界乒乓球运动锦标赛，由容国团、庄则栋、徐寅生组成的男子团体力克上届冠军日本队的男子团体，获得了我国历史上第一个团体冠军。在该届比赛中，我国女子运动员邱钟惠获得了历史上第一个女子世界冠军。乒乓球运动逐渐深入民心，并大规模普及。在 1965 年，中国女子乒乓球队取得新突破，在决赛中击败四连冠的日本队，首次捧起考比伦杯。在 1981 年第 36 届世界乒乓球锦标赛上，中国队获得了 7 项冠军和 5 个单项亚军，创下了世界乒乓球历史上，由一个国家包揽全部冠军的空前纪录，此后的 3 届世界乒乓球锦标赛，中国队连续 3 次取得 6 项冠军，“中国打世界”的局面开始形成。1988 年，乒乓球项目首次进入夏季奥运会，中国队夺得 4 项比赛中的男双和女单 2 枚金牌。

自乒乓球项目加入奥运会以来，欧洲乒坛职业化迅速发展，各种比赛频繁，极大地促进了欧洲乒乓球技术的发展；中国乒乓球队由于技术创新不够，出现成绩滑落。之后中国队卧薪尝胆，技术上大胆创新，在 1995 年天津举办的第 43 届世界乒乓球锦标赛上，中国乒乓球队第二次包揽了比赛的 7 项冠军，真正重攀高峰，再创辉煌。从此中国乒乓球队站在了世界巅峰。

二、学习乒乓球

视频讲解

（一）基本技术

1. 握拍法及准备姿势

直拍和横拍两种握拍方法各有千秋，但随着乒乓球技术的发展，逐渐由直拍占据主流变成横拍成为全世界主流打法。但究竟选择横拍还是直拍需要结合个人特点决定。横拍握法简单，动作容易固定，左右都适合进攻发力，成才周期相对较短，但是手腕灵活度偏弱，处理台内球、发球变化及追身球都不如直拍灵活。相比于横拍，直拍的优势是入门容易、出手快，手腕和手指灵活，处理台内球和追身球有优势，但是缺点也很明显，即其护台面积有限，对步法要求高，以及转拍型时需要食指和拇指不断转换，导致拍型难固定，反手不易发力、威胁小，比赛时易成为劣势。

（1）直拍握拍法。

拇指第一指关节压住球拍左肩，食指第二指关节压住球拍右肩，呈钳形；虎口贴于拍柄后面。

（2）横拍握拍法（图 7-1）。

虎口贴住拍肩，食指自然伸直，斜贴于球拍反面；中指、无名指和小指自然弯曲握住拍柄，拇指在球拍正面贴于中指旁边。

图 7-1　横拍握拍法

（3）准备姿势（图 7-2）。

以右手握拍为例，两脚开立，比肩稍宽，两膝微屈，上体略前倾，重心置于两脚之间。下颌稍内收，两眼注视来球。持拍手自然弯曲，置于身体右侧，手腕适当放松。

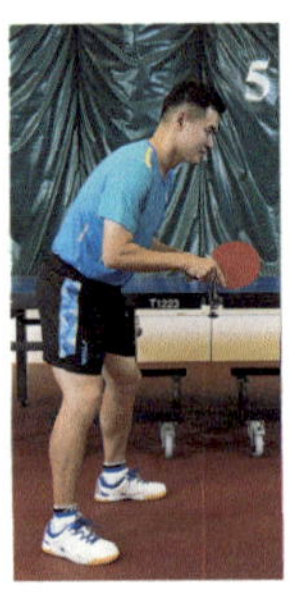

图 7-2　准备姿势

2. 步法

（1）单步。

单步动作简单，移动范围小，移动中重心转换比较平稳，是各种打法都需要运用的常见步法。只要球离身体一步之内都可以采用此种步法进行还击。

（2）跨步。

跨步移动距离比单步移动距离远、速度快，同时重心会降低，因此击球时以借力还击为主。在比赛中，来球离身体稍远，打算借力还击时可用此种步法。

（3）并步。

并步移动距离比单步移动距离远、比跨步移动距离近，移动时不腾空，重心起伏小。不同于跨步的是，并步既可借力还击，又可主动发力还击，是比赛中较常用的步法之一。

（4）交叉步。

交叉步移动距离和幅度较大，不仅能控制离身体较远的来球，而且能充分利用身体转体的力量，使击出的球威胁也大，但技术动作难度相对较大。

3. 基础技术

（1）平击发球。

平击发球的发球速度较慢，略带上旋，是基本的发球技术。一方面，平击发球能让初学者熟悉发球的抛、引和打的过程，是掌握其他复杂发球技术的基础；另一方面，此种发球对方容易回接，便于衔接正手攻球或反手推拨技术的练习。平击发球可分为正手平击发球（图 7-3）和反手平击发球。平击发球易犯错及纠正方法如表 7-1 所示。

图 7-3　正手平击发球

表 7-1　平击发球易犯错误及纠正方法

序号	常见问题	原因	纠正方法
1	击球挥空	抛球过低，未给引拍和挥拍击球留下足够时间	提高抛球高度，保证抛球的同时引拍
2	击到球拍边缘	拍面过于前倾	球拍垂直或微前倾
3	球出界/下网	拍面后仰或前倾角度不合适	调整拍面，拍面稍前倾，第一落点靠近端线
4	击球无力	引拍动作小、手臂僵硬	多做徒手练习，转体带动引拍，手臂适当放松

（2）正手攻球。

正手攻球（图 7-4）站位近，动作小，出手快，借助来球反弹力还击，与落点变化相结合，可为进攻创造条件，是快攻打法使用非常多的技术之一。正手攻球易犯错误及纠正方法如表 7-2 所示。

图 7-4　正手攻球

表 7-2　正手攻球易犯错误及纠正方法

序号	常见问题	原因	纠正方法
1	击球时掉腕、翘腕	握拍方法不正确	拇指用力，食指放松，击球时直拍拍面呈半横状，横拍则手腕与前臂成一条直线

续表

序号	常见问题	原因	纠正方法
2	引拍时后拉肘关节，肩关节成轴心	击球点离身体太近	击球时，以肘关节为轴心，上臂带动前臂向左前上方挥拍，击球点在身体右侧前方
3	击球时翻肘	出手位置低，拍面后仰过多	向右后略向下方引拍，从下向上触球，食指放松，拇指用力，拍面前倾
4	击球时上抬上臂和肘关节	重心太高，击球点过于靠近身体	击球时，屈膝含胸，击球点在身体右侧前方

（3）直拍推挡。

直拍推挡具有动作小、回球速度快、变化多、稳定性好等特点，因此能较好地控制球的线路和落点。在比赛中，可通过变化线路和落点控制对手，为进攻创造机会。直拍反手推挡如图 7-5 所示。直拍推挡易犯错误及纠正方法如表 7-3 所示。

图 7-5　直拍反手推挡

表 7-3　直拍推挡易犯错误及纠正方法

序号	常见问题	原因	纠正方法
1	球弧线过高或出界	拇指紧张压拍，拍面后仰角度过大	击球时，食指压拍，拇指放松，拍面垂直或稍前倾
2	引拍时，肘关节向外侧提起	腕关节下垂，掉拍或身体重心过高	两膝微屈，降低重心，手腕内收，保持拍面呈半横状
3	回球力量和落点控制不好，失误多	手臂主动发力过多	击球时，前臂和手腕基本保持稳定，肩关节前后摆动

（4）反手拨球。

反手拨球站位近、动作小、球速快。对横拍而言，是反手近台常用的基本技术之一，但是缺乏力量和主动进攻性。比赛中，其可借助来球力量提高球速，为进攻创造机会。反手拨球易犯错误及纠正方法如表 7-4 所示。

表 7-4　反手拨球易犯错误及纠正方法

序号	常见问题	原因	纠正方法
1	击球点不稳定	击球时手腕动作多	击球时，手腕相对固定，前臂向右前上方击球
2	球出界或下网	拍面倾斜角度不合适或摩擦球过多	击球时，拍面稍前倾，向右前上方触球，触球瞬间以撞击为主、摩擦为辅

续表

序号	常见问题	原因	纠正方法
3	击球侧面，导致球从持拍手同侧出界	引拍位置不对，击球时并未对准来球	持拍手前臂内旋，手腕内收，肘关节外顶，向胸腹部引拍，球拍横于腹前，拍面正对来球

4. 进阶技术

（1）左拨（推）右攻。

左拨（推）右攻（图 7-6）也称为摆速，是一项衔接正手和反手的技术，是最常用的组合技术之一。左拨（推）右攻易犯错误及纠正方法如表 7-5 所示。

图 7-6 左拨（推）右攻

表 7-5 左拨（推）右攻易犯错误及纠正方法

序号	常见问题	原因	纠正方法
1	脚和手一起动	步法移动不灵活	加强击球节奏，脚步先动，落地时击球
2	击球出界或下网	拍型转换不流畅	正手或反手击球后，借助前臂内旋和外旋转换拍型，为击球做好拍型和引拍准备

（2）正手发下旋（不转）球。

正手发下旋球（图 7-7）的发球落点以近网短球为主，兼顾长球。在比赛中，其主要是与相似动作发出不转球配合使用，通过球的旋转变化直接得分或迷惑对手，为后续进攻创造机会。

图 7-7 正手发下旋球

正手发不转球如图 7-8 所示。需注意的是，发不转球时，触球瞬间，球拍应稍后仰或直立，用球拍的上半部分（靠近拍柄部位）触球的中部或中上部；触球瞬间，尽量使作用力接近球心；触球后近似把球向前推出，而不是加速摩擦球，这样才能发出不转球。正手发下旋（不转）球易犯错误及纠正方法如表 7-6 所示。

图 7-8　正手发不转球

表 7-6　正手发下旋（不转）球易犯错误及纠正方法

序号	常见问题	原因	纠正方法
1	下旋球不转	球拍后仰角度不够、触拍和触球部位不合适、身体没有发上力	球拍后仰，触球中下部，拍头触球瞬间，在身体和前臂带动下，手腕加速向前下方发力
2	发球弧线过高，对方直接抢攻	击球点和持拍手过高	降低持拍手击球时的高度，球落至网高时击球
3	不转球发不好	球拍后仰角度、触球、触拍部位及发力方向不合理	球拍稍后仰或竖直，用靠近拍柄的部位触球的中部，向前去推送球

（3）搓球。

搓球种类很多，有快搓、慢搓、摆短和劈长，这里重点介绍慢搓。其余几种搓球是在慢搓基础上变化击球时机、引拍距离和随挥距离，等掌握慢搓后，就能配合自身战术需要掌握不同搓球了。慢搓回球速度较慢，旋转变化多，技术动作容易掌握，是搓球技术中的入门技术。正手搓球如图 7-9 所示，反手搓球如图 7-10 所示。搓球易犯错误及纠正方法如表 7-7 所示。

图 7-9　正手搓球

图 7-10　反手搓球

表 7-7　搓球易犯错误及纠正方法

序号	常见问题	原因	纠正方法
1	冒高球或球不往前走，不过网	拍面角度不合适	拇指和食指用力，根据球的旋转程度调节球拍后仰角度
2	回球旋转程度不强	引拍距离不够或触球位置不合理	向左（右）后上方引拍，加大挥拍距离，触球中下部，向底部摩擦
3	球出界	球拍触球，前臂前送多，肘关节僵硬	向前迈步后，重心跟上，触球后，前臂向前下方随挥，但不过分前送

（4）正手杀高球。

正手杀高球（图 7-11）动作大、力量重、威胁大，是应对高球的有效得分技术之一。在比赛中，使用正手杀高球不仅得分概率大，还能在一定程度上提高士气。正手杀高球易犯错误及纠正方法如表 7-8 所示。

图 7-11　正手杀高球

表 7-8　正手杀高球易犯错误及纠正方法

序号	常见问题	原因	纠正方法
1	球无力或经常出界	引拍动作小，压不住球	引拍时身体向右转，手臂向右后上引拍，向左前下方发力
2	击球点把握不好，扣杀失误太多	击球高度不合适	击球高度基本与肩同高时，挥拍击球

5. 高级技术

（1）侧旋球。

侧旋球具有混合旋转的性质，是比较常用的发球技术；球落台后会侧拐，易于在旋转和速度方面进行变化组合，可用于迷惑对方或增加对方辨识难度，为自己进攻创造机会；在比赛中，一般以侧下旋为主，配合使用侧上旋发球。在速度变化方面，侧上旋球也可当作奔球来使用，以牵制对手。反手发左侧上旋球如图 7-12 所示。发侧旋球易犯错误及纠正方法如表 7-9 所示。

图 7-12　反手发左侧上旋球

表 7-9　发侧旋球易犯错误及纠正方法

序号	常见问题	原因	纠正方法
1	发不出侧旋球	引拍位置过低，身体转体不够，引拍距离太短	身体充分转体，向左（右）后上方引拍，加大引拍距离
2	侧下（上）旋不转	身体用力不协调，触球后向下（上）摩擦球距离太短，手腕过于僵硬	身体充分转体，击球点接近网高，手腕先放松，触球瞬间，手腕抖动用力向侧下（上）方摩擦球

（2）弧圈球。

弧圈球球速快、上旋强，着台后前冲力大，是一种将力量、速度和旋转较好结合的进攻技术。比赛中，它可以控制发球、搓球、削球、推挡及进行对拉弧圈球，是主要得分手段。反手拉弧圈球如图 7-13 所示。拉弧圈球易犯错误及纠正方法如表 7-10 所示。

图 7-13　反手拉弧圈球

表 7-10　拉弧圈球易犯错误及纠正方法

序号	常见问题	原因	纠正方法
1	拉空或拉球无力	拍面前倾过多、击球点不合适或挥拍过早	拍面稍前倾，击球点在身体右前方，向左前上方发力，并非纯粹向上用力
2	球无弧线，下网多	拍面不合适或摩擦不够	拍面稍前倾，摩擦球中部，向上发力为主
3	来球无力，向上走不往前走	击球晚，挥拍向上多，忽略向前用力	两腿蹬地向上用力，收腹；击球时，除向上用力外，还需向前发力，击球点在身体右前方
4	拉球力量小，无力	引拍动作小或挥拍太晚，被球顶住	加大引拍距离和提前挥拍击球，击球时，前臂在腰、腿部带动下，在上升后期击球，多向前发力

（二）基本打法

战术是在比赛中为战胜对手或为表现出理想的竞技水平而采取的计谋和行动，是运动员竞技能力整体水平的重要组成部分。战术的基础是技术，技术的应用是战术，两者相辅相成、互相依存。乒乓球的战术制定可以分成三种方案：发球抢攻战术、接发球抢攻战术和相持战术。具体要求如下。

1. 发球抢攻战术

发球抢攻是乒乓球运动员重要的得分手段，是决定比赛胜负的重要一环。在发球抢攻中涉及的发球技术是乒乓球项目唯一不受对方控制的技术，因此运动员需要加强发球练习，提高发球质量。同时，在制定发球抢攻战术时务必考虑本方的发球优势及对方的劣势，提前设计好发球和第 3 板的衔接，加强第 1、3 板甚至第 1、3、5 板的衔接，确保发球抢攻的使用率和得分率。

2. 接发球抢攻战术

国际乒乓球联合会的连续改革，如球从 38 毫米增加到 40 毫米再到 40 余毫米，材质也由赛璐珞材质改成新塑料材质，使乒乓球速度变慢，旋转次数变少，回合增多，接发球难度降低。另外，近年来颇具威胁的反手拧拉技术盛行，接发球的主动性更强，因此接发球要有主动得分的意识、接发球的第 2、4、6 板衔接“一体化”意识和针对台内和半出台球的抢攻意识，以加强接发球的威胁。

3. 相持战术

目前高手对决中多板相持比较常见。在相持阶段，要注意利用速度、旋转、力量和落点等变化来压制对方，争取主动。同时，在相持过程中，攻防转换非常快，因此运动员一定要有攻防转换意识，不管是处在逆境还是顺境都要拼尽全力直至这一分球结束。

教学相长

乒乓球作为我国的国球，蕴含着非常丰富的思政元素。具体如下。

第一，通过介绍“乒坛三杰”之一的容国团（在遇到重重困难的情境下喊出“人生能有几回搏，此时不搏，更待何时”的豪言壮语，并最终为我国赢得第一个世界冠军）、“六边形战士”马龙、“十年磨一剑”的刘诗雯等名将的故事，激发学生的爱国主义情怀，培养学生遇到困难不屈服、勇于拼搏、永不放弃的精神。

第二，通过阐述乒乓球发展史，让学生了解最初欧洲的削球打法，无速度、无旋转，后来日本和中国以速度为主打败欧洲，接下来欧洲凭借旋转技术再次称霸世界乒坛；到中国学习旋转技术，配合传统速度和前三板的技术优势及不断创新，进而长据乒坛霸主的故事，让学生深刻领会唯有创新才能占据高点，激发学生不断创新的内在动力。

第三，在讲述旋转技术，如发下旋球、搓球和拉弧圈球等技术时，教师可有意识地将物理学原理应用在乒乓球教学中。例如，专门制作相应课件加强对旋转技术触球时的力和力臂的讲解，让学生从根本上了解旋转产生的原因，以及如何通过改进技术动作来更好地制造旋转，以此培养学生理论联系实践的能力及科学探索的精神，慢慢养成用科学的思维去思考和面对体育中遇到的难题的习惯。

第四，构建学练考一体化的学习型小组，按照学生的学科背景和乒乓球基础存在的差异，以 4 人为单位进行分组。课中练习、交流环节、比赛环节都是以小组为单位进行，以培养学生团队合作精神、互相帮助的品格，提高学生的交流和沟通能力等。

思考题

(1) 通过学习乒乓球技术，你能说出为什么乒乓球被称作我国的国球吗？

(2) 你认为乒乓球这个项目最吸引人的地方是什么？

(3) 请说出 1～2 个你喜欢的乒乓球运动员的名字，讲一讲他/她（们）让你佩服和感动的地方，以及能从他/她（们）身上学到些什么。

第二节　羽毛球

教学目标

价值塑造：培养知礼仪、善合作、守规则、能吃苦、重感情、不服输的精神。

能力培养：发展速度、力量、耐力、灵敏性、柔韧性等素质，促进学生身体的全面发展。了解羽毛球运动的锻炼价值，培养学生对羽毛球运动的兴趣和爱好，逐渐养成锻炼习惯。

知识传授：了解羽毛球的起源与发展，掌握羽毛球主要技术，熟悉羽毛球比赛的基本规则和裁判法，了解羽毛球移动步法和单打、双打基本战术及基本打法。

教学任务

一、认识羽毛球

（一）羽毛球运动的起源与发展

据史料记载，印度的浦那是羽毛球的发源地。相传19世纪60年代，这种游戏就已在浦那非常普及了，19世纪70年代，由当时殖民印度的英国军人将此种游戏带回了英国。

现代羽毛球运动起源于英国。19世纪70年代，在英国格拉斯哥郡的伯明顿（Badminton）镇，一位公爵在他的伯明顿庄园开游园会，由于天公不作美，下起了大雨，户外活动只能改在室内进行。应邀来宾中有几位是英国驻印度的退役军人，他们建议玩“浦那游戏”。当时室内场地呈葫芦状，他们在场地中间拉了一根绳子代替网，每局比赛只能上场两人，有一定的分数限制，大家打得非常热闹。这就是羽毛球运动的最初模式，为了纪念此项运动，人们把伯明顿这个地名，作为这种新的运动项目的正式名称，我国把这个运动项目称为羽毛球运动。

从伯明顿庄园开始，羽毛球运动就有了一定的分数、场地和人数的限制。1875年，第一本《羽毛球竞赛规则》问世。1893年，世界上第一个羽毛球协会在英国成立；1899年，该协会举办了第1届“全英羽毛球公开赛”，此后每年举办1届，沿袭至今，从此现代羽毛球运动走向世界。

1934年，国际羽毛球联合会成立。第一任主席是汤姆斯，总部设在伦敦。1939年，国际羽毛球联合会通过了各会员国共同遵守的《羽毛球竞赛规则》。1978年，在我国香港成立了世界羽毛球联合会。为使世界羽毛球运动能够健康稳步地发展，经过许多国家羽毛球界的共同努力，国际羽毛球联合会和世界羽毛球联合会于1981年正式合并，重新调整，组成了世界羽毛球联合会。1992年，羽毛球项目被列为夏季奥运会的正式比赛项目。

（二）我国羽毛球运动的发展

羽毛球运动于20世纪初传入我国，最早在上海市，随后在广州市、天津市、北京市等城市的基督教青年会开展。中华人民共和国成立后，我国羽毛球运动经历了四个发展阶段。第一，起步阶段。1954年，以王文教、陈福寿为代表的第一批印度尼西亚华侨回国，推动了我国羽毛球运动的发展。1958年，中国羽毛球协会在湖北省武汉市成立。1959年，在第1届全运会上，羽毛球被列为正式比赛项目，共有21个省（自治区、直辖市）参加了比赛。第二，赶超世界先进水平阶段。20世纪60年代初期，以汤仙虎、侯家昌、陈玉娘等为代表的第二批印度尼西亚华侨青年相继回国，这些优秀羽毛球运动员成为我国羽坛的中坚力量，他们以快速、灵活、准确的技术特点闻名于世界羽坛。第三，调整恢复阶段。受“文化大革命”的影响，我国羽毛球运动发展缓慢，与世界最高水平存在差距。1978年，国家体委与中国羽毛球协会联合召开第二次全国羽毛球训练工作会议，制定了赶超世界先进水平的新规划和措施，使我国羽毛球运动的发展出现了新的生机。第四，全面夺取世界冠军阶段。1981年，国际羽毛球联合会重新恢复我国在国际羽毛球联合会的合法席位，我国羽毛球运动员全面参加各种世界比赛，迎来了中国羽毛球的黄金时代。1982 年，中国男子羽毛球队首次参加第 12 届汤姆斯杯羽毛球赛（即世界男子团体羽毛球锦标赛）就夺得冠军，1984 年，中国女子羽毛球队参加第 10 届尤伯杯羽毛球赛（即世界女子团体羽毛球锦标赛）并夺得冠军。截至 2022 年 5 月，中国羽毛球队共获得奥运会羽毛球比赛冠军 20 次、汤姆斯杯羽毛球赛冠军 10 次、尤伯杯羽毛球赛冠军 15 次、苏迪曼杯羽毛球赛冠军 12 次。

二、学习羽毛球

视频讲解

（一）基本技术

1. 握拍

握拍是打羽毛球的开始。完成每一个击球动作，握拍的方式都会有所不同。从不同的角度击球或击出不同线路的球，均需相应地变换握拍方式。通过调整握拍方式，击球动作会更符合人体解剖学原理，会有利于手腕的灵活转动和手指力量的发挥，符合动作一致性和突变性的需要。因此，学习羽毛球必须重视握拍。握拍分正手握拍和反手握拍两种。

（1）正手握拍（图 7-14）。

以右手握拍为例，左手握住球拍的中杆，使拍框与地面垂直；右手虎口对准拍柄和中杆连接处左边的棱线，手掌小鱼际部分靠在拍柄底托处，用近似握手的方法握住拍柄；拇指和食指贴在拍柄两侧的宽面上，其余三指自然握住拍柄，食指与中指自然分开，掌心与拍柄留有空隙，握拍力度适宜。

（2）反手握拍（图 7-15）。

以右手握拍为例，在正手握拍的基础上，拇指上提，紧贴拍柄正侧面，食指往中指、无名指和小指方向收回，食指、中指、无名指和小指并拢，自然握住拍柄，掌心与拍柄间留有空隙。

图 7-14　正手握拍

图 7-15　反手握拍

2. 发球

发球不仅是羽毛球技术中一项很重要的基本技术，也是战术的重要组成部分。发球质量的好坏有时能够直接影响一个比赛回合的主动与被动。在比赛中，经常可以看到有不少运动员通过多变的发球来取得比赛主动权。羽毛球发球方式有两种：一种是正手发球，另一种是反手发球。

(1) 正手发后场高远球(图 7-16)。

正手发后场高远球是用正手握拍方法,以正拍面将球击得又高又远,使球飞行到对方的端线上空后突然改变方向,垂直下落至端线附近的一种发球技术。

图 7-16　正手发后场高远球

(2) 反手发网前球(图 7-17)。

反手发网前球是用反手握拍以反拍面击球,使球贴近球网而过,落在对方前发球线附近的一种发球技术。由于飞行弧度低、飞行距离短,它可以有效地限制对方直接进行强有力的进攻,是单、双打比赛中较常见的一种发球技术。

图 7-17　反手发网前球

(二) 进阶技术

1. 后场击球技术

(1) 后场正手击高远球(图 7-18)。

后场正手击高远球是指在后场区,用正手握拍以正拍面将球击出,使球飞行至对方场地端线上空后垂直下落到端线附近场区内的一种击球方式。

图 7-18　后场正手击高远球

(2) 后场正手吊球(图 7-19)。

后场正手吊球是在右后场区用正手握拍,以正拍面将对方打来的后场球还击到其网前区域的一种击球方式。

图 7-19　后场正手吊球

（3）后场反手吊球。

后场反手吊球是在反手后场区域用反手握拍，以反拍面将对方打来的后场球还击到其网前区域的一种击球方式。

（4）后场反手击高远球（图 7-20）。

后场反手击高远球是用反手握拍，以反拍面将球击出，使球飞行至对方后场区域的一种击球方式。

图 7-20　后场反手击高远球

2. 网前击球技术

（1）正手搓球。

正手搓球是用正手握拍，以正拍面将网前位置的来球运用“搓”“切”等动作把球回击到对方网前附近的击球方式。

（2）反手搓球。

反手搓球是用反手握拍，以反拍面将网前位置的来球运用“搓”“切”等动作把球回击到对方网前附近的击球方式。

（3）正手挑后场高球（图 7-21）。

正手挑后场高球是用正手握拍，以正拍面把对方打过来的网前球，从球网的下端较低位置由低往高挑至对方后场端线附近的击球方式。

图 7-21　正手挑后场高球

（4）反手挑后场高球（图 7-22）。

反手挑后场高球是用反手握拍，以反拍面把对方打过来的网前球从球网的下端较低位置由低往高挑至对方后场端线附近的击球方式。

图 7-22 反手挑后场高球

（5）正手杀球（图 7-23）。

正手杀球是用正手握拍，以正拍面在右肩前上方将对方击来的球在尽可能高的击球点上把球击压到对方场区内的一种击球方式。

图 7-23 正手杀球

3. 步法

羽毛球比赛场地是长方形的。双打比赛场地长为 13.40 米，宽为 6.10 米，面积为 81.74 平方米；单打比赛场地长为 13.40 米，宽为 5.18 米，面积为 69.412 平方米。在一场单打比赛中，每一名运动员都要在各自的场地上不停地移动，如果没有快速、灵活、合理的步法，则很难把对方击到场内各个区域的球击回去。想要把对方打过来的球还击回去，就必须有合理的步法移动作为基础。因此，学习和掌握快速、正确的步法移动是打好羽毛球、全面提高羽毛球技术水平的重要环节。根据场区位置来划分，羽毛球步法大致可分为后场后退步法、前场上网步法和中场两侧移动步法。

（1）后场后退步法。

后场后退步法是指从球场中心位置后退到端线的移动步法。后场后退步法是羽毛球步法中最常用，也是难度最大的步法移动动作。

（2）前场上网步法。

从球场中心位置开始，运用垫步、交叉步、蹬跨步等移动方式向前场区域方向移动接球的步法，称为前场上网步法。前场上网步法可视对方来球方向的不同，分为正手上网步法和反手上网步法。

（3）中场两侧移动步法。

中场两侧移动步法主要用于接杀球，可分为中场正手接杀球步法和中场反手接杀球步法两种。

教学相长

羽毛球是一项隔网对抗的运动项目，虽然没有直接的身体对抗，但也需要在运动中发挥顽强拼搏的精神，因此在课程教学中，可以从以下方面挖掘课程思政元素：通过课堂常规、礼仪讲解、学生互动、规则讲解、教学比赛、素质练习等多个教学环节，教育学生知礼仪、善合作、守规则、勇吃苦、重感情、不服输，让学生感知到自尊、自强与拼搏的体育精神，体悟遵守规则、诚信与公平正义的体育道德，养成尊重对手、团结同伴、敢于担当的品格。

思考题

（1）简述羽毛球运动的特点和锻炼价值。

（2）你认为羽毛球运动最需要的身体素质是什么？

（3）请说出一个你喜欢的羽毛球运动员的名字，讲一讲他/她让你佩服和感动的地方，以及能从他/她身上学到些什么。

（4）针对目前你的羽毛球技术基础，试着制订一份改进与提高技术动作的训练计划。

第三节　网球

教学目标

价值塑造：了解网球运动文化与礼仪，注重参与过程中的仪式感，约束自己，尊重他人，加强素质修养。

能力培养：全面提高学生的身体素质与运动能力，培养学生的交往能力、合作能力和组织能力，促进学生身心健康发展。

知识传授：掌握网球运动基本技术，提高运动参与兴趣，了解竞赛基本规则。

教学任务

一、认识网球

（一）网球运动的起源与发展

网球运动的起源可以追溯到 12 世纪的法国，当时在传教士中流行一种用手掌击球的游戏。方法是在空地上，两人隔一条绳子，用手掌来回击打由布包着头发制成的球。渐渐地，这种游戏传入法国宫廷，受到了法国皇室的青睐，查理五世统治时期，在卢浮宫建设了巴黎最早的球场。贵族们在打网球过程中非常注重礼仪，无论是球具、着装、技术、判决都有较多讲究，优雅而礼貌是最基本的要求。网球运动因王室传统及苛刻的礼仪被称为“贵族运动”。

14 世纪中叶，英法两国交流频繁，法国王储将这种游戏用球送给了英格兰国王亨利五世，于是这种游戏传入英国。在亨利七世和亨利八世统治期间，英国已经建设了约 1 800 个室内球场。由于这种球的表面使用埃及坦尼斯镇所产的最著名的绒布——斜纹法兰绒制作而成，英国将其命名为“tennis”。

最初网球比赛使用可以拨动的时钟来计分，每得一分就将时钟转动 1/4，也就是 15 分；同理，得两分就将时钟拨至 30 分，当然一切都是以英国人的方便为基础，这就是 15 分、30 分的由来。至于 40 分并不是 15 的倍数，这是因为在英文中，15 分读作“fifteen”，为双音节，而 30 分读作“thirty”，也是双音节；但是 45 分，英文读作“forty-five”，变成了三个音节，当时英国人觉得有点拗口，也不符合“方便”的原则，于是就把它改成同为双音节的 40 分（forty）。这就是看起来不符合逻辑的 40 分的由来。

到了 1873 年，英国少校温菲尔德将网球运动进行了改良，设计了一种适用于户外的现代网球打法。网球运动开始由室内改成室外，草地网球也随之在英国问世。现代网球开始逐步成形，温菲尔德也因此被誉为“网球之父”。1874 年，美国人受到英国人的启发，将网球规则、网球拍和球带到纽约，从此该项运动开始在美国迅速普及。1881 年，美国全国草地网球协会成立，这是世界上第一个全国性网球协会。美国第 26 任总统西奥多·罗斯福特别喜爱网球运动，他不仅积极支持修建网球场，举行网球比赛，而且经常邀请朋友在白宫球场打网球，所以人们称他为“网球内阁”。由此美国网球运动得到了空前的发展。

1912 年，国际网球联合会成立，为网球运动的进一步发展开辟了一条更加广阔的道路。1918 年，网球赛事开始允许本国以外的运动员参加，不同国家的运动员之间有了交流，网球开始真正成为一项世界性的运动。在雅典举办的第 1 届奥运会上，网球就成为九大正式比赛项目之一，也是当时奥运会赛场上唯一的球类项目。由于在“职业”和“业余”身份的认定上，国际奥委会和国际网球联合会产生了分歧，这项运动在 1924 年巴黎奥运会之后退出了奥运会赛场，直到 1988 年汉城奥运会才再次成为正式比赛项目。

（二）我国网球运动的发展

1885 年前后，网球运动传入中国。先是上海市、广州市等大城市的外国传教士和商人之间出现了网球活动，后来一些教会学校也开展了这项运动。1898 年，上海圣约翰书院举行斯坦豪斯杯赛，这是中国举办的首届网球比赛。1906 年，北京汇文学校、协和书院、南洋公学等学校开始举办校际网球赛，促进了网球运动在中国的传播。

中华人民共和国成立后，网球运动受到极大的重视，在我国发展迅速，并出现了一大批优秀的网球运动员，特别在 20 世纪 80 年代到 90 年代中期，我国网球技术水平一度处于亚洲领先地位。后来，网球运动在亚洲各国逐渐流行，越来越多的优秀运动员使得国际竞争日益激烈，中国网球的发展也遇到了挑战。

在 2004 年雅典奥运会上，我国网球运动员孙甜甜、李婷获得女子双打金牌，这是中国网球运动员首次在奥运会上夺得金牌。2006 年在澳网（澳大利亚网球公开赛）、温网

（温布尔登网球锦标赛）公开赛上，我国网球运动员郑洁、晏紫分别夺得女子双打冠军，创造了中国网球运动的新纪录。2011 年法网（法国网球公开赛）女单决赛中，我国网球运动员李娜获得冠军，这是亚洲球员首次获得大满贯单打冠军，之后在 2014 年李娜再次获得澳网冠军。李娜的成功带动了更多的人了解并参与到网球运动中，这极大地推动了中国网球事业的发展。

二、学习网球

视频讲解

（一）基本技术

1. 握拍法

（1）大陆式握拍法（图 7-24）。这种握拍法起源于欧洲大陆，故得此名。其拇指与食指形成 V 字形，虎口朝向拍柄的上平面，多用于上网截击和发侧旋球。由于大陆式握拍法在正、反手击球时球拍不用转动，因此在上网截击或在来不及判断该用正手或反手击球时使用较方便。

（2）东方式握拍法（图 7-25）。其因最初广泛使用于美国东部的沙土场地而得名，分正手和反手两种。正手握拍：拇指和食指形成 V 字形，虎口朝向拍柄的右上斜面。反手握拍：拇指和食指形成 V 字形，虎口朝向拍柄的左上斜面。这种握拍法更容易处理低球和击出平击回球。

（3）西方式握拍法（图 7-26）。西方式握拍法是在美国西部加利福尼亚州的水泥硬地球场上发展起来的一种握拍方法，分正手和反手两种。正手握拍：拇指和食指形成 V 字形，虎口朝向拍柄的右平面。反手握拍：拇指和食指形成 V 字形，虎口朝向拍柄的左平面。这种握拍法更容易处理高球和击出上旋回球。

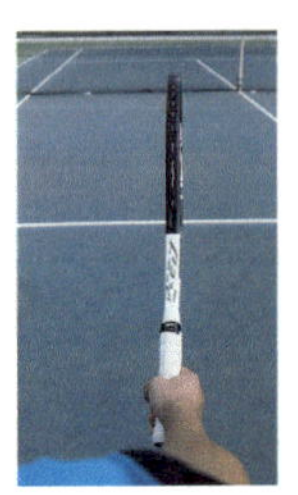

图 7-24　大陆式握拍法

图 7-25　东方式握拍法

图 7-26　西方式握拍法

（4）半西方式握拍法（图 7-27）。其是介于东方式握拍法和西方式握拍法之间的一种握拍法，分正手和反手两种。正手握拍：拇指和食指形成 V 字形，虎口朝向拍柄的右上斜面与右平面之间的交界线。反手握拍：拇指和食指形成 V 字形，虎口朝向拍柄的左上斜面与左平面之间的交界线。这种握拍方式更容易处理中等高度的球，能够在打出上旋球的同时打出平击球。

（5）双手握拍法（图 7-28）。其是双手同时握住拍柄的一种握拍法，常见双手反拍，双手正拍比较少见。双手反拍：支配手用大陆式握拍，非支配手在支配手上方用半西方式握拍。双手正拍：非支配手用大陆式握拍，支配手在支配手上方用半西方式握拍。这种握拍法动作隐蔽、便于发力。

图 7-27 半西方式握拍法

图 7-28 双手握拍法

2. 准备、移动与站位

（1）准备姿势（图 7-29）。

两脚分开，略比肩宽，通过屈膝降低重心，背部保持直立。在对方触球时进行分腿垫步，两脚脚跟离地 2.5～5 厘米，重心落在前脚掌上，准备向来球方向移动。

图 7-29 准备姿势

（2）移动。

常用的步法有侧滑步、交叉步和小碎步。无论采用哪种步法，在击球前都应及时主动。当来球落点较远时，启动要快，步幅从小逐渐加大。当接近球时，再用小碎步调整人与球之间的距离，以适宜的身体姿态从容击球。

（3）开放式站位。

两脚左右站立，大致与底线平行。适用于左右横向移动击球，击球时能更好地应用身体转动产生的力量。

（4）中间式站位。

两脚前后站立，大致与底线垂直。适用于前后纵向移动击球，击球时能更好地利用身体前移产生的力量。

3. 底线技术

（1）正手技术（图 7-30）。

正手技术是网球中最基本的击球技术。其既是初学者的入门技术，又是比赛中多数运动员用以得分取胜的主要手段。

（2）单手反拍技术（图 7-31）。

单手反拍技术是指靠一只手臂完成的反手位击球动作。单手反拍技术对球员的手感和上肢力量有更高的要求。

图 7-30　正手技术

图 7-31　单手反拍技术

(3) 双手反拍技术（图 7-32）。

双手反拍技术是指两只手臂共同完成的反手位击球动作。双手反拍技术的稳定性要优于单手反拍技术，对于初学者来说也更容易上手。

图 7-32　双手反拍技术

(4) 反拍切削技术（图 7-33）。

反拍切削技术通常在使用时击球带有下旋，在网球比赛中能起到暂时过渡、节约体能、改变节奏等作用。

图 7-33　反拍切削技术

4. 发球技术

(1) 下手发球技术（图 7-34）。

下手发球技术是将球抛出后在肩以下的位置挥拍击球的技术。这种发球技术容易上手，适用于初学者。其在高水平比赛中没有成为常规“武器”，而是在某些特定的时刻，

如对手站位过于靠后，或者注意力不够集中时，作为偷袭的手段。

图 7-34　下手发球技术

（2）上手发球技术（图 7-35）。

上手发球技术是将球抛出后在头顶位置挥拍击球的技术。这种发球技术速度快、攻击性强。在高水平网球比赛中，运动员通常会采用上手发球直接得分或占据场上主动权。

图 7-35　上手发球技术

5. 网前技术

（1）截击技术。

指在球落地之前将球凌空击打的技术。虽然截击可以从任何地方打，但通常是向前移动，在网前使用。在比赛中，截击技术是一项有效的进攻技术，可有效减少对手的回球时间，增加回球的压力。正手截击如图 7-36 所示，反手截击如图 7-37 所示。

图 7-36　正手截击

图 7-37　反手截击

（2）高压技术（图 7-38）。

高压技术是指在头上用扣压的动作完成的一种击球方式。它是从头的上方把球扣到对方场区，故又称杀球。其落点准、力量大，是一项绝对的强攻性技术。根据对方挑过来的球的高低程度不同，高压球可分为落地高压球和凌空高压球两种。

图 7-38　高压技术

6. 其他技术

（1）放小球技术。

放小球技术动作具有隐蔽性和“突然袭击，出其不意”的效果；与切削动作近似，相比之下，其前挥动作更简短，击球通常带有下旋，是一种调动、干扰、牵制对方的有力手段。球落在对方场区发球线以内，反弹时不再向前，才是高质量的放小球。

（2）挑高球技术。

挑高球技术通常在处于被动防守时为争取回位时间，或者对手来到了网前，为迫使对手退回后场而使用。挑高球可分为两种类型，即防守型与进攻型。

（3）反弹球技术。

反弹球技术是一项由被动变主动的过渡性技术，主要是用来回击发球上网，或者在随击球上网途中，来不及打截击球而被迫还击刚从地面弹起的低球。它的击球特点是固定球拍角度，借助球弹起一瞬间的力量进行还击。

（二）基本打法

1. 单打战术

（1）底线型打法。

底线型打法是指在比赛时，运动员多在底线进行击球的一种打法。用此种打法，回合数通常非常多，因此要求运动员有良好的耐力、敏捷的步法和准确的击球落点。

（2）发球上网型打法。

发球上网型打法是指运动员在发球后迅速移动到网前，以截击对手来球的一种打法。其特点是运动员用发球来为自己创造上网机会，再通过网前截击、高压限制对方的底线回球，以直接得分或通过压缩回球时间迫使对手出现失误。

（3）全面型打法。

全面型打法是指运动员网前和底线技术均擅长，通常会主动进攻，并混合使用底线技术和网前技术的一种打法。当底线技术无法奏效时运动员会改用上网战术，当其上网战术无法奏效时会改成在底线回击。

2. 双打战术

（1）前后站位。

前后站位是指一名运动员站于底线击球，另一名运动员站于网前准备拦截对方的球的一种站位。这种站位的打法比较简单，职责分明，攻击性相对于双底线站位要强，也会给对手回球造成一定的压力。网前运动员抢网势必会要求两人频繁换位，这就需要他们有足够的默契。

（2）双底线站位。

双底线站位是指两名运动员都选择站在底线的一种站位。这种站位，两名运动员职责明确，各负责自己的半场。在比赛中，当对方发球攻击性强，网前技术又很好时，接发球方往往会选择先退至底线进行防守性反击。采用此种站位的缺点是网前位置和两人中间位置是相对薄弱的地方，容易受到对方的攻击。

（3）双上网站位。

双上网站位是指两名运动员都站在网前的一种站位。运动员采用在空中拦截和以高压球为主的战术打法，即发球运动员发球后迅速跑到网前与队友组成双上网站位，接发球运动员在接球后也随球上网与队友组成双上网位，双方在网前近距离对抗。

（4）“I”形站位。

“I”形站位是指发球运动员的队友站在网前中线的位置，发球运动员站在靠近底线中点的一种站位。发球运动员和队友要提前决定好发球后两人前后的移动方向。这要求发球运动员的队友必须在网前蹲得很低，因为球很有可能从其头上经过。运用此战术会让接发球运动员犹豫接发球的方向，从而造成回球不稳定。

教学相长

网球被称为“贵族运动”或“绅士运动”，这并不是说只有贵族或绅士才能参与，而是表达了这项运动中所蕴含的精神气质和礼仪风貌，因此在教学中要重点从以下三个方面强调课程思政的作用。

第一，讲究礼仪。网球项目历史悠久，有很多礼仪传承至今。例如，当完成任务或打出好球后与同伴击掌庆祝；比赛结束后，无论输赢都要与对手握手，表示感谢；观赛时保持安静，避免打扰运动员击球。

第二，尊重同伴。在球场上做好自己的同时包容别人。例如，在练习或比赛过程中，认真对待每一次击球，当自己击球出现失误时，主动向同伴表示歉意；当同伴击球出现失误时，及时给予安慰与鼓励。

第三，相互配合。练习可两人一组进行。例如，一人抛球，另一人做击球练习；两人相互拍摄技术动作视频，分析并提出改进建议，培养相互协作、默契配合的能力。

思考题

（1）通过学习和练习网球，你认为网球运动能培养哪些优秀品质？

（2）你认为网球运动最需要的身体素质是什么？

(3) 说出一个你喜欢的网球运动员的名字，讲一讲他/她令你佩服和感动的地方，以及能从他/她身上学到些什么。

(4) 参加网球运动应注意的礼仪有哪些？

第四节　其他个人球类项目

其他个人球类项目包括壁球、高尔夫球、台球等项目，受限于篇幅，将这些内容放在二维码中，供读者参考。

其他个人球类项目

第八章　民族传统体育项目

第一节　武术

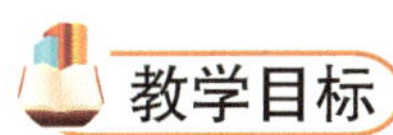

教学目标

价值塑造：对学生进行武术文化及武德礼仪等方面的基本理论知识教学，使学生了解武术项目的综合育人作用，锻炼学生的意志品质，培养学生的武德精神，激发学生对民族传统文化的热爱，培养学生顽强拼搏、勇于表现自我的良好心理品质。

能力培养：提高学生身体素质和运动能力，并通过课堂教学活动提高学生的组织能力和交往能力等；提高学生的速度、力量、灵敏性、耐力等身体素质，提高身体的抵抗力和反应能力。

知识传授：掌握武术（刀术、棍术、24 式简化太极拳、散打）的基本技术，了解武术的基本理论知识，提高运动兴趣，养成锻炼的习惯。

教学任务

一、认识武术

（一）认识刀术

刀的历史悠久，它由古代的生产工具演化为古兵器，再由古兵器演化为当今的武术器械。尽管刀的种类很多，但在构造上大体都有刀尖、刀刃、刀背、刀柄和刀盘（护手盘）五个部分。刀术是武术套路运动竞赛中一项非常重要的项目。在现代武术运动中，刀术套路一般分为单刀类、双刀类、盾牌刀、单刀加鞭等套路；此外，还有空手夺刀、单刀进枪、双刀进双枪等对练套路。武术的各种流派基本上都有各自的刀术，其风格、特点也都随着拳种、流派的不同而不同，但刀术的技法一般是一致的。

（二）认识棍术

棍是武术长器械的一种。中华人民共和国成立以后，棍术被列为全国武术竞赛项目长器械之一。全国运动会、全国武术套路锦标赛、全国青少年武术套路锦标赛、全国大学生武术套路锦标赛等均将棍术列为武术比赛项目之一。一般来说，棍多由坚韧的白蜡杆制成，也有由木、铁相连组成的。棍的演练形式有单人练习、两人或三人对练、集体表演。棍法主要有劈、摔、抡、扫、架、点、崩、戳、盖等，其运动特点为快速连贯，迅猛有力，棍法灵活、多变。

（三）认识太极拳

太极拳是武术的主要拳种。太极拳要求以腰为轴，内气发源于丹田，通过缠绕运动，到达任督二脉和布于周身，从而达到“以意用气，以气运身”的境地。太极拳在其长期演变过程中形成了许多不同风格和特点的传统流派，其中以陈、杨、吴、武、孙式的流传较广且具代表性。1956 年，国家体委组织多位太极拳家集体创编了 24 式简化太极拳套路。2020 年 12 月，联合国教科文组织保护非物质文化遗产政府间委员会第 15 届常委会将太极拳项目列入联合国教科文组织人类非物质文化遗产代表作名录。

太极拳是一种柔和、缓慢、轻灵的拳术。在演练过程中，演练者内气通达舒畅，心静体松，动作匀速和缓慢，让演练者与观赏者皆放大心境，有“天人合一”的陶醉感。

（四）认识散打

散打是一项徒手搏击格斗的技术。它的母体是中华民族传统文化的瑰宝——武术运动。散打是武术运动的一种对抗形式。现代散打运动以踢、打、摔、拿为主要技击内容，在比赛规则的限制下互以双方格斗技击动作为转移的斗智、较技的对抗性体育竞赛项目。1989 年，国家体委将武术散打确定为国家正式体育竞赛项目。随着散打运动的发展与普及，散打已进入普通高校，成了大学生喜爱的项目。现在我国每年都举办中国大学生武术散打锦标赛，并在中国大学生体育协会的领导下，积极推进大学生散打比赛的其他赛事。2016 年，散打被列为 2017 年世界大学生运动会的正式比赛项目。

二、学习武术

（一）抱拳礼

并步站立，左手四指并拢伸直成掌，拇指屈拢，右手成拳，右拳面贴左掌心，右拳眼斜对胸窝；两臂置于胸前，屈臂成圆，肘尖略下垂；拳、掌与胸相距 20～30 厘米。头正身直，目视受礼者。

（二）基本步型

弓步：一腿向前方迈出一大步，为脚长的 4～5 倍，同时膝关节弯曲，大腿近于水平，膝关节不超过脚尖；另一腿挺膝伸直。两脚全脚掌着地，上体正对前方。左腿在前为左弓步，右腿在前为右弓步。

马步：两腿平行开立，两脚间距约三个脚的长度，脚尖平行向前，勿外撇。两腿弯曲，近与地面平行，两膝外撑，膝关节不能超过脚尖。

虚步：两脚平行，前后开立，宽约脚长的三倍；后腿屈膝半蹲，大腿接近水平位，全脚掌着地；前腿微屈，脚尖稍内扣虚点地面。

仆步：两脚左右开立，右腿屈膝全蹲，脚尖和膝关节外展，臀部接近右脚跟；左腿挺直平仆，脚尖里扣，两脚全脚掌着地，双手腰间抱拳。目视左前方。仆左腿为左仆步，仆右腿为右仆步。

歇步：两腿交叉靠拢，全蹲，左脚在前，全脚掌着地，脚尖外展；右脚在后，前脚掌着地，右膝顶出并贴紧左小腿外侧，臀部坐于右脚接近脚跟处，双手腰间抱拳。目视前方或左前方。左脚在前为左歇步，右脚在前为右歇步。

（三）基本技术

1. 基本刀法

劈刀：刀由上向下为劈，力从腰发，达于刀刃。

缠头刀：刀尖下垂，刀背沿左肩贴背绕过右肩，头部正直。

裹脑刀：刀尖下垂，刀背沿右肩贴背绕过左肩，头部正直。

2. 基本棍法（劈、崩、摔、抡、扫、架、点、戳、盖）

劈棍：棍由上向下猛力劈出，力达棍前端。

崩棍：棍梢由下向上或向左右短促崩击，力达棍梢。

3. 太极拳桩功

太极桩：两脚平行站立，与肩同宽，两膝微屈，双手掌心向内，在胸前成抱球状。

开合桩：开步站立，双手在腹前，掌心对丹田，慢慢向上、向外拉开，如抱一大球状，然后慢慢收回腹前成抱球状，可反复数次。

（四）套路技术

视频讲解

1. 初级刀术

【预备式与起式】

预备式与起式动作见图 8-1。

图 8-1　预备式与起式

预备式：两脚并立，目平视前方。左手抱刀（虎口朝下，拇指在前，其余四指在后握住刀柄，手腕部贴靠刀盘），刀刃朝前，刀尖朝上，刀背贴靠前臂内侧；右手五指并拢，垂于身体右侧。

起式：

• 右手向右、向上弧形直臂绕环上举，掌心朝左。

• 右臂外旋并屈肘，从左下降至左腋近侧，掌心朝上；左手握刀在右手屈肘下降的同时，由身前屈肘从右臂里面直臂向上穿出，手心朝右，刀尖朝下。目视右手。

• 右手从左腋向下、向右弧形绕环，同时左手握刀从上向左、向下弧形绕环。目随右手。

• 右手继续向上绕环至头顶，屈腕成横掌，掌心朝前，肘关节微屈；左手握刀继续向下绕环至身后，反臂斜举，手心朝右。右腿在右手成横掌的同时屈膝半蹲，左脚则随之向前伸出，前脚掌虚点地，膝微屈。目向左平视。

• 左脚向前上半步，膝略屈。右脚不动，腿伸直。右掌同时从身前向身后弧形下落，至身后反臂斜举。

• 右脚前进一步，膝略屈。左脚不动，腿伸直。左手握刀与右手同时从身后向两侧平举。

• 右腿伸直，左脚向前并步。左手握刀与右手同时从两侧向额前上方绕环，至额前上方时，右手拇指张开贴近刀盘，准备接握左手之刀。

【第一段】

（1）弓步缠头（图 8-2）。

图 8-2　弓步缠头

①右腿屈膝略蹲，左脚向左上步。右手持刀，使刀背贴身从左绕向身后，左臂内旋（拇指一侧朝下），向左伸出，掌心朝后。目向左平视。

②上身左转，右腿挺膝伸直，左腿屈膝半蹲，成左弓步。右手持刀，手心朝上，在上身左转的同时从身后向右、向前、向左肋处绕环平扫，手心朝下，刀背贴靠于左肋，刀身平放，刀尖朝后；左臂随之屈肘上举，至头顶上方成横掌。目向前平视。

（2）虚步藏刀（图 8-3）。

图 8-3　虚步藏刀

①上身右转，左腿伸直，右腿屈膝。右手持刀，手心朝下，在上身右转的同时从左肋

处向右平扫，刀背朝前；左掌随之向左侧平落，掌心向上。目视刀身。

②顺扫刀之势右臂外旋，手心朝上，使刀背向身后平摆。

③以右脚前脚掌为轴碾地，脚跟外展；左脚后收半步，膝关节微屈，右腿屈膝略蹲。右手持刀，刀尖朝下，从背后向左肩外侧绕行，向右腋处弧形绕环。目向左前方平视。

④右腿屈膝半蹲，左腿微屈膝，左脚前脚掌点地，成右实左虚的虚步。右手持刀从左肩外侧向下、向后拉回，肘略屈；左手随即向前成侧立掌，平直推出，掌指朝上。目视左掌。

（3）弓步前刺（图 8-4）。

图 8-4　弓步前刺

左脚稍前移，踏实，右脚随即向前上步，左腿挺膝伸直，右腿屈膝半蹲，成右弓步。左掌在上步的同时从前向上、向后直臂弧形绕环，至身后平举成勾手，勾尖朝下；右手持刀随之向前直刺，刀刃朝下，刀尖朝前。目视刀尖。

（4）并步上挑（图 8-5）。

图 8-5　并步上挑

左脚不动，重心后移，右脚蹬地回收，向左脚靠拢，并步直立。右手持刀，在右脚向后并步的同时向上挑起，并屈腕使刀身向背后落下，刀尖朝下，刀背贴靠脊背；左勾手，随之向左平摆，与肩同高。目向前平视。

（5）左抡劈（图 8-6）。

图 8-6　左抡劈

①左脚不动，右脚向左斜前方上步。右手持刀，同时向左斜前方劈下，左勾手变掌附于右肘处。目视刀身。

②顺劈刀之势右臂内旋屈腕，使刀尖从下摆向身后，身体重心逐渐前移。

③右脚不动，左脚向左斜前方上步，右腿挺膝伸直，左腿屈膝半蹲，成左弓步。右手持刀向上提起，刀刃朝上。

④右手持刀从上向右斜前方劈下，刀尖稍向上翘；左臂同时屈肘上举至头顶上方成横掌。目视刀尖。

（6）右抡劈（图 8-7）。

图 8-7　右抡劈

①右腿屈膝略蹲，重心后移至右腿上，左膝微屈。右手持刀向右下方抽回，刀刃朝下。

②右手持刀继续运转，臂外旋使刀尖向下、向右绕行，至右侧时，刀背朝上。左掌同时从上向右胸前弧形绕环。

③右腿蹬直，左脚向右斜前方上步。左掌向左侧下方绕环，右手持刀，臂外旋，将刀举起，刀刃朝上。

④右脚向右斜前方上步，左腿挺膝伸直，右腿屈膝半蹲，成右弓步。右手持刀的同时从上向左斜前方劈下，刀尖稍向上翘；左臂随之从下向左、向上弧形绕环，至头顶上方屈肘成横掌。

（7）弓步撩刀（图 8-8）。

图 8-8　弓步撩刀

①右手持刀，臂外旋，屈肘使刀刃朝上，刀尖朝前；右脚提起离地。

②右脚随即向前落步。右手持刀向上、向后、向下贴身弧形绕环，左掌此时从上向下按于刀背上面。目视刀尖。

③左脚从体前上步，右腿挺膝伸直，左腿屈膝半蹲，成左弓步。右手持刀随左脚上步的同时向前撩起，刀刃斜朝上，刀尖斜朝下；左掌仍按于刀背，掌指朝上。上身前探，目视刀尖。

（8）弓步藏刀（图 8-9）。

图 8-9　弓步藏刀

①右手持刀，手心向下，从体前向后平扫，左臂平举于左侧。

②上身右转，左脚尖里扣，右脚向身后撤步，左腿屈膝，右腿伸直。右臂持刀顺扫刀之势外旋，使刀背向身后平摆，刀尖朝下。

③左脚向左斜方撤步，右腿屈膝，左腿伸直。同时左掌向下、向右腋弧形绕环，右手持刀，从背后向左肩外侧绕行。

④右腿半蹲，成右弓步。右手持刀从左肩外侧向右后方下方拉回，刀刃朝下，刀尖朝前；左掌随之从右腋处向前成侧立掌平直推出，高与眉齐，掌指朝上。

【第二段】

（9）提膝缠头（图 8-10）。

图 8-10　提膝缠头

①右脚不动，左脚向前上步。左掌收于右肩前方，右手持刀使刀背顺左臂外侧向左方绕行，刀尖朝下。

②左脚尖外展，上身左转。右手持刀继续顺左臂外侧绕行至背后，左掌随之向左平摆。

③左脚不动，膝部伸直；右腿从身后屈膝，在身前提起，右脚面绷平，脚尖朝下。右手持刀从背后向前、向左肋处绕环平扫，至左肋下顺扫刀之势臂内旋，手心朝下，使刀平摆于左肋下，刀背贴肋，刀尖朝后；左臂同时从左侧屈肘上举至头顶上方成横掌。目向右平视。

（10）弓步平斩（图 8-11）。

图 8-11　弓步平斩

左脚不动，右脚向右侧落步，上身稍向右转，左腿挺膝伸直，右腿屈膝半蹲，成右弓步。右手持刀（手心朝下），从左肋处向身前平扫，拦腰斩击，刀尖朝前；左掌同时从上向左后平落，掌指朝后。目视刀尖。

（11）仆步带刀（图 8-12）。

图 8-12　仆步带刀

①右手持刀，右臂外旋，使刀刃朝上，刀尖稍向下斜垂。

②左腿屈膝全蹲，右腿挺膝伸直平铺，左脚尖稍向外展，右脚尖向里紧扣，成仆步。右臂屈肘，右手持刀向左上方带回，刀刃仍朝上，刀尖仍稍向下垂；左臂屈肘，左掌附于刀把内侧，拇指一侧朝下。目向右侧平视。

（12）歇步下砍（图 8-13）。

图 8-13　歇步下砍

①上身稍抬起。右手持刀，刀尖朝下，从右肩外侧向背后绕行；左掌同时向左侧平伸，拇指一侧朝下。

②右脚不动，左脚从身后向右侧插步。同时左掌从左向下、向右腋处弧形绕环；右手持刀，从背后向左肩外侧绕行，刀身平放，刀尖朝后。目向右视。

③两腿屈膝全蹲成歇步，右大腿压盖在左大腿上面，右脚全脚掌着地，左脚仅以前脚掌着地，臀部坐落在左小腿上。右手持刀在歇步下坐之时从左向前、向右下方斜砍，刀刃斜朝下，刀尖朝前；左掌随之向左摆出，在左侧上方成横掌。目视刀身。

（13）左劈刀（图 8-14）。

图 8-14　左劈刀

①身体起立，左臂屈肘，左掌收至右额前，并附于右手腕；右手持刀，刀尖朝下；使刀背顺左臂外侧向左后方绕行。

②两脚前脚掌碾地，使上身向左后转。左掌随之向左侧平摆，拇指一侧朝下；右手持刀顺左臂绕行至背后。右腿略屈膝。

③上身继续左转，成左弓步。

④左脚不动，右脚向左斜前方上步，右腿稍屈膝。右手持刀，同时从身后向上、向前、向左侧下方斜劈，刀尖斜向下；左掌随之屈肘附于右肘处，掌指朝上。

（14）右劈刀（图 8-15）。

图 8-15　右劈刀

①上身稍起立并向右转。右手持刀上举，刀尖朝下，使刀背顺左肩外侧绕向身后，左掌随之上举。

②左脚向右斜前方上步，右腿稍屈膝。同时右手持刀从身后向上、向前、向右侧下方（右腿外侧）斜劈，刀尖斜向下；左掌随之附于右腕处。目视刀尖。

（15）歇步按刀（图 8-16）。

图 8-16　歇步按刀

①右手持刀，右臂外旋屈肘，刀尖朝下，使刀背从右肩外侧向后绕行。目视右手。

②右脚从身后向左侧插步，右手持刀向左肩外侧绕行，同时左掌从左侧上举。

③两腿屈膝全蹲成歇步，左大腿压盖在右大腿上面，左脚全脚掌着地，右脚仅以前脚掌着地，臀部坐落在右小腿上。刀刃朝下，目视刀身。

（16）马步平劈（图 8-17）。

①两腿稍微蹬起，上身向右后转。右手持刀与左掌随身体转动至上身左侧时，双手从左向上举起，刀尖向下。

②两腿屈膝半蹲成马步，右手持刀从左向上、向右劈下，左臂在头顶上方屈肘，左手成横掌。

图 8-17　马步平劈

【第三段】

（17）弓步撩刀（图 8-18）。

图 8-18　弓步撩刀

①左掌从上向右肩弧形绕环至右肩前，目视左掌。

②上身左转，右脚向左侧上一大步，左腿挺膝伸直，右腿屈膝半蹲，成右弓步。左掌在右脚上步的同时继续向下、向左、向上圆形绕环，至身后成斜上举；右手持刀，随右脚上步的同时向下、向左侧撩起。目视刀尖。

（18）插步反撩（图 8-19）。

图 8-19　插步反撩

①上身左转，右腿蹬直，左腿屈膝。同时右手持刀从右向上、向后弧形绕环，左掌屈肘收于右胸前，目随刀转。

②上身右转，左脚从身后向右侧插步。右手持刀继续向下、向右反臂弧形绕环撩刀，刀刃斜朝上；同时左掌向左侧成横掌推出，拇指一侧朝下，肘略屈。目视刀尖。

(19) 转身挂劈(图 8-20)。

图 8-20　转身挂劈

①两脚碾地，使上身向左后翻转。右手持刀，手腕反屈(向手背方向弯曲)，使刀尖翘起，随上身翻转的同时从下向左、向上挑挂；左掌随上身转动。

②上身继续向左后转，两腿交叉，左腿在前、右腿在后。右手持刀随上身后转的同时从上向下、向左弧形绕环挂刀；左臂屈肘。目视刀尖。

③左脚不动，右脚向右跨步。右手持刀臂内旋，使刀刃朝上，向上举起；左掌向下、向左弧形绕环平伸。

④右腿伸直，左腿蹬地提起，屈膝在腹前，上身略向右倾倒。右手持刀，左腿提膝的同时从上向右用力下劈，刀刃朝下，刀尖稍微上翘；左臂随之屈肘上举，左掌在头顶成横掌。目视刀尖。

(20) 仆步下砍(图 8-21)。

图 8-21　仆步下砍

①脚在左侧落步，右腿伸直，左腿屈膝。右手持刀臂外旋屈肘，使刀刃朝后、刀尖下垂，从右肩外侧向后沿肩背绕行；同时左掌从上向左、向下、向右胸前弧形绕环，至右胸前成侧立掌，掌指朝上。

②左腿屈膝全蹲，右腿伸直平铺成仆步。右手持刀从背后向左、向前、向右下方绕行平砍，刀刃朝右，刀尖朝前；同时左臂屈肘，左掌举于头顶上方成横掌。目视刀身。

(21) 架刀前刺(图 8-22)。

图 8-22　架刀前刺

①左腿蹬地起立并向右侧上步，身体向右后转，右膝略屈。右手持刀臂内旋，向上横架；同时左掌附于右手腕的拇指近处。目向前平视。

②以左脚前脚掌为轴碾地，右腿屈膝提起，上身向右后转。转身时，右手持刀上举，刀身经过头顶；转身后，两臂屈肘使刀平落。

③右脚向前落步，左腿挺膝伸直，右腿屈膝半蹲成弓步。右手持刀向前直刺，刀刃朝下；同时左掌向左后方平伸，掌指朝后上方。目视刀尖。

（22）左斜劈刀（图 8-23）。

图 8-23　左斜劈刀

①以两脚前脚掌碾地，使上身向右转。右手持刀臂内旋，刀尖朝下，使刀背沿左肩外侧向后方绕行；左手从右向左前方弧形平摆。

②左腿屈膝提起。右手持刀，从后向右、向前、向左下方绕环下劈；左掌附于右前臂，上身略向前倾。

（23）右斜劈刀（图 8-24）。

图 8-24　右斜劈刀

①左脚向前落步。

②上身向右后转，右腿随之提膝离地。右手持刀从左向前、向右下方斜劈，左掌向左侧斜上举。目视刀尖。

（24）虚步藏刀（图 8-25）。

图 8-25　虚步藏刀

①右脚向后落步伸直，左腿屈膝。右手持刀在落步的同时臂外旋、屈腕，使刀尖朝下，沿右肩外侧向左后绕行。

②身体重心后移，左脚后退半步。右手持刀从背后向左肩外侧绕行，同时左掌向下、向右腋处弧形绕环。

③右手持刀从左肩外侧向下、向后拉回，肘略屈；左掌随即向前成侧立掌平直推出，掌指朝上。此时，右腿半蹲，左腿屈膝，成左虚步。目视左掌。

【第四段】

（25）旋转扫刀（图 8-26）。

图 8-26　旋转扫刀

①左脚踏实。右手持刀臂内旋，沿左臂外侧向左肩部绕行，左臂屈肘。

②左脚尖外撇，右脚上步，上身左转。右手持刀沿左肩向右后方绕行，同时左掌从右向左平摆。目视右方。

③左脚从身后向右侧方插步，右手持刀，继续从背后向右肩外侧绕行。目视右手。

④两腿屈膝全蹲成歇步，右手持刀，手心朝上，从右肩外侧向前下方迅速扫平。目视刀身。

⑤上身向左后转，右手持刀随身转动，低扫一周。转身后，两腿直立。右手持刀顺扫刀之势臂内旋，使手心朝下，将刀贴靠于左臂外侧；左掌附于右手腕的拇指近侧。

（26）翻身劈刀（图 8-27）。

图 8-27　翻身劈刀

①上身右转，同时右手持刀向右侧下劈。

②右脚向左侧摆起，左脚蹬地跳起，同时上身向左后翻转，接着右脚向前落地。在跃步和转身的同时，左掌从右前臂处向下、向左后、向上弧形绕环，至头顶屈肘成横掌；右手持刀随转身之势向下、向左后绕环撩起，刀刃朝上。

③上身继续向后转。左脚向身体的右后方落步，左腿屈膝全蹲，右腿伸直平铺成仆步，上身向右前方探伸。右手持刀在转身落步的同时从上向前劈下；左掌随之向下、向后、向上摆起，成横掌。目视刀尖。

（27）缠头箭踢（图 8-28）。

①左脚蹬直，使上身立起。左臂屈肘，左掌收于右肩前方，右手持刀臂内旋，刀尖朝下，使刀背沿左臂外侧向后绕行。同时左脚向前摆起，右脚蹬地纵起。左掌此时从右肩向左侧平摆。

②在空中，右手持刀从背后向右、向前、向左肋处绕环平扫；左掌随之上举至头顶上方成横掌。同时右脚用脚跟向前蹬踢，左脚此时即用前脚掌落地。

图 8-28　缠头箭踢

(28) 仆步按刀 (图 8-29)。

图 8-29　仆步按刀

①上身右转，右手持刀从左肋处向前、向右、向后下方斜劈。目视刀身。

②右手持刀臂外旋，刀尖朝下，使刀从右肩外侧向背后绕行。

③上身向右后转，同时左脚蹬地纵起，右脚趁势下落。右手持刀在纵步的同时从背后向左肩外侧绕行，左臂随之屈肘。

④右腿屈膝全蹲，左脚在左侧方落步，左腿伸直平铺成仆步。右手持刀与左掌同时向下按切，刀尖朝左，刀刃朝下。

(29) 缠头蹬腿 (图 8-30)。

图 8-30　缠头蹬腿

①右腿蹬直立起，左膝提起成独立。右手持刀向右后拉回，左掌向前方伸出，掌指朝上。目视左手。

②右手持刀从后向前朝左裹膝抄起，左掌附于右前臂。目视前下方。

③右手持刀从左肩外侧向后沿肩背绕行，左脚即向左斜前方落步，左掌向左平摆，掌心朝下。

④左腿屈膝半蹲，右腿挺膝伸直，成左弓步。右手持刀从背后经右肩外侧向前、向左

肋绕环平扫，至左肋时顺扫刀之势臂内旋，将刀背贴靠左肋；左掌随之屈肘上举至头顶上方成横掌。

⑤右脚脚尖上翘，用脚跟向前上方蹬腿。目视脚尖。

（30）虚步藏刀（图 8-31）。

图 8-31　虚步藏刀

①右脚向前落步。

②左脚向前跃步，右脚趁势提起，上身在跃步的同时向右后转。右手持刀，手心朝下，随着转身平扫一周，左掌从上向左后方平摆。

③右脚向后落步，右手持刀臂外旋，使刀从右肩外侧向后绕行。

④左掌从左侧向下、向右腋弧形绕环后附于右腕处，右手持刀从背后向左肩外侧绕行。

⑤右腿屈膝半蹲，左腿略屈膝，右脚踏实，左脚尖点地成虚步。右手持刀向下、向后拉回；左掌向前平伸推出，掌指朝上。目视左掌。

（31）弓步缠头（图 8-32）。

图 8-32　弓步缠头

①左脚向左前方上半步，同时右手持刀臂内旋，刀尖朝下，使刀从左肩外侧向后绕行，做缠头动作。

②右腿挺膝伸直，左腿屈膝半蹲，成左弓步。右手持刀从背后向右向左肋横扫，同时顺扫力之势臂内旋，使刀背贴靠于左肋，刀尖朝后；同时左掌上举至头顶上方成横掌。目向前平视。

（32）并步抱刀（图 8-33）。

图 8-33　并步抱刀

①左腿伸直，右腿屈膝，上身右转。右手持刀向右平扫，左掌随之向左平摆。目视刀尖。

②顺扫刀之势右臂外旋，使刀背向身后平摆。目视右手。

③右手持刀，刀尖朝下，刀刃朝后，刀把向额前上方举起；同时左掌向额前方举起，拇指张开，用掌心握住刀把，准备将右手的刀接回。目视右侧。

【收式】

收式动作见图 8-34。

图 8-34　收式

• 左手将刀接回，与右掌同时从上由前分向两侧落下；左手抱刀，刀背贴靠臂肘，刀刃朝前，刀尖朝上。

• 右掌从下向后、向上绕向右耳侧成横掌，掌心朝前，拇指一侧朝下。

• 左手握刀不动，并步直立。右掌随即从右耳侧向下按落，掌心朝下，肘略屈并向外撑开；左手握刀不动。

2. 初级棍术

视频讲解

【预备式】

两脚并立，右手持棍立于身体右侧。目向左平视。右手提棍上举，臂伸直；左手随即握住棍把，臂平屈于胸前（图 8-35）。

图 8-35　预备式

【第一段】

（1）弓步劈棍（图 8-36）。

身体左转，左脚向前上一步成左弓步。同时双手握棍向前下劈，棍梢略高于肩，棍把紧贴左腰侧。

图 8-36　弓步劈棍

（2）弓步撩棍（图 8-37）。

右手经体前滑把握住棍的把端，左手撒开握于棍的中段，向前撩出。右脚向前方上迈一大步，成右弓步。

图 8-37　弓步撩棍

（3）虚步上拨棍（图 8-38）。

左手使棍梢在头上绕半圈。头微后仰。同时左脚向前上一步，右脚再上半步，成右虚步。左臂伸直向前平摆，手心向下，身体左转，棍梢向左上方拨动，右手置于左腋下。

图 8-38　虚步上拨棍

（4）虚步把拨棍（图 8-39）。

右脚向前跨半步，左脚向前上一步，脚尖点地，成左虚步。双手在头顶上方做云棍，使棍把向前上方拨击，棍把一端略高于头部。目视棍把。

图 8-39　虚步把拨棍

（5）插步抡劈棍（图 8-40）。

左脚外撇，双手握棍，使棍身在左腿外侧绕行一周，成立圆。同时上右脚插左步，左手由左向右绕弧半周做下劈，右手置于左腋下。目视棍梢。

图 8-40　插步抡劈棍

（6）翻身抡劈棍（图 8-41）。

以两脚为轴，上体向左后翻转，与此同时，左手握棍随翻身动作向左侧前方下劈；右手握棍把置于右腹前，棍梢略高于棍把。目视左前方。

图 8-41　翻身抡劈棍

（7）马步平抡棍（图 8-42）。

双手握棍背于后肩，左手撒开，右手握住棍把用力向身前抡动，棍梢平抡一周。以左脚为轴向左后转，右脚向左侧上一步成马步。平抡棍后，两臂平屈胸前，棍身架于左上臂部。

图 8-42　马步平抡棍

（8）跳步半抡劈棍（图 8-43）。

两脚蹬地向右转体换跳落地成马步，同时棍梢沿身体向前下方抡半圆；左手随即向前松握滑把，向右前下方做下劈，右手握棍把撤至右腰前。目视棍梢。

图 8-43　跳步半抡劈棍

【第二段】

（9）单手抡劈棍（图 8-44）。

左手撤开，右手握棍上举，使棍梢经右腿外侧向后绕行一周收至右腹前。右脚左移，上体右转，成右高虚步，然后右脚后退一步成半马步。棍梢向上、向前绕行；左手握住棍的中段，双手向身体左侧劈棍。目视棍梢。

图 8-44　单手抡劈棍

（10）提膝把劈棍（图 8-45）。

重心移至右腿，左脚内收，提膝成右独立式。同时右手举棍向前劈棍，左手收至右腋下。目视前方。

图 8-45　提膝把劈棍

（11）弓步抡劈棍（图 8-46）。

左脚下落，上体左转，右手握棍向左腿外侧抡一周，右脚向前上一步成右弓步。左手向棍身中段移握，向右绕行下劈，右手顺势收于左腋下。目视棍梢。

图 8-46　弓步抡劈棍

(12) 弓步背棍(图 8-47)。

右脚外撇,上体右转。双手舞花,向右腿外侧抡绕一周。左脚上步成左弓步。同时右手单手握棍抡绕,背于左肩后,棍梢指向前上方。左手由右胸向前推掌,掌指向上。目视左掌。

图 8-47　弓步背棍

(13) 挑把棍(图 8-48)。

上体左转,同时左手接握棍中段,右手握棍向左前上方绕行,使棍把向左前上方挑起。目视棍把。右脚向前上步成右弓步。

图 8-48　挑把棍

(14) 转身弓步戳棍(图 8-49)。

右脚尖里扣,左腿屈膝提起,成右独立式,上体左转 180°,双手握棍,左脚立即向身体左侧落步,成左弓步。同时双手握棍使棍梢向左侧平戳,左手松握后滑与右手靠近。目视棍梢。

图 8-49　转身弓步戳棍

(15) 踢腿撩棍(图 8-50)。

右脚向前移,上体右转。双手握棍向右侧后方提撩一圈,棍身落于左臂。同时右脚侧踢,脚尖勾起,与头同高。目视前方。

图 8-50 踢腿撩棍

(16) 弓步拉棍(图 8-51)。

右脚在身体右侧落步，成右弓步。同时右手向右肩前拉带并内旋，左臂直臂下压内旋，棍身斜放于身前。目视左下方。

图 8-51 弓步拉棍

【第三段】

(17) 提膝拦棍(图 8-52)。

左脚向右跨一大步。左手握棍左侧推出，右手顺势提至头上。左脚尖里扣。左手握棍上举于左后侧，右手顺势向胸前下拉，棍身斜举于胸前，左手棍梢向左上方。右腿屈膝提起。右手握住棍把向前推拦，左手举于头上，上体前倾。棍身斜架于身前。

图 8-52 提膝拦棍

(18) 插步抡把劈棍(图 8-53)。

右脚向前落步，双手做舞花棍。同时上左脚插右脚，身体左转，做右把下劈。目视棍把。

图 8-53 插步抡把劈棍

(19) 马步抡劈棍(图 8-54)。

以两脚掌为轴,上体向右翻转 180°。同时,右手握棍向右后方绕行,左手则顺势直臂斜伸向左下侧。左脚向身体右侧跨一大步,上体从右向后转成马步。同时,左手握棍向上,并随着转体动作向身体右侧抡棍,使棍的上段向前平劈。目视棍梢。

图 8-54　马步抡劈棍

(20) 翻身马步抡劈棍(图 8-55)。

蹬地起跳,做转体 360°,双手握棍,随转体绕抡一周,成马步劈棍。目视棍梢。

图 8-55　翻身马步抡劈棍

(21) 上步右撩棍(图 8-56)。

两腿直立,左手向棍把一端下滑并迅速双手一齐向右绕行一周。同时上体右转,紧接右脚跟上一步,左腿半蹲成右虚步。目视棍梢。

图 8-56　上步右撩棍

（22）上步左撩棍（图 8-57）。

左手迅速移至右手拇指前握棍，双手同时向左后抡棍一周。目平视前方。

图 8-57　上步左撩棍

（23）转身仆步摔棍（图 8-58）。

双手握棍继续向上撩棍的同时扣腕做舞花下劈。同时左脚掌里扣，右脚跟辗转，上体随即右转。右脚向身后落步全蹲，成左仆步。双手向下劈棍，左臂伸直，右臂屈肘于胸前正下方，棍梢前半段摔地，上体稍前倾。

图 8-58　转身仆步摔棍

（24）弓步崩棍（图 8-59）。

右腿挺膝蹬直，左腿屈膝半蹲，成左弓步。左手略向右手前滑握，棍顺势前送，两臂自然伸直，右手猛力向下压，使棍梢从下向上崩挑，高与头平。目视棍梢。

图 8-59　弓步崩棍

【第四段】

（25）马步把劈棍（图 8-60）。

身体重心后移，左脚随即稍回收，右脚向左脚前跨一大步，上体随即向左后转，两腿半蹲成马步。右手随着转体动作从右肩前上方一面滑握于棍身中段，一面向前做抡劈动作。此时，右臂向右伸平，掌心向下，左手至左腰侧，棍把高度在胸下与腰上之间。目视棍把。

图 8-60 马步把劈棍

(26) 歇步半抡劈棍（图 8-61）。

上身右转，两腿成歇步。右手滑握至棍把，收至腹前，左手滑握至棍身中段向身前平劈。左臂向前伸平；右手握棍至腹前，棍梢与肩同高。目视棍梢。

图 8-61 歇步半抡劈棍

(27) 左平舞花棍（图 8-62）。

两腿立起，左脚向前一步，蹬地跳起；右脚向身前跨跳一步，身体随即向左后转。右手握棍，随转体动作在头上平转一周半。左脚在身后退一大步，上体随即向左后转成左弓步。棍梢略高于头。目视棍梢。

图 8-62 左平舞花棍

(28) 右平舞花棍（图 8-63）。

右脚向右前方上一步，在头顶上方向右云棍一周。同时上左脚，插右脚，转身向右上方拨击。左手置于右肋处，棍梢贴靠右胯外侧。目视棍把。

图 8-63 右平舞花棍

（29）插步下点棍（图 8-64）。

双手握棍使棍把向左后方贴身绕一周，同时插步向右点棍。目视棍梢。

图 8-64　插步下点棍

（30）弓步下点棍（图 8-65）。

上体左转，右脚向后退一大步，左腿半蹲，右腿蹬直，成左弓步。同时双手在腹前转腕，即左手向左前使棍梢向后、向上、向前抡圆点地。此时，两臂伸直，双手位于膝盖前。目视棍梢。

图 8-65　弓步下点棍

（31）插步下戳棍（图 8-66）。

重心后移，上体右转，左脚向右侧插一步，成交叉步。左手先上抬并向棍梢一端滑握，右手从棍把端略向中段滑握，使棍把由腹前向身体右下方戳击。右臂伸直，左臂屈肘于左胸前，手心向里，上体左倾。目视棍把。

图 8-66　插步下戳棍

（32）提膝拦棍（图 8-67）。

右脚向右退一步，上体左转，双手握棍，右手握棍把向左上绕弧，重心移至右腿；左腿屈膝提起，成右独立式。同时双手向身体左上方架拦，棍梢指向左斜下方。目视左前方。

图 8-67 提膝拦棍

【收式】

右手从上屈肘向身体右侧下落，臂伸直，左手顺势向右上滑棍把，使棍把下降至右腿外侧，棍身直立。左脚下落与右脚并立。同时左手撤开垂于身体左侧，棍把在右脚外侧着地。目视正前方。(图 8-68)

图 8-68 收式

3. 24 式简化太极拳

视频讲解

(1) 起式 (图 8-69)。

身体自然站立，两脚并拢，双手垂于大腿外侧；头项正直，口闭齿扣，胸腹放松。目平视前方。

①左脚开立：左脚向左分开，两脚平行，与肩同宽。

②两臂前举：两臂慢慢向前举，自然伸直，双手手心向下。

③屈腿按掌：两腿慢慢屈膝半蹲，同时两掌轻轻下按至腹前。

图 8-69 起式

(2) 左右野马分鬃 (图 8-70)。

[左] ①抱球收脚：上体稍右转，右臂屈抱于右胸前，左臂屈抱于腹前，成右抱球；左脚收至右脚内侧成丁步。

②弓步分手：上体左转，左脚向左前方迈出一步，成左弓步；同时两掌前后分开，左

掌心斜向上，右手按至右胯旁，两臂微屈。

［右］①抱球收脚：重心稍向后移，上体稍左转，左手翻转在左胸前屈抱，右手翻转前摆，在腹前屈抱，成左抱球；重心移至左腿，右脚收至左脚内侧成丁步。

②弓步分手：动作同前弓步分手，唯方向相反。

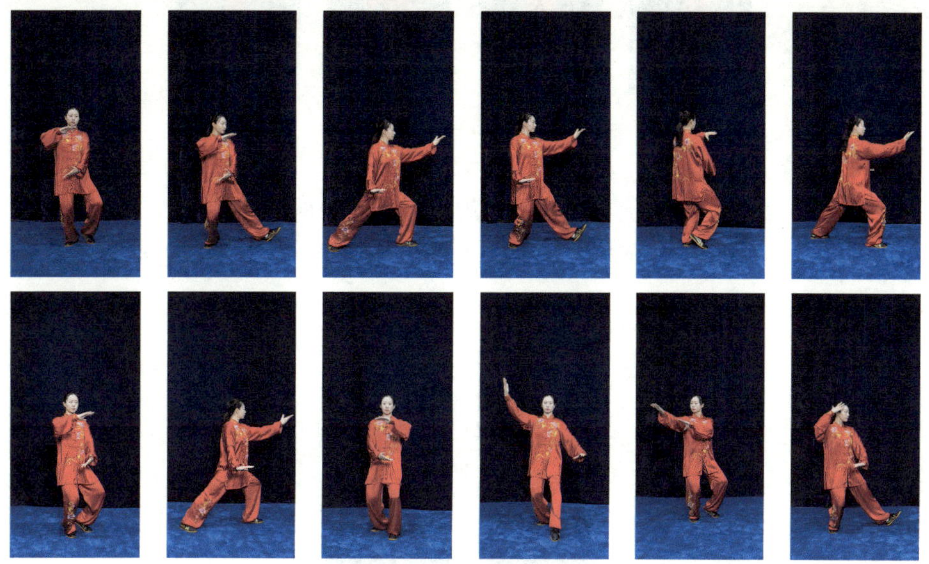

图 8-70 左右野马分鬃

（3）白鹤亮翅（图 8-71）。

①跟步抱球：上体稍左转，右脚向前跟步，落于左脚后。同时双手在胸前屈臂抱球。

②虚步分手：上体后坐并向右转体，左脚稍向前移动，成左虚步；同时右手分至右额前，掌心向内，左手按至左腿旁，上体转正；目平视前方。

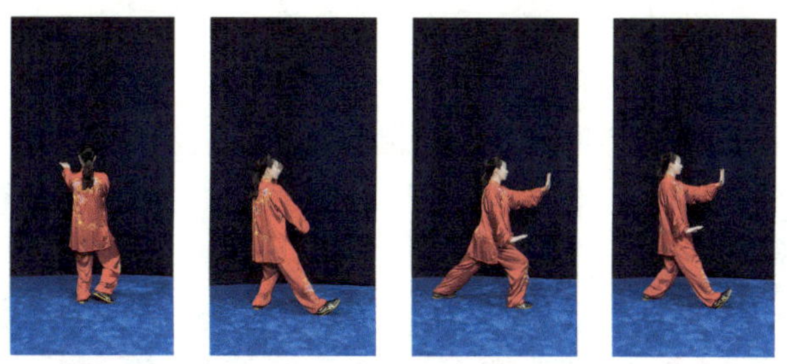

图 8-71 白鹤亮翅

（4）左右搂膝拗步（图 8-72）。

［左］①收脚托掌：上体右转，右手至头前下落，经右胯侧向后方上举，与头同高，掌心向上，左手上摆，向右画弧落至右肩前；左脚收至右脚内侧成丁步；目视右手。

②弓步搂推：上体左转，左脚向左前方迈出一步，成左弓步；左手经膝前上方搂过，停于左腿外侧，掌心向下，指尖向前；右手经肩上向前推出，右臂自然伸直。

［右］①收脚托掌：重心稍后移，左脚尖翘起外撇，上体左转，右脚收至左脚内侧成丁步；右手经头前画弧摆至左肩前，掌心向下；左手向左上方画弧上举，与头同高，掌心向上；目视左手。

②弓步搂推：动作同前弓步搂推，唯方向相反。

图 8-72　左右搂膝拗步

（5）手挥琵琶（图 8-73）。

①跟步展臂：右脚向前收拢半步落于左脚后；左臂稍向前伸展。

②虚步合手：上体稍向左回转，左脚稍前移，脚跟着地，成左虚步；两臂屈肘合抱，右手与左肘相对，掌心向左。

图 8-73　手挥琵琶

（6）左右倒卷肱（图 8-74）。

［右］①退步卷肱：上体稍右转，双手翻转向上，右手随转体向后上方画弧上举至肩上（耳侧），左手停于体前。上体稍左转。左脚提起向后退一步，前脚掌轻轻落地。

②虚步推掌：上体继续左转，重心后移，成右虚步。右手推至体前，左手向前、向下画弧，收至左腰侧，掌心向上。目视右手。

左倒卷肱与右倒卷肱动作相同，但左右相反。

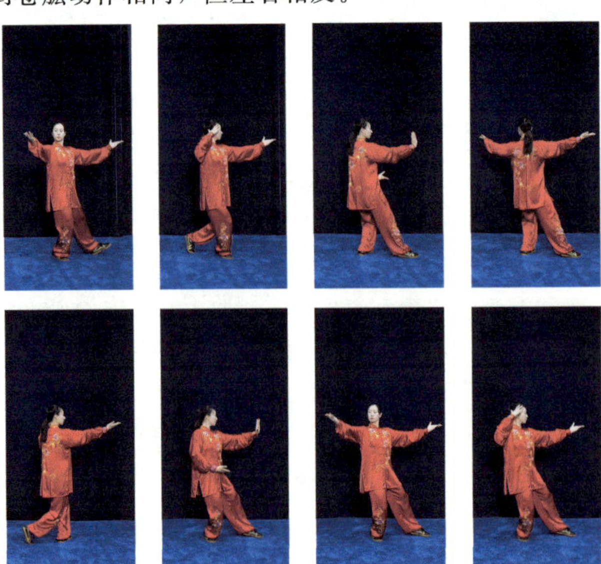

图 8-74　左右倒卷肱

图 8-74 左右倒卷肱（续）

（7）左揽雀尾（图 8-75）。

①抱球收脚：上体右转，右手向侧后上方画弧，左手在体前下落，双手呈右抱球状；左脚收成丁步。

②弓步掤臂：上体左转，左脚向左前方迈成左弓步；双手前后分开，左臂半屈向体前掤架，右手向下画弧按于右胯旁，五指向前。目视左手。

③转体摆臂：上体稍向左转，左手向左前方伸出，同时右臂外旋，向上、向前伸至左臂内侧，掌心向上。

④转体后捋：上体右转，身体后坐，双手同时向下经腹前向右后方画弧后捋，右手举于身体侧后方，掌心向外。

⑤弓步前挤：重心前移成左弓步；右手推送左前臂向体前挤出，两臂撑圆。

⑥后坐引手：上体后坐，双手左右分开，与肩同宽，两臂屈收后引，收至腹前，掌心斜向下。

⑦弓步前按：重心前移，成左弓步；双手沿弧线推至体前。

学练要点：捋时要转腰带手，不可直臂、折腕；挤时松腰、弓腿一致；按时双手沿弧线向上、向前推按。

图 8-75 左揽雀尾

图 8-75　左揽雀尾（续）

（8）右揽雀尾（图 8-76）。

①转体分手：重心后移，上体右转，左脚尖内扣；右手画弧右摆，双手平举于身体两侧；头随右手移转。

②抱球收脚：左腿屈膝，重心左移，右脚收成丁步；双手呈左抱球状。

③弓步掤臂：动作同前弓步掤臂，唯方向相反。

④转体摆臂：动作同前转体摆臂，唯方向相反。

⑤转体后捋：动作同前转体后捋，唯方向相反。

⑥弓步前挤：动作同前弓步前挤，唯方向相反。

⑦后坐引手：动作同前后坐引手，唯方向相反。

⑧弓步前按：动作同前弓步前按，唯方向相反。

图 8-76　右揽雀尾

图 8-76　右揽雀尾（续）

（9）单鞭（图 8-77）。

①转体运臂：上体左转，左腿屈膝，右脚尖内扣；左手向左画弧，掌心向外，右手向左画弧至左肘前，掌心转向上。视线随左手运转。

②勾手收脚：上体右转，右腿屈膝，左脚收成丁步；右手向上、向左画弧，至身体右前方变成勾手，腕高与肩平，左手向下、向右画弧至右肩前，掌心转向内。目视勾手。

③弓步推掌：上体左转，左脚向左前方迈出成左弓步；左手经面前翻掌向前推出。

图 8-77　单鞭

（10）云手（图 8-78）。

①转体松勾：上体右转，左脚尖内扣；左手向下、向右画弧至右肩前，掌心向内，右勾手松开变掌。

②左云收步：上体左转，重心左移，右脚向左脚收拢，两腿屈膝半蹲，两脚平行向前成小开立步；左手经头前向左画弧运转，掌心渐渐向外翻转，右手向下、向左画弧运转，掌心渐渐转向内。视线随左手运转。

③右云开步：上体右转，重心右转，左脚向左横开一步，脚尖向前；右手经头前向右画弧运转，掌心逐渐由内转向外，左手向下、向右画弧，停于右肩前，掌心渐渐翻转向内。视线随右手运转。

图 8-78　云手

图 8-78　云手（续）

（11）单鞭（图 8-79）。

①转体勾手：上体右转，重心右移，左脚跟提起；右手向左画弧，至右前方掌心翻转变勾手；左手向下、向右画弧至右肩前，掌心转向内。

②弓步推掌：动作同（9）单鞭中的弓步推掌，唯左右相反。

图 8-79　单鞭

（12）高探马（图 8-80）。

①跟步翻手：后脚向前收拢半步；右手勾手松开，双手翻转向上，肘关节微屈。

②虚步推掌：上体稍右转，重心后移，左脚稍向前移成左虚步；上体左转，右手经头侧向前推出；左臂屈收至腹前，掌心向上。

图 8-80　高探马

（13）右蹬脚（图 8-81）。

①穿手上步：上体稍左转，左脚提收向左前方迈出，脚跟着地；左手经右手背上方向前穿出，双手交叉，左掌心斜向上，右掌心斜向下。

②分手弓步：重心前移成左弓步；上体稍右转，双手向两侧画弧分开，掌心皆向外。目视右手。

③抱手收脚：右脚成丁步；双手向腹前画弧相交合抱，举至胸前，右手在外，两掌心皆转向内。

④分手蹬脚：双手掌心向外撑开，两臂展于身体两侧，肘关节微屈，腕与肩平。左腿支撑，右腿屈膝上提，脚跟用力慢慢向前上方蹬出，脚尖上勾，膝关节伸直，右腿与右臂

上下相对，方向为右前方约 30°。目视右手。

图 8-81　右蹬脚

（14）双峰贯耳（图 8-82）。

①屈膝并手：右小腿屈膝回收，左手向体前画弧，与右手并行落于右膝上方，掌心皆翻转向上。

②弓步贯掌：右脚下落，向右前方上步成右弓步；双手握拳经两腰侧向上、向前画弧摆至头前，两臂半屈成钳形，两拳相对，同头宽，拳眼斜向下。

图 8-82　双峰贯耳

（15）转身左蹬脚（图 8-83）。

①转体分手：重心后移，左腿屈坐，上体左转，右脚尖内扣；两拳松开，左手向左画弧，双手平举于身体两侧，掌心向外。

②抱手收脚：重心右移，右腿屈膝后坐，左脚收至右脚内侧成丁步。双手向下画弧交叉合抱，举至胸前，左手在外，两掌心皆向内。

③分手蹬脚：动作同右蹬脚，唯左右相反。

图 8-83　转身左蹬脚

（16）左下势独立（图 8-84）。

①收脚勾手：左腿屈收于右小腿内侧；上体右转，右臂稍内合，右手变勾手，左手画弧摆至右肩前，掌心向右。

②仆步穿掌：上体左转，右腿屈膝，左腿向右前方伸出成左仆步；左手经右肋沿左腿内侧向左穿出，掌心向前。目视左手。

③弓腿起身：重心移向左腿成左弓步，左手前穿并向上挑起，右勾手内旋，置于身后。

④独立挑掌：上体左转，重心前移，右腿屈膝提起成左独立步；左手下落按于左胯旁，右勾手下落变掌，向体前挑起，掌心向左，高与眼平，右臂半屈成弧。

图 8-84　左下势独立

(17) 右下势独立（图 8-85）。

①落脚勾手：右脚落于左脚右前方，脚前掌着地，上体左转，左脚以脚掌为轴，随之扭转；左手变勾手向上提举于身体左侧，右手画弧摆至左肩前，掌心向左。目视勾手。

②仆步穿掌：动作同前仆步穿掌，唯左右相反。

③弓腿起身：动作同前弓步起身，唯左右相反。

④独立挑掌：动作同前独立挑掌，唯左右相反。

图 8-85　右下势独立

(18) 左右穿梭（图 8-86）。

[右] ①落脚抱球：左脚向左前方落步，脚尖外撇，上体左转；双手呈左抱球状。

②弓步架推：上体右转，右脚向右前方上步成右弓步；右手向前上方画弧，翻转上举，架于右额前上方，左手向后下方画弧，经肋前推至体前，高与鼻平。目视左手。

[左] ①抱球收脚：重心稍后移，右脚尖外撇，左脚收成丁步；上体右转，双手在右肋前上下相抱。

②弓步架推：动作同前弓步架推，唯左右相反。

图 8-86　左右穿梭

（19）海底针（图 8-87）。

①跟步提手：右脚向前收拢半步，随之重心后移，右腿屈坐；上体右转，右手下落，屈臂提至耳侧，掌心向左，指尖向前，左手向右画弧下落至腹前，掌心向下，指尖斜向右。

②虚步插掌：上体左转向前俯身，左脚稍前移成左虚步；右手向前下方斜插，左手经膝前画弧搂过，按至左大腿侧。目视右手。

图 8-87　海底针

（20）闪通臂（图 8-88）。

①提手收脚：上体右转，恢复正直；右手提至胸前，左手屈臂收举，指尖贴近右腕内侧。

②弓步推掌：左脚向前上步成左弓步；左手推至体前，右手撑于头侧上方，掌心斜向上，双手分展。目视左手。

图 8-88　闪通臂

（21）转身搬拦锤（图 8-89）。

①转体扣脚：重心后移，右腿屈坐，左脚尖内扣；身体右转，右手摆至身体右侧，左手摆至身体左侧，掌心均向外。

②坐腿握拳：重心左移，左腿屈坐，右腿自然伸直；右手握拳向下、向左画弧停于左肋前，拳心向下，左手举于左额前。目向前平视。

③踩脚搬拳：右脚提收至左脚内侧，再向前迈出，脚跟着地，脚尖外撇；右拳经胸前向前搬压，拳心向上，高与胸平，肘部微屈，左手经右前臂外侧下落，按于左胯旁。目视右拳。

④转体收拳：上体右转，重心前移，右拳向右画弧至体侧，左臂外旋，向体前画弧。

⑤上步拦掌：左脚向前上步，脚跟着地；左掌拦至体前，掌心向右。

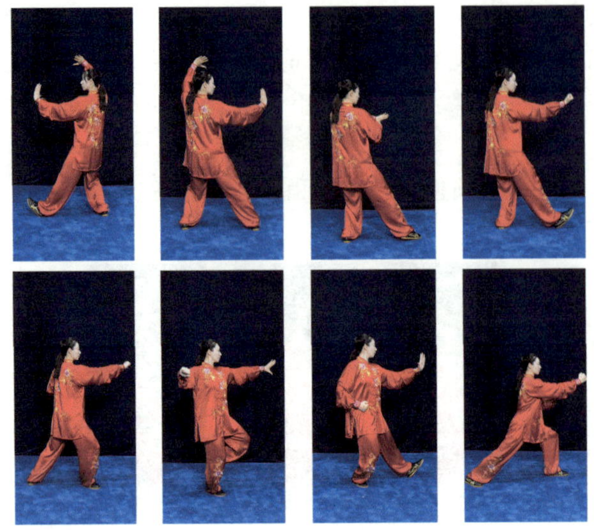

图 8-89　转身搬拦锤

(22) 如封似闭（图 8-90）。

①穿手翻掌：左手翻转向上，从右前臂下向前穿出；同时右拳变掌，翻转向上，双手举于体前。

②后坐收掌：重心后移，两臂屈收后引，双手分开收至胸前，与胸同宽。

③弓步按掌：重心前移成左弓步；两掌经胸前弧线向前推出，高与肩平、宽与肩同。

图 8-90　如封似闭

(23) 十字手（图 8-91）。

①转体扣脚：上体右转，重心右移，右腿屈坐，左脚尖内扣；右手向右摆至头前，两掌心皆向外。目视右手。

②弓腿分手：上体继续右转，右脚尖外撇侧弓，右手继续画弧至身体右侧，两臂侧平举，掌心皆向外。目视右手。

③交叉搭手：上体左转，重心左移，左腿屈膝侧弓，右脚尖内扣；双手画弧下落，交叉上举成斜十字形，右手在外，掌心皆向内。

④收脚合抱：上体转正，右脚提起收拢半步；双手交叉合抱于胸前。

图 8-91　十字手

（24）收式（图 8-92）。

①翻掌分手：两臂内旋，双手翻转向下分开，两臂慢慢下落，停于身体两侧。目视前方。

②并脚还原：左脚轻轻收回，恢复成预备姿势。

图 8-92　收式

（五）学习散打

1. 实战姿势

两脚前后开立（正架为左脚在前，反架为右脚在前），双手握拳，左手在前，右手在后，拳眼均朝上；左臂弯曲，肘关节夹角为 90°～110°，左拳与鼻同高；右臂弯曲，肘关节夹角小于 90°，手臂紧贴右侧肋部；身体侧立，下颌微收，面部和左肩、左拳正对对方。

要点：实战姿势是实战时的预备姿势，要求进攻灵活，防守严密，移动方便。姿势不可太低，重心控制在两脚之间；双手紧护躯体，暴露给对手打击的有效部位尽量缩小。

2. 步法

“先看一步走，再看一伸手，手到步不到，等于放空炮。”步法是散打格斗中身体向前后左右移动的方法。灵活而敏捷的步法是调节重心、维持身体平衡的关键，也是进攻和防守占据有利位置、发挥最优攻势的基础。认真学习和演练步法是提高实战能力的重要环节。

（1）进步。

前脚（左脚）先向前进半步，后脚再跟进半步。

要点：进步步幅不宜过大，后脚跟进后的身体姿势不变，衔接进步与跟步时越快越好。

（2）退步。

后脚（右脚）先后退半步，前脚再退回半步。

要点：参考“进步”。

（3）垫步。

后脚蹬地向前脚并拢，同时前腿屈膝提起。

要点：后脚向前脚并拢要快，垫步与提膝不脱节、不停顿；身体向前移动，勿向上腾空。

（4）双腿纵步。

两脚同时蹬地，使身体向上或向前、后、左、右跳起。

要点：腰胯紧收，上体正直，腾空不易过高。

3. 拳法

散打的拳法技术在散打技术体系中占有重要地位，特别是在中、近距离的攻防上有十分重要的作用。拳法技术在实战中具有速度快、灵活多变的特点，它能以最短的距离、最快的速度击中对手。拳法宜组合进行训练，并且能任意配合其他技术使用，掌握得好、利用得巧妙能给对手造成很大的威胁。

（1）冲拳。

①左冲拳。左实战姿势站立，右脚微蹬地，身体重心稍向左脚移动，同时转腰送肩，左拳直线向前击出，力达拳面。

要点：冲拳时，上体不可前倾，腰略向右转；拳面领先，上臂催前臂，臂微内旋，肘微屈；快出快收，迅速还原成预备势。避免形成拳向下撩的错误动作或只是前臂屈伸，强调肩先启动，催肘送拳。

实战范例：双方在对峙状态下，突然快速进步或上步，以左冲拳攻击对方；或者对方向前追击时，突然向左侧闪躲，以左冲拳反击其头部。

易犯错误与纠正方法：形成撩拳；纠正时强调以拳领先，勿先动肘，或者请同伴帮助，其以一手拉拳，另一手按肘，慢慢体会要领。只动前臂；纠正时强调肩先启动，催肘送拳。

②右冲拳。预备势开始，右脚微蹬地并向内扣转，转腰送肩的同时，右拳直线向前冲出，力达拳面，左拳回收至左侧腮部。

要点：右冲拳的发力顺序是起于右脚，传送到腰、肩、肘，最后达于拳面；上体向左转动，头不转；还原时以腰带肘，主动收回。上体不要过于前倾，也不要出现后引拉拳等明显的错误。

实战范例：当对方左冲拳攻击上盘时，俯身下躲，同时右冲拳反击其中盘。

易犯错误与纠正方法：上体过于前倾，腰没有向左拧转。纠正时，多体会腰绕纵轴方向拧转的要领，克服身体前倾；后引拉拳，预兆明显，也可以面对镜子或同伴监督，用慢速放松练习，体会出拳路线。

（2）掼拳。

①左掼拳。预备势开始，上体微向右转，同时左拳向外（约 45°）、向前、向里横掼，臂微屈，拳心向下，力达拳面或偏于拳眼侧；右拳护于右腮。

要点：力从腰发，腰绕纵轴向右转动，掼拳发力时，肘尖抬至与肩平。

实战范例：双方对峙时，突然向左闪步，左掼拳抢攻对手头部右侧。

易犯错误与纠正方法：幅度大、翻肘早、向前探身。纠正时多体会出拳路线、向右转腰发力的要领。请同伴帮助，一手拉拳，另一手按肘，克服翻肘和身体前探的错误。

②右掼拳。预备势开始，右脚微蹬地并向内扣转，合胯并向左转腰，同时右拳向外（约 45°）、向前、向里横掼，力达拳面或偏于拳眼侧；左拳屈臂回收至左腮前。

要点：右脚内扣，合胯转腰与掼拳发力要协调一致；发力时，肘尖微抬，使肩、肘、腕基本成水平位。不要出现翻肘过早、甩拳和向前探身的情况。

用法：掼拳是一种横向型的进攻动作，可以结合身体姿势的高低变化击打对方的侧面。上盘可击太阳穴，中盘可击腰肋部位。

易犯错误与纠正方法：参考左掼拳。

（3）抄拳。

①左抄拳。预备势开始，重心略下沉，左拳微下落，随即左脚蹬地，上体右转，左拳由下向上屈臂勾击，上臂与前臂夹角为 90°～110°，拳心向里，力达拳面。

易犯错误与纠正方法：上体出现后仰、挺腹、重心上提、歪胯，纠正时面对镜子体会出拳路线、发力要领。请同伴帮助，一手按头，另一手扶胯，边练习边提示。

②右抄拳。预备势开始，右脚蹬地，微向左转腰的同时，右拳由下向前、向上抄起，上臂与前臂夹角为 90°～110°，拳心向里，力达拳面；左拳回收至左侧腮部。

要点：抄拳要借助蹬地、扣膝、合胯、转腰的力量，发力由下至上，协调顺达；抄拳时，臂先微内旋再外旋，呈螺旋形运行。发力时上体不要后仰、挺腹或重心上提；右抄拳不允许有预摆动作。

用法：抄拳属上下进攻型动作，由于击打距离短，适用于近距离实战，双方接触时，正面攻击对手的胸、腹或下颌。

易犯错误与纠正方法：拳后拉，形成预摆，身体向上立起；纠正时，应消除单纯用劲心理，体会动作路线和全身协调配合。请同伴帮助控制重心的起伏，如一手按头，另一手给靶（保持正确的高度），体会力从腰发的要领。

4. 腿法

腿法内容丰富，分直线型、横线型、扫转型、上下型等部分。格斗中腿法灵活机动、变化多端，攻击距离远、力度大，还具有隐蔽性。在运用腿法攻击时，要求做到快速有力，击点准确。

（1）蹬腿。

①左蹬腿。实战姿势站立，右腿直立或微屈，左腿提膝抬起，勾脚，以脚跟领先向前蹬出，力达脚跟；也可送髋，脚掌下压，力达前脚掌。

②右蹬腿。实战姿势站立，身体重心前移，左腿直立或微屈，身体稍左转，右腿提膝抬起，勾脚，以脚跟领先向前蹬出，力达脚跟；也可送髋，脚掌下压，力达前脚掌。

要点：屈膝高抬，爆发有力，快速连贯。

用法：当与对手正面相对时，主动蹬其躯干；或当对手用拳、腿进攻时，防守后，蹬腿击其躯干。

易犯错误与纠正方法：提膝不过腰，髋、踝关节放松，力不顺达。纠正时，多做提膝靠胸练习，也可多做蹬墙壁、树干、沙包等练习，体会发力和着力点。

（2）侧弹腿。

①左侧弹腿。右腿直立或稍屈支撑，上体稍向右侧倾。同时左腿屈膝向左侧摆起，扣膝，绷脚背，随即挺膝向前弹踢小腿，力达脚背至小腿下端。

②右侧弹腿。左腿直立或稍屈支撑，上体左转 180°，稍向左倾。同时右腿屈膝向前摆，扣膝，绷脚背，随即挺膝向前弹踢小腿，力达脚背至小腿下端。

要点：脚背紧张，膝盖内扣，以膝带腿，快速有力。侧弹腿击沙包、脚靶等物，体会击打时脚背的肌肉感觉。

用法：侧弹腿的优点是动作快速，易于变化，可视不同情况分别击打对手的上、中、下三盘。

易犯错误与纠正方法：脚背放松，膝不内扣，力点不准，容易受损伤。纠正时，按动作要领多做绷脚背击沙包、脚靶等动作，体会击打时脚背肌肉绷紧的感觉。

（3）侧踹腿。

①左侧踹腿。右腿直立或稍屈支撑；左腿屈膝提起，小腿外摆，脚尖勾起，随即展髋，使脚掌正对攻击方向，挺膝向前踹出，力达脚掌，上体可倾斜。

②右侧踹腿。左腿直立或稍屈支撑；身体向左转 180°，同时右腿屈膝前抬，小腿外摆，脚尖勾起，随即展髋，使脚掌正对攻击方向，挺膝向前踹出，力达脚掌，上体可倾斜。

要点：上体、大腿、小腿、脚掌成一条直线，踹出时一定要以大腿推动小腿直线向前发力。

用法：踹腿是比赛中使用率较高的腿法之一，容易调整步法，因此其使用变化较多。其直线运动，速度快，力量大，不易防守；且配合步法运用，变化多，易于在不同距离上使用。

易犯错误与纠正方法：收腹、屈髋、撅臀、上体与腿不成一条直线，打击距离短、速度慢、力量小。纠正时，手扶肋木或其他支撑物，一腿抬起，脚不落地，严格按照动作要求由慢到快反复练习，改正动作。

5. 摔法

摔法是散打技术的主要组成部分之一。熟练地掌握摔法技术，成功地运用摔法动作，是得分取胜的有效手段。由于受散打规则的制约，散打摔法在各式摔跤技术基础上有了进一步的发展，逐渐形成了武术散打摔法速度快、没有固定抓“把”部位的特点。

（1）抱腿前顶。

甲出拳击乙头部，乙上左步，下潜躲闪，或直接下潜进攻，双手抱甲两腿，屈肘，双手用力回拉。同时用左肩前顶甲大腿或腹部，将甲摔倒。

要点：下潜快，抱腿紧，两臂后撤，肩顶有力。

用法：可用于主动进攻或防守反击。

易犯错误与纠正方法：抱不住两腿，没有靠肩。纠正时，注意下潜接近对手，两臂后拉，肩顶配合协调。

（2）抱腿别腿。

甲站立或起左侧弹腿踢腿时；乙将甲左腿抱住，并向甲的支撑腿后上左步；上体左转，下腰成右弓步，用左腿别甲右腿，同时用胸下压甲腿。

要点：抱腿紧、有力，弓步转体协调，下腰压腿顺势，衔接要快。

用法：可用于主动进攻或防守反击。

易犯错误与纠正方法：抱不住腿，掌握好接抱腿时机；摔不倒对方。纠正时，别腿、压腿衔接要快。

（3）接腿勾踢。

当甲用右侧弹腿踢击时，乙立即顺势用左手抄抱其小腿，右手由对方右肩上穿过，下压其颈部；同时左手上抬，右脚向前勾踢其支撑腿踝关节处，将其摔倒。

要点：接抱腿准确，压颈、勾踢动作要协调有力、连贯。

用法：多运用于防守对方左右侧踹腿和侧弹腿的反击动作。

易犯错误与纠正方法：勾踢不倒对方。纠正时控制好腿后，压颈勾踢动作要协调连贯。

（4）撞胸前切。

甲用左冲拳或掼拳击乙头部，乙用右前臂向外格挡后撸抓其手臂。同时右脚向前上半步，随即左脚向甲左腿后插步别甲左腿，左臂由甲右肩上穿过，屈肘夹抱甲的颈部；上体前俯，下压甲胸部，使甲倒地。

要点：格挡上步快，同时使上体前俯撞胸，撞胸有力。

用法：对手实战姿势站立较高，身体直立时主动进攻或其运用冲、掼拳时防守反击。

易犯错误与纠正方法：摔不倒对方。纠正时注意上步要接近对方，同时上体前倾撞胸。

6. 防守技术

防守是一种可以节制和削弱对方的攻击，保护自己并能处于反击位置的方法，最终目的是防守后的反击。准确巧妙的防守，不但能保护自己，而且能为攻击创造良好的条件。

（1）拍挡。

正架预备姿势开始，左手（右手）以掌心为力点向里横向拍挡。

要点：前臂尽量垂直，拍挡幅度小，用力短促，注意只动前臂，不能伸肘、伸臂。

用法：防守对方直线型拳法或横向型腿法对上盘的攻击。

（2）挂挡。

左手（右手）屈臂向同侧头部或肩部挂挡。

要点：屈臂并贴于头侧，要含胸侧身，暴露面小，不要出现抬肘向外格挡的动作。

用法：防守对方横向型的手法或腿法攻击上盘，如左、右掼拳或左、右横踢腿等。

（3）拍压。

左拳（右拳）变掌，以掌心或掌根为力点由上向前下拍压。

要点：拍压时臂要弯曲，手腕和掌指要紧张用力，臂内旋，虎口、指尖均朝右（左）。

用法：防守对方采用正面的手法或腿法攻击中盘，如下冲拳、勾拳、撩拳及蹬踹腿等。

（4）外抄。

左（右）手臂外旋弯曲，上臂紧贴肋部，前臂水平，掌心朝上；同时右（左）手屈臂紧贴腹部，立掌，掌心朝外，手指朝上。

要点：上臂紧护躯干，双手成钳子状。抱腿时，双手相合锁扣。

用法：接抱对方横踢腿对上、中盘的进攻，如左、右横踢腿等。

（5）里抄。

左（右）手臂微屈并外旋，紧贴腹前，掌心朝上，同时右（左）手臂紧贴胸前，立掌，虎口朝上，掌心朝外。

要点：两臂紧贴体前，保护裆部和胸、腹部，抱腿时右（左）手掌心朝下，与左（右）手相合锁扣。

用法：抄抱对方直线腿法和横线腿法由后向左攻击上、中盘，如正面的蹬、踹腿和左横踢腿等。

7. 摔跌技术

学习摔法时，首先要学习摔跌技术，即自己倒地时免受伤害的自我保护方法。只有掌握了摔跌技术，才能避免摔痛和受伤，并能锻炼身体经受震动的能力和发展灵敏、协调等身体素质。

（1）前倒。

动作要领：身体由直立姿势前倒，两臂微屈，双手手指稍向内指。双手撑地后，迅速以屈臂的动作来缓冲落地的冲击力。在整个动作的过程中要抬头、憋气，全身紧张用力。

（2）后倒。

动作要领：在身体直立姿势的基础上，屈膝下蹲，两臂前摆，上体猛向后仰，同时起右脚（或左脚）；或不起脚，挺腹抬头憋气，以臂、肩及背部着地。

（3）侧倒。

动作要领：两脚分开，屈膝下蹲，单侧支撑腿侧蹬，身体侧倒，异侧腿微前屈，使两腿不重叠，待身体接近地面时，同侧手臂侧伸，掌心主动拍击地面以缓冲减震，异侧手臂在胸前屈臂。

教学相长

中国武术是中华民族优秀的文化遗产和宝贵财富，练习武术，除了能提高身体素质，掌握各种对抗技能，培养机智、勇敢、顽强的意志品质，更重要的是能激发学生对民族传统文化的热爱，学习礼仪，培养武德精神。

因此，武术课程可以从以下几个方面挖掘课程思政元素：第一，强调武术的爱国主义情怀。我国一直提倡“尚武精神”，而“尚武精神”体现的是一种民族气节和民族精神，包含了爱国、勇敢、忠诚等优良品质，应在课程中加以强调，通过列举历史上为武术传播做出过突出贡献的人物事迹，激发学生的爱国主义情怀。第二，提高武术的文化自信。武术虽然有门派之分，但内容丰富多彩，不同的武术和功法表现出不同的哲学理念，武术的攻防中也展现了我国古代的兵法和智慧，学习武术就是要体会这种文化自信。第三，实现武术的性格塑造。武术是积极向上的运动，在对抗中可以提高学生的竞争意识、心理承受能力。想要在武术训练中取得进步，需要有耐心、毅力和决心，这些性格塑造对学生的学习和成长都会起到积极的促进作用。

思考题

（1）通过练习武术和散打，你认为武术运动能塑造学生哪些精神？

（2）你认为武术和散打运动最需要的身体素质是什么？

（3）武术和散打运动的礼仪有哪些？

（4）说出一个你喜欢的武术家的名字，查阅他/她的个人简介，并说一说他/她有哪些精神品质值得你学习。

第二节　龙舟

价值塑造：培养学生对龙舟运动的兴趣，养成健康的生活方式和良好的锻炼习惯，形成“健康第一”和“终身体育”思想；提高学生的体育素养，发展健全的人格，弘扬体育精神和民族传统文化，引导学生坚定理想信念。

能力培养：将龙舟运动与体适能训练相结合，提高学生的力量素质和协调性，改善和提高学生的心肺功能、身体形态与机能；通过教学活动提高学生的沟通能力、组织能力及协调能力，促进其身心全面发展。

知识传授：掌握体育基本理论知识，并结合龙舟运动的特点，普及水上运动的基础知识。

一、认识龙舟

视频讲解

（一）我国龙舟运动的发展

龙舟运动发展至今已有几千年的历史。最早仅以传统活动的形式在南方地区开展。1976 年香港国际龙舟邀请赛是我国竞技龙舟发展的开端。1984 年国家体委颁布了龙舟竞赛相关法规，保障了龙舟比赛的规范开展，这标志着我国龙舟运动进入了历史发展的新阶段，开始了由传统民俗活动向现代体育的转型。此后，龙舟开始作为一项正式比赛项目出现在中华龙舟大赛、中国大学生龙舟锦标赛、世界龙舟锦标赛、世界大学生龙舟锦标赛、世界龙舟联赛等专门性赛事中，遵循现代体育赛事的运作模式，其广泛性不断增强。2010 年广州亚运会上，龙舟首次成为亚运会正式比赛项目。目前，全国已经开设龙舟项目的高校数量在百家左右，龙舟项目在高校教育中已经具有良好的发展基础。2021 年 8 月 3 日，中国龙舟作为展示项目被划入了奥运赛场，迎接它的是更广阔的舞台。

随着冰雪运动的不断发展，近年来冰上龙舟项目受到越来越多人的喜爱。冰上龙舟运动是将传统龙舟与中国北方常见的“冰车”“冰爬犁”相结合创新而来的龙舟运动形式，既保留了传统龙舟运动的技巧性与竞技性，又突破了传统龙舟运动的地域性和季节性。通过冰上龙舟这一趣味性、国际化的运动方式，不仅让更多的群众乐于参与冰雪运动，践行全民健身与健康中国战略，而且能够彰显文化自信，向世界人民展现“同舟共济，奋勇争先”的民族精神，提升我国文化整体影响力。

（二）基本规则

不同的龙舟赛事对划手数量和航道有不同要求，应根据实际情况选择相应标准。

1. 竞赛形式

(1) 直道竞速赛，是指在尽可能短的时间内通过 1 000 米以内标志清楚且无任何障碍的直线航道。

(2) 环绕赛，是指在半径不少于 50 米、直线距离不少于 500 米的人工或自然水域所进行的多圈赛事。

(3) 拉力赛，是指在自然环境水域且封闭的航线上所进行的长距离赛事。

2. 航道

根据河道条件，航道可设男、女 100 米、200 米、500 米、800 米、1 000 米直道（可按当地条件变更距离）。赛场应设在静水水域，航道是直的，起航线与终点线必须平行并与航道线垂直。根据参赛队数及场地条件，航道可设 4、6、8 条，每条航道宽度可按 9 米、11 米、13.5 米布置。航道最浅处水深不得少于 2.5 米，航道内不得有水草、暗礁和木桩，航道外 5 米内应无障碍物。

3. 器材

龙舟按照长短大体可以分为 22 人标准龙舟、12 人标准龙舟和传统龙舟；22 人标准龙舟总长度为 18.4 米，每艘龙舟配备舵桨 1 只，鼓、鼓槌、鼓手座椅各 1 个，划桨 20 支。12 人标准龙舟总长 12.95 米，每艘配备舵桨 1 只，鼓、鼓槌、鼓手座椅各 1 个，划桨 10 支。

4. 队员

队员必须身体健康、会游泳，在没有辅助救生设备的情况下，能穿着比赛服装游 100 米以上。参赛人数依据项目规定。

(三) 赛事体系

在国家体育总局社会体育指导中心、中国大学生体育协会、中国龙舟协会和中国皮划艇协会的指导和组织开展下，目前我国主要的龙舟赛事有中国龙舟公开赛、中华龙舟大赛和中国大学生龙舟锦标赛等。以品牌赛事为主，结合国际性龙舟赛、洲际性龙舟赛、全国综合性运动会龙舟赛、地方性龙舟赛及其他娱乐性龙舟赛（彩龙、5 人、拉力、往返、拔河、冰上等），形成了一套较为完善和科学的龙舟赛事体系。

二、学习龙舟

(一) 划手基本技术

1. 握桨

龙舟握桨方法是根据划桨操作的位置而定的。以右舷划桨为例，桨手用左手握在手柄上，四指从外向内并拢，大拇指从内向外包住桨柄，右手握在桨柄的下端（桨叶与下方手相距一拳距离），四指从外向内并拢，抓握桨柄，划行发力时手掌自然抓握，松弛有度。

2. 船上坐姿

以右桨坐姿为例。右脚在前，前脚掌蹬于前隔舱板；左脚屈膝回收，脚踏于座舱底部；脚跟稍起，右侧髋关节外侧紧贴在船舷的内沿。

3. 划桨技术

（1）入水。

入水是从桨叶底端接触水面到桨叶全部没入水中的阶段。入水是力量传递的重要部分，桨叶入水距离在可控范围内越长，拉桨时的做功距离就越长。运动员在前一个恢复阶段有力摆动的基础上，再将桨叶靠近船体向前推出，桨叶入水角度在45°～60°为宜。上述过程中，运动员的躯干前倾内旋，下方手水平伸直，抬高上方手，肘关节微屈。身体重心通过上方手压住桨柄，使水面完全没过桨叶，下方手贴近水面。

（2）拉桨。

桨叶入水后，上方手保持稳定支撑，用适度力量下压，使桨叶抓水。下肢用力向后蹬转，随即转动躯干，带动手臂后移，并直臂向后拉桨。从入水后到拉桨，运动员应保持桨叶始终在水下。拉桨时臀部肌肉保持紧张。下方手拉过臀部时，拉桨结束。

（3）出水。

拉桨结束后，下方手开始屈臂，手腕先向内转，肘部向外翻，同时两臂向上提桨，桨叶即迅速从水中提出。提桨向前时，提桨高度适宜，桨叶避免碰到水面。

（4）回桨。

从桨叶出水到下一次桨叶入水，属回桨阶段。桨叶出水，上方手转动桨柄并上提向前，下方手同时以最短路线回到插桨位置。

桨叶出水后，运动员开始转动上体，将桨继续向前方推出。在恢复阶段，应强调肌肉的放松和呼吸，这是使划桨动作连贯、协调的重要阶段。在恢复阶段的最后，队员全身肌肉再度紧张，准备下一次桨叶入水。

4. 集体配合

龙舟是一项集体运动，队员的配合最重要，并不是一个人强，队伍就能取胜，因此要根据实际需要和每个人的情况做好桨位安排和配合。

（1）在桨位安排前，应进行一次形态、素质和机能测试。安排桨位应根据每一位队员的基本情况，把握人尽其才的原则。

（2）首先划分左右桨。根据所有人惯用手优先划分，需要部分惯用右手队员改划左桨。左右桨手在总体重、总力量方面差距越小越好，避免产生偏航。

（3）安排桨位。1号位领桨位置是非常重要的，因为前面划的是静水，要安排力量大、耐力素质好、节奏感突出、速度感强、频率感好、水感好的队员；2号桨位可安排跟桨能力较强的队员；3、4号桨位安排拉桨速度快、插桨抓水比较稳的队员；5号桨位可安排技术相对最弱的队员，减少传递的影响。整体体重安排向后压船，如果有空座尽量空出靠近鼓手的座舱，使船头抬起，减少前进的阻力。

（4）划行配合。划手在划行的过程中，在保证自己技术动作规范的前提下，用余光关注队友的划桨节奏，尤其是桨叶的入水节点，使左右桨入水基本保持同步，避免龙舟大幅度左右晃动；需要做好与前桨位的衔接，头桨听鼓点保持划桨频率，后桨抬头紧盯前一桨位，调整好自己的节奏，与前一桨位保持桨频一致。

（二）舵手基本技术

舵手是团队的核心。优秀的舵手能把稳方向，带领团队少走弯路，取得更好的成绩。

1. 握舵桨

龙舟握舵桨方式根据操舵方式而定。当仅摆动舵的位置时，一般左手单手握住舵柄，位置紧贴舵柄的下方；当需要快速摇动舵桨调整方向时，左手握住舵杆，右手握住舵柄，便于快速发力。

2. 掌舵姿势

掌舵姿势可分为站立式和坐式。站立式要求舵手身体稍向前倾，两腿前后开立，弓步站立，眼睛直视前方，手握住舵桨，根据船行速度和偏移程度插入不同长度的舵叶，插入角度要求使舵叶垂直于水面。

3. 掌舵技术

（1）放舵/压舵。

当龙舟偏离航线时，要及时放舵或压舵，以修正航向。方法是提起/下压舵杆，调整舵叶的入水深浅，入水面积视龙舟偏离航线程度而定，要求舵叶应垂直于水面。

（2）推舵/扳舵。

当龙舟行进方向偏离时，应及时推舵或扳舵，以调整龙舟的走向。当船头向左偏离直线时，将舵杆朝身体外侧推舵；当船头向右偏离直线时，将舵杆朝身体内侧扳舵，舵叶入水的面积根据方向修正的需要调整。在修正龙舟方向后，应向下压舵，减少舵叶入水面积，防止修正过头，使龙舟无法直线行驶。

（三）鼓手基本技术

鼓手是团队的灵魂。优秀的鼓手能把控节奏，用有力的鼓点凝聚队友的向心力，带领全船劈波斩浪，奋勇争先。

1. 船上姿势

鼓手以坐姿敲鼓，面对划手端坐在座椅上，身体挺直、稍向前倾，紧密关注划手整体节奏。一只手握住鼓槌下端，另一只手用于保持身体稳定。

2. 敲鼓类型

龙舟竞速一般敲入水鼓。入水鼓是指鼓手敲鼓的瞬间，划手插桨入水，形成鼓点与发力的契合，做到鼓桨合一，使全队划桨动作整齐划一、节奏一致。

3. 敲鼓技术

握鼓槌的手臂要自然放松，敲击时手腕和手臂要协调用力，鼓点要准确，落槌要快速，手腕要灵活，鼓声要清脆有力。敲鼓时，鼓手身体要随着节奏和船向前行驶的加速惯性做前倾和起身的动作，否则会下压船头，影响龙舟的行驶速度。

4. 鼓手口令

动作口令：平桨、前进、挡水、向后划、向左平移、向右平移。

起航口令：各队准备——预备——划。

变速口令：加速、转途中、冲刺。

教学相长

龙舟课程的思政目标就是培养传承民族传统体育文化，坚定文化自信，提升爱国主义情怀，弘扬集体主义精神的时代新人。一是要引导学生厚植爱国主义情怀，重点阐述爱国主义的时代价值，教育引导学生树立正确的人生观、价值观。二是要引导学生传承民族传统文化，感受热情似火的龙舟运动，加强对龙舟文化的理解，建立民族文化的自豪感和优越感，增强民族文化认同，形成正确的民族价值观。三是要引导学生践行集体主义精神。龙舟是一项集体运动，学生齐心协力才能完成任务，因此可培养学生的全局意识和团队意识。

从角色定位挖掘，鼓手是团队的灵魂，优秀的鼓手需要以有力的鼓点、语言、肢体动作等调动团队的激情，凝聚团队的向心力，引领团队奋勇争先。舵手是团队的核心，优秀的舵手能把稳方向，帮助团队少走弯路，取得更好的成绩。划手是舟艇前进的动力，所有划手一致紧贴外侧，龙舟划行就会最平稳，这考验了学生的团队合作能力与配合默契程度。从团队配合挖掘，龙舟课程要求鼓手、舵手和划手加强团队沟通，以个人服务于团队为出发点调整技术动作。

思考题

(1) 通过学习和练习划龙舟，你认为龙舟运动能培养自己哪些优秀品质?

(2) 你认为龙舟运动最需要的身体素质是什么?

(3) 结合你所学专业，谈一谈你能为水上运动的推广做哪些贡献。

(4) 参与水上运动需要关注哪些注意事项?

第三节　舞龙、舞狮

教学目标

价值塑造：体验团结协作的乐趣，加强对传统文化的认同，继而继承、传播中华优秀传统文化，坚定文化自信，形成民族凝聚力。

能力培养：培养学生钻研技术、遵守规则、不畏艰难等意志品质，培养学生的审美能力和思维方式。提高学生的身体素质，鼓励学生养成锻炼习惯。

知识传授：了解舞龙、舞狮基本知识；学习舞龙、舞狮基本技术，动作组合和创编短小套路。

一、舞龙

视频讲解

舞龙也称耍龙、龙舞、龙灯，是中国人民祈求风调雨顺、五谷丰登的一种民俗活动。其作为中华民族团结的象征，足迹已遍布世界各地。

（一）舞龙的起源与发展

1. 舞龙的起源

据学者考证，舞龙的前身是汉代的“鱼龙漫衍”之戏；据《汉书·西域传》载：“遭值文、景玄默，养民五世，天下殷富，财力有余，士马强盛。……设酒池肉林以飨四夷之客，作《巴俞》都卢、海中《砀极》、漫衍鱼龙、角抵之戏以观视之。”《西京赋》云：“海鳞变而成龙，状婉婉以昷昷。”由此可见，鱼龙之戏，可能来自古代的祭祀礼仪中祭神、娱神的表演。山东沂南北寨村，东汉晚期石墓中室东壁上的乐舞百戏石刻，为我们提供了汉代鱼龙之戏的形象资料。

龙的形象在中国历史上并非一成不变，龙形不断演变，舞龙运动的表现力也随之发生变化。夏商周直至春秋时期，祭祀求雨仪式中的龙躯干似蛇、头似怪兽，整个身体呈匍匐状，具有明显的爬行动物特征。战国以后，龙形开始逐渐发生变化。龙身摆脱了以前似蛇的柔弱纤细感，转而变得刚健有力。到了隋朝，舞龙运动进入了一个承上启下的时期。隋朝结束了近 200 年南北朝分裂割据战乱的时代，国家的统一和封建经济的恢复和发展使舞龙从主要用于祭祀求雨走向了人们的日常生活。隋朝开始出现了以舞龙为主要内容的单纯的表演活动。在民间杂技表演中，还有以舞龙为形式的顶杆、吐火等绝活。唐朝在隋朝的基础上，经济、社会更为发展，为舞龙运动的进一步普及和推广提供了良好的环境条件。舞龙不仅在单纯的表演活动中继续深受百姓喜爱，而且由于唐朝农业的发展，舞龙在祭祀求雨仪式中的地位也悄然发生着改变。唐朝的祭祀求雨仪式大多由皇室宫廷主办，其间的舞龙环节自然比过去民间祭祀求雨时盛大得多。朝野上下、文臣武将都可以参与舞龙。朝廷甚至还举行只有舞龙的“烛龙斋祭”。表演性质的舞龙和祭祀仪式中只有舞龙环节情况的出现，说明唐朝的舞龙运动已经独立成型，而且已经发展到了很高的水平。自宋朝开始直到清朝封建社会结束，甚至直至今天，龙形大体上没有发生大的改变，可以说已经基本定型——它被减少了一些前期刚猛的色彩，变得更加华美多姿、蜿蜒威严。龙形的定型也使舞龙运动基本定型。祭祀迷信意味在舞龙运动中渐渐淡化，表演娱乐、健身益智的效果渐渐增强。宋朝以来，人们接受和固定化了对舞龙运动的审美，它已经成为各地节假日期间不可缺少的文化活动安排之一。特别是近年来，民族文化活动日益兴盛，舞龙运动规模日益壮大，舞龙运动也从露天场地走上了装饰华美的舞台，吸引着世人越来越多的目光。

2. 舞龙的分类

各地各族的舞龙种类繁多，各具特色。以制作材料分，舞龙有布龙、草龙、纱龙、板凳龙、稻草龙等；以颜色分，舞龙有青龙、白龙、彩龙、金龙、银龙、五色龙等；以形态特征分，舞龙有鲤鱼龙、荷花龙、高头龙、蜈蚣龙、矮脚龙等；以结构特点分，舞龙有段龙、手龙、串龙、吊龙、三头龙等；以动作特点分，舞龙有游龙、火龙、飞龙、醉龙、滚地龙等；以内容特点分，舞龙有拼字龙、罗汉龙、子母龙、云牌龙、高跷龙、鱼化龙等；以数目称谓分，舞龙有单龙、三人龙、五人龙、九人龙、双龙、五龙、九龙、群龙等。现代还有了灯光龙、夜光龙、烟花龙、激光龙等。

3. 高校舞龙的发展

2003 年，中国大学生体育协会舞龙舞狮分会在长沙成立。2004 年，中南大学“全国百校龙狮进课堂”推广计划正式启动。

2004 年，教育部发文，将舞龙列入大学体育课程。2009 年，中南大学舞龙舞狮课程被评为国家精品课程；2013 年，其入选为国家级精品资源共享课。

截至 2023 年 6 月，中国大学生体育协会共举办了 14 届中国大学生舞龙舞狮锦标赛，舞龙竞赛项目有：舞龙规定、舞龙自选、教学舞龙（奥运五环龙、双龙、五龙）、传统舞龙、荷花龙等。

2020 年，中共中央办公厅、国务院办公厅发布《关于全面加强和改进新时代学校体育工作的意见》的重磅文件，提出推广中华传统体育项目（舞龙、舞狮入选），因地制宜开展传统体育教学、训练、竞赛活动，形成中华传统体育项目竞赛体系。这些举措对构建全方位、多层次、宽领域传承、发展舞龙、舞狮，增强国家认同、民族认同、文化认同必将起到非常大的推进与提升作用。

（二）舞龙基本技术

1. 龙珠练习

龙珠是舞龙的重要组成部分。舞龙时，持龙珠者在锣鼓或音乐伴奏下，珠引龙动，龙随珠行，完成舞龙动作或套路。

①提膝侧举；②弓步侧举；③平端珠；④矮步侧举；⑤探海；⑥踩腿站肩；⑦站腿。

重点提示：

舞龙时，龙珠始终引领龙头及整条龙运动。

龙珠作为一个单独的个体，还可以展示转越、舞扭、跳翻、造型等多种姿势（但每个动作时间不能太长，不能影响龙体运行）。

2. 空把练习

空把练习是一种很好的舞龙辅助练习，便于初学者快速掌握舞龙动作。

①龙珠坐肩；②龙头坐肩；③龙头站肩；④坐肩双把；⑤A 字造型；⑥蹬腿搁肩；⑦站腿。

3. 徒手练习

徒手练习，有两人、三人、四人、多人组合。在初学舞龙时，先学习与同伴徒手配合，再进行组合练习，达到掌握动作要领的目的，这是一种有效的教学方法。

徒手练习的内容具体如下。

①站腿；②坐背；③挂腰；④站腿踩肩；⑤三人悬挂；⑥滚背；⑦四人双躺；⑧挂腰；⑨坐背；⑩龙头站肩；⑪K 式；⑫四人靠背；⑬三人悬挂；⑭四人平躺；⑮后仰；⑯蹬腿搁肩；⑰两组三人悬挂；⑱两组双人躺腿；⑲四人靠背、蹬腿搁肩。

重点提示：

练习伙伴可以在同教学班自由选择，相应固定；练习时穿运动服、胶鞋；一定要先热身，做好准备活动，并注意安全。练习前，通过教师讲解动作要领，熟悉教材，反复观看动作图片、视频；进行站腿、站肩、悬挂、滚背等动作，应先在海绵垫上练习，体会动作要领。提倡两组一起，一组练习，另一组观看，互相纠正错误，做好帮助保护。学生之间加强配合，注意动作规格需正确、注意安全。

4. 舞龙动作

舞龙动作按动作形态特征可分为以下五类。

（1）“8”字舞龙动作。

练习者将龙在人体左右两侧交替做“8”字形环绕，可原地、可行进，可快可慢，也可用人体组成多种姿态、用多种方法做“8”字形状舞动。

要求：龙体运行轨迹要圆顺，人体造型姿态要优美，快舞龙要注意节奏，要突出速度、力量。每个“8”字舞龙动作左右舞动不少于 4 次，单侧舞龙每个动作上下不少于 6 次。

（2）游龙动作。

练习者持龙较大幅度地奔跑游走，通过龙体快慢有致、高低起伏、婉转回旋、上下盘翻、屈伸绵延等动作，展现龙的动态特征。

要求：练习者舞动龙体循着直线、曲线、斜线、圆弧的规律运动。

（3）穿腾动作。

龙体运动路线呈纵横交叉形式，龙珠、龙头、龙节依次在龙身下穿过，称穿越；依次在龙身上越过称腾越。

要求：穿越和腾越时，龙形保持饱满，速度均匀，运动轨迹流畅；穿越动作轻松利索，不碰踩龙体、不拖地、不停顿。

（4）翻滚动作。

龙体呈立圆、斜圆或平圆状连续运动，展现龙的腾跃、翻滚动势。

要求：滚翻动作必须在不影响龙体运动速度、幅度、美感的前提下完成。龙体运动轨迹要流畅，龙形要圆顺，运用翻滚技巧动作要准确规范、不停顿。

（5）组图造型动作。

龙体在运动中呈现活动的图案或相对静止的造型。

要求：活动图案构图要清晰准确，静止造型形象要逼真，龙珠配合要协调，组图造型连接、解脱要紧凑、利索。

舞龙技术动作，按表现动作分为动态表现动作、静态表现动作；按动作难度分为三级，具体如下。

三级动作（初级）：基础动作和技术较为简单的动作。

二级动作（中级）：是在舞龙基本动作上有所发展、有所提高，具有一定难度的舞龙技巧动作。

一级动作（高级）：是高难度的舞龙技巧动作，并有较高的审美价值。

①奥运五环龙动作。奥运五环龙（以 5 条龙组成奥运五环图案命名），又称五人龙（5 把 1 珠），是中南大学龙狮运动研究所为实施“全国百校龙狮进课堂”推广计划创编的套

路。其特点是器材小巧，所需场地小（一个篮球场可进行 5 条小龙练习），组合方便（6 人就可以组成一条龙），一个选项班（30 人）便可组成 5 条龙。具体动作如下。

- 单侧起伏；
- 螺旋跳龙；
- 直躺舞龙；
- 单跪舞龙；
- 矮步走圆场；
- K 式、挂腰舞龙；
- 低平圆；
- 站肩戏珠；
- 小龙门；
- 直躺舞龙；
- 摇船舞龙；
- 五龙出宫；
- 花瓣造型；
- 单侧起伏；
- 双龙穿龙门；
- A 字造型。

在舞龙教习中，常见错误动作如下。

配合错误：把位之间不协调、不自然，脱节、停顿、龙体运动轨迹不顺等。

动作失误：队员相撞、倒地、碰踩龙体，龙珠或龙体某节不合理触地、触身等。

奥运五环龙是中国大学生舞龙舞狮锦标赛教学舞龙集体项目，采用下列形式比赛。

- 双龙（12 人，其中男女各 6 人）；
- 五龙（30 人，其中女子不少于 12 人）；
- 比赛时间不少于 5 分钟，不超过 6 分钟；
- 各参赛单位，只能任选双龙或五龙一项参赛；
- 伴奏可用鼓乐、吹打乐等多种方式，也可使用民族音乐带伴奏（纯音乐，不得出现歌词）。

②九人龙动作。

• 女子动作：中国龙、龙门、长城、斜圆场、8 字舞龙、站肩、龙珠站肩、划龙舟、两组四人平躺、单柱斜盘、后仰舞龙、盘龙造型、躺腿舞龙、斜圆造型、山字造型、三组侧挂后躺。

• 男子动作：坐背舞龙、两组四人躺舞龙、快腾进越龙身、单侧起伏小圆场、三人悬挂、蹬腿搁肩、摇船舞龙、直躺舞龙、双龙站肩、绕身舞龙、骑肩双把、螺旋跳龙、双侧起伏、龙穿身、龙舟、之字造型。

5. 舞龙小套路动作、视频

(1)“中国龙”。

①直线行进；②矮步跑圆场；③越龙珠；④单侧起伏小圆场；⑤原地快速“8”字舞龙；⑥“中国龙”造型；⑦大龙门造型。

（2）“龙腾四海”。

①穿龙尾；②蹬腿搁肩“8”字舞龙；③弓步后仰躺腿“8”字舞龙；④首尾穿龙身；⑤首尾内外双侧起伏；⑥双立圆螺旋行进；⑦后仰下腰“8”字舞龙。

（3）“游龙戏水”。

①曲线拖龙行进；②龙观沧海造型；③原地快速“8”字舞龙；④靠背舞龙；⑤单柱平盘；⑥大立圆螺旋行进；⑦骑肩双把游龙；⑧单侧起伏。

（4）“众志成城”。

①直线行进越障碍；②挂腰舞龙；③站腿舞龙；④左右倒把曲线行进；⑤双靠背、双挂腰舞龙；⑥穿龙尾；⑦K 式舞龙；⑧站腿踩肩单侧起伏。

二、舞狮

（一）舞狮的起源

中国舞狮相传起源于南北朝以至唐朝。舞狮在历史上最早的文字记载是唐高祖登基后，为接待宾客而设计的表演活动，其中有“五方狮子舞”的表演，被认为是今日舞狮的雏形。

舞狮，民间也称“耍狮子”“狮子舞”“舞瑞狮”，主要分文狮和武狮两类。文狮重于表演，通过搔痒、舔毛、打滚、抖毛等动作表现狮子凶猛、急怒、温驯、嬉戏等情感和习性；武狮重于技巧，主要有跳跃、跌扑、登高、腾转、踩球等动作。无论是文狮还是武狮，表演时常常造成万人空巷的热闹场面，人们往往会情不自禁地鸣起炮仗，给舞者喝彩助威，同时宣泄自己的感情，起到娱人身心的作用。中国百姓对狮子有如对图腾般的崇敬感，其地位仅次于龙。

（二）舞狮的发展

随着时代的变迁，现代舞狮发展为日常表演、庆典礼仪、舞狮竞赛三种主要形式。

社会舞狮竞赛，设北狮（北狮规定、北狮自选、传统北狮、技能北狮）、南狮（南狮规定、南狮自选、传统南狮、技能南狮）等项目。

2003 年，中南大学首次将舞狮引进大学课堂；2004 年，教育部发文，将舞狮定为大学体育正式教学项目。

中国大学生舞狮竞赛设北狮（北狮规定、北狮自选、传统北狮）、南狮（南狮规定、南狮自选、传统南狮）等项目。

从历史上看，华夏演化的舞狮是芸芸众生喜闻乐见的活动，普及城乡，流传海外，丰富了中国民俗的文化内容，创造了灿烂多彩的舞狮文化。

（三）舞狮的分类

舞狮在我国源远流长，其形式繁多，分类多样。按制狮质料分，舞狮有毛狮、布狮两种；按狮头造型分，舞狮有木雕和篾扎的蚱蜢头、鲇鱼头、大头狮、鸡公狮、鸭嘴狮等；按表演方式分，舞狮有露脚狮、基脚狮、高脚狮、矮脚狮、麒麟狮，还有提线操纵的线狮、口吐火焰的火狮、带铃铎的手提金毛狮、用长板凳装饰成的板凳狮、手狮等。在不断的演变中，其逐渐形成了南北不同风格的舞狮文化。

1. 南狮

南狮又称醒狮、雄狮，狮头造型威猛，色彩艳丽，制作考究，眼嘴可动，讲究的是“神似”；狮头与狮尾间用彩布连接（称为“狮被”），一前一后两人舞一头。南狮最具代表性的是佛装狮（大头狮）和鹤装狮（鸭嘴狮）两大流派，此外还有“刘备狮”（黄色）、“关公狮”（红色）、“张飞狮”（黑色），即“狮中刘关张”的说法。

南狮有“眨眼”“洗须”“抖毛”“蹭痒”“酣睡”等表情动作，还有喜、怒、哀、乐、动、静、惊、疑等八种神态，喜则欢而跳跃、怒则仪态万千、哀则闭睛稳步、乐则跃而跨步。南狮以大鼓、钹（群镲）、大锣为主，伴奏鼓点基本固定；南狮以采青（高青、地青、中阵青）为主题，不同青阵演绎出不同的故事，通过舞狮者精湛的技艺，表现出狮子在采青过程中所出现的一系列动作及表情，展示狮子不怕艰险、机智勇敢、永不退缩的精神。南狮主要流行于广东省、广西壮族自治区和福建省。

2. 北狮

北狮往往把北魏太武帝（408－452 年）称为自己的祖师，因为是他把西亚（胡人）传入的狮子改名为“北魏瑞狮”的。北狮的外形与真狮比较接近，全身覆盖着金黄色的狮被，舞狮时由引狮人、大狮（或称太狮）、小狮（或称幼狮、少狮）组成，大狮由两人合作扮成，一人做狮头，一人做狮尾；小狮则只有一人扮装。扮狮子者的穿着（裤子和花靴）同金黄色的狮被是一致的；引狮人手持绣球，引诱狮子起舞；舞动时，亦步亦趋，时跃时扑，为使舞狮的动作合拍，增添欢乐气氛，还用京鼓、京钹、京锣等乐器配合，热闹而有节奏。北狮表演，一般有驯狮、戏狮、斗狮等情节，还有上下高桌、走梅花桩、踩球过桥等技巧。北狮流行于华北、中原中南和华东部分地区，较有代表性的有河北双狮、安徽青狮和湖南武打狮等。

（四）舞狮的基本技术

舞狮是两人一组，狮头、狮尾配合，运用人体的多种动作，在动态和静态造型变化中，将力度、幅度、速度、耐力等融于舞狮技巧，完成各种难度动作，组成优美的狮子造型，表现狮子勇猛剽悍、顽皮活泼等习性。

1. 狮形八态

（1）喜，见有猎物，心中欢喜，天真无邪，设法得到。

（2）怒，猎食过程中要排除万难，如登山、涉水、过桥、越涧、临崖、钻洞等，遇到挫折时偶尔发怒。

（3）哀，连番犯错，偶尔失误，不禁悲从中来。

（4）乐，闯过重重难关，一乐；获得猎物，更是一乐。

（5）动，狮的动态，威猛、活泼，动作灵活。

（6）静，狮的静态，行动前的准备，所谓谋定而后动。

（7）惊，登山怕高，过桥怕跌，失足受惊，涉险受吓。

（8）疑，踌躇不前，多番试探，遇事多疑难决。

注意：舞狮除表现以上八态外，务求形似神似，切忌出现骆驼峰（狮背凹凸不平）。

2. 北狮引狮员动作

引狮员古称“驯狮郎”，身穿彩衣，手执绳子，系上一个五色耍球，引领狮子起舞。

引狮员动作分为形体动作（各种定势、亮相等）；技艺动作（各种跳跃、翻腾，如手翻、空翻等）；与狮组合动作（戏狮、斗狮、驯狮，与单狮配合动作、组合造型，与双狮配合动作、组合造型等）。

①站姿；②亮相；③逗狮；④引狮；⑤抬腿；⑥横步；⑦圆场步；⑧鱼跃。

3. 北狮基本技法

北狮基本技法有手法、身法、步法、腿法等。

（1）手法。

①狮头握法；②狮尾双手握。

（2）身法。

①狮摇头；②狮摆头；③狮晃身；④狮摆臀。

（3）步法。

①行步；②盖步；③交叉步；④跳跃步；⑤碎步。

（4）腿法。

①后摆腿；②撩腿；③伸腿；④举腿。

4. 引狮员与狮组合动作

①站狮背；②双狮高举；③站狮尾肩；④双狮重叠；⑤举狮扫蹬腿；⑥外摆过狮头。

北狮特点：仿生特色、喜乐气氛；协调配合、形神兼备；鼓乐伴奏、特具风采。

5. 舞狮动作

舞狮动作有形态动作（各种坐姿、高举、上腿、上肩、甩尾，舔、啃、挠等）、神态动作（相有美相、愣相、惊相、怕相、急相等）、技艺动作（有狮侧打滚、狮互滚背、狮前后滚翻、狮上下台桌、狮侧空翻等）。

①上腿；②高举；③甩尾；④高举转 180°；⑤侧滚翻；⑥双狮翻出；⑦双狮摇头；⑧拜四方。

6. 狮上桌台

①狮跳上平台；②狮跳上高台；③双狮倒上台；④双狮高台亮相；⑤狮拜四方。

教学相长

结合舞龙、舞狮教与学，根据知识点，对应思政元素，可考虑从以下六个层面进行深入挖掘，并将其潜移默化地体现在教学过程中：

第一，唤起民族信仰、形成民族凝聚力；第二，了解龙狮文化、坚定文化自信；第三，通过互帮互助，锻炼团队，提高凝聚力和培养集体主义精神；第四，培养钻技术、守规则、不畏艰难的品质；第五，激发勇猛顽强、坚韧不拔、奋发进取的活力；第六，领悟民族智慧、民族理想、审美意象、思维方式，探究龙狮文化内涵。

龙狮思政、潜移默化；龙狮精神、心手相传。龙狮文化需要一代又一代人用心地、手把手地传承与弘扬；作为龙的传人，要始终心系祖国，守住初心。

思考题

（1）舞龙和舞狮练习应注意哪些问题？

（2）舞龙和舞狮动作可分为哪几种类型？

（3）练习舞龙和舞狮能够培养学生哪些精神品质？

（4）创编一个舞龙或舞狮小套路，必须有起式、不少于5个基本动作、收式。

第九章　冰雪项目

第一节　滑冰

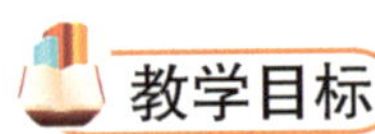

教学目标

价值塑造：速度滑冰和短道速度滑冰（以下简称“短道速滑”）同属竞速类滑冰项目，都是以竞速的方式完成比赛的。学生可以通过学习滑冰项目培养团结协作、相互配合的精神和尊重同伴、讲究礼仪的品质。

能力培养：滑冰运动是在气温较低的环境里完成的一种周期性运动，具有速度快、高强度的特点。冰上运动不仅可使学生学习到运动技能，对学生力量、速度、柔韧和平衡等方面的身体素质都进行了锻炼，而且通过课堂教学活动可提高学生的协作能力和学习能力。

知识传授：注重理论知识与实践相结合，加强能力培养。技术部分包括陆地模仿、直道滑行技术、弯道压步技术、起跑技术、停止技术；理论部分包括基本常识、基本战术、竞赛规则等。通过学习掌握滑冰运动，学生能够提高冰上运动的兴趣，养成冬季体育锻炼的习惯。

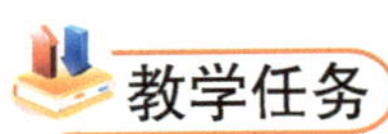

教学任务

一、认识竞速类滑冰

冬季奥林匹克运动会冰上项目包括冰球、花样滑冰、速度滑冰、短道速滑、冰壶五个项目。速度滑冰和短道速滑同属竞速类滑冰项目，都是以竞速的方式完成比赛的。这两个项目在国内开展时间早，群众基础好，参与人数众多，已经成为中国冬奥会优势项目。竞速类滑冰运动的不断普及和大众参与热情的不断高涨，不仅有利于增加和提高竞速类滑冰爱好者的数量和质量，而且能够促进竞技性滑冰运动的可持续发展。

（一）竞速类滑冰的起源与发展

1. 速度滑冰的起源与发展

速度滑冰是一项历史悠久的运动，是以冰刀为工具，在冰上进行的一种竞速运动。早在 11、12 世纪，在荷兰、英国、瑞士等国家的早期文献中就有关于将兽骨磨成光滑的底面，用皮带将两头钻孔并打磨后的马骨绑在鞋上，借助手杖支撑在冰上快速移动的记载。这就是人类最原始的冰上滑行工具——骨制冰刀，也是滑冰运动的早期雏形。大约在公元 1250 年，荷兰人发明了铁制冰刀。因为这种冰刀比绑在鞋上的兽骨滑行速度快了很多，所以迅速盛行于欧洲。1572 年，苏格兰人又发明了第一双“全铁制冰刀”，这是现代冰刀的起始标志。

最早的速滑比赛出现于 1676 年，是在荷兰的运河上举行的。其比赛的形式是从一个城镇滑到另一个城镇，后来由长途滑行比赛逐渐发展为环城比赛。当时由于在城市中进行直线滑行比赛，起点、终点不在一起，不便于群众观看，冰场逐渐演变为 U 形；最初的距离为 160～200 米，最后形成了现在速滑比赛使用的封闭式椭圆形 400 米的标准跑道。

18 世纪，滑冰在英格兰迅速普及，并很快发展成为一种竞赛活动。1742 年，第一个滑冰组织爱丁堡滑冰俱乐部（Edinburgh Skating Club）在英格兰创立。1763 年，英国首次举行了距离为 15 英里（约 24.14 千米）的速度滑冰比赛。

19 世纪初，以竞速为内容的滑冰比赛在荷兰开始出现。19 世纪 40 年代，速度滑冰从英格兰和荷兰迅速传入其他国家，滑冰俱乐部也因此纷纷建立。直至 1842 年，速度滑冰已发展到 70 多个国家和地区，其中 59 个国家和地区的滑冰组织加入了国际滑冰联盟。

19 世纪 70 年代，随着国际体育的发展，速度滑冰运动开展得愈加广泛。一些国家建立了全国性滑冰组织。1879 年，第一个全国性的滑冰领导机构“英国滑冰协会”创立，1885 年，在挪威克里斯蒂安尼亚（现称奥斯陆）举行了对抗赛。此后，类似的比赛在挪威奥斯陆和德国汉堡又多次举行。在众多国际比赛活动中，人们遇到最多的问题就是有关比赛的场地规格、比赛项目及竞赛的距离。针对这些问题，荷兰人提出了双跑道两人一组同时出发及设立短、中、长距离比赛项目的建议。

根据这一建议，荷兰和英国共同起草制定了一项规则，自此国际速度滑冰比赛的规则被确定下来。1889 年，第一次按照新规则举行的国际比赛是在荷兰阿姆斯特丹举行的世界冠军赛，有挪威、荷兰等 13 个国家参赛。1892 年 7 月，在荷兰的倡议下，由荷兰滑冰协会主持，在鹿特丹北部的斯海弗宁恩召开了一次国际滑冰代表大会。1893 年 1 月，由国际滑冰联盟主办的第 1 届世界男子速度滑冰锦标赛在阿姆斯特丹举行，世界锦标赛也由此走上了制度化的轨道。1936 年，第 1 届世界女子速度滑冰锦标赛在瑞典斯德哥尔摩举行。

1924 年，速度滑冰被列为冬奥会正式比赛项目，最初设男子 500 米、1 500 米、5 000 米、10 000 米 4 个项目。从 1960 年的美国斯阔谷冬奥会起，开始设立女子项目。到了 1976 年的奥地利因斯布鲁克冬奥会和 1988 年的加拿大卡尔加里冬奥会，又将男子、女子速滑项目分别增至 5 项。2006 年意大利都灵冬奥会，男子、女子团体追逐赛被列为速滑正式比赛项目。2018 年在平昌冬奥会上，男子、女子集体出发进入了正式比赛之列。

2. 短道速度滑冰的起源与发展

短道速滑起源于加拿大，是在长度较短的跑道上进行的冰上竞速运动。早在 19 世纪 80 年代，冰球运动在加拿大迅速兴起，为摆脱严寒，一些地区相继修建起室内冰场。于是，一些速度滑冰爱好者便经常集聚到室内冰场进行练习。到 19 世纪 90 年代中期，自发的室内速度滑冰比赛在加拿大蒙特利尔、魁北克及温尼伯等城市相继出现。19 世纪 90 年代末，欧洲的一些速度滑冰爱好者也开始进入室内冰场。为促进这项运动的开展，加拿大于 1905 年举行了首次公开赛，人们就将这次比赛定为短道速滑的诞生日。1906 年，短道速滑公开赛开始在美国举行。由于比赛是在室内冰球场进行，赛道长度较短，因而被命名为室内短道速滑。到 1969 年，英国梅登黑德举行了第 33 届国际滑冰联盟代表大会，加拿大代表向国际滑冰联盟成员国印发了由马特起草的《短跑道速度滑冰规则》手册。

1976 年，国际滑冰联盟承认和支持的首次国际短道速滑比赛在美国伊利诺伊州尚佩恩举行，共有 10 个国家派出了代表队。比赛的项目有男子和女子 500 米、1 000 米、1 500 米、3 000 米，男子 3 000 米、5 000 米接力和女子 3 000 米接力。

1980 年开始，短道速滑跑道定为每圈 111.12 米，这一标准一直沿用至今。1981 年，第 1 届世界短道速滑锦标赛在法国默东举行，接力比赛在这次赛事中仅列为表演项目。1988 年，短道速滑项目被列为冬奥会表演项目。1990 年第 43 届国际滑冰联盟代表大会在英国克赖斯特彻奇举行，会议决定从 1992 年开始，冬奥会和世界锦标赛短道速滑场地定为 30 米×60 米，标准的短道速滑比赛场地为每圈 111.12 米。

1991 年，国际滑冰联盟决定定期举行世界短道速滑团体锦标赛。1992 年，短道速滑被列为冬奥会正式比赛项目。到 2003 年，开展短道速滑的国家和地区已由 20 世纪 70 年代初的 11 个发展到 59 个。2018 年，国际奥委会执行委员会又将短道速滑混合团体接力项目列为 2022 年北京冬奥会正式比赛项目。

（二）我国竞速类滑冰的发展

1. 我国速度滑冰的发展历程

我国滑冰运动的历史源远流长，早在唐宋时期就出现在宫廷之中，并逐渐普及到民间。当时的冰上运动叫“冰嬉”。冰嬉是以“冰床”为主，即人拉冰爬犁的冰上游戏。到了清朝，冰嬉更为流行，规模更大。酷爱体育活动的满族人民，把冬季的冰上运动作为其传统运动项目。清太祖努尔哈赤认识到滑冰具有军事实用价值，并在他统领的八旗军队中设有军事滑冰兵种。遗憾的是当时没有国际竞赛交流，竞赛制度不完善，使滑冰运动发展受到一定的限制。

欧洲的滑冰运动传入我国是在 19 世纪末，速滑运动逐渐成为北方人民群众所喜爱的冬季运动项目。早在 1943 年，在延安革命根据地举行的冰上运动会比赛项目就有男、女 100 米速度滑冰及各项表演。1953 年 2 月，在黑龙江省哈尔滨市举行了第 1 届全国冰上运动会，有 6 个单位参加了速滑比赛，创造了中国第一批速滑纪录。1959 年，在黑龙江省哈尔滨市举行了第 1 届全国冬季运动会。

1963 年，在日本长野举行的世界速度滑冰锦标赛上，王金玉打破男子全能世界纪录，罗致焕夺得了男子 1 500 米冠军，并成为第一个获得冬季项目世界冠军的中国选手，开创了中国冬季运动的新纪元。

1980 年，在美国普莱西德湖举办的冬奥会，是中华人民共和国成立后首次参加的冬奥会，中国速滑队也来到了普莱西德湖，但未能取得奖牌。直到 1992 年的法国阿尔贝维尔冬奥会上，叶乔波获得女子 500 米速滑银牌，中国选手第一次实现了冬奥会奖牌零的突破。此后的 20 年间，中国速滑队几代速滑运动员为此付出了极其艰苦的努力，并涌现出了王曼丽、王北星等优秀运动员。

2014 年 2 月，中国速度滑冰迎来了创造历史的一天。张虹在俄罗斯索契冬奥会上夺得了速度滑冰女子 1 000 米比赛冠军，获得了中国速度滑冰冬奥会历史首金。2022 年，在北京冬奥会男子速度滑冰 500 米决赛中，高亭宇以 34.32 秒的成绩打破冬奥会纪录，获得冠军，这是中国选手首次获得冬奥会男子速度滑冰的金牌。

2. 我国短道速度滑冰的发展

1982 年，国家体委正式决定在中国开展短道速滑运动，并将其列为全国和全运会比赛项目，国际滑冰联盟也将短道速滑列为亚洲冬运会正式比赛项目。同时，中国各省、自治区、直辖市纷纷成立了短道速滑队，仅黑龙江省就成立了 6 个短道速滑训练队。

1983 年 2 月，黑龙江省体委派金汉珠、杨万全教练带领 8 名短道速滑队员去日本学习、考察短道速滑项目。他们在日本东京、名古屋、京都等城市同日本国家队共同训练，并参加了在京都举行的全日本第 36 届都道府短道速滑对抗赛，这是中国短道速滑运动员第一次参加国际性比赛。同年，短道速滑被国家体委列为年度全国比赛和全国冬季运动会正式比赛项目。

在 1987 年举行的第 6 届全国冬运会上，李金艳打破了女子 3 000 米短道速滑世界纪录。1992 年，李琰在阿尔贝维尔冬奥会上获得女子 500 米短道速滑银牌，这是中国短道速滑第一枚奥运奖牌。在 1995 年举行的世界短道速滑锦标赛上，中国队获得第一枚女子 3 000 米接力金牌。1996 年，李佳军在世界短道速滑锦标赛男子 1 000 米项目上夺得金牌，他也成为中国在短道速滑项目上的第一个男子世界冠军。1997 年，杨扬在日本长野举行的世界短道速滑锦标赛上获得中国第一个全能世界冠军。2002 年，在美国盐湖城举行的第 19 届冬奥会上，杨扬夺得 500 米、1 000 米两枚金牌，为中国实现了冬奥会金牌零的突破。在 2006 年都灵冬奥会上，王濛获得短道速滑女子 500 米冠军，从此我国短道速滑队进入了世界强队之列。

在 2010 年温哥华冬奥会上，中国短道速滑女队包揽了女子短道速滑的全部金牌：王濛勇夺女子 500 米和 1 000 米的金牌，周洋获得女子 1 500 米的金牌并打破世界纪录，中国女子短道速滑队在 3 000 米接力赛中力压韩国队，夺得一枚宝贵的金牌。这是迄今为止中国短道速滑史上的一次壮举。在 2014 年索契冬奥会短道速滑比赛中，周洋在女子 1 500 米决赛中成功卫冕，李坚柔获得女子 500 米金牌。在 2018 年平昌冬奥会上，武大靖在短道速滑男子 500 米决赛中打破世界纪录并为中国代表团夺得平昌冬奥会首枚金牌。在 2022 年北京冬奥会上，中国短道速滑队获得混合接力和男子 1 000 米两枚金牌。

(三) 竞速滑冰类型

1. 速度滑冰

速度滑冰，是指滑冰者借助冰刀，以特定的身体姿势在规定的场地上按照比赛规则进行的个人、团体、集体项目的竞速运动。根据国际滑冰联盟速度滑冰竞赛规则，速度滑冰项目可分为女子项目（包括 100 米、500 米、1 000 米、1 500 米、3 000 米、5 000 米、全能和短距离全能）和男子项目（包括 100 米、500 米、1 000 米、1 500 米、3 000 米、5 000 米、10 000 米、全能和短距离全能）。其中，速度滑冰计圈项目包括集体出发、团体追逐、短距离团体追逐、接力和混合接力项目。

速度滑冰的赛道周长为 400 米，最小周长不短于 333.33 米，两弯道弧度为 180°，内侧弯道半径不得小于 25 米或大于 26 米。比赛道分为内道和外道，内道宽度为 4 米、外道宽度为至少 4 米。场地跑道有直道分界线和换道区，滑冰者要穿具有防切割功能、具备一定弹力和减少阻力的长袖、长裤连身服。

2. 短道速度滑冰

短道速滑是指在场地为 30 米×60 米的冰面上，沿周长 111.12 米的跑道上进行的以名次决定胜负的一种冰上竞速运动。直道宽不少于 7 米，弯道半径为 8 米，直道长为 28.85 米，为确保运动员的安全，赛场四周要安放具有缓冲作用的防护垫。比赛跑道不分内、外道，参赛运动员会在同一个滑行跑道内竞技，弯道两侧各用 7 个标志块连接成一个椭圆形的赛道。

短道速滑项目分为个人项目和接力项目，个人项目包括女子 500 米、1 000 米、1 500 米及全能比赛，男子 500 米、1 000 米、1 500 米及全能比赛；接力项目包括女子 3 000 米、男子 5 000 米及 2 000 米混合团体接力比赛。运动员在比赛中必须穿着防切割面料制成的长袖、长裤连身服，佩戴由防切割材料制成的手套，主要是为了保护运动员的手部不受切割损伤，穿戴由防割、防扎、耐用材料制成的护腿，主要为了保护运动员小腿前部的胫骨前肌不受损伤，穿戴护踝主要是为了保护运动员的踝关节不受切割损伤，穿戴护颈主要用于防止运动员在摔倒或者碰撞后被冰刀等利刃割伤颈部。

二、学习滑冰

视频讲解

(一) 基本技术

1. 基本动作

滑冰的基本动作包括标准滑冰姿态（图 9-1），冰上原地蹲起（图 9-2），冰上原地抬腿踏步（图 9-3），冰上原地向左、向右抬腿转体 360°（图 9-4），冰上滑冰姿势原地向上跳起（图 9-5）等动作。

图 9-1　标准滑冰姿态

图 9-2　冰上原地蹲起

图 9-3　冰上原地抬腿踏步

图 9-4　冰上原地向左、向右抬腿转体 360°

图 9-5　冰上滑冰姿势原地向上跳起

2. 直道滑行技术

直道滑行技术有单腿支撑蹬冰（图 9-6），双摆臂移动重心（图 9-7），双脚支撑惯性滑行（图 9-8），左、右腿单腿侧蹬冰（图 9-9），行进间双摆臂移动重心（图 9-10），直道侧蹬冰（图 9-11），同蹬同收滑行（图 9-12），直道双脚曲线滑行（图 9-13），直道单支撑惯性滑行（图 9-14），直道左、右单脚曲线滑行（图 9-15）等技术。

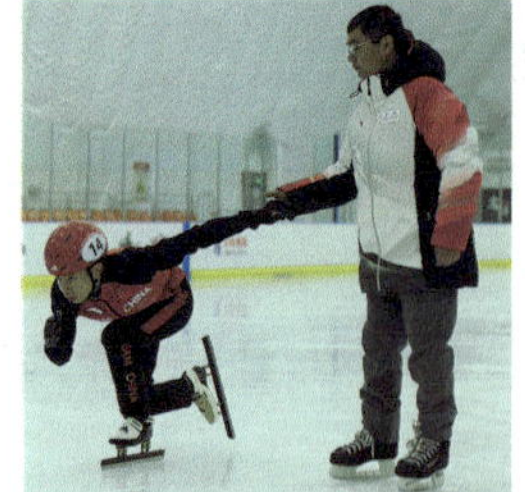

图 9-6　单腿支撑蹬冰

图 9-7　双摆臂移动重心

图 9-8　双脚支撑惯性滑行

图 9-9　左、右腿单腿侧蹬冰

图 9-10　行进间双摆臂移动重心

图 9-11 直道侧蹬冰

图 9-12 同蹬同收滑行

图 9-13 直道双脚曲线滑行

图 9-14 直道单支撑惯性滑行

图 9-15 直道左、右单脚曲线滑行

3. 弯道滑行技术

弯道滑行技术有弯道双脚支撑惯性滑行（图 9-16）、弯道侧蹬冰（图 9-17）、弯道左脚冰刀外刃惯性弧线滑一个弯道（图 9-18）、弯道交叉压步（图 9-19）等技术。

图 9-16 弯道双脚支撑惯性滑行

图 9-17 弯道侧蹬冰

图 9-18 弯道左脚冰刀外刃惯性弧线滑一个弯道

图 9-19 弯道交叉压步

4. 辅助技术

辅助技术有八字停止法（图 9-20）、安全摔倒（图 9-21）技术。

图 9-20 八字停止法

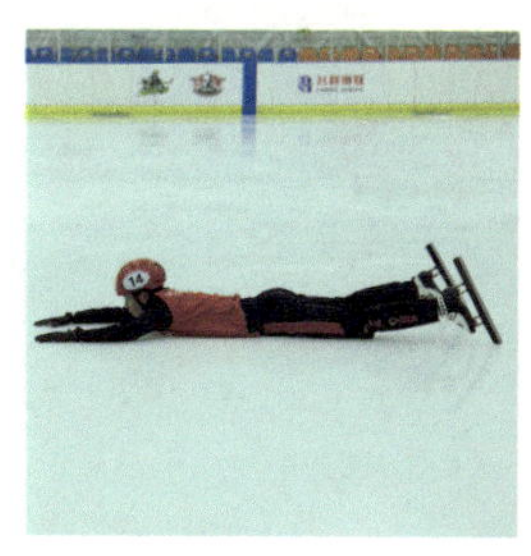

图 9-21 安全摔倒

5. 单圈滑行技术

单圈滑行技术包括起跑、直道滑行、弯道滑行和停止技术。

（二）基本战术

基本战术主要有起跑战术、抢位战术、滑行战术、领先滑行战术、超越战术、尾随滑行战术、变速滑行战术和扣圈滑行战术。

教学相长

第一，短道速滑、速度滑冰已成为冬奥会正式项目，通过奥运精神对学生进行爱国主义教育，将思政课堂搬到冰场上，在教学中融入冰雪元素，可以增强思政课程的实效性和针对性。

第二，学习滑冰运动有助于学生增进身心健康，促进人体新陈代谢，提高心肺功能，增强防寒能力，培养顽强的意志品质。

第三，反复强化练习滑冰运动技术，可以使学生获得精湛的滑行技术，培养学生对技术“精雕细琢”的精神，使学生建立运动的整体、系统观念，让学生体验反复、艰苦的技术学习过程，培养不怕困难、勇于挑战的顽强意志。

第四，滑冰运动具有速度快、强度大等特点，可以提高学生身体素质和运动能力，还可以提高学生的协作能力和交往能力等。

思考题

（1）学习和练习滑冰运动，可以培养学生哪些品质？

（2）请说出中国滑冰运动获得首枚冬奥会金牌的运动员的名字和时间，以及我国至今获得冬奥会金牌最多的项目。

（3）你最喜欢中国哪一位冰上项目运动员？请说出你喜欢该运动员的理由及其有哪些感人事迹。

（4）通过对竞速类滑冰运动课程的学习，你有哪些收获？

第二节　滑雪

教学目标

价值塑造：在塑造学生良好道德品质和个性的同时，培养学生良好的意志品质，培养其不惧困难、勇于挑战困难的拼搏精神，不断提升学生的社会适应能力。

能力培养：体验滑雪运动的乐趣，培养学生互相交流、积极进取、顽强拼搏、团结协作的优良品质，发展学生个性和健康的心理素质。

知识传授：学生掌握滑雪运动的基本知识、基本技能和基本方法，明确其技术原理及作用，尝试学习简单、基本的战术方法；了解最新滑雪竞赛规则和裁判法，提高欣赏滑雪比赛的能力。

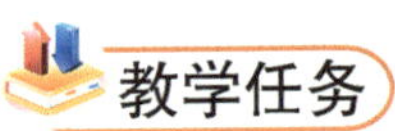

教学任务

一、越野滑雪概述

（一）越野滑雪的起源与发展

越野滑雪是借助滑雪用具，运用登山、滑降、转弯、滑行等基本技术滑行于山丘雪原的运动项目。

越野滑雪是世界运动史上非常古老的运动项目之一。据记载，13 世纪 20 年代挪威内战时期，两名被称为“桦木腿”的侦察兵，怀藏两岁的国王哈康四世，通过滑雪翻越高山，摆脱了敌人。现在挪威还每年举行越野马拉松滑雪赛，为纪念这一历史事件，比赛路线与当年侦察兵所滑路程相同。越野滑雪比赛路线分上坡、下坡、平地，各占全程的 1/3。滑雪运动从最初作为狩猎方式及交通工具逐渐成为一种锻炼身体的方法，并最终成为一项体育竞技项目，其间经历了很长时期的发展及演变。

1924 年，男子越野滑雪被列为冬奥会正式比赛项目；1952 年，女子越野滑雪被列为冬奥会正式比赛项目。

越野滑雪的最高组织机构为国际滑雪联合会（现国际滑雪和单板滑雪联合会），1924 年成立于法国沙莫尼；我国的最高组织机构为中国滑雪协会，成立于 1981 年。

（二）越野滑雪场地

越野滑雪场地要尽量选择森林地带等多变地形，要保证雪质、雪量，线路宽度应达到 4～5 米，雪面要经过机械或人工捣固、踏压，厚度至少 10 厘米。最好在线路的一侧开有带雪槽的雪道，两条雪槽的内壁相距 15～18 厘米，雪槽深度至少 2 厘米，雪槽的宽度以雪板的固定器碰不到两侧雪壁为准。

线路应平坦、宽阔，其中上坡、下坡和平地各占 1/3。上坡的斜度应为 9%～18%，其高度差保持 10 米以上，个别路段可以加上一些短的大于 18% 斜度的陡坡。起伏路面由短的上、下坡构成，其高度差为 1～9 米。下坡线路要有变化，以适应多种滑降技术要求，但必须确保运动员能安全通过。所有线路宽度至少 3 米。路线要避免单调而过长的平地滑行、难度过大的急陡坡滑降及连续较长距离的登坡滑行。

二、单板滑雪概述

（一）单板滑雪的起源与发展

单板滑雪是运动员脚穿特制滑雪鞋，利用固定器将两脚固定在一块滑雪板上，在规定的山坡线路上进行回转滑降，在 U 形场地内、跳台、道具上完成各种动作的雪上项目。单板滑雪起源于 20 世纪 60 年代的美国。1983 年，第一次单板滑雪比赛在美国举行。1990 年，成立国际滑板滑雪联合会。1998 年，日本长野冬奥会将单板滑雪列为正式比赛项目。

（二）我国单板滑雪的发展

2003 年，单板滑雪在我国正式立项。2005 年，我国选手潘蕾在世界大学生冬季运动会上为中国队赢得国际比赛的首枚单板滑雪银牌。2008 年，中国选手刘佳宇在单板滑雪世界杯加拿大卡尔加里站中夺得了 U 池赛冠军。2009 年，在韩国举行的单板滑雪世锦赛上，中国队夺得 U 池团体和个人冠军。2018 年，中国选手刘佳宇在平昌冬奥会单板滑雪女子 U 型场地决赛中获得亚军。2022 年，在北京冬奥会上，中国选手苏翊鸣获得单板滑雪男子大跳台金牌和单板滑雪男子坡面障碍技巧银牌。

三、学习越野滑雪

（一）越野滑雪的基本技术

视频讲解

1. 滑行技术

（1）同时推进滑行技术。

同时推进滑行技术（图 9-22）是运动员借助雪杖后撑，使雪板前滑的方法。此种方法适用于平地滑行和缓坡滑行。

图 9-22　同时推进滑行技术

技术环节：

①提杖。双板平行，置于雪槽中，两膝微屈；身体稍前倾，双手持杖，与肩同宽，两臂微弯，前摆至眉眼高度，杖尖指向脚尖外侧。

②落杖。躯干向前下方压动，同时将双杖插在两脚外侧的雪地上，双杖尽量贴近身体。

③撑杖。通过身体压动和两臂撑动形成的合力将雪杖向后撑出，双手撑到两腿外侧时撑杖结束，两臂随之后摆；而后起身提杖，进入下一个动作循环。

(2) 二步交替滑行技术。

二步交替滑行技术（图 9-23）是越野滑雪中的一项重要技术，是运动员通过板和杖交替，各做两次蹬动和撑杖动作的一个周期性滑行方法，适用于平地、上坡滑行等多种情况，是越野滑雪运动中利用率较高的技术。

图 9-23　二步交替滑行技术

技术环节（以先跨左脚为例）：

①跨步提杖。右下压蹬动，左脚前跨，右臂提杖前摆至头部高度，重心随左脚前移，并最终完全移在左脚上。

②摆动撑杖。右脚充分后蹬结束，立刻前摆，同时右臂落杖（位置与同时推进相同）撑动，当两腿交叉时左臂提杖，右脚继续前跨，重心随右脚前移，并完全压在右脚上。

③交替前滑。将上述动作往复循环，上体微前倾，保持稳定，前跨支持腿微曲，节奏均匀，充分利用雪板蹬动和雪杖撑动滑行。

(3) 一步一撑技术（自由）。

一步一撑技术（自由）（图 9-24）主要应用于路面宽阔良好、滑行线路平坦的平地或缓下坡地带。因此项技术可以较充分地将身体重心的惯性运用到加速滑行中，所以可以有效地加快滑行速度。此项技术也是自由技术中滑行速度最快的技术。

图 9-24　一步一撑技术（自由）

技术环节：

①提杖。两脚外八字站立，两臂微屈，同时提杖至头部高度。

②左蹬撑杖。左脚雪板内刃向侧用力蹬动，双杖同时落杖后撑，重心侧移至右板上。

③并步提杖。滑行一段距离后，左脚向右回收并脚，同时提杖，随后左脚向左前方摆出。

④右蹬撑杖。右脚雪板内刃向侧用力蹬动，双杖同时落杖后撑，重心侧移至左板。以此循环。

（4）踏步转弯技术。

踏步转弯技术（图 9-25）是越野滑雪运动中转弯、避障、变换雪辙等的主要方法。

技术环节（以向左侧转弯为例）：

①重心移至左脚，提起右脚板，同时两臂提杖。

②落杖与撑杖。落杖的同时右脚进行并步，与左板平行，之后撑杖前滑。以此往复，节奏紧凑；右侧转弯方法相同，动作相反。

图 9-25　踏步转弯技术

（5）停止法。

越野滑雪的减速和停止的方法与高山滑雪类似，可根据实际情况采用犁式、踏步转弯、平行转弯等技术来实现，其中犁式停止法（图 9-26）运用较多。

技术环节：

①下坡减速时，双板呈犁式滑降，斜对滚落线向下滑行，山下板的承重及立刃均大些。

②慢速或平地滑行停止时，应加大两雪板分开角度，强化立刃，两腿伸直，两脚内侧蹬住雪板，重心均匀压在双板上。

图 9-26　犁式停止法

（6）蹬坡滑行技术。

蹬坡滑行和平地滑行有着很大的区别。运动员要根据坡度的大小和雪质的不同选择不同的蹬坡技术。蹬坡技术包括直线蹬坡滑行、斜线蹬坡滑行、阶梯式蹬坡滑行、八字蹬坡滑行（图 9-27）等技术。其中，八字蹬坡滑行是一种直线向坡上蹬行的方法，其特点是速度较快，也是越野滑雪运动中较为常见的方法。

图 9-27　八字蹬坡滑行

八字蹬坡滑行技术环节：

①两板呈外八字形，利用内刃卡入雪面，板尾不可交叉，两膝微屈，双杖放于身后，上体稍前倾。

②右板负重时，左手撑杖，左脚向前迈步；坡度变陡时，可加大两板分开的角度（约 70°）。

2. 滑降技术

滑降技术包括直线滑降（图 9-28）、斜线滑降、横向滑降、犁式滑降等滑行技术。其中直线滑降是速度最快、对身体稳定性要求最高的一项滑行技术。

图 9-28　直线滑降

直线滑降技术环节：

（1）两脚间距约 15 厘米，身体重心应在两板脚跟部位。

（2）流线式滑降。全身降低，低头前看，背部放松，呈弓形，手臂夹杖，双手贴靠，置于胸前，两肘贴紧两膝外侧。

（3）中姿态滑降，如遇短坡或转弯前或疲劳时可适当提高身体姿态，使小腿略屈，两肘置于两膝上，头部稍抬起。

（二）越野滑雪的练习方法

1. 滑行技术的练习方法

（1）同时推进滑行技术的练习方法。

同时推进滑行相比其他滑行技术，结构比较简单，向前滑进时主要靠推撑力，因此教师在教学时应把促进学生推撑效率作为重点并注意学生对动作方法的掌握。练习要分为推撑与滑行两个阶段，同时注重动作的连续性及节奏性，以便学生完整地掌握此项滑行技术。

①在平地有雪槽的线路上做小幅度的撑动练习。

②做加大身体前压动作并向后推撑的滑行练习。

③上身前压撑杖和腿略屈伸相配合，做推撑滑行练习。

④通过缓坡下滑练习，体会快速滑行条件下的动作方法及节奏性，重点是插杖点的位置及推撑与滑行两个阶段的交替节奏。

⑤中后期可适当进行起跑及冲刺阶段的练习。

（2）二步交替滑行技术的练习方法。

①进行二步交替徒手模仿练习，如不穿雪板、不持杖在雪上进行行进间模仿练习。

②进行穿板、不持杖的二步交替滑行模仿练习。这项练习非常重要，最好能在有雪槽的线路上进行。通过反复练习后，学生能熟练地掌握动作要领，即可顺利地转入二步交替

滑行练习。

③在平地有雪槽的线路上做小步幅交替滑行练习。

④在同样的线路上做略大步幅交替滑行，体会身体重心的移动。

⑤在平地和缓上坡线路中做连续滑行练习。

⑥在下坡线路上滑行，做加快动作频率的练习。

⑦练习的中后期可以适当地采用计时测验和比赛的方法进行练习。

(3) 一步一撑技术的练习方法。

①在平地上进行小幅度的单板蹬动练习。

②配合撑杖，进行单板蹬动练习、双板依次蹬动练习。

③两人一组互相跟进滑行，并向对方提示动作的正误。

④配合用力撑杖，进行大幅度左、右侧蹬练习。

2. 踏步转弯技术的练习方法

转弯滑行是越野滑雪中一项必须掌握的技术，练习时可按平地、缓坡及陡坡地段分别进行。

(1) 在平地上进行小幅度的单板蹬、收练习。

(2) 在平地上进行单个动作的踏步转弯练习。

(3) 在缓坡上进行单个踏步转弯动作并配合推撑雪杖练习。

(4) 在缓坡上进行连续小幅度的单板蹬板转弯练习。

(5) 在陡坡上进行小幅度、快频率的完整技术练习。

3. 停止法的练习方法

停止法适合在平坡或缓下坡上进行练习。

(1) 原地内八字练习。

(2) 平地行进间内八字练习。

(3) 缓下坡内八字练习。

4. 蹬坡滑行技术的练习方法

练习蹬坡滑行技术时要找坡面稍陡且幅面较窄的地段进行。

(1) 平地徒手做外八字蹬坡或阶梯蹬坡动作练习。

(2) 平地持杖练习。

(3) 在缓坡地段做八字或阶梯蹬坡练习，两杖配合推撑。

(4) 阶梯蹬坡练习时，雪板侧跨要快，撑杖要有力，以防止下滑。

5. 滑降技术的练习方法

滑降可与蹬坡同时练习。在练习过程中，有可能发生意外，对此必须周密地考虑与安排练习内容。

(1) 在缓坡上，做不持雪杖的下滑练习。

(2) 在缓坡上，保持正确姿势做持杖下滑练习。

(3) 在不同坡度上，做滑降练习。

（4）在陡坡上练习时，可以从坡的 1/2 处或 1/3 处开始，练后再从坡顶开始下滑。

四、学习单板滑雪

（一）单板滑雪的基础知识

肩线：左右肩关节的连线。

髋线：左右髋关节的连线。

膝线：左右膝关节的连线。

板中线：雪板两侧板头中间的连线。

滚落线：球体在重力作用下沿山体做自由下落运动时产生的轨迹。

前刃：脚尖一侧的板刃。

后刃：脚跟一侧的板刃。

领先脚：滑行过程中位于前面的脚为领先脚。

视频讲解

（二）单板滑雪的准备事项

1. 平地穿固定器

雪板平放在地面上，打开固定器背板，身体重心位于穿固定器脚正上方，雪鞋底部与固定器底部完全贴合，雪鞋后方紧贴固定器背板，先固定上卡扣再固定下卡扣（图 9-29）。

图 9-29　平地穿固定器

2. 坡上穿固定器

保持雪板与滚落线垂直，后刃着雪、前刃抬起，坐在雪板上方中央位置，一只手拉住雪板前刃使雪板固定，另一只手穿戴固定器。穿固定器时臀部坐在同侧固定器正上方，鞋底和固定器底部完全贴合，雪鞋后部紧贴固定器背板，先固定上卡扣再固定下卡扣（图 9-30）。

图 9-30　坡上穿固定器

图 9-30　坡上穿固定器（续）

3. 脱固定器

脱固定器时先解下卡扣再解上卡扣（图 9-31）。

图 9-31　脱固定器

4. 后刃站起

保持雪板与滚落线垂直，穿好固定器后臀部靠近雪板，利用后刃卡雪使板固定，一手撑地一手拉住前刃中央位置，撑地手发力，使身体抬起并顺势站起（图 9-32）。

图 9-32　后刃站起

5. 前刃站起

穿好固定器后躺下并抬起雪板，身体翻转后利用前刃卡雪，保持雪板与滚落线垂直，手扶地站起（图 9-33）。

图 9-33　前刃站起

（三）单板滑雪的基本技术

1. 基本姿势

基本姿势如图 9-34 所示。

技术要领：

（1）两脚穿板，重心位于两脚之间。

（2）踝关节、膝关节、髋关节稍弯曲，核心收紧，上体保持直立状态。

（3）肩线、髋线、膝线与板中线平行，身体重心垂直于板面。

（4）双手自然放在身体两侧，目视前进方向。

图 9-34　基本姿势

2. 单脚穿板原地转向

单脚穿板原地转向如图 9-35 所示。

技术要领：

（1）非穿板脚在后，穿板脚后刃着地在前。

（2）重心位于后脚，前脚抬起雪板，以后脚为轴向非穿板一侧转体。

（3）转体完成后落板，后刃着地。

图 9-35　单脚穿板原地转向

练习方法：

原地练习单脚穿板转体 90°、180°。

3. 单脚穿板平地蹬滑

单脚穿板平地蹬滑如图 9-36 所示。

技术要领：

（1）板头指向前进方向，非穿板脚在后刃位置并向板尾方向蹬地。

（2）滑行时重心偏向于领先脚，身体重心垂直于板面，保持肩线、髋线、膝线与板平行，目视前进方向。

（3）滑行时非穿板脚踩到后固定器内侧并外撑使脚固定。

图 9-36　单脚穿板平地蹬滑

练习方法：

（1）原地动作练习，两脚踩板，保持身体姿势。

（2）滑行动作练习（非穿板脚蹬地后滑行），小圈滑行时保持距离，可抬起领先手臂指向前进方向。

4. 安全摔倒与站起

当身体失去平衡时应顺势倒地并做出以下动作。

向前摔倒（图 9-37）时，屈膝重心下降，两臂置于胸前，利用前臂大面积接触雪面，将雪板抬离雪面。

向后摔倒（图 9-38）时，屈膝重心下降，后背呈弓形，两臂置于胸前，低头，下巴贴紧胸部，避免头部着地，臀部着地后利用弓形后背加大着地面积，将雪板抬离雪面。

站起：摔倒后雪板板底朝向山下，臀部靠近雪板，利用后刃卡雪，使板固定，一手撑地一手拉住前刃中央位置，撑地手发力，使身体抬起并顺势站起。

图 9-37　向前摔倒

图 9-38　向后摔倒

练习方法：

（1）平地练习。平地练习向前、向后摔倒。

（2）坡上练习。坡上练习向前、向后摔倒。

5. 单脚穿板平地行走、单脚穿板蹬坡

（1）单脚穿板平地行走。

单脚穿板平地行走如图 9-39 所示。

技术要领：

①非穿板脚在前、穿板脚在后，前刃着雪，雪板垂直于前进方向。

②两脚交替行进，保持肩线、髋线、板中线平行状态，抬板时保证非穿板脚一侧先抬离雪面，防止雪板出现刮雪现象。

③落板时保持雪板垂直于前进方向，利用前刃着雪。

图 9-39　单脚穿板平地行走

（2）单脚穿板蹬坡。

单脚穿板蹬坡如图 9-40 所示。

技术要领：

①单脚穿板面对山上，非穿板脚在前、穿板脚在后，利用前刃着雪并保持雪板垂直于滚落线。

②两脚交替行进，保持肩线、髋线、板中线平行状态，抬板时保证非穿板脚一侧先抬离雪面，防止雪板出现刮雪现象。

③落板时保持雪板垂直于滚落线，利用前刃着雪。

图 9-40　单脚穿板蹬坡

练习方法：

①平地练习。教师讲解示范，当学生单脚穿板平地沿直线行进时，保持肩线、髋线、板中线平行状态并与前进方向垂直。

②坡上练习。面对山上，非穿板脚在前、穿板脚在后并使板前刃卡雪，两脚交替行进时保持肩线、髋线、板中线平行状态并与滚落线垂直。

6. 后刃推坡

技术要领：

(1) 面对山下，保持雪板垂直于滚落线，重心在两脚中间的后刃上。

(2) 保持肩线、髋线、膝线、板中线平行状态，踝关节、膝关节、髋关节适当弯曲（避免过多弯曲，使身体重心移出板外），上体保持直立状态，双手自然放在身体两侧，目视前进方向。

(3) 利用小腿后压固定器背板，通过脚尖上抬和下放前刃来控制滑降速度的快慢。

练习方法：

中级雪道练习，滑降路线为滚落线方向，目视前进方向，利用前刃抬起和下放控制滑降速度。

7. 前刃推坡

技术要领：

(1) 面对山上，保持雪板垂直于滚落线，重心在两脚中间的前刃上。

(2) 保持肩线、髋线、膝线、板中线平行状态，踝关节、膝关节、髋关节稍弯曲（避免髋关节角度过大，使重心移至板外），上体保持直立状态，双手自然放在身体两侧，目视山上。

(3) 调整膝关节和踝关节角度，利用后刃上抬和下放来控制滑降速度。

练习方法：

中级雪道练习，滑降路线为滚落线方向，目视山上方向，通过后刃抬起和下放控制滑降速度。

8. 后刃落叶飘

技术要领：

后刃斜滑降状态：在后刃推坡基础上领先脚尖下压，雪板进入后刃斜滑降状态，视线保持与前进方向一致。后刃斜滑降时重心位于两脚中间的后刃上，踝关节、膝关节、髋关节稍弯曲（避免过多弯曲，使身体重心移至板外），肩线、髋线、膝线、板中线保持平行，上体保持直立状态，双手自然放在身体两侧，目视前进方向。

转向制动状态：转向时重心偏向于领先脚的后刃，视线保持与前进方向一致，利用转肩带动髋线、膝线、板中线，改变板头方向，使前进方向由山下逐渐变为山上，滑行速度逐渐变慢，当滑行停止时另一侧板头指向山下，这时需要及时转移重心至两脚中间并改变滑行方向，进入斜滑降状态。

练习方法：

(1) 缓坡练习。不穿板缓坡侧向移动模拟滑行线路，练习时保持脚尖抬起，领先手臂抬起，指向前进方向。

(2) 中级雪道练习。中级雪道短距离练习、中级雪道长距离练习，练习时抬起前臂，指向前进方向。

9. 前刃落叶飘

技术要领：

前刃斜滑降状态：在前刃推坡基础上领先脚跟下压，雪板进入前刃斜滑降状态，视线保持与前进方向一致。在前刃斜滑降时重心位于两脚中间的前刃上，踝关节、膝关节、髋关节稍弯曲，避免髋关节角度过大，使重心移至板外，肩线、髋线、膝线、板中线保持平行，上体保持直立状态，双手自然放在身体两侧。

转向制动状态：转向时重心偏向于领先脚的前刃，利用转肩带动髋线、膝线、板中线，改变板头方向，使前进方向由山下逐渐变为山上，滑行速度逐渐变慢，当滑行停止时另一侧板头指向山下时，需要及时转移重心至两脚中间并改变滑行方向，进入斜滑降状态。

练习方法：

（1）缓坡练习。不穿板缓坡侧向移动模拟滑行线路，练习时保持脚跟抬起，领先手臂抬起，指向前进方向。

（2）中级雪道练习。中级雪道短距离练习、中级雪道长距离练习，练习时抬起前臂指向前进方向。

10. L 形后刃停止法、L 形前刃停止法

（1）L 形后刃停止法。

技术要领：

直滑降状态：两脚穿板，板头指向前进方向，雪板与滚落线保持平行状态。重心在两脚中间并垂直于板面，保持肩线、髋线、膝线与板中线平行。踝关节、膝关节、髋关节稍弯曲，核心收紧，上体保持直立状态，目视前进方向。

制动状态：进行制动时重心偏向于领先脚的后刃，利用快速向山上转肩带动髋线、膝线、板中线并抬起前刃，同时适当加大髋关节、膝关节角度，身体向山上倾倒并使后刃板尾刮雪制动。

练习方法：

缓坡练习。短距离慢速练习、长距离快速练习，练习时抬起前臂指向前进方向，防止重心落后并在制动时帮助转肩。

（2）L 形前刃停止法。

技术要领：

直滑降状态：两脚穿板，板头指向前进方向，雪板与滚落线保持平行状态。重心在两脚中间并垂直于板面，保持肩线、髋线、膝线与板中线平行。踝关节、膝关节、髋关节稍弯曲，核心收紧，上身保持直立状态，目视前进方向。

制动状态：进行制动时重心偏向于领先脚的前刃，利用快速向山上转肩带动髋线、膝线、板中线并抬起后刃，同时适当加大膝关节、踝关节角度，身体向山上倾倒并使前刃板尾刮雪制动。

练习方法：

缓坡练习。短距离慢速练习、长距离快速练习，练习时抬起前臂指向前进方向，防止重心落后并在制动时帮助转肩。

11. 双脚后刃 J 形转弯、双脚前刃 J 形转弯

（1）双脚后刃 J 形转弯。

技术要领：

①在双脚直滑降基础上，重心偏向于领先脚的后刃并转肩（向后刃方向），带动髋线、膝线、板中线，使板头改变方向。

②转弯过程中缓慢抬起前刃并适当加大髋关节、膝关节、踝关节角度（避免角度过大，出现身体重心移至板外），同时身体向后刃一侧倾倒。

练习方法：

①不穿板缓坡练习。不穿板侧向移动模拟双脚后刃J形转弯，直滑降时重心在双脚之间，转弯时重心偏向于领先脚的脚跟并及时抬起两脚脚尖，练习时抬起前臂指向前进方向。

②穿板缓坡练习。双脚直滑降达到一定速度后开始转弯，抬起前臂指向前进方向，可以帮助转肩、控制方向和防止重心落后。

（2）双脚前刃J形转弯。

技术要领：

①在双脚直滑降基础上，重心偏向于领先脚前刃并转肩（向前刃方向），带动髋线、膝线、板中线，使板头改变方向。

②转弯过程中缓慢抬起后刃并适当加大膝关节、踝关节、髋关节角度（避免髋关节角度过大，出现身体重心移至板外），同时身体向前刃一侧倾倒。

练习方法：

①不穿板缓坡练习。不穿板侧向移动模拟双脚后刃J形转弯，直滑降时重心在两脚之间，转弯时重心偏向于领先脚的脚尖并及时抬起两脚脚跟，练习时抬起前臂指向前进方向。

②穿板缓坡练习。双脚直滑降达到一定速度后开始转弯，抬起前臂指向前进方向，用来帮助转肩控制方向和防止重心落后。

12. C形转弯（后刃转前刃）

技术要领：

（1）在后刃斜滑降基础上，重心由两脚中间变为偏向于领先脚，视线保持与转弯方向一致，转肩带动髋线、膝线、板中线，使板头改变方向。准备进入雪板平铺时减少髋关节、膝关节、踝关节角度，提高重心，释放雪板压力。

（2）当板头指向滚落线方向时出现板底短暂平铺（前后刃着雪）过程，平铺过程结束时身体重心降低，准备进入前刃斜滑降。

（3）重心偏向于领先脚的前刃，转肩，当板头指向另一侧时及时抬起山下板刃（后刃），此时变为前刃斜滑降状态。

练习方法：

（1）缓坡练习。不穿板侧向移动模拟C形转弯滑行线路，模拟后刃滑行时抬起脚尖，模拟雪板平铺时（板与滚落线平行）脚跟、脚尖着雪，模拟前刃滑行时抬起脚跟，练习时可抬起领先手臂指向前进方向。

（2）初级道练习。C形转弯，抬起领先手臂指向前进方向。

（3）中级道练习。C形转弯。

13. C形转弯（前刃转后刃）

技术要领：

(1) 在前刃斜滑降基础上，重心由两脚中间变为偏向于领先脚，视线保持与转弯方向一致，转肩带动髋线、膝线、板中线，使板头改变方向，准备进入雪板平铺时减少髋关节、膝关节、踝关节角度，提高重心，释放雪板压力。

(2) 当板头指向滚落线方向时出现板底短暂平铺（前后刃着雪）过程。平铺过程结束时身体重心降低，准备进入后刃斜滑降。

(3) 重心偏向于领先脚后刃，转肩，当板头指向另一侧时及时抬起山下板刃（前刃），此时变为后刃斜滑降状态。

练习方法：

(1) 缓坡练习。不穿板侧向移动模拟 C 形转弯滑行线路，模拟前刃滑行时抬起脚跟、模拟雪板平铺时（板与滚落线平行）脚跟和脚尖着雪、模拟后刃滑行时抬起脚尖，练习时可抬起领先手臂指向前进方向。

(2) 初级道练习。C 形转弯，抬起领先手臂指向前进方向。

(3) 中级道练习：C 形转弯。

14. 基础 S 弯

将 C 形转弯（后刃转前刃）和 C 形转弯（前刃转后刃）连起来滑行，我们就会得到 S 形滑行路线。

练习方法：

(1) 初级道慢速基础 S 弯练习。

(2) 中级道快速基础 S 弯练习。

滑雪项目开展的环境非常艰苦，气温低且需要到野外开展，因此可以充分锻炼学生的意志品质。具体的课程思政元素包括：

第一，培养爱国主义情怀。我国的冬季项目长期以来处于“冰强雪弱”的状况，但2022 年北京冬奥会上很多雪上项目取得了突破，中国健儿在自由式滑雪和单板滑雪中获得 5 枚金牌，这种顽强拼搏、为国争光的精神是爱国主义教育的最好素材。

第二，注重意志品质教育。冬季运动往往伴随严寒，竞技运动常常带来伤痛。教师可以从雪上知名运动员入手，讲述他们的精彩事迹，或者讲述自身的滑雪经历，也可以通过观看视频的方式传达冬季运动项目中蕴含的坚韧不拔、奋勇争先的精神。

第三，北京冬奥会的成功举办为冬季项目教学带来了很多生动的案例，如北京冬奥会期间的赛事工作人员一直秉持服务国家的信念，坚守岗位、尽职尽责，高质量完成各项服务保障工作，他们的团结协作、相互配合精神等都可以作为教学案例。

思考题

(1) 通过练习滑雪，你认为滑雪运动能培养学生哪些优秀品质？

(2) 你认为越野滑雪运动最需要的身体素质是什么？

(3) 2022 年北京冬奥会，我国获得单板滑雪冠军的运动员是谁？请说一说他的成长经历对你有什么启发。

(4) 请结合自身实际情况，思考今后从事越野滑雪锻炼的可能性及可行性。

第三节　冰球

教学目标

价值塑造：冰球运动是一项结合了多种滑冰技巧和曲棍球技巧的运动，具有冰上运动和球类运动双重属性，属于冰上集体球类项目，学生可以通过学习冰球项目培养团结协作、相互配合的精神和尊重同伴、讲究礼仪的品质。

能力培养：冰球运动有速度快、强度高、对抗性强等特点，学习冰球运动可以提高学生的身体素质和运动能力，课堂教学活动可提高学生的协作能力和交往能力等。

知识传授：通过学习冰球运动的基本知识，学生能够提高冰上运动的兴趣，养成冬季体育锻炼的习惯。

教学任务

一、认识冰球

（一）冰球运动的起源与发展

冰球运动是以冰刀、冰球杆和冰球为工具在冰上进行的一种快速集体的同场激烈对抗的竞技运动，是一项具有冰上运动和球类运动双重属性的竞技体育项目。比赛时每队上场6人，前锋3人，后卫2人，守门员1人。1920年，第7届奥运会将冰球运动列为正式比赛项目。从1924年开始，冬、夏季奥运会分开举行，冰球遂成为冬奥会的主要项目之一，目前冬奥会设有男、女两枚金牌。

现代冰球运动起源于加拿大，早在19世纪中期，每当冬季来临，加拿大金斯顿（Kingston）地区的一些体育爱好者就经常聚集在冰封的湖面上，手中拿着曲棍，脚上绑着冰刀，互相追逐击打用木片等物制成的球。早期的冰球比赛没有统一的规则，比赛也缺乏严格的组织。国际冰球联合会（International Ice Hockey Federation，IIHF）于1908年5月15日在法国巴黎成立，是国际冰球运动的管理机构。

国际冰球联合会的主要赛事有世界锦标赛、欧洲锦标赛、奥运会冰球赛、欧洲少年锦标赛、世界少年锦标赛、亚太地区少年锦标赛、世界女子锦标赛、欧洲女子锦标赛、欧洲杯、联合会杯、大洲杯等。

（二）我国冰球运动的发展

现代冰球运动于20世纪初传入我国，我国在1905年1月5日成立了天津冰球俱乐部。从20世纪20年代开始，冰球运动逐渐在华北和东北地区开展起来，参加者多为学生和侨民。1935年在北平（现北京）举行的第1届华北冰上运动会将冰球列为表演项目。1949年中华人民共和国成立后，冰球运动得到迅速发展。1951年1月，哈尔滨市体育总会组织苏联侨民俱乐部队和雪冰队，在南岗红军体育场（现南岗体育场）举行了中华人民共和国成立后的首场冰球公开赛。1953 年 2 月，有来自西北区、东北区、华北区、中国人民解放军和中国火车头体育协会的 5 支冰球队参加了在哈尔滨举行的首届全国冰上运动会冰球比赛。

1954 年开始，冰球运动迅速在东北、华北和西北地区兴起，这些地区开始修建冰场、组建冰球队。1956 年中国冬季运动协会正式向国际冰球联合会提出入会申请，并在 1957 年国际冰球联合会第 26 届代表大会获得通过，成为国际冰球联合会的第 29 个成员国。从 1957 年起，我国开始定期举办全国冰球锦标赛。到 1958 年，我国有 11 个省、自治区、直辖市，50 多个地级市、县开展冰球运动。中国冰球队于 1972 年开始参加世界冰球锦标赛，从 1972 年至 2015 年，中国男子冰球队先后 8 次进入世界冰球锦标赛 B 组，1986 年和 1990 年 2 次获得亚洲冬季运动会男子冰球比赛的冠军。1998 年，中国女子冰球队参加第 18 届长野冬奥会获得第 4 名。

二、学习冰球

视频讲解

（一）基本技术

1. 基本姿势

基本姿势有冰上站立（图 9-41）、冰上行走（图 9-42）和冰上跪起（图 9-43）。

图 9-41　冰上站立

图 9-42　冰上行走

图 9-43　冰上跪起

2. 滑行技术

滑行技术有正滑技术（图 9-44）、倒滑技术、压步技术、急转技术和停止技术。

图 9-44 正滑技术

3. 杆上技术

杆上技术有控球技术、传球技术、接球技术和射门技术。

(二) 基本战术

1. 进攻战术

进攻战术有 1 对 1 进攻战术、1 对 2 进攻战术、2 对 1 进攻战术和 2 对 2 进攻战术。

2. 防守战术

防守战术有 1 对 1 防守战术、1 对 2 防守战术和 2 对 2 防守战术。

教学相长

冰球是一项激烈对抗的运动，其速度快、力量大，同时是冬季项目中唯一的球类集体项目，因此课程思政元素应主要从以下几点挖掘：

第一，冰球运动是一项结合了多种滑冰技巧和曲棍球技巧的运动，具有冰上运动和球类运动双重属性，学生可以通过学习冰球运动培养团结协作、相互配合的精神和尊重同伴的意识。

第二，冰球运动有激烈的对抗和碰撞，速度和比赛节奏的转换非常快，教师在教学中要鼓励学生进行对抗练习，从而培养学生的勇敢精神。

第三，冰球运动具有速度快、强度高等特点，通过学习冰球运动，学生可以提高身体素质、运动能力、协作能力和组织能力。

思考题

(1) 通过学习冰球运动，你认为冰球运动能培育学生的哪些品质？

(2) 请回答冰球运动的滑行技术有哪些？

(3) 学习完冰球课程后，你最喜欢的位置是哪个？最擅长的技术有哪些？

(4) 通过学习冰球课程，你有哪些收获？

第四节　冰壶

价值塑造：培养学生了解冰壶运动历史文化和礼仪、注重团队合作、尊重对手、遵守冰壶运动规则的品质。

能力培养：通过课堂教学活动提高学生语言表达和组织体育活动的能力，同时逐步提升学生欣赏冰壶运动赛事的能力。

知识传授：讲授冰壶运动历史，揭示文化背景；掌握冰壶运动的基本技、战术，激发学生的学习兴趣，养成体育锻炼的好习惯。

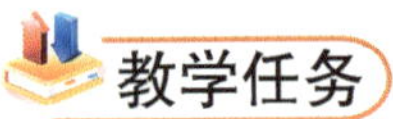

一、认识冰壶

（一）冰壶运动的起源与发展

关于冰壶的发源地，目前存在两种观点：一种观点认为冰壶运动起源于欧洲大陆；另一种观点认为冰壶运动起源于苏格兰，这两种观点都能找到相关依据。主张欧洲大陆起源的学者认为，冰壶运动起源于欧洲大陆某个地方，这方面可以通过欧洲著名的古代艺术作品所描绘的类似冰壶比赛场景得到证实。主张苏格兰起源说的学者们也提供了相关证明，早些年前，人们在苏格兰发现迄今为止世界上最早的冰壶；苏格兰 Kilsyth 冰壶俱乐部成立于 1716 年，是世界上最早的冰壶俱乐部；1838 年，苏格兰冰壶俱乐部为这项运动制定了正规的比赛规则；苏格兰艾尔萨克雷格岛上的花岗岩非常适合制作冰壶，得到了世界冰壶权威机构的认可。基于上述历史事实，当人们谈起冰壶历史时，都不免提起苏格兰，因此，冰壶运动起源于苏格兰的说法目前已经被多数人所接受。

（二）我国冰壶运动的发展

我国冰壶运动开展得比较晚，然而发展速度却非常快。尤其是前十几年间竞技冰壶飞速发展，取得了令世界瞩目的成绩（先后获得女子世锦赛冠军、冬奥会铜牌，男子世锦赛和冬奥会第四名的骄人战绩）。从 1993 年引进，到 1995 年开设第 1 届冰壶讲习班，再到 2001 年全国第 1 届冰壶锦标赛的举办，都标志着冰壶运动在我国初期阶段发展迅速；从 2001 年第一支专业冰壶队成立，到 2005 年我国女子冰壶队首次在世锦赛上获得第七名、2006 年世锦赛我国女子冰壶队又获得第五名，再到 2007 年我国成功举办了太平洋青少年冰壶锦标赛和亚洲冬季运动会冰壶比赛，这些都标志着冰壶运动在我国的开展得到了国际认可。随后，我国冰壶队接连获得泛太平洋冰壶锦标赛男子四连冠（2007—2010 年）和女子三连冠（2007—2009 年）；2008 年世界冰壶锦标赛，我国女子冰壶队获得银牌；同年，我国男子冰壶也取得世锦赛第四名的历史性突破，这些都标志着我国冰壶队跻身世界冰壶强队之列。2009 年是中国冰壶项目最辉煌的一年，我国女子冰壶队在世锦赛上获得了金牌，使中国冰壶队一举为世人所瞩目。2010 年温哥华冬奥会，我国女子冰壶队获得铜牌、我国男子冰壶队获得第八名，这一表现与成绩更是令国人振奋。2014 年索契冬奥会，我国男子冰壶队取得了第四名，这也是有史以来我国男子冰壶队的最佳战绩。

二、学习冰壶

视频讲解

（一）滑行技术

1. 直立滑行

在直立滑行时，两脚首先平行开立，右脚轻轻向后蹬冰，然后回到原位，重复动作。重心要在左侧支撑腿上。

在直立滑行过程中，身体不要向后仰。重心在前脚掌上，膝关节在蹬冰时微微弯曲，身体保持直立状态（图 9-45）。

图 9-45 直立滑行

2. 蹬踏滑行

（1）准备动作（图 9-46）。

上踏板时，要站在踏板的正后方，右脚踩在踏板的 2/3 处，不要过高，也不要过低。脚尖对准滑行的点位。左脚向前半步，下蹲。下蹲时右膝下压，左腿起到支撑的作用。在整个滑行准备过程中，重心要一直在身体的中间，不要偏向任何一侧。

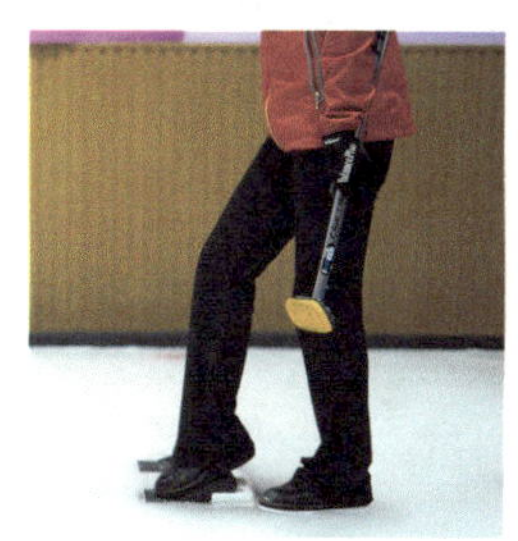

图 9-46 准备动作

（2）起滑（图 9-47）。

起滑时重心要向前下压，头部高度保持不动，进行提臂动作，呈半蹲的姿势。

（3）后引（图 9-48）。

起滑动作完成后，整体重心要向后平移，身体的高度保持不变，滑行脚也要沿直线向后移动，脚尖对准目标点，并且右脚不要转动，后移的距离要在可控范围内，如两脚之间。

图 9-47　起滑

图 9-48　后引

(4) 蹬踏滑行（图 9-49)。

蹬踏滑行是整个基本姿态滑行最为关键的一个动作。蹬踏时左腿为支撑腿，右腿为辅助腿，左腿向前滑行的同时，膝关节和脚尖向外打开至 45°角，帮助保持滑行平稳。右脚轻轻地蹬踏踏板，伸展右腿。

图 9-49　蹬踏滑行

重点：在滑行中，重心在前脚掌。同时通过降低上体的重心，来提高滑行的稳定性。从踩上踏板开始到滑行结束，左手持杆时要一直保持在左前方，右手在身体中间位置，滑行时，要做到点位、滑行脚和辅助腿三点一线，以保证滑行的准确性。

(5) 滑行点线练习方法。

①半场准确度练习（图 9-50)。

学生可以在前掷线外摆放一个障碍物，然后在滑行过程中用脚踝中间的位置触碰，来检验点线的准确性。

图 9-50　半场准确度练习

②流畅滑行练习（图 9-51)。

学生在大本营的 T 线上摆放两个障碍物，中间保持可以穿过一个壶的距离，滑行时从中间穿过，这种练习方式可以提高学生的滑行姿态，保持三点一线，不仅能提高准确性，更能提高流畅性，帮助学生在投壶时提高成功率。

图 9-51　流畅滑行练习

注意：冰壶运动滑行的点线均为延长线，所以在摆放障碍物时角度不要过大，要控制在比赛端大本营的范围内。

（二）出手技术

1. 持壶

持壶（图 9-52）时，可把冰壶壶盖比作表盘，手柄连接处作为 12 点方向。握壶时手柄连接处在前方，四个手指并拢，中指找到壶中心的位置，运用半掌握壶，不要整个手掌抓住手柄；持壶时手肘要向内收，不要压腕或者吊腕。

图 9-52　持壶

2. 顺时针出手

顺时针出手（图 9-53）是指手柄从 10 点方向转动到 12 点方向出手。

图 9-53　顺时针出手

3. 逆时针出手

逆时针出手（图 9-54）是指手柄从 2 点方向转动到 12 点方向出手。

注意：学生要保证出手的完整性，在滑行过程中时针的角度不要边滑行边转，在自由防守区中间的位置开始出手，前掷线前完成动作，保证有效投壶。

图 9-54　逆时针出手

4. 出手技术练习方法

两人一组，在冰场的两侧保持蹬踏滑行准备动作，以场地的标志线为基准进行出手技术练习（图 9-55），使冰壶沿直线运行，如果有偏离的轨迹则说明学生出手的方向不正确，可以根据线路表现调整。

图 9-55　出手技术练习

注意：加转时控制冰壶从一侧到另一侧的旋转圈数刚好是一圈。

（三）扫冰技术与练习方法

1. 扫冰的意义

扫冰是为了更好地提升每一次投壶的效果，它可以帮助冰壶运行得更远或者稍微改变冰壶运行的线路。有效地扫冰不仅能起到辅助投壶的作用，而且可以大幅度提升一支队伍投壶的成功率。

2. 持杆

持杆（图 9-56）时可以根据自己的习惯，左手在下或者右手在下均可。持杆时双手距离至少要比肩宽，下面的手握在冰刷的 1/3 处。上面的手臂的上臂要夹住、控制住杆的上半部分。扫冰时重心要压在冰刷上，利用身体的重量，上臂带动前臂去扫冰壶运行的位置。

图 9-56　持杆

3. 位置与步法

扫冰时身体要在冰壶的侧方或侧后方，跟着冰壶的速度同步滑行。学生可以佩戴鞋套，使用侧向的前交叉步跟随擦冰，也可以用侧滑的方式向前移动（图 9-57）。

图 9-57 位置与步法

4. 扫冰

要做到有效扫冰（图 9-58）：首先冰刷要在距离冰壶最近的位置，并沿着冰壶运行的线路进行快速的扫冰动作；其次要利用身体的重心去擦冰，而不是单靠上肢的力量。

图 9-58 扫冰

5. 扫冰技术的练习方法

（1）扫冰线路控制。

两人一组，一人持杆推壶，另一人进行扫冰练习，推壶的人可以不断改变壶的运行速度或轻微调整线路，可以帮助提升对扫冰线路的控制。

（2）双人配合扫冰。

每个人扫冰的习惯都不相同，学生要多与经常配合的队友一起扫冰，相互习惯对方的位置与高度，找到适合的位置，减少在比赛时两人扫冰过程中发生的碰撞。

（四）投掷技术

1. 投壶力量

投壶力量的投掷方式有九种，分别为进营、旋球、占位、保护、传球、分球、粘贴、旋粘和旋磕。

（1）进营：没有任何障碍，投壶到大本营内得分区。

（2）旋球：绕过自由防守区的壶，旋到占位壶后方，形成隐藏。

（3）占位：常用在开局，投到自由防守区的指定位置，为战术做布局。

（4）保护：投到大本营得分壶前方的自由防守区，起到保护作用。

（5）传球：将自由防守区的壶传进大本营。

（6）分球：将壶轻磕分到场地两侧，同时又不变为无效球。

（7）粘贴：投壶到大本营内，贴在对方壶的前侧，增加对方击打难度。

（8）旋粘：旋球的同时，贴在对方壶的前侧。

(9) 旋磕：把在自由防守区后方的壶轻磕到大本营的底线或者后区。

2. 力量控制的练习方法

学生投壶力量的决定权不应在自己的手臂上，而应在腿部。学生要学会用蹬踏的辅助腿去控制力量。学生要建立力量记忆，也就是每一次投壶之后要记住上一次蹬冰的力量本体感觉。

练习时，学生可以把大本营划分区域，分值为1～5分。最外圈为1分，圆心为5分，每次给自己设定一个分值目标，如10分或20分，尝试用最少的壶完成目标。每次出手后学生要跟随壶一起滑行去判断力量，看看最后壶的效果和自己的判断是否一致，帮助校正力量的本体感受，提高力量记忆能力。

3. 击打力量

击打力量的投掷方式有九种，分别为打定、打留、打甩、打飞、清球、传击、双飞、旋打和多飞。

(1) 打定：击打对方的壶后，停留在被击打壶的原位。

(2) 打留：击打后停留在大本营内的任何位置，仍为得分壶。

(3) 打甩：击打后停留在四垒指定的位置，一般在占位壶的后方，形成保护。

(4) 打飞：将营内得分壶打飞的同时，本方的壶也溜出大本营。

(5) 清球：将自由防守区的占位球清开，减少前方障碍。

(6) 传击：通过击打本方或对方的壶，二次传击，击打目标壶出大本营。

(7) 双飞：将对方的2个壶击打出大本营。

(8) 旋打：小力量击打，把自由防守区后方的壶刚好击打出大本营。

(9) 多飞：将对方3个以及3个以上的壶同时击打出大本营。

4. 击打准确度的练习方法

学生沿大本营的T线，每个区域的边线摆放相同颜色的壶，共8只，8个击打点。尽可能多地打定，把8只相同颜色的壶通过击打全部替换成另一种颜色。

(五) 战术

1. 先手与后手战术

(1) 先手的定义与特点。

先手是指开局先投壶的一方，也就是说先手没有比分的决定权，因此先手想要得分就比较困难。学生为了防止后手最后简单地进营得分，就要控制大本营内中区。目的是在中区进行进攻，增加后手最后一投的难度，从而达到偷分的目的。

(2) 后手的定义与特点。

后手就是开局后投壶的一方，拥有最后一投的优势，所以在单局中得分的机会较大。后手只需要确保中区的位置是敞开的，那无论对方营内有多少只得分球，后手都有机会至少得一分。

在后手进攻的战术开局当中，我们可以选择边区占位，然后进行边区的旋进等战术布局。如果先手进攻模式较强或局势不占优势，我们可以选择清球战术，不影响最后一投的线路即可。

2. 进攻与防守战术

冰壶运动的进攻与防守战术与大家所想象的进攻与防守并不相同，通常我们所想的进攻就是进营，把壶投进大本营内形成得分为进攻，把壶击打出大本营为防守，实则恰恰相反。

（1）进攻战术。

在冰壶比赛落后或比分相近的情况下，学生可以选择进攻战术。进攻战术的开局打法可以根据先、后手的情况选择中区占位或边区占位。在冰壶的规则中，前 5 个自由防守区的球不能打成无效球。简单来说，学生想要进攻，也就是想得分，就要制造大本营内多球的情况，有了占位的壶才能有旋进、旋粘等策略，增加对方击打与投壶的难度，从而达到得分的目的。

（2）防守战术。

相对来说，防守战术的目的是减少或阻止对方得分，这就要进行简单的进营击打战术，把对方所有的有效壶击打出有效区域，从而减少对方得分的机会。

3. 制定战术的相关因素

（1）当前比分。

在制定战术时，我们首先要根据比分的情况去制定总体战术是进攻还是防守。

（2）当前局数。

在每局比赛开始前，我们要考虑当前的局数，当比分相近时我们就要争取最后一局的后手权。

（3）先后手情况。

每一局比赛都要根据先后手制定每一投的战术，先手要确保不输 2 分或 2 分以上，可以给对手 1 分进行先后手的倒局；后手要保证不让先手偷分，在制定战术时确保四垒最后一投至少可以得 1 分或 0∶0 延续后手优势。

（4）战术执行程度。

再好的战术，执行不出来也是无效战术，所以在布置战术时学生要考虑难易程度，选择容错率较高的战术，降低失误成本。

（5）对手情况。

学生可以根据对手的喜好来制定战术，如果对手的优势是击打，那学生在布局时可以多给对手留进营的战术；如果对手擅长顺时针，学生就可以选择逆时针的一侧进行进攻。

（6）我方情况。

在战术可选性较强时更要优先考虑队友所擅长的战术，这样可以帮助队友增强自信心，从而提高成功率。

（7）冰场状况。

冰场会根据比赛的进程而不断地变化，在选择战术时可以优先选择冰面条件较好、学生更熟悉的一侧。

冰壶战术没有完全的对和错，在比赛时学生可以推测对方的战术。再好的战术如果没有匹配的技术也达不到预期的效果，所以在比赛中学生更要结合自己的能力，根据队伍特点和比赛实际情况来调整战术，只有适合自己的战术才是有效的战术。

教学相长

冰壶运动需要体力和脑力相结合，还需要团队配合，因此在教学中要从加强思维、顾全大局等方面挖掘课程思政元素。具体如下：

第一，冰壶有别于其他体能类的运动项目，是一项集智慧与技术于一体的冰上运动。在参与的过程中，学生不仅要发挥技术，更要有战术的预设安排和应变能力，这可塑造学生果敢、果断的品格，增强逻辑思维的严谨性。

第二，在冰壶的比赛过程中，无论是场地、站位还是战术都有具体的规则。学生可以在比赛的过程中学习冰壶竞赛规则，在规则允许的范围内设计战术打法，从而树立规则意识，尊重规则、遵守规则。

第三，有竞赛就会有胜负，冰壶比赛是通过积累得分计算胜负的，在这个过程中比分会有落后或领先的情况。在培养学生竞争意识的同时，教师要教会学生正确地看待比赛结果，培养学生健康、积极的心态，使其做到胜不骄、败不馁，无论比分如何，都能以平静的心态、冷静的头脑完成每一局冰壶比赛。

思考题

(1) 通过学习和练习冰壶，你认为冰壶运动能培养学生哪些优秀品质？

(2) 你认为冰壶运动的主要特点是什么？

(3) 你觉得冰壶运动员最需要的身体素质是什么？

(4) 参加冰壶运动的注意事项有哪些？

第五节　其他冰雪项目

其他冰雪项目包括雪橇和雪车、北欧两项、冬季两项等，受限于篇幅，我们将这些内容放在二维码中，供读者参考。

其他冰雪项目

第十章　休闲及其他体育项目

第一节　轮滑

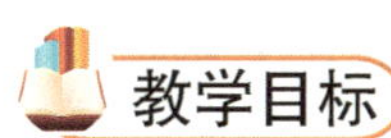

教学目标

价值塑造：轮滑运动区别于平时学生们熟悉的平地跑跳等运动形式，需要接受较大的身体挑战和意志磨砺才能逐步跨入“行云流水”的自由境界。由笨拙到自如的过程困难很大，但对学生的身心锻炼价值也很大，可以极大地培养学生对生活的积极态度，提高其战胜自然和自我的信心。

能力培养：通过上下肢、核心力量的锻炼，以及身体各部位的协调配合运动，学生可以达到平衡稳定、身手敏捷、反应迅速的目的，练就强健体魄，熟练使用动作技术；在不断的身心驯服过程中，建立强大的身心调控能力；养成规则意识，建立和谐的团队合作关系。

知识传授：了解轮滑运动的各种理论知识；掌握关于各类轮滑项目的基本情况；掌握常用的基础滑行技术动作和一定的滑行控制技能，为树立健康第一的意识和养成终身体育的习惯奠定基础。

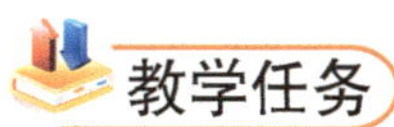

教学任务

一、认识轮滑

（一）轮滑的起源与发展

轮滑是从溜冰运动发展而来的，公元 1100 年前后出现了有文字记载的最早的溜冰鞋，猎人们为了在冬天也能方便地进行打猎，他们将兽骨装在长皮靴脚掌上滑动，由此诞生了溜冰鞋的雏形。公元 1700 年，苏格兰人创造性地制造出了第一双在陆地上也能滑的溜冰鞋。公元1760年，一位名叫约瑟夫·梅林的伦敦乐器制造商制造出一双有轮子的金属长靴。

公元1863年，美国人詹姆士发明了真正意义上的第一双双排溜冰鞋。这种溜冰鞋轮子分前后两组，由两个轴串起两个轮子，前后四个轮子上的轴承可以使轮子很稳定地转动，可以非常自如地做前进、后退和转弯等各种动作，这就是近代曾广为流行的双排溜冰鞋。后来其不仅成为花样轮滑、双排轮滑球、极限轮滑的运动器材，而且是花样轮滑（双排组别）、轮滑舞（果酱溜冰）项目的专属运动器材。

（二）轮滑的分类

（1）花样轮滑。花样轮滑是所有观赏性轮滑项目的根源。花样轮滑运动比赛项目包括男、女单人滑，男、女双人滑，舞蹈三项。

（2）速度轮滑。速度轮滑是以单排、双排轮滑鞋为比赛工具的竞赛项目，分场地跑道比赛和公路比赛两种。

（3）自由式轮滑。自由式轮滑中最有代表性的就是Slalom，即平地花式（简称平花）。平地花式和花式刹停都是自由式轮滑的子项目。

（4）轮滑球。轮滑球被誉为轮滑项目的最高境界。双排轮滑球赛使用的是真正的圆球，而单排轮滑球赛使用的是球饼。比赛队员穿着双排轮或单排轮进行比赛。比赛双方各上场4名队员和1名守门员。1992年，双排轮滑组别的轮滑球曾登上巴塞罗那奥运会的赛场。

（5）滑板。滑板于20世纪50年代末60年代初由冲浪运动演变而来，是极限运动的鼻祖。它是运动员脚踩滑动的器材，在不同地形、地面及特定设施上，在音乐的旋律下，完成各种复杂的滑行、跳跃、旋转、翻腾等高难动作的技巧性运动。滑板运动在2020年东京奥运会上首次成为比赛项目。

（6）轮滑速降。轮滑速降是一种很刺激的类似速滑的轮滑形式，一般选择在比较陡峭的公路或山路上进行，靠路面的倾斜给予动力。

（7）轮舞。轮舞分为Jam Skating和JB Skating。Jam Skating于20世纪70年代在美国随着Disco的兴起而盛行，曾经也叫Roller Disco。双排轮滑结合Locking Popping Hip Hop、Breaking Free Style等舞种成为一种新兴的潮流街头文化。

（8）轮滑阻拦赛：又称为“轮滑德比”，极具对抗性和团体合作性，是一项竞技性的轮滑运动，至今在全球有约1250个联盟。它起源于20世纪30年代的美国，主要以女性运动员为主要参赛者，结合了轮滑、摔跤与橄榄球的元素，因此具有很强的观赏性。

（9）极限轮滑。极限轮滑也叫特技轮滑，按个人意愿与习惯可以选用直排或双排极限轮滑鞋，为年轻人所追捧。

（10）休闲轮滑。休闲轮滑就是俗称的刷街，是一种穿着轮滑鞋漫步于室外，感受轮滑带给人的轻松、愉快和自在的轮滑形式。

二、学习轮滑

(一) 基础滑行

(1) 基本技术动作一——安全地摔。
(2) 基本技术动作二 1——原地站立。
(3) 基本技术动作二 2——原地踏步。
(4) 基本技术动作三——外八字向前滑行。
(5) 基本技术动作四——葫芦形向前滑行。
(6) 基本技术动作五——内八字向后滑行。
(7) 基本技术动作六——葫芦形向后滑行。
(8) 基本技术动作七——前压步滑行。
(9) 基本技术动作八——后压步滑行。
(10) 组合技能一——护具刹停。
(11) 组合技能二——内八字刹停。
(12) 组合技能三——T 字刹停。
(13) 组合技能四——前转后一字步衔接滑行。
(14) 组合技能五——后转前一字步衔接滑行。
(15) 组合技能六——前转弯刹停。

(二) 自由式滑行

(1) 单脚长滑。
(2) 葫芦形滑双脚变刃滑。
(3) 原地画圆。
(4) 十字控轮。
(5) 葫芦形叠脚滑。
(6) 四点重心滑。
(7) 鱼形滑。
(8) 蛇形滑。
(9) 前交叉滑。
(10) 后交叉滑。
(11) Crazy。
(12) 盘藤滑。
(13) 正 Double Crazy。
(14) 倒 Double Crazy。

三、轮滑的练习方法

(一) 轮滑的练习方法与组织

(1) 陆地模仿练习。

（2）原地穿鞋模仿练习。

（3）行进间穿鞋分解或慢速练习。

（4）行进间完整练习。

（5）分层递进。

（6）模块化动作学练。

（二）基础轮滑技术的练习方法

1. 单个练习

（1）安全地摔。

练习方法：

①向前摔（图 10-1）。

②向侧摔（图 10-2）。

③向后摔（图 10-3）。

图 10-1　向前摔

图 10-2　向侧摔

图 10-3　向后摔

（2）原地站立及踏步。

练习方法：

①原地站立练习。

a. A 字内刃站立（图 10-4）。

b. H 形平刃站立（图 10-5）。

图 10-4　A 字内刃站立

图 10-5　H 形平刃站立

c. V 形外刃站立（图 10-6）。

d. N 形内外刃站立（图 10-7）。

图 10-6　V 形外刃站立

图 10-7　N 形内外刃站立

e. T 字平外刃站立（图 10-8）。

图 10-8　T 字平外刃站立

②原地踏步练习。

（3）外八字向前滑行（图 10-9）。

（4）葫芦形向前滑行（图 10-10）。

图 10-9　外八字向前滑行

图 10-10　葫芦形向前滑行

（5）内八字向后滑行（图 10-11）。

(6) 葫芦形向后滑（图 10-12）。

图 10-11　内八字向后滑行

图 10-12　葫芦形向后滑

(7) 前压步滑行（图 10-13）。

图 10-13　前压步滑行

①并步绕圆练习。

②压步（交叉步）绕圆练习。

(8) 后压步滑行（图 10-14）。

图 10-14　后压步滑行

①并步后滑绕圆。

②压步（交叉步）后滑绕圆。

2. 组合练习

(1) 护具刹停（图 10-15）。

(2) 内八字刹停（图 10-16）。

图 10-15　护具刹停

图 10-16　内八字刹停

（3）T 字刹停（图 10-17）。

图 10-17　T 字刹停

（4）前转后一字步衔接滑行（图 10-18）。

图 10-18　前转后一字步衔接滑行

（5）后转前一字步衔接滑行（图 10-19、图 10-20）。

图 10-19　后转前一字步衔接滑行（1）

图 10-20　后转前一字步衔接滑行（2）

（6）前转弯刹停（图 10-21）。

图 10-21　前转弯刹停

（三）自由式轮滑技术的练习方法

1. 单个练习

（1）单脚长滑（图 10-22）。

(2) 葫芦形滑双脚变刃滑（图 10-23）。

图 10-22　单脚长滑

图 10-23　葫芦形滑双脚变刃滑

(3) 原地画圆（图 10-24）。

(4) 十字控轮（图 10-25）。

10-24　原地画圆

图 10-25　十字控轮

(5) 葫芦形叠脚滑（图 10-26）。

图 10-26　葫芦形叠脚滑

(6) 四点重心滑（图 10-27 至图 10-30）。

图 10-27 四点重心滑（1）

图 10-28 四点重心滑（2）

图 10-29 四点重心滑（3）

图 10-30 四点重心滑（4）

(7) 鱼形滑（图 10-31）。

(8) 蛇形滑（图 10-32）。

图 10-31　鱼形滑

图 10-32　蛇形滑

（9）前交叉滑（图 10-33）。

（10）后交叉滑（图 10-34）。

图 10-33　前交叉滑

图 10-34　后交叉滑

2. 组合练习

（1）Crazy（图 10-35 至图 10-38）。

图 10-35　Crazy（1）

图 10-36　Crazy（2）

图 10-37　Crazy（3）

图 10-38　Crazy（4）

（2）盘藤滑（图 10-39 至图 10-42）。

图 10-39　盘藤滑（1）

图 10-40　盘藤滑（2）

图 10-41　盘藤滑（3）

图 10-42　盘藤滑（4）

（3）正 Double Crazy（图 10-43、图 10-44）。

图 10-43　正 Double Crazy（1）

图 10-44　正 Double Crazy（2）

（4）倒 Double Crazy（图 10-45、图 10-46）。

图 10-45　倒 Double Crazy（1）

图 10-46　倒 Double Crazy（2）

教学相长

第一，在课堂内外“学、练、赛”过程中，教师积极引导学生从个人体育实践的历程中去体会“更快、更高、更强——更团结”的奥林匹克格言；坚持就是胜利，一分耕耘，一分收获的思想意识；让“公平竞争，遵守规则；尊重自己、尊重对手；胜不骄、败不馁”的体育价值观内化于心、外化于行，实现体育育人的价值。

第二，轮滑项目具有“摔跤是常态”的特点。教师应积极引导学生在不断地摸爬滚打中适应这种常态化的挫折，放下想赢怕输的思想包袱、建立越挫越勇的强大心态，实现“挫折教育”的目的。

第三，轮滑项目具有动态平衡的特征，在单个动作的学习中是这样，贯穿整个轮滑项目的学练过程也是这样。专项能力的获得与提高既在于在不稳定中建立稳定的平衡感，又在于在不停地突破舒适区、打破旧的低平衡、建立新的更高平衡的过程中完成身心的修炼。

思考题

（1）请说出一个你喜欢的轮滑运动员的名字，讲一讲他/她让你佩服和感动的地方，以及他/她带给你的启示或帮助。

（2）通过学练轮滑，你认为轮滑运动如何帮助你塑造个性、完善人格？

（3）轮滑项目与冰上项目基本都有伴生关系，请参考你自己的亲身经历谈谈对“轮转冰，冰促轮”路径的理解，并查阅资料举一个成功案例。

第二节　瑜伽

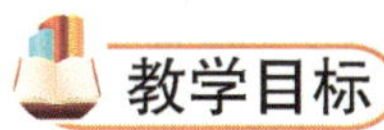

教学目标

价值塑造：学习瑜伽可以提高学生的身体柔韧性、灵敏度及协调性，使学生树立终身体育的意识，激发其在有一定难度的体育活动中勇敢顽强、克服困难的意志品质。

能力培养：以瑜伽体式和呼吸练习为主要手段，在课堂上教师通过具体的体式和呼吸方法的示范及讲解，帮助学生实现心理和生理的健康发展，深化其对自身的了解。瑜伽练习能够提高学生的情绪调控能力，增强其审美能力；帮助学生树立健康的生活理念。

知识传授：通过瑜伽体式、呼吸与调息、冥想等内容，帮助学生强健身体、注重自我意识，使学生学会控制身体活动及稳定情绪，由内而外地实现自我完善。

教学任务

一、认识瑜伽

（一）瑜伽的起源与发展

瑜伽起源于印度，并伴随着古印度文明的演进而不断发展。它是一种运用古老而易于掌握的方法，锻炼人们的生理、心理、情感和精神等方面，以达到身体与精神和谐统一的独特运动形式。

对于瑜伽发展的历史阶段，有各种说法和分类。在此将瑜伽的起源与发展按如下四个阶段来简述：一是原始瑜伽阶段（公元前 3000 年至公元前 6 世纪婆罗门教兴盛时期），二是瑜伽体系形成阶段（公元前 6、7 世纪至《薄伽梵歌》出现之前），三是瑜伽体系完善阶段（公元前 2 世纪至公元 2、3 世纪），四是近现代发展传播阶段（公元 2、3 世纪至今）。

（二）现代瑜伽的性质与特点

现代瑜伽主要是用来锻炼身体的，经过瑜伽体位法的练习、呼吸法及静坐，将身体的肌肉、骨骼及内分泌系统调节到最健康的状态，可使人精力充沛且身心愉快。

（1）瑜伽不是一项竞技性运动，运动强度可自行控制，练习者可发挥主观能动性，动作没有统一标准，只要做到自身极限即可。

（2）瑜伽练习节奏缓慢、柔和，能够增强身体的感知力，锻炼身体深层的肌纤维。

（3）瑜伽体式练习注重身体的均衡发展，每次练习都包括身体的前屈后仰、左右侧屈、左右扭转等各个对称方向上的运动。

（4）瑜伽注重倒立体式的练习，能够直接刺激到练习者的脑垂体、松果体、甲状腺等腺体，滋养人体各个系统。

（5）瑜伽练习可以影响练习者的日常行为，练习结束后平静柔和的心态能够使其行为更加友善。

二、学习瑜伽体式

（一）仰卧放松功（挺尸式）

练习方法：仰卧，背部贴地，双手放于体侧，掌心向上，两脚舒适分开，放松全身，自然呼吸（图 10-47）。

图 10-47　仰卧放松功（挺尸式）

动作要领：背部脊柱柔软放松，尾骨内收，腰椎下沉。练习时运用腹式呼吸。

（二）腹部核心强化体式

1. 仰卧举腿

预备姿势：仰卧，两脚并拢，双手放于身体两侧，掌心向下（图 10-48）。

练习方法：吸气，向上举腿至 90°，保持 3～5 次呼吸（图 10-49）；逐渐向下落到 60°（图 10-50），保持 3～5 次呼吸；再逐渐向下落到 30°，保持 3～5 次呼吸（图 10-51）；呼气，慢慢落下，还原到仰卧。

图 10-48　预备姿势

图 10-49　仰卧举腿（1）

图 10-50　仰卧举腿（2）

图 10-51　仰卧举腿（3）

动作要领：在保持体式的过程中保持自然呼吸，动作保持匀速。下背部紧贴地面，不能抬起，腹部用力。两脚向远蹬，保持两腿四面肌肉韧带的均匀伸展。

2. 仰卧蹬自行车

预备姿势：仰卧，两脚并拢，双手放于身体两侧，掌心向下（图 10-52）。

练习方法：吸气，屈膝抬高，两腿在空中做蹬自行车的动作（图 10-53）。向前蹬 15 秒，向后蹬 15 秒。

动作要领：动作保持匀速，幅度越大越好。

图 10-52　预备姿势

图 10-53　仰卧蹬自行车

3. 仰卧船式

预备姿势：坐姿准备，两脚并拢，双手放于身体两侧（图 10-54）。

图 10-54　预备姿势

练习方法：双手放至臀部后侧一掌距离，指尖朝向臀部，上体后倾约 45°；吸气，两腿并拢，抬起向上；抬起手臂，平行于地面（图 10-55）；保持 3～5 次呼吸。

动作要领：腹部稍稍内收用力，胸骨上提，背部保持挺拔伸展。初学者完成退阶动作屈膝（图 10-56）。

图 10-55　仰卧船式（1）　　图 10-56　仰卧船式（2）

（三）背部核心强化体式

1. 狮身式

预备姿势：俯卧，屈肘，双手放于身体两侧，上臂内收，两腿、两脚并拢。

练习方法：吸气，抬头抬肩，脊柱向后卷曲，胸部离地，颈项伸展，肘、前臂不离地（图 10-57），保持 3～5 次呼吸，自然呼吸，还原时将身体慢慢放回到垫子上。

动作要领：两肩放松下沉。

图 10-57　狮身式

2. 眼镜蛇式

预备姿势：俯卧，两腿、两脚并拢，肘关节弯曲，双手放在胸部两侧，上臂内收。

练习方法：吸气，抬头抬肩，脊柱向后卷曲，上体慢慢离开地面，颈项伸展，双手跟随胸部离开地面（图 10-58），抬高至自身极限，保持 3～5 次呼吸，自然呼吸。身体按原路线返回。

动作要领：沉肩，展胸腔。含胸耸肩会导致身体前侧不能很好地伸展，同时造成肩部的紧张。

图 10-58 眼镜蛇式

3. 展式

预备姿势：俯卧，前额着地，双手于体后十指交叉（图 10-59）。

练习方法：吸气，伸展两臂向后拉，抬头看前方（图 10-60），保持 3～5 次呼吸；呼气，上体慢慢回到垫子上。

动作要领：沉肩，展胸腔。

图 10-59 预备姿势

图 10-60 展式

（四）肢体力量体式

1. 站立山式

练习方法：站立，两脚并拢，大脚趾相碰，感觉大脚趾、小脚趾和脚跟牢牢踩实，重心均匀落在两脚掌上；髌骨上提，大腿收紧；收尾骨，臀部收紧，提耻骨，收紧腹部；脊柱向上延展，两肩下沉，背部平展；头颈正直，双眼平视前方（图 10-61）。

动作要领：山式是一个垂直站立的姿势，要求学生像山一样牢固地伫立在大地上。

图 10-61 站立山式

2. 斜板式

预备姿势：猫式预备姿势（图 10-62）。

练习方法：依次向后伸直腿，脚尖踩地，头部、躯干、肩部、胯部和踝部保持在同一水平面上（图 10-63）。自然呼吸，保持 30～60 秒。

动作要领：双手撑地，收紧核心，背部挺直，全身保持稳定状态。

图 10-62　猫式预备姿势

图 10-63　斜板式

3. 虎式

预备姿势：猫式预备姿势（图 10-64）。

练习方法：吸气，向后伸展左腿，尽量抬高，同时抬头展颈（图 10-65）；呼气，慢慢还原，膝盖向前找鼻尖（图 10-66）；吸气，再次伸展，重复做 5 次。换右侧练习。

动作要领：收腿时，脚尖尽量不接触地面。

图 10-64　猫式预备姿势

图 10-65　虎式（1）

图 10-66　虎式（2）

（五）肢体柔韧体式

1. 简化牛面式

预备姿势：两脚并拢，屈膝跪坐在脚跟上。

练习方法：吸气，右臂上举过头，屈肘，右手放于两肩胛骨之间；弯曲左臂，右手与左手在背后十指相扣（图 10-67）；吸气，抬头平视前方，自然呼吸，保持 3～5 次呼吸。解开双手还原。换反侧练习。

动作要领：整个脊柱始终保持直立，不要低头。

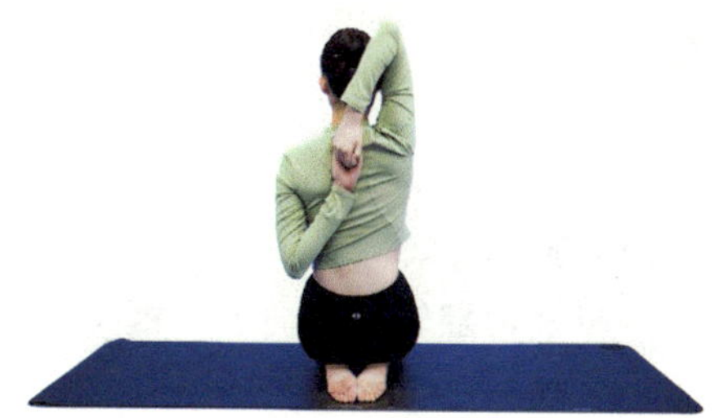

图 10-67　简化牛面式

2. 顶峰式

预备姿势：猫式预备姿势。

练习方法：吸气，十个手指大大张开，充分压实于地面，将臀部抬高，伸直两腿；呼气，伸展整个背部，头部处于两臂之间，伸展整个背部；呼气，脚跟落地，自然呼吸，保持 30～60 秒（图 10-68）。

动作要领：十指展开，虎口主动压实地面，减少手腕压力。背部充分伸展，力量延展至尾骨。

图 10-68　顶峰式

3. 半蝶式

预备姿势：坐立。

练习方法：屈右膝，双手抱住右脚，放于左大腿根部，每次呼气时，右手向下按压右膝（图 10-69），10 次后，右手将右膝压向地面或停在自己的极限位置，保持 3～5 次呼吸，手放松，打开右膝。换左侧练习。

动作要领：脊柱保持直立，动态练习根据自身情况，做到自身极限即可。

图 10-69　半蝶式

（六）平衡力提升体式

1. 天式

预备姿势：两脚分开，与髋同宽站立。

练习方法：双手十指相扣，吸气，翻转掌心向上，提拉手臂和脊柱，慢慢提踵，伸展全身（图 10-70），保持 30～60 秒，自然呼吸。呼气，落下双手，两脚跟落地还原。

动作要领：脚掌向下扎实蹬地，启动核心力量，帮助稳定身体，保持脊柱直立，切忌塌腰。

2. 屈腿式

预备姿势：山式站立。

练习方法：屈左膝上提，双手十指交叉抱住左腿，使左腿尽量贴近胸部（图 10-71），自然呼吸，保持 3～5 次呼吸。呼气，还原至预备姿势。换右侧练习。

动作要领：始终保持髋关节正位，保持脊柱伸展。

图 10-70　天式

图 10-71　屈腿式

3. 金鸡独立式

预备姿势：山式站立。

练习方法：将重心放在右脚上，左脚向后抬起，左手抓住左脚背，尽量使左脚跟紧贴臀部，两侧膝盖并拢，右臂高举过头顶，伸展向上，保持 3～5 次呼吸（图 10-72）。换左侧练习。

动作要领：保持好身体的平衡，身体上下充分拉伸。

图 10-72　金鸡独立式

（七）脊柱保养体式

1. 鳄鱼扭转式

预备姿势：仰卧，两臂向两边平伸贴地，双手掌心向下（图 10-73）。

练习方法：吸气，右腿弯曲抬起，向左侧扭转落于地面，头部转向右侧（图 10-74），保持 5 次呼吸。换左腿练习。

动作要领：腿外侧向左、右扭转时要完全贴地。

图 10-73 预备姿势

图 10-74 鳄鱼扭转式

2. 猫式

预备姿势：双手向前撑地，落于两肩正下方，十指张开，脊柱自然伸展，两膝分开，与髋同宽（图 10-75）。

练习方法：吸气，脊柱下沉，伸展颈项，抬头看向前斜上方（图 10-76）；呼气，向上拱背，低头含胸收腹（图 10-77）。重复练习 10 次。

动作要领：呼气时，收缩腹部，效益增强。

图 10-75 预备姿势

图 10-76 猫式（1）

图 10-77 猫式（2）

3. 骆驼式

预备姿势：跪立垫上，两膝和两脚张开，与髋同宽，双手置于身体两侧（图 10-78）。

练习方法：吸气，腰部上提，脊柱缓慢后弯，双手自然下垂，放于两脚跟上，保持大腿垂直于地面，将头部尽量后仰，轻轻将脊柱推向大腿方向（图 10-79）；自然呼吸，保持 3～5 次呼吸；吸气，身体慢慢还原。

动作要领：动作幅度不宜过大，以免晕眩或肌肉拉伤。

图 10-78　预备姿势

图 10-79　骆驼式

（八）放松安神体式

1. 俯卧放松功

练习方法：俯卧，转头面部一侧贴地，两臂在身体两侧伸展，掌心向上，两腿打开，略宽于骨盆，保持自然呼吸（图 10-80）。

图 10-80　俯卧放松功

2. 鳄鱼休息式

练习方法：俯卧，手臂向前伸展，屈肘，双手叠放，将额头放于叠放的双手上，两腿自然分开，两脚脚尖向外，头、颈、肩、背部完全放松（图 10-81）。

图 10-81　鳄鱼休息式

3. 霹雳坐姿

练习方法：跪坐于垫上，臀部落于两脚跟上，双手放于大腿上，自然呼吸，放松全身，可意守眉心（图 10-82）。

图 10-82　霹雳坐姿

教学相长

瑜伽是一种运用古老而易于掌握的方法，锻炼人们生理、心理、情感和精神等方面，以达到身体与精神和谐统一的独特运动形式，其对于大学生的思想教育作用主要体现在四个层面：

第一，瑜伽与太极相似，同属于东方传统体育运动，练习中始终需要关注的是内心的“平和”，对个体而言的“平和”扩而大之，对世界而言就是“和平”，充分体现出了和谐、仁爱的东方传统文化精神，能够潜移默化地影响学生的思想及价值观。

第二，瑜伽练习的内容、方式及方法是传承了5000多年的东方古老健身术，能够帮助学生更加全面地认识自己的身体、精神及心理，树立“身心一体”的观念，掌握控制自身身体活动及情绪的自主健康方法。

第三，瑜伽练习中的多样化体式动作可使学生更“具身化”地感知动作中所包含的生命意义，如前屈的谦逊、后仰的自信、扭转的灵动、跨步的坚定、支撑的稳定等。

第四，瑜伽课程中的双人练习、小组练习及互相评价的考核方式均可以帮助大学生建立真诚沟通、相互信任、友爱互助、客观公正等良好的思想品德意识及团队合作、乐于创新的新时代青年所应具备的职业素养。

思考题

（1）简述瑜伽的起源与发展。

（2）为何练习瑜伽能够使人趋向健康？

（3）你认为瑜伽练习对你的最大改变是什么？

（4）编排一套适合自己日常练习的瑜伽体式组合动作。

第三节　跆拳道

教学目标

价值塑造：从跆拳道“礼义、廉耻、忍耐、克己、百折不屈”的精神理念出发，培养学生谦虚礼让、吃苦耐劳、积极向上、爱国爱家的良好品质，同时培养学生团结协作、竭诚配合的精神，培养学生尊重对手、尊重同伴的意识，鼓励学生在竞争中相互学习、共同进步。

能力培养：以提高学生身体锻炼为主要目的，在课堂上通过科学、合理的身体锻炼，尤其是腿部力量、柔韧性和协调性的提高，使学生掌握一门运动技能，养成锻炼习惯。

知识传授：了解跆拳道基本常识，掌握必要的跆拳道礼仪，掌握跆拳道基本技术和战术。

教学任务

一、认识跆拳道

（一）跆拳道的起源与发展

跆拳道是现代奥运会正式比赛项目之一，是一种主要使用手和脚进行格斗或对抗的运动。

跆拳道起源于朝鲜半岛，早期是由朝鲜三国时代的跆跟、花郎道演化而来的。“跆拳道”一词，是1955年由韩国的崔泓熙命名的。

1966年，国际跆拳道联合会（ITF）在韩国成立，并由韩国人崔泓熙担任主席。1972年，大韩跆拳道协会的中央道场韩国国技院开始动工。1973年5月，世界跆拳道联盟（WTF）在韩国首尔成立，金云龙当选为主席。1975年，世界跆拳道联盟成为国际体育联合会的成员，令跆拳道运动被更多人认识。5年后，国际奥委会正式承认了世界跆拳道联盟。1988年的汉城奥运会，跆拳道被列为表演项目，2000年的悉尼奥运会，跆拳道作为正式项目进入奥运会大家庭。

（二）跆拳道的特点

1. 竞技跆拳道的特点

跆拳道是一项利用拳和脚进行搏击对抗的竞技运动项目，它通过竞技、品势和功力击破、特技等表现形式，使练习者增强体质，掌握技、战术，并培养其坚韧不拔的意志品质。跆拳道注重礼仪，要求“以礼始，以礼终”，培养人的礼仪、忍耐、谦虚和坚韧不拔的意志品质。

2. 跆拳道品势特点

跆拳道品势是指练习者以技击为主要内容，通过攻守进退的动作编排，形成固定模式的套路，包括品势、竞技品势和自由品势等表现形式。跆拳道品势注重外在“型”的表现形态。跆拳道品势具有动作简练、招式工整、左右对称、阴阳合一、以气促力、刚柔相济、礼始礼终、文武结合和张弛有序的特点。

（三）我国跆拳道项目的发展历程

我国跆拳道项目相比于其他国家开展得较晚，但是发展速度很快。我国跆拳道项目在20世纪90年代起步，1995年在北京体育大学举办了首届全国跆拳道锦标赛，同年8月，中国跆拳道协会成立，我国跆拳道项目自此迅速发展壮大起来。第27届悉尼奥运会，我国跆拳道运动员陈中获得女子67公斤及以上级别冠军。此后，罗微、吴静钰先后在第28、第29届奥运会上夺得冠军，跆拳道项目也因此成为我国奥运会的夺金项目之一。竞技跆拳道的迅速发展带动了大众跆拳道项目的发展，全国各地各类跆拳道培训机构随之蓬勃发展，极大地激发了我国青少年参与跆拳道项目的积极性。全国各个高校对跆拳道项目也较重视，因此在一定程度上加快了跆拳道项目的发展。

二、学习跆拳道

视频讲解

（一）基本技术

1. 鞠躬礼

两脚并拢，身体直立，双手自然下垂，置于身体两侧，向前弯腰，鞠躬30°左右（图10-83）。这就是跆拳道练习者在学习跆拳道礼仪时所应注重的内在的道德修养，它每时每刻都督促着每一位练习者做到知礼、守礼。

图 10-83 鞠躬礼

2. 跆拳道护具装备

跆拳道护具装备主要有护甲（红色、蓝色）、护头（红色、蓝色）、护腿、护臂、护手、护脚等，道服（白色道服）、道带（根据练习者的级别和段位，系相对应的颜色的道带，并以此来判断练习者的竞技水平）。跆拳道护具如图 10-84 所示。

图 10-84 跆拳道护具

3. 跆拳道竞技实战站架（左、右架）

实战站架准备，以右架为例，两脚前后分开，右脚向后移动，两脚距离略宽于肩、两膝微屈，左脚内扣 30°，右脚内扣 45°，踝关节、膝关节有弹性，两脚脚跟离地。同时脚前掌主动撑起来，双手握拳，两臂自然弯曲，重心在身体中央，目视前方（对手），如图 10-85 所示。

图 10-85 实战站架

（二）基本步法、拳法、腿法及拿脚靶方式

1. 前滑步

实战站架准备，重心位于中心部位，前脚主动向前移动，同时后脚主动蹬地，向前跟进（图 10-86）。

图 10-86　前滑步

2. 后撤步

实战站架准备，重心位于中心部位，后脚主动向后移动，同时前脚主动向后移动（图 10-87）。

图 10-87　后撤步

3. 原地跳换步

实战站架准备，以右架为例，左、右脚同时蹬地，原地换步，由右架姿势换成左架姿势。以腰部力量带动两腿相互交换，落地后仍成实战姿势站立（图 10-88）。

图 10-88　原地跳换步

4. 交叉上步

实战站架准备，后（右）脚向前移动半步，同时前（左）脚主动向前移动（图 10-89）。

图 10-89　交叉上步

5. 交叉步后撤步

实战站架准备，前（左）脚向后移动半步，同时后（右）脚主动向后移动（图 10-90）。

图 10-90　交叉步后撤步

6. 拳

跆拳道的拳即正拳。顾名思义，正拳就是用拳头的正面击打对方。五指内屈紧握，拇指第一指压在食指和中指的第二指骨上，拳心朝下为正拳（图 10-91）。使用方法为以直拳出击。

图 10-91　正拳

7. 前踢进攻（中位）

（1）实战站架准备，右脚蹬地，向正前（对手方向）提膝，提膝高度不能低于本人髋关节，重心由右脚移至左脚；右腿同时收紧小腿，绷脚背，弹踢，回收，落地。踢右腿的同时左脚前脚掌向外转动约 45°（图 10-92）。

图 10-92　前踢进攻（中位）

（2）易犯错误：提膝时脚背未绷紧，勾着脚；提膝时小腿折叠不够，小腿过于放松。

8. 后横踢进攻（中位）

（1）实战站架准备，右脚蹬地，向正前方（对手方向）提膝，提膝高度不能低于本人髋关节，重心由右脚移至左脚，双手握拳放于胸前。同时右腿收紧小腿，绷脚背，转髋，左脚向外侧转动约 180°，右腿弹踢，回收，落地，成左架实战姿势（图 10-93）。

图 10-93　后横踢进攻（中位）

（2）易犯错误：转髋时小腿没有加紧，横踢转髋时髋关节没有打开，转髋时支撑脚转动幅度不够或者没有转动。

9. 后横踢进攻（高位）

（1）实战站架准备，右脚蹬地，向正前方（对手方向）提膝，提膝至最高点，重心由右脚移至左脚，双手握拳放于胸前，收紧小腿，绷脚背，转髋；左脚同时向外侧转动约 180°，右腿弹踢，回收，落地，成左架实战姿势（图 10-94）。

图 10-94　后横踢进攻（高位）

（2）易犯的错误：提膝高度不够，小腿折叠不够，没有夹紧。

10. 后横踢反击（中位）

（1）后撤步＋后横踢（中位）（后横踢技术要求同上）。

（2）易犯的错误：后撤步时重心向后移动。

11. 后横踢反击（高位）

（1）后撤步＋后横踢（高位）（后撤步、后横踢技术要求同上后撤步和后横踢技术要求）。

（2）易犯的错误：横踢高位时提膝幅度过大，小腿没有主动回收夹紧。

12. 上步横踢进攻（以右架为例）

（1）实战站架准备，左脚向前移动半步，双手握拳放于胸前，同时右腿提膝、弹踢、回收、落地，成左架实战姿势。

（2）易犯的错误：上步时重心起伏较大。

13. 下劈进攻（以右架为例）

（1）实战站架准备，右脚蹬地，同时正前方提膝至胸前，右腿收紧小腿，提膝至最高点时小腿向正前方伸展、绷脚下压，成左架实战姿势（图 10-95）。

图 10-95　下劈进攻

（2）易犯错误：提膝至最高点时身体向后仰。

14. 360°进攻

（1）实战站架准备，以左架为例。以前腿为轴，后腿主动向对方转体 180°＋后腿横踢（图 10-96）。

图 10-96　360°进攻

（2）易犯错误：转体时身体重心留在原地，不向前移动。

15. 拿脚靶方式（踢靶时需要拿靶的同学配合）

（1）直拳击靶时。闭式或者开式站立，持靶者双手握靶柄，一手握靶垂直向下，另一手握靶与之前那只手成 90°，两个靶面重叠在一起，靶位高度为练习者髋关节以上位置（图 10-97）。

图 10-97　直拳击靶时

（2）前踢击靶时。双方开式站立，靶位高度和拿靶同学自身腹部高度相同，手抓紧脚靶靶根位置，靶面放置水平位，判断对方踢到脚靶的时间同时主动迎合给予力量，使踢靶者脚背感受到踢到脚靶的阻力和力点（图 10-98）。

图 10-98　前踢击靶时

（3）后横踢击靶时。双方开式站立，脚靶与水平面成 45°左右夹角，拿靶者手持脚靶，放于身体腹部高度。后横踢分为中位（图 10-99）和高位（图 10-100），中位脚靶高度在本人或踢靶者腹部高度，高位时脚靶举至本人或踢靶者头部高度。

图 10-99　后横踢中位击靶时

图 10-100　后横踢高位击靶时

(4) 后横踢反击击靶时。双方开式站立，持靶者右脚在前，主动向前（对手方向）移动半步。

(5) 下劈击靶时。开式站立，持靶者手握靶柄，脚靶举过头顶，靶面与地面垂直或成15°～45°角（图10-101）。

图 10-101 下劈击靶时

（三）基本组合技术（空击和脚靶，脚靶包括单一到连击）

(1) 左、右腿横踢进攻（中位、高位）。

(2) 后横踢＋上步横踢。

(3) 后横踢进攻＋后横踢反击（攻防转换）。

(4) 后横踢反击＋后横踢反击（左、右腿）。

(5) 后横踢进攻＋360°进攻。

(6) 后横踢＋后腿下劈。

（四）柔韧

1. 直腿压腿

两腿并拢，直腿向前压（图10-102）。

2. 盘腿压胯

两脚相对，盘腿压胯（图10-103）。

图 10-102 直腿压腿

图 10-103 盘腿压胯

3. 单腿盘腿

单腿盘腿压另一腿（左、右换腿），如图10-104所示。

4. 跨栏式压腿

一腿直腿向前，另一腿屈腿向后，胯打开（左、右腿），如图10-105所示。

图 10-104 单腿盘腿

图 10-105 跨栏式压腿

5. 分腿

两腿向两侧方向直线打开（左、右腿），向前压（图 10-106）。

图 10-106 分腿

（五）基本战术（条件性实战）

（1）后横踢进攻——后横踢反击。

（2）后横踢进攻——拳迎击。

（3）后横踢进攻＋后横踢反击——后横踢反击。

教学相长

跆拳道项目要求“以礼始，以礼终”，通过相互敬礼，传递相互尊重的意义。同学之间要懂得相互配合，使用的技、战术都应在规则范围之内，培养公平竞争的思想意识。只有从内在出发培养学生自律、自强的精神才能不断战胜和超越对手。

练习跆拳道可以培养学生积极主动的精神，并体会相互配合的感觉。两人一组练习脚靶的过程中，需要拿靶一方始终关注踢靶同学何时踢腿，要在对方踢靶的瞬间主动给对方一个阻力，让踢靶同学感受到击打的准确部位和力点。

教师在教学中要营造良好的学习环境。跆拳道课也是一座连接师生、同学之间情感的桥梁，不同院系、不同国家的同学因为跆拳道聚在了一起，因为兴趣爱好打成一片。在运动中，大家拉近了彼此的距离，建立了丰富的交往圈。在这个团队中，学生们更是团结友爱、互相帮扶，通力合作，提高了大家的团队协作意识。

跆拳道运动还能使学生从内心敢于肯定自己。不服输的劲头不只体现在学习上，更能体现在体育运动中，学生要敢于面对任何困难，有战胜困难的思想和行动。

思考题

（1）通过练习跆拳道，你最大的收获是什么？

（2）练习跆拳道需要注意的礼仪有哪些？

（3）练习跆拳道从技术过渡到战术、从有脚靶过渡到有对手时，你心理上有什么变化？

第四节　空手道

教学目标

价值塑造：培养学生追求高尚人格、团结协作、勇于担当、戒骄戒躁的运动精神，提高尊重对手、讲究武道礼仪和坚韧不拔的意志品质，以期使学生建立正确的人生观和价值观。

能力培养：提高学生的身体素质和运动能力，初步掌握空手道的基本技、战术，提高学生的对抗意识和能力，同时通过课堂教学活动提高学生的组织能力和交往能力。

知识传授：学习掌握空手道的基本技术，了解日本武道文化和项目特点，了解空手道的基本常识，掌握部分专项术语（日语）。

教学任务

一、认识空手道

（一）空手道的起源与发展

空手道最早称为唐手，它是中国拳术与琉球王国（今琉球群岛）当地武术的结合体，是在20世纪初以冲绳为中心发展到遍及全日本的一门徒手武术。它主要以组手和型为运动表现形式，以空手和赤足进行搏击格斗，在一定约束下追求至真、至善、超越的武道精神，以达到锻炼体魄、启发心智的目的。

对于空手道项目的发祥地，各种说法都离不开历史上的琉球王国（今琉球群岛）。其中，最为学术界所普遍接受的一种说法是：1392年，琉球国中山王察度遣使向中国明朝朝贡，明洪武帝派遣闽人三十六姓赴琉球。这些中国移民在那霸港附近建立了久米村，将中国的先进技术带到了琉球。中国拳法也在那时被带到了琉球，并结合了当地的格斗术琉球手，发展成为今日空手道的原型——唐手。这种说法即“久米三十六姓输入说”。

1964年，全日本空手道联盟成立。1970年，世界空手道联合会（World Karate Federation）成立并举行了第1届世界空手道锦标赛。1976年，国际单项体育联合会正式接纳了世界空手道联合会。1985年，世界空手道联合会正式被国际奥委会所承认。1999年，国际奥委会正式承认世界空手道联合会为世界级空手道团体的唯一权威组织。2016年8月，国际奥委会全会表决通过空手道成为2020年东京奥运会正式比赛项目。

（二）我国空手道运动的发展

1984 年，陈德明先生在上海市开设空手道社会道场。1988 年，日本冲绳著名空手家铭苅拳一在上海市武术院进行了第一次空手道交流表演。1990 年，他在上海体育馆自费创办了中国第一个空手道训练班。1999 年，经世界空手道联合会认可，在中国创了第一个空手道委员会——上海市武术协会空手道委员会。2006 年，国家体育总局决定在中国开展空手道项目，中国空手道协会筹备委员会 5 月成立，7 月中国首届空手道教练员培训班在广州举办，7 月底，中国第一支空手道专业运动集训队在广东省佛山市成立。自 2007 年起，空手道作为试行开展的体育项目进入国家体育总局计划内赛事序列。2007 年 3 月，首支国家空手道队正式成立。2008 年 8 月，全国首届大众空手道锦标赛在广东省佛山市举办，12 月中国空手道协会在山东省青岛市正式成立。2010 年 4 月 23 日，中国大学生体育协会空手道分会成立。同年 10 月，在安徽工程大学举办了首届全国大学生空手道锦标赛。2021 年 8 月 6 日，在东京奥运会空手道女子 61 公斤级冠军战争夺中，尹笑言收获银牌，龚莉获得女子 61 公斤以上级铜牌。

二、学习空手道

视频讲解

（一）基本技术

1. 结立

脚跟靠拢，两脚尖分开约 90°站立，两臂置于体侧（图 10-107）。

2. 平行立

两脚平行开立，与肩同宽，脚尖正对前方，双手握拳（四指卷握，大拇指扣于食指和中指第二关节处），两臂微屈，两拳眼相对，置于小腹前（图 10-108）。

图 10-107　结立

图 10-108　平行立

3. 敬礼

结立状态下，上体前屈约 30°，颈部保持平直，行鞠躬礼，同时大声喊空手道礼语“押忍”（OSU），略做停顿后身体恢复至直立状态，过程中始终保持目视敬礼方位（图 10-109）。

4. 坐礼

右脚后撤半步，两膝弯曲依次着地，两脚踝伸直，与地面贴近，上身正直，双手自然置于大腿上方，目视前方，行礼时上体和结立状态相同（图 10-110）。

图 10-109 敬礼

图 10-110 坐礼

5. 前屈立（基本战架、左右）

以左战架为例。由平行立握拳状态开始，左脚向前或右脚向后移动，两脚前后开立，约与肩宽；前腿弯曲，后腿膝关节微屈，后脚脚跟抬起，蹬地发力，重心落于两腿之间。双手握拳，经体侧逆时针画半圆抡臂，左臂微屈置于胸前，约在下颌高度，右臂半屈握拳，置于胸口处；右战架反之即可（图 10-111）。

图 10-111 前屈立

6. 前移

以基本战架开始，后脚蹬地，前脚向前上半步，落地时前脚脚掌先着地，随之后脚向前跟半步，成基本战架。

7. 后退

前脚蹬地，后脚先向后移半步，脚掌先着地，随之前脚向后跟半步，落地后保持基本战架姿势。

8. 右侧移动

前脚蹬地，后脚向右侧方移动（距离稍大），前脚随之向右移动（距离稍小），重心向右移动，离开原位置继续以左肩侧对对手，动作完成后保持基本战架姿势（图 10-112）。

图 10-112 右侧移动

9. 左侧移动

后脚蹬地，前脚向左侧方移动（距离稍小），后脚随之向左移动（距离稍大），重心向左移动，离开原位置，继续以左肩侧对对手，动作完成后保持基本战架姿势（图 10-113）。

10. 跳换步

前、后脚蹬地弹动，同时离地，以腰部力量带动两腿位置互换，落地后成右战架姿势（图 10-114）。

图 10-113 左侧移动

图 10-114 跳换步

11. 前手上段拳（含步法）

使用前移步法，结合前手拳击打上段。上体放松，后脚蹬地，前脚往前迈大步，同时腰部向右扭转，带动左臂快速向前出拳，拳心向下，以拳面击打对方上段，后腿跟进。击打到合适距离时，寸止回收左拳至最初位置，右脚及时撤回到战架位置（图 10-115）。

12. 后手上段拳（含步法）

使用前移步法，结合后手拳击打上段。后脚蹬地，前脚向前迈大步；同时腰部微向左扭转，带动右臂快速向前出拳，拳心向下，以拳面击打对方上段，后腿跟进。击打到合适距离时，寸止回收右拳至最初位置，右脚及时撤回到战架位置（图 10-116）。

图 10-115 前手上段拳

图 10-116 后手上段拳

13. 后手中段拳（含步法）

使用前移步法，结合后手拳击打中段。上体放松，后脚蹬地，同时左腿向前迈出，形成左弓步，利用腰部转动带动右拳向前击打，拳心向下，以拳面击打对方中段后收力，后脚及时跟进，再利用腰的转动，寸止回收右拳至最初位置，右脚及时撤回到战架位置（图 10-117）。

图 10-117　后手中段拳

14. 前踢

左腿支撑，膝关节微屈，以左脚前脚掌为轴转动，右腿屈膝提至胸腹前，右脚同时向前直线推踢，脚背绷直，足趾上翘，突出虎趾部位（前脚掌），双拳自然护于胸前做好防护。踢腿时将髋关节向前送出，躯干稍向后倾，保持重心稳定，用虎趾部位踢击目标。右腿踢出后，收紧核心，迅速回收，折叠大小腿还原到最初状态（图 10-118）。

图 10-118　前踢

15. 后足中段旋转踢（左、右）

左腿支撑微屈，以左脚掌为轴向外旋转；右腿直线提膝至腰部，大、小腿折叠，脚面绷直；髋关节展开，上体、髋和折叠腿成一条直线；右大腿制动，带动小腿快速鞭打对方中段，接触点为脚背、脚踝外侧；击打后迅速收回小腿，还原到最初状态（图 10-119）。右腿方法同上。

16. 后足上段旋转踢（左、右）

左腿支撑微屈，以左脚掌为轴向外旋转，右腿直线提膝至肩、头部位，大小腿折叠，上体、髋和折叠腿成一条直线；右大腿制动，带动小腿快速鞭打对方上段至合适距离。击打后迅速收回小腿，还原到最初状态（图 10-120）。右腿方法同上。

图 10-119　后足中段旋转踢

图 10-120　后足上段旋转踢

17. 前足中段旋转踢（左、右）

后脚向前脚位置移动的同时，前腿大、小腿折叠，直线提起，右腿直立支撑，上体、髋和折叠腿成一条直线，左大腿制动，带动小腿快速鞭打对方中段，寸止原则下接触到中段后迅速收回小腿，还原到最初状态（图 10-121）。右腿方法同上。

18. 前足上段旋转踢（左、右）

后脚向前脚位置移动的同时，前腿大、小腿折叠，直线向上提起，上体后仰，右腿直立支撑，上体、髋和折叠腿成一条直线，左大腿制动，带动小腿快速鞭打对方上段，寸止原则下击打到合适位置后迅速收回小腿，还原到最初状态（图 10-122）。右腿方法同上。

图 10-121 前足中段旋转踢

图 10-122 前足上段旋转踢

19. 上段格挡

上段格挡是利用转腰、旋臂，从下到上格挡对手向自己上段（头、脸、颈）部位攻击的一种防守技术。由基本战架开始，左臂向上经面前旋转架起做格挡，拳心斜向上（图 10-123）。

20. 中段格挡

中段格挡是利用转体、旋臂，用前臂的外侧或内侧将攻向胸腹部的拳脚格挡开的一种防守技术，分为内格挡和外格挡。由基本战架开始，左臂向内侧摆动下压至腹前，完成格挡后收回至原位，是为内格挡。右手格挡与左手格挡相同；前臂快速由内向外画弧旋转摆动至肩外侧，肘尖向下，拳心向上，用手臂外侧格挡对手的攻击（图 10-124）。

图 10-123 上段格挡

图 10-124 中段格挡

21. 下段格挡

下段格挡是指利用转腰、旋臂，用手臂外侧、拳槌斜向下画弧格挡对手攻向自己躯干

部、大腿部的拳腿的一种防守技术。当对方腿击打身体时，前臂由上变直臂斜向下格挡在自己身体外侧，拧腰转体发力，格挡时手臂用力，两拳握紧，手腕用力（图 10-125）。

图 10-125　下段格挡

22. 前手上段拳＋后手上段拳

后脚蹬地，重心快速前移，前腿跨步，后腿跟进，同时前手拳迅速进攻对手上段。前腿往前微移动调整，后手拳进攻对手上段。前后连续攻击动作紧凑，拳击打到合适距离迅速回收，还原到最初状态（图 10-126）。

图 10-126　前手上段拳＋后手上段拳

23. 前手上段拳＋后手中段拳

后脚蹬地，重心快速前移，前腿跨步，后腿跟进，同时完成前手拳，迅速进攻对手上段部位；前腿继续往前移动，成前屈立状态，重心降低，后手拳迅速击打对手中段部位，完成后右脚及时撤回到战架位置。

24. 前踢＋后足中段旋转踢

前腿屈膝提至胸腹前，脚背绷直，脚趾上翘，髋关节向前送出，躯干稍向后倾，用虎趾部位踢击目标，叠腿收回后落地；后腿直线提膝至腰部，支撑腿向外旋转，大腿制动带动小腿快速鞭打对方中段，完成击打后迅速收回小腿，还原到最初状态。

25. 前足中段旋转踢＋后足中段旋转踢

往前移动完成前足中段旋转踢后，迅速收腿落地，后腿直线提膝至腰部，支撑腿向外旋转，大腿制动带动小腿快速鞭打对方中段，完成击打后迅速收回小腿，还原到最初状态（图 10-127）。

图 10-127　前足中段旋转踢＋后足中段旋转踢

26. 前足中段旋转踢＋后足上段旋转踢

往前移动，完成前足中段旋转踢后，迅速收腿落地，后腿直线提膝至肩、头部，支撑腿向外旋转，上体后仰，大腿制动，带动小腿快速鞭打对方上段合适位置，完成击打后迅速收回小腿，落地还原到最初状态。

27. 前、后手拳上段击靶（拿靶＋无靶）

对方拿靶至头侧位置，使用前手拳上段击打、后手拳上段击打动作，直臂击打到拳靶后收回到原来状态。无靶状态下的练习同上。

28. 后手拳中段击靶

对方拿靶至胸腹前，使用后手拳中段击打动作直臂击打拳靶后收回到起始状态。

29. 前踢击靶

对方拿靶至胸腹前，使用前踢动作，控制力量，前脚掌击中靶后迅速收回到起始状态。

30. 后足中段旋转踢击靶

对方拿靶至胸腹前，使用后足中段旋转踢动作，脚背脚踝部为发力点，控制力量击靶后迅速收回到起始状态。

31. 前足中段旋转踢击靶

对方拿靶至胸腹前，使用前足中段旋转踢动作，脚背脚踝部为发力点，控制力量击靶后迅速收回到起始状态。

（二）组合技术

将以上所学的单个进攻技术、连击技术、防守技术结合在一起进行练习即组合技术，

如前手拳上段击打＋前足中段旋转踢＋后足中段旋转踢等连接起来的组合技术。

（三）韧带拉伸

1. 单侧位韧带拉伸

坐于地面，单侧腿向侧面伸直，另一侧屈腿放置，手抓直腿脚尖，身体向直腿方向拉伸（图 10-128）。

图 10-128 单侧位韧带拉伸

2. 正面拉伸

坐于地面，两腿正前方伸直，双手抓脚尖，身体向前拉伸；两腿尽量分开，身体向两侧腿拉伸和向正面拉伸（图 10-129）。

图 10-129 正面拉伸

（四）专项素质

1. 拳击打（左、右）

向前移动中，左、右两拳依次向前直臂击打（可做无靶和有靶练习，可向前进和后退结合练习）。

2. 足击打（左、右）

向前移动中，左、右两腿交替做中段旋转踢动作（可做无靶和有靶练习，可向前进和后退结合练习）。

3. 躲闪练习

原地两腿开立，重心降低的同时身体和头部向左侧、右侧、正中下蹲移动躲闪练习（做个人练习或两人配合练习）。

4. 单侧提腿

做左腿或右腿的屈膝斜上方提起，配合上体拧转动作，速度要快、核心收紧，单侧连续完成后换另外一侧，方法相同（图 10-130）。

图 10-130　单侧提腿

5. 屈蹲提腿

两腿屈蹲后做单侧反向提膝动作，两腿交换进行（图 10-131）。

图 10-131　屈蹲提腿

6. 移动屈蹲侧提腿

向左、右移动屈蹲做侧面提膝动作，两腿交换进行。

7. 拳卧撑

两拳握紧，直臂与肩同宽触地，两腿蹬直做手臂屈伸动作，若力量不足可以采用两膝着地来完成（图 10-132）。

图 10-132　拳卧撑

教学相长

空手道项目要求“以礼始，以礼终”，学生在规则约束下进行技术学习和实战对抗，在此过程中学生之间相互尊重和包容，可使学生塑造高尚人格和培养坚韧不拔的意志品质。

学习空手道课可以提高学生良性竞争意识，培养学生积极主动的合作意识，在两人或多人约定性练习中能够有更深刻的体会。

在空手道课程学习过程中技术层面的多次练习和错误动作的纠正，对抗过程中技术应用的正确性，对学生的抗挫能力、荣辱感以及自信的建立都有很大帮助。

思考题

（1）在空手道课程学习过程中，你对日本武道文化的认知有哪些提升？

（2）你认为空手道运动需要具备哪些身体素质？

（3）空手道组手对抗过程中需要先做到什么？再做到什么？

（4）在本课程学习过程中，你在身心方面都有哪些收获？

第五节　定向运动

教学目标

价值塑造：培养学生亲近自然、享受自然、热爱自然的价值理念，塑造挑战自我、战胜自我、超越自我的品质。

能力培养：提高学生在陌生环境识别方向、认识和使用地图的能力，同时提高学生的身体素质和运动能力等。

知识传授：了解定向运动的基本常识，掌握定向运动的基本技术，提高参与定向运动的兴趣，养成锻炼习惯。

教学任务

一、认识定向运动

（一）定向运动的起源与发展

定向运动起源于瑞典。最初只是一项军事体育活动。1919 年在斯堪的纳维亚举行了世界上第一次正式的定向运动比赛，至今已有百余年的历史。

定向运动作为一个独立的体育项目开展是 20 世纪初在北欧开始的。到 20 世纪 30 年代，定向运动已在芬兰、挪威、瑞典、丹麦立足。1961 年，国际定向运动联合会在丹麦的哥本哈根成立。国际定向运动联合会是世界定向运动的行政实体，是国际体育联合会总会之一。定向运动也是国际承认的奥林匹克体育项目。目前，国际上著名的定向赛事主要有瑞典定向五日赛、世界定向锦标赛、世界滑雪定向锦标赛、定向世界杯赛等。

（二）定向运动的特点与价值

定向运动是集智能、体能于一体的运动，是在大自然中借助地图和指北针进行长距离的识图越野跑，对发展人的有氧耐力、协调性、灵敏性有着独特的作用。定向运动让人们走进大自然、亲近大自然、享受大自然；在大自然中培养人们热爱自然、保护自然、建设美丽家园的意识与习惯。人们在大自然中识别方向、认识和使用地图，可以很好地发展空间思维。当人们在进行定向运动时总是带着三个问题，即“我在地图上的哪个位置？我要去哪儿？怎么去呢？”，这是人生基本的哲学思维习惯，故参与定向运动可以帮助人们养成人生基本的哲学思维习惯。更重要的是识别方向、认识和使用地图的技能是每一个人都必须掌握的基本生活技能。定向运动可以提高人们识别方向、认识和使用地图的生活基本技能，这也是定向运动的核心教育价值。在日常生活中，学生需要掌握识别方向、认识和使用地图的技能，在野外更需要掌握这项技能，这也就赋予了定向运动的国防教育价值。

（三）定向运动的分类与项目

按不同行进模式，定向运动可分为徒步定向、自行车定向、滑雪定向等。其中普及率最高的是徒步定向，今天的定向运动已成为徒步定向运动的代名词，在本教材中，定向运动是指徒步定向运动，教材中凡涉及定向运动，如果没有特别说明的，均指徒步定向运动。

徒步定向比赛按比赛线路长度一般可划分为短距离赛、中距离赛、长距离赛等。

二、学习定向运动

视频讲解

（一）运动的装备

1. 定向运动的地图

定向运动是在森林中发展起来的，早期的场地以森林为主。为了更好地普及与推广定向运动，定向运动走进了校园、公园等。现代定向运动的场地主要有森林、校园、公园、社区、广场等，组织者要对拟开展的场地进行测绘，制作专用的定向运动地图。要推广和普及定向运动，首先就必须统一各国、各地区的定向运动地图符号，因此国际定向运动联合会制定了统一的定向运动地图规范。目前规范有两个：一是针对在森林区域开展长距离和中距离的定向运动地图规范，二是针对公园、校园、社区等开展短距离的定向运动地图规范，本教材以 ISSprOM 2019（短距离定向制图规范）为列。

定向运动的地图是一种附加了地面阻碍或妨碍通行度和通视度信息的、用磁北方向线确定地图南北向的详细大比例尺专用地图。为了能为快速奔跑中的参与者提供导航帮助，定向地图强调在确保清晰易读的前提下，详细描述所有可能影响读图、路线选择及对导航有重要意义的特征及其属性，特别是强调描述奔跑中可能观察到的明显特征、阻碍通行度和通视度的特征。

定向运动的地图的基本内容包括两个元素：地图元素、赛事元素。

(1) 地图元素。

①地图比例尺。

比例尺是表示图上一条线段的长度与地面相应线段的实际长度之比。公式为：比例尺＝图上距离与实际距离的比。地图比例尺的大小决定了地图内容表示的详细程度和地图测量的精度。一般来讲，大比例尺地图内容详细，几何精度高，可用于图上测量。小比例尺地图内容概括性强，不宜进行图上测量。地图的比例尺越大，地图测量的精度越高。比例尺有三种表示方法：数值比例尺（如 1∶10000）、文字比例尺（如图上 1 厘米相当于地面距离 10 000 米）、图示比例尺（图 10-133）。

图 10-133 图示比例尺

定向运动的地图的比例尺通常为 1∶500～1∶15000。比例尺的选择主要取决于项目类型、参赛者的年龄和使用领域。例如，百米定向地图通常为 1∶500 或 1∶1000，长距离比赛地图通常为 1∶10000 或 1∶15000。中小学生定向教学校园地图通常从 1∶2000 开始，然后逐步减小。

②地图方向。

全世界的地图的方向都是统一的，即上北下南左西右东。但是，古代世界各地的地图方向是不一样的。国家基本地形图用地理坐标定向，以北极为北，而定向运动的地图则用磁北方向线来确定地图的南北，以磁北极为北。

③定向运动的地图符号。

定向运动的地图用符号结合颜色来表达地物和地貌等特征。定向运动的地图符号可以用颜色、形状和性质进行分类。

④等高线。

等高线显现地貌的基本原理（图 10-134）。

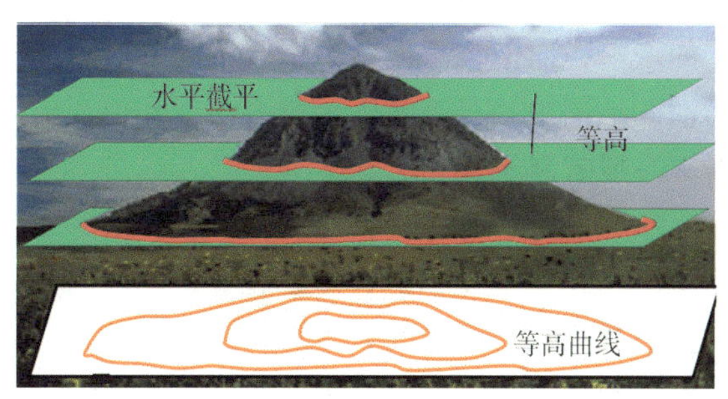

图 10-134 等高线显现地貌的基本原理

把地面上海拔高度相同的点连成的闭合曲线，垂直投影到一个水平面上，并按比例缩绘在图纸上，就得到了等高线。等高线也可以看作不同海拔高度的水平面与实际地面的交线。假设把一座山从底到山顶按相等的高度一层一层地水平切开，实际地面与各高程水平截面相交的交线垂直投影到水平面上，将出现一圈套一圈的闭合曲线；同一条曲线上各点的高度都相等，称为等高线。相邻两平面间的垂直距离或相邻两等高线间的垂直距离为等高距。地图比例尺越大，等高距就越小；地图比例尺越小，等高距就越大。定向运动的地图是大比例尺地图，等高距通常为 2 米、2.5 米和 5 米，百米定向地图也可能采用 1 米的等高距。

定向地图的等高线按其作用不同分为首曲线、计曲线、间曲线、助曲线、示坡线五种（图 10-135）。

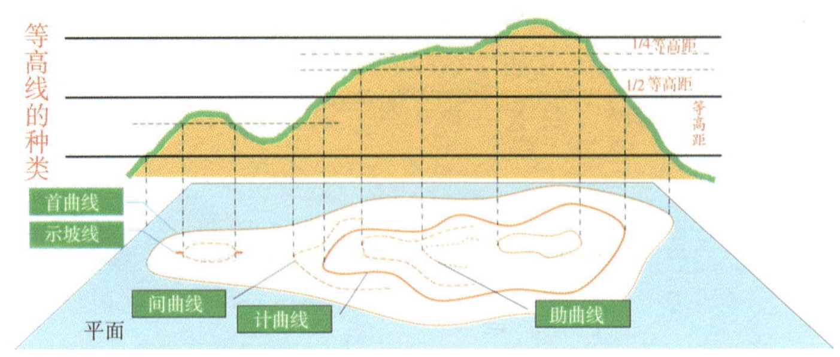

图 10-135　等高线的种类

• 首曲线，又叫基本等高线，是按固定等高距描绘的等高线，一般用细实线（0.15 毫米）描绘，是表示地貌基本形态的主要等高线。

• 计曲线，又叫加粗等高线，是指为了便于判读等高线的高程，自高程起算面开始，每隔 4 条（或 3 条）首曲线加粗的一条等高线，其一般用粗实线（0.3 毫米）并在适当位置断开注记高程，字头朝向上坡方向。计曲线是辨认等高线高程的依据。

• 间曲线，又叫半距等高线，是指当首曲线不能显示某些局部地貌时，按二分之一固定等高距描绘的等高线。其一般用细长虚线，仅在局部地区使用，可不闭合，但应对称。

• 助曲线，又叫辅助等高线，是按四分之一固定等高距描绘的等高线。其主要用于显示间曲线仍不能显示的某段微型地貌。

• 示坡线，是一种与等高线垂直相交，绘于等高线上的用于指示斜坡降落方向的短线。短线与等高线相连的一端指向上坡方向，另一端指向下坡方向。示坡线为坡向的判定提供了方便，在定向运动的地图中，只有在表示较大洼地和山丘时及坡向易混淆的情况下才用示坡线，其他情况下一般省略不用。

⑤其他信息。

此外，定向运动的地图上还有地点名称、测绘人员、测绘时间、执行标准等信息。这些信息虽然不是地图的主要信息，但是也非常重要。例如：测绘人员，有经验的运动员会根据测绘人员初步判断整张地图的测绘风格及地貌地物信息的取舍程度等；又如，测绘时间，运动员要根据测绘时间对比赛场地植被的变化有所判断。这些对运动员的比赛成绩有着一定的影响。

（2）赛事元素。

定向运动的地图除地图元素外还有赛事元素，赛事元素由赛事路线和赛事其他信息构成。

①赛事路线。

• 路线。不同的比赛项目，比赛路线的呈现形式是不同的，相同的是三角形始终代表标定起点，圆圈代表检查点，双圆圈代表终点，虚线代表必须经行的路线段。如果出现三角形与圆圈，或圆圈与圆圈，或双圆圈与圆圈连接的线段，这条线段称方向线，代表的是点和点之间的方向位置关系。从小到大的阿拉伯数值代表的是经典个人赛从小到大依次寻找的目标点。积分赛点的阿拉伯数字代表的是这个检查点电子计时器的号码及相应的积分数。

• 检查点说明。代表检查点的圆圈告诉运动员检查点在圆圈区域空间内，通常在圆心的位置，但是并没有明确地告诉运动员检查点在圆圈区域空间内的特征物及在这个特征物的哪个位置。检查点说明表是为了明确地告诉运动员检查点在圆圈区域空间内的哪个特征物及在这个特征物的哪个位置。

②赛事其他信息。

赛事其他信息主要有赛事名称、赛事主办单位、承办单位等信息。

2. 定向运动的指北针

(1) 指北针概念及原理。

指北针别名指南针，古代叫司南，主要组成部分是一根装在轴上的磁针，磁针在天然磁场的作用下可以自由转动并保持在磁子午线的切线方向上，磁针的北极指向地磁的磁南极（S），磁针的南极指向地磁的磁北极（N），地磁的磁南极（S）大致指向地理北极附近，磁北极（N）大致指向地理南极附近，利用这一性能可以辨别方向。指北针或指南针指针的一端标为红色或橙色表示重点突出。标有红色或橙色一端指向北方的称为指北针，标有红色或橙色一端指向南方的称为指南针。目前市场上绝大部分标有红色或橙色一端都是指向北方，故这些都称为指北针。

(2) 指北针的结构。

这里用入门级运动员指北针来说明定向运动指北针的结构。如图 10-136 所示，刻度盘指北针主要由透明的基板、托架在基板上的充液磁针盒及刻度盘组成。在基板上的行进方向线，是用来指出目标检查点方位的，磁针盒底部的磁北标定线，是用来方便指北针标定地图和确定行进方向的。

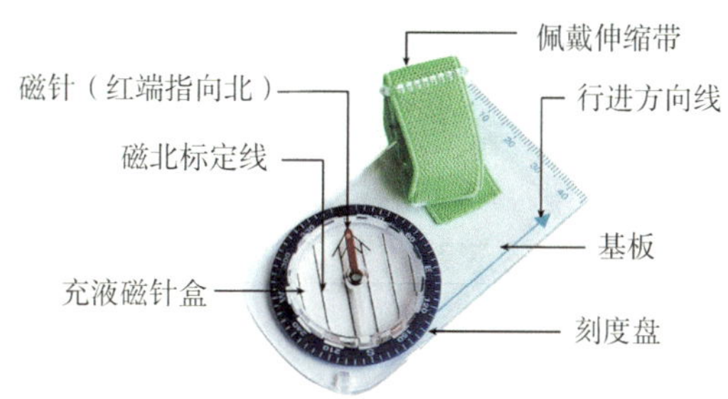

图 10-136　入门级运动员指北针的结构示意图

(3) 指北针使用的注意事项。

指北针是利用地磁场的原理制成的，因此使用过程中要远离其他磁场，以免干扰、影响方向的判定。在使用过程中，要将指北针水平放置，以确保磁针与地磁场的磁力线平行，避免磁针与磁针盒及磁针轴心摩擦，影响判定方向。

3. 计时器材

（1）计时器材概述。

定向运动以运动员（队）完成识图任务所用时间进行排名，故计时器材对定向运动，尤其是定向运动赛事非常重要。定向运动计时器材有传统机械式打卡计时器材和现代电子式打卡计时器材两类。

（2）传统机械式打卡计时器材。

每一个检查点都悬挂一个机械式打卡计时器的塑料夹子（图 10-137），每一个塑料夹子铁针的排序都不相同，在计时纸片卡上夹出的孔序排列也都不相同。运动中裁判以运动员夹出的孔序是否正确来判断运动员是否到达该检查点。现在的比赛不再以这种打卡计时形式为主或者单一使用这种打卡计时形式，而是以电子打卡计时形式为主，并以机械式打卡计时器材为辅。

（3）现代电子式打卡计时器材。

现代电子式打卡计时器材是定向运动发展的重要保障，定向运动电子打卡计时器材是射频识别技术在定向运动中的应用。其主要有两大类：一是临时可变换位置的点位系统；二是固定安装在校园、公园等定向场地的点位系统。通常，运动员的刷卡流程是：清除—起点—分站点—终点—主站，有的器材起点兼具清除的功能，直接起点打卡即可。校园固定点标系统如图 10-138 所示。

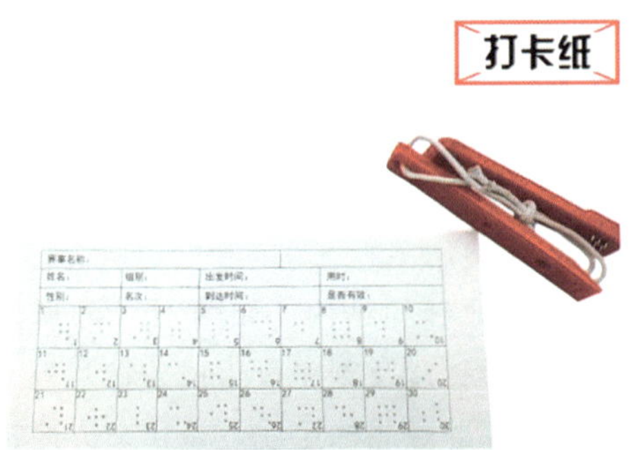

图 10-137　传统机械式打卡计时器材

图 10-138　校园固定点标系统

4. 其他装备

其他装备主要是指鞋、服装、护腿、检查点说明袋、医用胶带、护目镜等。定向运动多在野外进行训练或比赛，对贴身的其他装备要求比较高。对此，参与者应主要结合场地的特征、赛区赛期的气候、主办方的着装建议，以及从安全角度结合个人的习惯来综合判定。

（二）定向运动基本技术

1. 定向运动基本技术的概念

定向运动基本技术是指定向运动员完成定向运动比赛所运用的各种基本方法。科学合理地运用各种定向运动基本技术是运动员取得比赛胜利的基础。

2. 定向运动基本技术体系及流程

定向运动基本技术由地图信息提取技术、站立点判定技术、路线规划技术、路线执行技术四部分构成，流程是读图、我在哪、我要去哪、怎么去（图 10-139）。

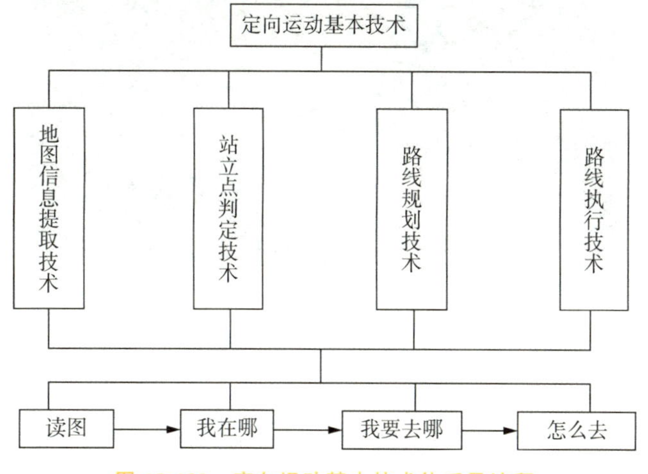

图 10-139　定向运动基本技术体系及流程

3. 地图信息提取技术

地图信息提取技术，即读图时通过对地图知识的理解将平面地图的二维信息转为头脑中形成的与实际地形、地物相对应的四维信息的认知过程。学习读图，学习者首先要掌握一定的地图知识，并能够熟练地将其运用到读图中去，从而做到迅速准确地读图。读图技术包括标定地图、折叠地图、边跑边读等基础技术和简化视图、记忆地图等高级技术。

（1）地图信息提取基础技术。

①指北针的持握方法。指北针的持握方法（图 10-140）是指读图时用指北针前端右侧顶角压在自己在地图上目前的位置附近，水平持握地图于身体前面正中的位置，高与腹齐，行进方向线与身体正中线平行或重叠指向身体正前方。

②标定地图。标定地图俗称“对北”，包括原地标定地图和行进中标定地图。“对北”是地图信息提取的前提条件，地图是有方向的，只有当地图的方向与地球方向（定向运动的地图为了比赛的流畅性采用地磁方向）一致，我们从地图上所提取的信息才能与实地地形、地物信息一一对应。原地标定地图时，转动身体或水平旋转地图直至地图磁北线与指北针磁针平行且磁北线北方与磁针红端（北端）一致时，地图即被标定。行进中标定地图，在沿着选定路线行进的过程中，随着行进方向的改变，同时向身体转动方向相反的方向转动地图，当地图磁北线与指北针磁针平行且磁北线北方与磁针红端（北端）一致时，地图即被标定。

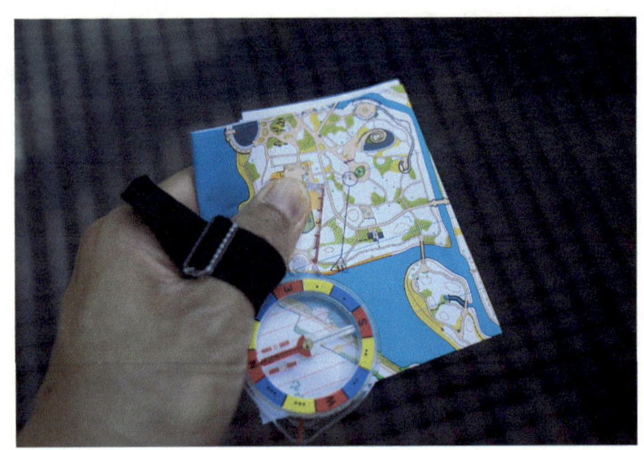

图 10-140　指北针的持握方法

③折叠地图。为了方便持图奔跑时更有效地读图提取信息，运动员拿到地图后要折叠地图，这是地图信息提取的基础技术之一。手持一张地图，如果不折叠是会影响奔跑的；一张地图如果不折叠，当运动员的注意力从实地环境中转移到读取地图信息时是很难集中到有效区域的，故运动员拿到地图后应根据个人习惯将地图折叠成方便持图、方便读图的大小，在跑动中随着站立点的变化要间断地根据需要重新折叠地图，以便能更舒适地读图与奔跑。折叠地图的要领有：a. 沿地图磁北方向线或垂直于磁北方向线折叠，用图时无须再确定磁北方向线，方便“对北”；b. 折叠后的地图绝大部分都能握在手掌内，用手掌托着地图，方便携带及奔跑；c. 确保折叠后的地图还有足够的可视区域，一般除长点外要多出一个目标点的任务；d. 不要折叠太多次，要方便再次折叠地图。

④边跑边读。边跑边读即一边奔跑一边阅读地图，提取地图信息，是定向运动中地图信息提取基础技术之一。在定向运动中，初学者总是站着看地图，专业运动员从来都是在跑动中读图提取信息的。但并不是一直跑一直看地图，跑动中阅读地图的时机要遵循安全原则，平路多看地图，坑洼地少看或不看，一般上坡可以看，陡坡或下坡不看。

（2）地图信息提取高级技术。

地图信息提取高级技术主要有概略与精确读图、提前读图和地图记忆等。

4. 站立点判定技术（我在哪）

（1）站立点的概念。

站立点就是地图上的一个位置点，与人在实地中的空间位置相对应。地图本身就有一定的概略性，故站立点也具有一定的概略性。在定向运动中，人的运动轨迹是在地图上体现为站立点的变化轨迹，故站立点具有连续性；在定向运动中，人在不停地运动，故站立点具有动态性。

（2）拇指辅行（站立点持续判定）。

拇指辅行是初学者所采用的基本技术。从起点开始，地图“对北”后，将拇指压于站立点侧后方，在行进过程中不断移动拇指，使拇指在地图上的移动与人在实地行进过程保持基本同步。在用地图导航行进中，要不断移动拇指，转动地图，保持位置、方位的连贯性与正确性。

(3) 丢失后重新定位。

在比赛中迷失自己的站立点是每个参赛者最不愿意出现的情况。但是，即使是高水平的运动员也难免在高速行进过程中由于技术的失误偶尔成为“迷途的羔羊”。

高水平运动员处理站立点迷失的程度与初、中级水平的运动员完全相同：立即停止前进，标定地图，在地图上找到最后一个自己能明确确定站立点的位置，回忆自己离开它后的前进方向和距离，得出目前位置的大概区域，观察实地四周的特征，在图上找到对应的特征。如果仍然无法确定站立点，应该果断地返回到上一个能明确确定的站立点（甚至是上一个检查点），再重新选择路线前进。

在重新定位的过程中，运动员要保持镇定，集中注意力，绝不能带有“再往前跑一段说不定就能看到点标旗”或者“等同组别的选手过来我就跟着他跑”等侥幸心理（跟跑只会令自己进一步迷失站立点）。在重新确定站立点后，要注意不能通过提高速度来弥补已浪费掉的时间，这样做可能只会令自己更容易犯错误。实际上，高级和初、中级水平运动员在重新定位能力上的差异只是高水平运动员有更好的心理调节技能和读图能力，出现站立点迷失时能更迅速地调整自己的心态，集中注意力，全面运用自己的技能迅速找回站立点。

5. 路线规划技术（我要去哪）

(1) 进攻点的概念。

你寻找的下一个点标是 A 点。进攻点是指你在寻找 A 点时，选择一个比 A 点更易于寻找的点，作为帮助寻找 A 点的辅助点。进攻点的选择往往是比较大的路口、标志性建筑及一些易于辨识的标志物，而且进攻点的个数也会随着具体情况而增加。与进攻点相结合的还有一个安全点——多在 A 点之后，提醒我们可能已经穿越 A 点，应该仔细读图，正确定位辅助读图点，其他要求基本上与攻击点相同。

(2) 分解分段法。

任何一个复杂的问题都是由多个简单的问题组成的，把一个复杂的问题分解成多个简单的问题，然后一个个地解决，最终复杂的问题也就解决了。定向运动从一个点到另一个点有些时候距离较长，看似问题比较复杂。运动员要冷静分析，将复杂的问题分解成多个简单的问题，然后一段一段地完成，最终到达下一个点，这就是分解分段法，其是定向运动路线规划的重要思路与技术。

(3) 偏向瞄准法。

偏向瞄准法（图 10-141）是一种典型的分解分段法，如运动员从起点△要去目标点○，如果直接使用指北针导航往目标点○行进会出现 A、B、C 三种情况，如果瞄准 B 点直接前往，那么途中因各种因素的偏移可能造成无法直接找到目标。如果出现 A 这种情况，运动员到溪边时没有见到目标，那么他又会做出两种选择：A-1 或 A-2；如果出现 C 这种情况运动员到溪边时没有见到目标，那么他又会做出两种选择：C-1 或 C-2，其中 A-1 和 C-2 会使运动员很难找到目标。还有运动员在执行 A-2 和 C-1 路线时真的能那么果断吗？为了避免这些情况，运动员在路线规划时采用了图 10-141 中的 D 方案，指北针先偏向导航至目标点的西侧，找到小溪后直接右转，顺着小溪找到目标，这就是偏向瞄准法。偏向瞄准法路线规划思维就是变找点为找线，找到线后沿线行进找到点。

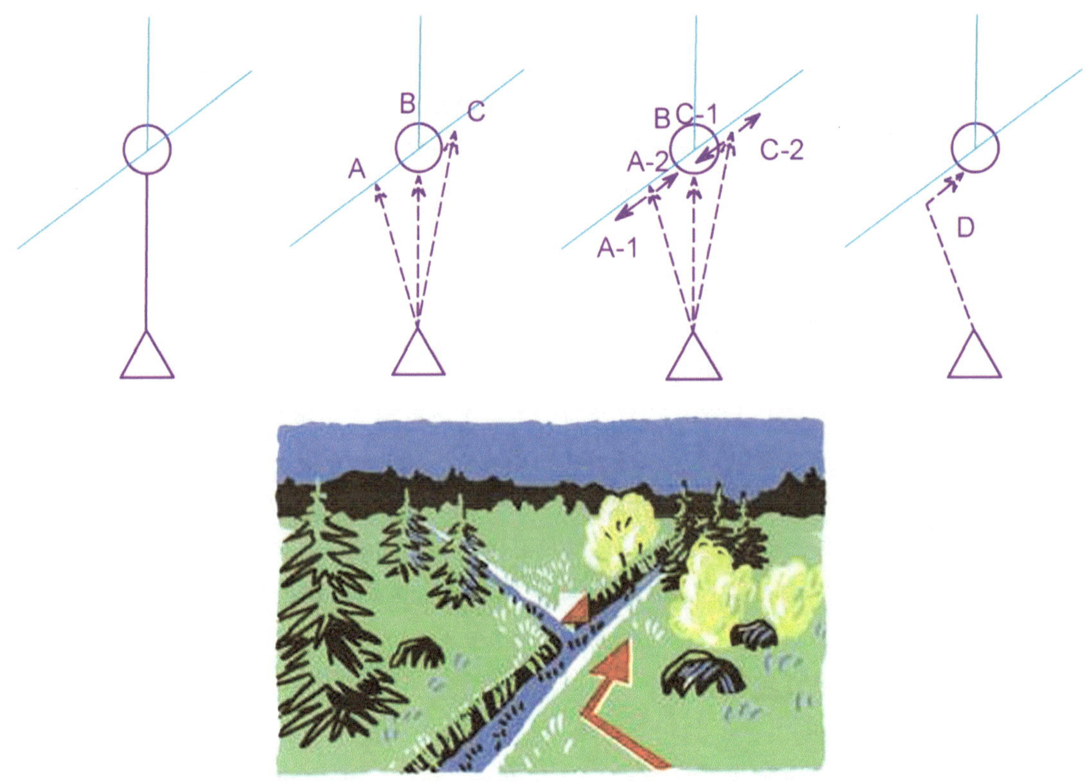

图 10-141　偏向瞄准法说明图

6. 路线执行技术（怎么去）

（1）导航的概念。

在定向运动中，导航是指引导运动员行进的物体，有指北针导航及实际环境的地物导航。实际环境的地物导航主要有线性特征导航（路、河流等）、高大明显点状特征物导航（高塔等），以及地形导航等。

（2）基本路线执行技术。

路线执行就是选择导航并按照导航行进的过程。基本路线执行技术包含导航选择的技巧及按照导航越野奔跑行进的技术，具体有自然环境中奔跑穿越技术、指北针导航行进技术、线性特征导航行进技术、高大明显点状特征导航行进技术。

（3）自然环境中奔跑穿越技术。

定向运动中的奔跑是在自然环境中进行的带有方向和距离感知的穿越多种自然障碍的越野跑，体现人的方向和距离等空间感知能力，体现人的有氧耐力、协调性、灵敏性、力量等综合身体素质。

（4）指北针导航行进技术。

指北针导航行进技术是以指北针导航为主，在陆地上沿一定的方位角近直线行进，有时为了避开一些行进中的障碍物，行进路线会出现 S 形，但总体方向保持近直线，该技术还包含在行进中提取对方向修正有用的地物特征的意识及能力。具体技术过程有以下三个步骤。

第一步：将指北针的右侧顶角置于地图上当前站立点附近，使基板上的行进方向线同

目前站立点与目标点间的连线平行，并使行进方向箭头指向目标点。

第二步：水平持握指北针于身体前面正中的位置，使指北针的行进方向线垂直于身体。转动身体，直到地图磁北线与指北针磁针平行且磁北线北方与磁针红端（北端）一致时，行进方向箭头所指的方向即行进方向或目标所在方位。

第三步：手持指北针和地图于体前水平位置，使指北针的行进方向线垂直于身体，并按照指北针行进方向线指示的方向奔跑前进，并不断地提取对方向修正有用的地物特征进行方向修正，确保沿一定的方位角向目标近直线奔跑行进；过程中有时也可放下指北针和地图摆臂行进，需要时再手持指北针和地图于体前水平位置进行方向修正。

（5）线性特征导航行进技术。

线性特征导航行进技术俗称沿线行进，即沿着线性特征物行进，分为直观沿线行进技术与抽象沿线行进技术。直观沿线行进技术主要有沿路行进、沿河行进、沿电线行进、沿崖行进、沿围栏行进等沿具体线性特征行进技术。抽象沿线行进技术主要有沿等高线行进、沿山脚线行进、沿山谷线行进、沿山脊线行进等沿抽象线性特征行进技术，需要运动员对抽象线性特征进行分析提取。

（6）高大明显点状特征物导航行进技术。

在定向运动中，有时目标点或进攻点具有高大明显点状特征，运动员在远处就可以看到，如果从站立点到该目标点或进攻点可跑性比较好，那么这时运动员已经不需要地图和指北针了，以远处高大明显的点状特征物为导航直接行进，即高大明显点状特征导航行进技术。

7. 高级执行技术

高级执行技术是运动员获得赛事名次的前提，主要有打点连贯技术、空间感知技能等。

教学相长

定向运动可以培养学生的爱国主义情怀。充分发挥定向运动国防教育和实践教育的功能，如利用圆明园遗址公园等爱国主义教育基地开展定向运动课程，从心灵深处激发大学生对我国近代史的了解和认识，从而提高大学生对我国近代史重要程度的认识，从思想认识的层面加深大学生的爱国主义情怀。

提升学生团队协作意识和能力。定向运动的集体项目接力赛和团队赛，只要一个队员有一个点未成功打卡，整个队的成绩就无效。接力赛和团队赛是定向运动的经典集体项目，对团队成员的团队意识、团队协作能力要求非常高，对培养学生团队协作意识和能力有很大的帮助。

锤炼学生的意志品质。在一个陌生的环境，或林木茂密，或杂草丛生，或沟壑纵横……学生要克服恐惧、挑战疲劳、独立冷静地判定站立点，并选择行进的方向与路线，向着目标果敢前进。这样的过程对锤炼学生的意志品质，培养学生面对困难、冷静思考、果敢判断的能力有很大的价值。

思考题

(1) 通过学习定向运动，你认为定向运动能培养学生的哪些优秀品质？

(2) 你认为定向运动最需要的身体素质是什么？

(3) 请说出一个你喜欢的定向运动员的名字，讲一讲他/她让你佩服和感动的地方，以及你能从他/她身上学到什么。

(4) 参加定向运动有哪些注意事项？

第六节　户外运动

教学目标

价值塑造：户外运动可以让人体验大自然的春华秋实、奇山秀水、酷暑严冬、暗礁险滩，塑造学生敬畏自然、敬畏生命的价值观。同时，户外运动也能够让学生树立环保和安全的理念，还能够让学生在和团队其他成员共同探索的过程中培养吃苦耐劳的品质和团队精神。

能力培养：户外运动需要综合的身体素质，需要全面的训练，使各项身体素质协同发展，包括耐力、力量、柔韧性等方面；同时还能够让学生学会野外生存技能，在处理各种问题的过程中使学生掌握安全与风险管控能力，以及组织与沟通能力。

知识传授：掌握户外运动的基本技术，学会使用户外装备，学会应对户外突发情况，领导团队完成户外运动。

教学任务

一、认识户外运动

（一）户外运动的起源与发展

广义的户外运动是指在非人工的自然环境中进行的以探索、健身、休闲、娱乐等为目的的身体运动，如户外徒步、滑翔伞、桨板、滑雪。狭义的户外运动是人们在山地等自然环境中进行的以亲近自然、休闲健身、户外探索为目的山地运动，包括登山、速降、攀爬、探洞等。本节以狭义的山地户外运动为主。

户外运动起源于人类发展的早期阶段，人们为了生存，在户外自发进行狩猎、采摘等活动，甚至会进行战争。后来，户外运动逐渐发展为在特定的时间、地点，为了特定的目的而有意识地进行的户外生存技能培训。相传1760年，法国科学家德·索修尔为探索高山植物资源，发起悬赏：“为了探明勃朗峰顶上的情况，谁要是能够登上它的顶峰或找到登上顶峰的道路，将以重金奖赏。”直到1786年，加布里埃尔·帕卡尔（Gabriel Paccard）和雅克·巴尔马（Jacques Balmat）才成功登顶归来。他们将一根系着红布的木棒插在顶峰，证实登顶。1787 年，德·索修尔率领由雅克·巴尔马作向导的一支 20 多人的登山队再次登上勃朗峰，揭开了现代登山运动的帷幕。

发展到今日，户外运动逐渐成为人们休闲娱乐、强身健体、追求挑战的新生活方式。1989 年新西兰首次举办了越野探险挑战赛，此后这项运动在全世界的开展如火如荼，欧美国家每年均举行众多大型挑战赛。同样地，在中国越来越多的赛事落地，并推出业余组，让高级别赛事融入群众体验；更多的户外组织建立，越来越多的人参与进来。攀岩作为户外运动中的一个项目，成功地被纳入了 2020 年东京奥运会比赛项目。

（二）我国户外运动的发展

相较于欧洲国家在 18 世纪开始开展的以阿尔卑斯山脉为主的户外登山活动，我国户外运动起步较晚。1955 年我国登山事业正式展开，1960 年 5 月 25 日，中国登山队队员王富洲、贡布、屈银华在北京时间凌晨 4 点 20 分安全登上了海拔 8 848 米的珠穆朗玛峰顶峰，在世界登山史上创造了第一次从北坡征服珠穆朗玛峰的空前成就。

20 世纪八九十年代，随着社会的进步和经济的发展，民间登山活动兴起。一些高校学生自发成立了登山队，以社团活动的形式挑战这项勇敢者的运动，其中最先开始并带动其发展的当属北京大学山鹰社。

北京大学山鹰社成立于 1989 年 4 月。1990 年和 1992 年，山鹰社的学生分别登上了海拔 6 178 米的昆仑玉朱峰顶峰和海拔 7 117 米的念青唐古拉中央峰。1993 年，他们又登上了慕士塔格峰顶峰，令业界刮目相看。同年，中国登山协会授予北京大学山鹰社 10 名队员“中华人民共和国一级运动员”称号。这是我国民间登山队第一次获此殊荣。

之后的北京大学山鹰社稳中求进，成功登顶了长江源头海拔 6 621 米的各拉丹冬峰、青藏高原上海拔 6 282 米的玛卿岗日峰……在那个年代，山鹰社是北京大学 100 多个学生社团中最受欢迎的一个，闻名北京乃至全国高校，并带动更多高校建立了自己的登山队。

30 年间，民间登山运动蓬勃发展，也正是在这一时期，参与登山运动的中国人中，产生了一批中国民间登山家：体育界“奥斯卡”——劳伦斯世界体育奖获得者、中国登山历史的见证者和开拓者夏伯渝，8 次攀登世界最高峰珠穆朗玛峰、3 次荣获国家体育荣誉奖章的国家级登山运动健将、中国登山队教练罗申，国家登山训练基地主任邢立明，巅峰运动户外学校校长、巅峰探游创始人、中国登山队原教练孙斌……他们性格鲜明，不断地突破自我、挑战不可能，这些名字甚至影响了一代登山人。

二、学习户外运动

视频讲解

（一）基本技术

1. 身体素质

身体素质训练包括耐力训练、背负训练、攀爬训练、呼吸系统训练。

2. 户外装备

(1) 徒步露营装备。

徒步露营装备包括户外服装、登山包、登山鞋、登山杖（图 10-142）、露营装备（帐篷、睡袋、防潮垫，如图 10-143 所示）、炊具（图 10-144）、户外小件（水具、头灯、头巾、太阳镜，如图 10-145 所示）等。

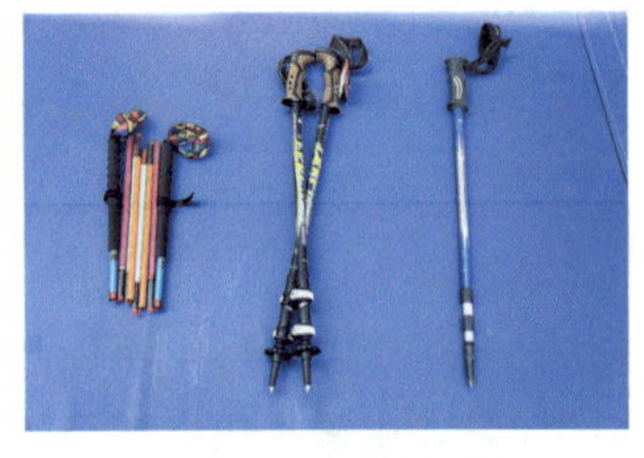

图 10-142 登山杖

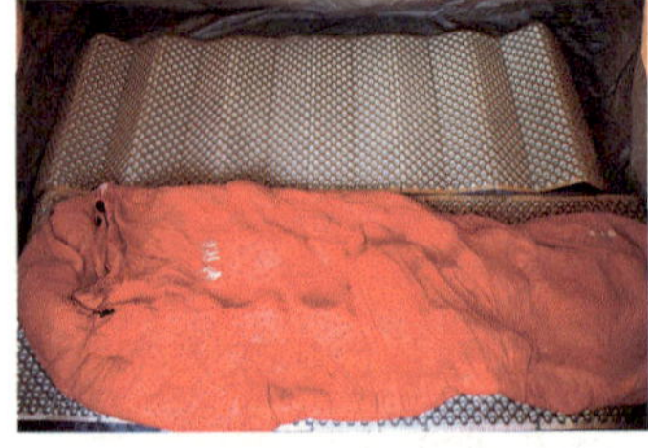

图 10-143 露营装备

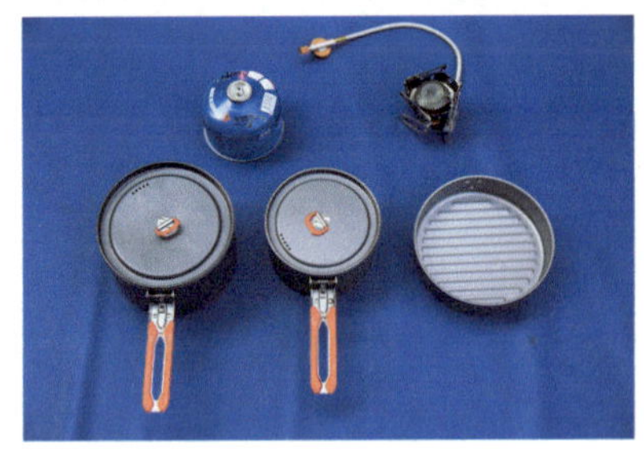

图 10-144 炊具

图 10-145 户外小件

(2) 攀登保护装备。

攀登保护装备主要有主绳、辅绳、安全带、头盔、锁具、保护器、扁带、上升器等（图 10-146）。

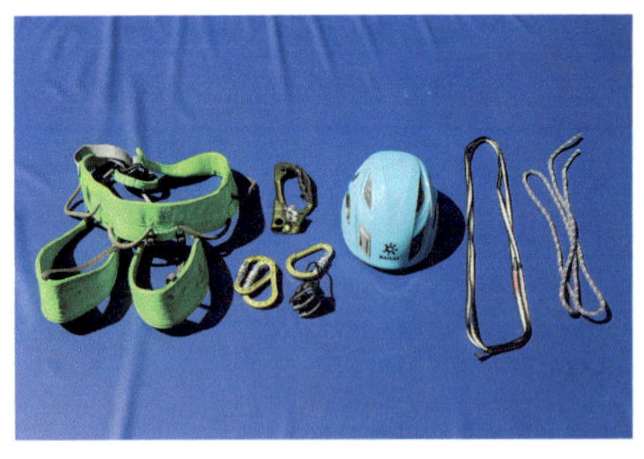

图 10-146 攀登保护装备

3. 露营技术

露营技术包括选择合适露营点、营地区域划分、扎营、营地生活、撤营、晾晒装备等。

4. 徒步行进技术

(1) 徒步技巧。

徒步技巧包括选择合适的装备、行走中的呼吸方式、徒步的身体姿态、行走的“之”

字路线、休息与补给的时机。

（2）常见的地形风险。

常见的地形风险包括陡坡、冰雪路面易滑坠，碎石路面、崖壁易发生落石，垂直地形容易跌落，湍流过河易滑落水，山脊地形易遭遇大风或雷击。

5. 安全技术

（1）保护技术。

保护技术包括上方保护与法式五步收绳、结组技术、路绳通过技术、无绳索攀石保护。

（2）绳结。

绳结包括布林结、双渔人结、蝴蝶结、双套结、抓结、绳尾结、“8”字结等。

6. 定向技术

定向技术详见本章第五节的定向运动内容，此处不再赘述。

7. 户外饮食

人体所需的营养物质包含碳水化合物、脂肪、蛋白质、矿物质、维生素、膳食纤维、水等。

户外运动出发前，对食物进行打包需要尽可能地去除不必要的外包装，减轻体积和质量，按照每次需要的量分成小份，装入密封袋，便于随身携带。户外运动因为耗能增加需要更多的食物，在注重能量的同时不应该忽略偏好，以增加主动饮食的积极性，美食也可以带来幸福感，在偏好和便携中可以有所取舍。

应对户外条件，在饮食上也应该做到有备份。在户外饮食中，饮食配给“4-3-3”原则指出：上山时消耗食物总量的40%，下山时消耗食物总量的30%，留出30%备用。

8. 户外伤病与急救

现场急救有以下六大原则。

先复后固：先心肺复苏，再骨折固定。

先止后包：先止血，后包扎。

先重后轻：先抢救危重人员，后抢救轻伤人员。

先救后运：先救助，后运送。

急救与呼救并重：现场急救与呼叫救援并行。

搬运与急救一致：搬运时应继续急救。

以上这些原则在户外急救中同样适用，另外还需特别强调的有以下几点：

（1）保持冷静。

（2）确保环境安全。

（3）搬运要慎重。

同样的伤病在不同环境下的严重程度也不相同。感冒在平原地区不是严重的疾病，一般过几天就能自愈，但在高原地区，由于氧气含量不足，如果不及时救治，可能会引发严重的并发症。因此，在户外出现伤病，我们必须加以重视，及时进行救治。

（二）户外领导力

1. 户外运动规划技能

（1）活动参与人群分析。

户外运动的参与者是影响一次户外运动计划制订的首要因素。需要考虑适合人群，即考虑参与此次户外运动的人群适合何种形式、何种强度的户外运动。对目标人群的需求、类型特征和技能水平等方面进行分析。

（2）目标设定。

目标设定要符合“SMART”法则。S（specific）：目标明确。M（measurable）：可以度量，能进行量化评估或程度评估。A（attainable）：可以达到，在参与者能力范围内。R（realistic）：符合实际。领队、参与者、具体活动环境能为达成目标提供充分的条件。T（time frame）：时间合理。

目标过高或过低、计划时的目标设定与队员个人目标预期不符都可能导致队内矛盾或体验不佳。

（3）资源测评。

①搜集背景资料。了解线路、场地有无限制，是否需要审批；了解沿途有无保护区或禁行区，如动植物保护区、军事禁区、宗教区域等，确保活动合法合规；了解天气、环境、当地文化，为活动的详细计划做准备；了解活动容量，对队伍规模有无限制，有无人员资质要求。

②掌握现有资源。

资源的掌握包括三个方面：人力、物力和财力。

第一，人力方面。户外运动的人员可以划分为指导者、筹备者、参与者三部分。参与者又可以划分为领队、协助人员和队员。领队、协助人员和队员应尽可能参与到前期计划筹备过程中，这样有助于他们熟悉各种事项和装备，增进彼此之间的了解。在计划实施过程中，大家也会有更好的执行能力与应变能力。

第二，物力方面。一次户外运动需要获得怎样的物质支持，包括场地支持、集体装备和个人装备、医疗用品、食品食材、交通方式等，应综合现有资源、路线设计、补给情况、资金预算来考虑。

第三，财力方面。要做好资金预算，资金是完成活动计划的重要保障。在交通、食宿等方面要做好成本控制，要制订和落实资金预算，并合理分配落实。专人管理资金，清晰记录收支情况，公开透明。资金预算不应阻碍紧急情况下的向外求援。紧急情况下以安全为重，为挽救生命可以不计成本。

2. 团队管理及分工

户外运动的计划头绪万千，需要团队协作完成。各项任务由专人负责，合理分工，能显著提高效率，明确权责划分，降低出错的概率。

计划包括以下方面：

领队计划，按日期详列每日行程任务与重要时间点，详细陈述本次户外活动的性质、目标、安排、难度等，列出对团队和成员的各项要求；确认活动的合法性。路线计划，包括地图、路线、行程表、紧急预案等。餐食计划，包括餐食的购买、分配、烹饪和食用计划。装备计划，包括个人装备、营地装备、技术装备等。医疗计划，包括随队医疗人员携带的医疗用品，对于常见伤病的处理方案，以及紧急情况下向外寻求医疗援助的方案。财务计划，整合各部分开支预算，并在计划实施过程中记录实际收支情况。在实际操作中，应明确各项工作的负责人和协助者，随时监督计划实施情况。

3. 制订紧急预案

为每位队员建立医疗档案，了解队员身体健康状况、病史和常用药物，制订一份紧急行动计划联系人名单，包括组员与组员的紧急联系人电话、带队教练电话、当地急救电话、救援队电话等。必要时，设定紧急情况联系人，事先明确如果遇到紧急情况，可以向谁寻求经验和帮助。打印联系人名单并备份，随身携带。查明活动区域到医院的路线，明确紧急下撤点和紧急下撤方案，以保证求援时能准确提供所在地位置信息和交通信息。在出行前，保证每个成员都了解紧急预案。

4. 计划评估

(1) 自我评估。将本人已经完成过的方案与现方案进行对比，包括交通、物资、人力、装备、通信、参与人员、实施计划。

(2) 他人评估。向已经完成过该方案的户外人士或经验丰富的户外人士咨询。

5. 计划实施准备

在实施计划之前，还需要再次查漏补缺，进一步确认。

明确活动思路：研究整个活动，熟悉各项信息。按照目标，梳理各项分工协作情况，保持灵活性。

计划再确认：完善计划，确认计划进度，确保相关人员具备相应能力。养成再确认的习惯有助于避免疏漏。

确认备份计划：预测可能发生的意外情况，再次检查备份计划。

确认计划通知到每个人且无疑问。

6. 户外团队领导技能

优秀的领队，必须学会允许参与者在可控的程度上探索未知、探险与挑战看似的不可能，使参与者达到临界状态和最佳受教时刻，使体验真实而饱满，并沉淀于记忆里受益终身，但这并不意味着就提倡冒险和轻言征服自然，相反，每一次体验最大化的户外活动，其背后都需要以领队的规划与组织能力为基石。一个勇敢的户外者，一定是“量敌而后进，虑胜而后会”的。

(1) 活动前的准备。领队常常兼任行前准备的负责人，应保证对行前准备过程充分参与，全面了解，关注队伍的每一个细节，确保细节无遗漏，各部分计划相互协调，从而达成目标、避免意外发生和享受户外的休闲时光。

领队应先做好准备，保持良好的身体状态，以胜任活动的需要，要有效地评估个人极限，在保证自身安全的情况下应对团队问题。要做好计划和风险预案，确保装备和后勤物资准备妥当，并对团队成员进行能力评估，建立人际关系，获取更多必要的信息，调整计划方案，以备不时之需。

（2）组织技巧。

①制定并遵守规则。在户外运动前，提前确定好规则、政策和指导方针，也就是所有人都应该遵守的“纪律”。

②关怀。优秀的领队会真诚地关心每位成员，他们会将每一次行程或活动视为助人学习和成长的绝佳机会。户外环境中的关怀需要将自己置于他人角度、富有同情心、优先考虑他人；容忍他人的不足和缺点，对他人的贡献和付出及时给予肯定。

③沟通。良好的沟通可以让你直接准确地传达你想要表达的观点，而缺乏良好的沟通则可能会导致各种误会甚至冲突。沟通时要保持良好的态度，亲切而坦诚，同时要做良好的倾听者。

（3）情绪引导与把控。

想要更好地引导队员的情绪，通过沟通展现自我魅力及领导力，除基本的沟通技术和谈话技术外，还应适当丰富自己的博物学识（历史、人文、天文、地质等），并通过自然环境、声音、色彩及情绪的把控，让队员全情投入到当下的户外体验中。

（4）团队建设。

尊重个体差异，让每个人都在团队中做出贡献，这有助于培养团队成员的责任意识。当人们感觉到自己是团队中不可或缺的一分子时，他们更容易自愿减轻领队的个人压力，降低出错率。团队也需要达成共识，达成共识是带领团队的关键；这个共识应是具体、积极的，可鼓舞队员面对挑战、高效协作。

（5）纠纷处理。在户外环境下，参与者之间的分歧和冲突是在所难免的。对户外领队来说，真正的挑战不单单是在自己的范围内避免其发生，更是在面对问题时能有效处理问题。成功化解纠纷的关键是要寻找冲突背后的深层次原因，发现并建立信任，进而使双方回到相同的立场，并积极营造一个双赢的愿景。如果冲突难以解决，那么作为领队，有极大的责任和最终决定权来做出决定。

（6）风险管理。

客观存在的危险是伤害发生的基础因素，主观上的处置不当则是伤害发生的直接原因。

①识别风险：户外常见的风险因素包括环境因素、人为因素、装备因素、管理因素。多种因素相互影响，构成风险。领队应在识别后对其进行评估，考虑后果的严重性（人身伤害、经济损失等）和发生概率。

②控制风险：领队应根据风险识别和评估搜集资料，增加经验，建立更加准确、有指导性的应对方案，做好行前准备，了解相应的救援等方法，在设置活动时留出余量。

③规避风险：遇到问题时，领队应及时改变思路，选择风险小的方案。

教学相长

1960 年 5 月 25 日，中国登山队队员王富洲、贡布、屈银华从珠穆朗玛峰北坡登顶，开创了人类从北坡登顶珠穆朗玛峰的先河。随后，中国登山人分别在 1975 年、1988 年、2003 年、2008 年完成多项国家任务，“不畏艰险、顽强拼搏、团结协作、勇攀高峰”的登山精神从此叫响。

与此同时，随着国家越来越强大，登山大本营的建设和保障条件越来越好，登山队员和工作人员条件得到了改善，大本营的环保工作也做得越来越好，而登山过程中的装备、服装、保障、运输等工作，更是在 60 年间发生了翻天覆地的变化，人们可以更安全、更舒适地体验登山这项运动。可以说，中国登山 60 年辉煌发展史，与祖国经济发展的腾飞密不可分。

因此，户外运动能够塑造大学生敬畏自然、敬畏生命的价值观，树立环保和安全的理念，培养大学生吃苦耐劳和团队精神，以及勇敢拼搏、勇往直前的精神。这些都是不可多得的课程思政元素。

思考题

(1) 进行一天的山地户外运动前，需要去户外商店选购哪些专业的个人装备？

(2) 组织并带领一次户外运动，需要具备哪些品质？

第七节　其他休闲项目

其他休闲项目还包括自卫防身、击剑、射击、射箭、极限飞盘等，受限于篇幅，笔者将这些内容放在二维码中，供读者参考。

其他休闲项目

第八节 自卫防身项目

由于本书篇幅有限，自卫防身内容相对较多，因此此节内容放入二维码中供读者参考学习。

自卫防身项目

第十一章　体质健康标准和身体素质练习

第一节　体质健康标准

《国家学生体质健康标准（2014 年修订）》（以下简称《标准》）是学校教育工作的基础性指导文件和教育质量基本标准，是评价学生综合素质、评估学校工作的重要依据。《标准》从身体形态、身体机能和身体素质等方面综合评定学生的体质健康水平，是促进学生体质健康发展、激励学生积极进行身体锻炼的教育手段，也是检验体育教学效果的有效评价标准。根据教育部的规定，在校大学生每年需要进行一次《标准》测试并上报数据，这既是对大学生体质健康的成绩评定，也是对大学生身体素质的全面考核。

《标准》规定的大学生身体形态、身体机能和各项身体素质考核的分数标准见表 11-1 至表 11-7。

表 11-1　大学生体重指数（BMI）评分表　　单位：千克/米^2

等级	得分	男生	女生
正常	100	17.9～23.9	17.2～23.9
低体重	80	≤17.8	≤17.1
超重	80	24.0～27.9	24.0～27.9
肥胖	60	≥28.0	≥28.0

表 11-2 肺活量评分表 单位：毫升

等级	得分	男生		女生	
		大一 大二	大三 大四	大一 大二	大三 大四
优秀	100	5040	5140	3400	3450
	95	4920	5020	3350	3400
	90	4800	4900	3300	3350
良好	85	4550	4650	3150	3200
	80	4300	4400	3000	3050
及格	78	4180	4280	2900	2950
	76	4060	4160	2800	2850
	74	3940	4040	2700	2750
	72	3820	3920	2600	2650
	70	3700	3800	2500	2550
	68	3580	3680	2400	2450
	66	3460	3560	2300	2350
	64	3340	3440	2200	2250
	62	3220	3320	2100	2150
	60	3100	3200	2000	2050
不及格	50	2940	3030	1960	2010
	40	2780	2860	1920	1970
	30	2620	2690	1880	1930
	20	2460	2520	1840	1890
	10	2300	2350	1800	1850

表 11-3 力量评分表（男生引体向上，女生 1 分钟仰卧起坐） 单位：次

等级	得分	男生		女生	
		大一 大二	大三 大四	大一 大二	大三 大四
优秀	100	19	20	56	57
	95	18	19	54	55
	90	17	18	52	53
良好	85	16	17	49	50
	80	15	16	46	47

续表

等级	得分	男生		女生	
		大一 大二	大三 大四	大一 大二	大三 大四
及格	78			44	45
	76	14	15	42	43
	74			40	41
	72	13	14	38	39
	70			36	37
	68	12	13	34	35
	66			32	33
	64	11	12	30	31
	62			28	29
	60	10	11	26	27
不及格	50	9	10	24	25
	40	8	9	22	23
	30	7	8	20	21
	20	6	7	18	19
	10	5	6	16	17

表 11-4　立定跳远评分表　　单位：厘米

等级	得分	男生		女生	
		大一 大二	大三 大四	大一 大二	大三 大四
优秀	100	273	275	207	208
	95	268	270	201	202
	90	263	265	195	196
良好	85	256	258	188	189
	80	248	250	181	182

续表

等级	得分	男生		女生	
		大一 大二	大三 大四	大一 大二	大三 大四
及格	78	244	266	178	179
	76	240	242	175	176
	74	236	238	172	173
	72	232	234	169	170
	70	228	230	166	167
	68	224	226	163	164
	66	220	222	160	161
	64	216	218	157	158
	62	212	214	154	155
	60	208	210	151	152
不及格	50	203	205	146	147
	40	198	200	141	142
	30	193	195	136	137
	20	188	190	131	132
	10	183	185	126	127

表 11-5　速度评分表（50 米跑）　　单位：秒

等级	得分	男生		女生	
		大一 大二	大三 大四	大一 大二	大三 大四
优秀	100	6.7	6.6	7.5	7.4
	95	6.8	6.7	7.6	7.5
	90	6.9	6.8	7.7	7.6
良好	85	7.0	6.9	8.0	7.9
	80	7.1	7.0	8.3	8.2

续表

等级	得分	男生		女生	
		大一 大二	大三 大四	大一 大二	大三 大四
及格	78	7.3	7.2	8.5	8.4
	76	7.5	7.4	8.7	8.6
	74	7.7	7.6	8.9	8.8
	72	7.9	7.8	9.1	9.0
	70	8.1	8.0	9.3	9.2
	68	8.3	8.2	9.5	9.4
	66	8.5	8.4	9.7	9.6
	64	8.7	8.6	9.9	9.8
	62	8.9	8.8	10.1	10.0
	60	9.1	9.0	10.3	10.2
不及格	50	9.3	9.2	10.5	10.4
	40	9.5	9.4	10.7	10.6
	30	9.7	9.6	10.9	10.8
	20	9.9	9.8	11.1	11.0
	10	10.1	10.0	11.3	11.2

表 11-6　耐力评分表（男生 1 000 米跑，女生 800 米跑）　　单位：分·秒

等级	得分	男生		女生	
		大一 大二	大三 大四	大一 大二	大三 大四
优秀	100	3′17″	3′15″	3′18″	3′16″
	95	3′22″	3′20″	3′24″	3′22″
	90	3′27″	3′25″	3′30″	3′28″
良好	85	3′34″	3′32″	3′37″	3′35″
	80	3′42″	3′40″	3′44″	3′42″

续表

等级	得分	男生		女生	
		大一 大二	大三 大四	大一 大二	大三 大四
及格	78	3′47″	3′45″	3′49″	3′47″
	76	3′52″	3′50″	3′54″	3′52″
	74	3′57″	3′55″	3′59″	3′57″
	72	4′02″	4′00″	4′04″	4′02″
	70	4′07″	4′05″	4′09″	4′07″
	68	4′12″	4′10″	4′14″	4′12″
	66	4′17″	4′15″	4′19″	4′17″
	64	4′22″	4′20″	4′24″	4′22″
	62	4′27″	4′25″	4′29″	4′27″
	60	4′32″	4′30″	4′34″	4′32″
不及格	50	4′52″	4′50″	4′44″	4′42″
	40	5′12″	5′10″	4′54″	4′52″
	30	5′32″	5′30″	5′04″	5′02″
	20	5′52″	5′50″	5′14″	5′12″
	10	6′12″	6′10″	5′24″	5′22″

表 11-7　柔韧评分表（坐位体前屈）　　单位：厘米

等级	得分	男生		女生	
		大一 大二	大三 大四	大一 大二	大三 大四
优秀	100	24.9	25.1	25.8	26.3
	95	23.1	23.3	24.0	24.4
	90	21.3	21.5	22.2	22.4
良好	85	19.5	19.9	20.6	21.0
	80	17.7	18.2	19.0	19.5

续表

等级	得分	男生		女生	
		大一 大二	大三 大四	大一 大二	大三 大四
及格	78	16.3	16.8	17.7	18.2
	76	14.9	15.4	16.4	16.9
	74	13.5	14.0	15.1	15.6
	72	12.1	12.6	13.8	14.3
	70	10.7	11.2	12.5	13.0
	68	9.3	9.8	11.2	11.7
	66	7.9	8.4	9.9	10.4
	64	6.5	7.0	8.6	9.1
	62	5.1	5.6	7.3	7.8
	60	3.7	4.2	6.0	6.5
不及格	50	2.7	3.2	5.2	5.7
	40	1.7	2.2	4.4	4.9
	30	0.7	1.2	3.6	4.1
	20	−0.3	0.2	2.8	3.3
	10	−1.3	−0.8	2.0	2.5

《标准》总分=体重指数得分×0.15+肺活量得分×0.15+速度得分×0.2+柔韧得分×0.1+立定跳远得分×0.1+力量得分×0.1+耐力得分×0.2。

根据学生学年总分评定等级：90.0分及以上为优秀，80.0～89.9分为良好，60.0～79.9分为及格，59.9分及以下为不及格。

《标准》中的测试项目分为身体形态、身体机能和身体素质三种类型。身体形态类包括身高、体重，身体机能类包括肺活量，身体素质类包括坐位体前屈、50米跑、立定跳远、引体向上/仰卧起坐和800米/1 000米跑等。身体形态机能项目主要取决于身体发育水平，而身体素质项目可以通过有针对性的练习来提高自身水平和成绩。

第二节　身体素质练习

身体素质指人体在运动中所表现出来的力量、速度、耐力、柔韧及灵敏等机能能力。身体素质是促进良好身体形态和身体机能的基础，是掌握运动技术的基础，同时还可以提高体质测试中身体素质项目（坐位体前屈、50米跑、立定跳远、引体向上/仰卧起坐和

800 米/1 000 米跑等）的成绩，因此现代大学体育教学中须强化大学生的身体素质训练，全面提高大学生体质健康水平。

一、力量素质及其训练方法

力量素质是指人体神经肌肉系统工作时克服或对抗阻力的能力，它是发展其他身体素质的基础与核心。在运动实践中，力量素质往往与速度、耐力、灵敏等其他素质以综合的形式表现出来。因此，力量素质训练本身就是提高身体素质的训练，人们不能将力量素质训练看成仅使肌肉肥大的器械训练。大学生尤其是女大学生要跳出对力量素质训练认识的误区，进行科学的力量素质训练，以此来提高自身的体质健康水平。力量训练的作用和意义在于强壮肌肉和骨骼，减脂塑形，防伤防病，提高体力、自我感觉、睡眠质量。

力量素质训练按训练部位可分为上肢力量训练、核心稳定性力量训练和下肢力量训练。

（一）上肢力量训练常用方法

1. 俯卧撑

俯卧撑属于全身性的力量训练，作用全面。

动作要领：身体成一条直线，不塌腰，不翘臀，屈肘时至肩肘平，核心收紧，呼气推起。

俯卧撑由于因地制宜、简单易行，训练效果好且作用全面，被称为力量训练的“徒手动作之王”。如果有学生，尤其是女生，标准俯卧撑无法完成，可以循序渐进地训练进阶练习。

第一步：找面墙，手扶墙，身体成斜面，完成斜面俯卧撑。随着能力增强，逐步降低斜面高度，找桌面完成。

第二步：过渡到跪姿俯卧撑，膝关节着地，在垫子上完成俯卧撑。其动作要领与标准俯卧撑一致：身体成一条直线，不塌腰，不翘臀，肩肘平，核心收紧，呼气推起。当训练能完成 10～15 次为 1 组，3 组或 3 组以上时，再过渡到标准俯卧撑甚至加难俯卧撑。因人而异，俯卧撑隔天一练，每次 10～15 次为 1 组，共完成 3 组。加难包括：击掌俯卧撑、“钻石”俯卧撑、把脚垫高的反斜面俯卧撑等，男生可以挑战单臂俯卧撑，动作要领与标准俯卧撑一致。

2. 卧推

卧推是发展胸肌最常见也是最有效的方法。因体姿不同，其又分为平卧推举、上斜推举和下斜推举。

动作要领：

（1）双手间距小于肩宽的称窄握距，双手间距同肩宽或稍宽的称中握距，双手间距比肩宽出两个手掌的叫宽握距。

（2）握距不同，所锻炼的部位也略有不同。窄握距有助于发展肱三头肌，中握距主要发展胸大肌外侧的中部、中下部、中间沟和部分下缘沟，宽握距主要发展胸大肌的上部、外侧的中上部和三角肌前束衔接的部位。

（3）以平卧推举为例，其预备动作为：两脚掌一定要踏实；背部以上和臀部触及凳面，使躯干成桥形；横杠置于乳头上方约 1 厘米处。如采用哑铃，双手持铃应平行于肩，将哑铃置于两肩外侧，接近于乳头的平行线上。

（4）推举时以胸大肌的突然收缩力将杠铃向上推起；在推举过程中，躯干始终保持桥形；当推起杠铃至两臂伸直时，胸部要挺起，两肩要下沉，切忌含胸耸肩。

3. 实力举

广义上，实力举是上肢推动作的总称，包括在仰卧、直立、坐立等各种姿态下，使用杠铃、哑铃、壶铃等各种器材做出的各种推的动作。狭义上，实力举单指站姿颈前推举动作。

动作要领：以杠铃停靠在肩膀上为实力推举的起始位置。开始实力推举时，需抬高下巴，当杠铃推至过头位后，把头和胸往前带，而不要把杠铃往后推。

（二）核心稳定性力量训练常用方法

核心稳定性是指人体在运动中通过核心区的稳定为四肢肌肉的发力建立支点，为上下肢力量的传递创造条件，为身体重心的稳定和移动提供力量的身体姿态。保持核心稳定性是核心区的一个重要作用，在这个区域中的全部生理结构都会影响整个区域的稳定性，这些生理结构共同组成了核心稳定系统。根据人体核心区域解剖结构特点及其与身体重心的位置关系，核心区可界定为广义核心区和狭义核心区。广义核心区是指人体的中间区域，是以“腰椎—骨盆—髋关节”为核心所形成的躯干的整体，具体指肩关节以下、髋关节以上，包括骨盆、胸廓、髋关节和整个脊柱在内的区域。狭义核心区是“腰椎—骨盆—髋关节”形成的一个整体，是人体的中间环节，是连接上下肢的纽带，是肢体的重要发力源，影响着身体运动的整体性，具体指膈肌以下、盆底肌以上的中间区域，包括附着在它周围的神经、肌肉、肌腱、骨骼和韧带系统。进而人们把肌肉的起止点或起点或止点位于这一区域间的肌群统称为核心肌群。

核心稳定性的作用与意义在于：

- 为在运动中的基本姿势、基本动作和专项基本动作提供稳定和支持。
- 可以参与发力或成为发力的主要环节。
- 高效、稳定地传输力量。
- 上下肢协调用力的枢纽，有承上启下的作用。

核心稳定性的力量训练是针对核心区肌群进行稳定、力量、平衡等能力的训练，有以下三种训练方式。

1. 静力性方式（稳定与杠杆）

（1）平板支撑。腰背挺直，核心收紧；肩、髋、踝在一条直线上，不塌腰、不翘臀。

（2）侧桥。腰背挺直，核心收紧；肩、髋、踝在一条直线上，不塌腰、不翘臀。

（3）背桥。腰背挺直，核心收紧；肩、髋、膝或踝在一条直线上，不塌腰、不翘臀。

2. 动力性方式（屈伸与旋转）

（1）仰卧举腿。

上固定训练。仰卧，上肢固定，腿自然伸直或弯曲，将两腿抬起至与地面垂直，然后缓慢放下，始终保持两腿伸直。

（2）仰卧两头起。

无固定训练。仰卧，腿自然伸直或弯曲，双手向头后伸直，腹部发力，将腿和手臂同时抬起，上身要离开地面，直至手臂摸到小腿或脚面，然后缓慢回到起始位置。

（3）俯卧两头起。

无固定训练。俯卧，双手大拇指朝上，两腿和上体尽量向上抬起，快起慢落，顶峰收缩。

3. 非稳态性方式（兼顾不同部位、不同层次）

平衡盘或瑞士球俯桥、侧桥、背桥。

（1）利用平衡盘或瑞士球等非稳定性器材，进行核心稳定性力量训练。

（2）两脚放于平衡盘或瑞士球上，静力动作保持腰背挺直，核心收紧；肩、髋在一条直线上，不塌腰、不翘臀。动力动作做到快起慢落，顶峰收缩。

（三）下肢力量训练常用方法

1. 深蹲

深蹲是两腿蹲的典型代表，也是下肢蹬伸动作的代表，它以其合理的结构、稳定的支撑、全面的肌肉参与，广泛应用于下肢基础力量训练。

动作要领：臀部后坐，核心收紧，膝关节尽量不超过脚尖。

意义：跳跃的原型、功能的基础、力量的表现。

2. 剪蹲

剪蹲是单腿蹲的代表，深蹲虽好，但过于稳定，生活和运动中大多数状态是不平衡或不对称的，剪蹲表现出了更强的功能性，各种类型的功能性训练都是以它为基础发展出来的。剪蹲集力量、平衡、功能于一身，是训练中的多面手，几乎是所有靠两脚移动的运动必练的动作。

动作要领：前腿的大腿与地面平行，后腿的大腿与地面垂直。

意义：集力量、平衡、功能于一身，是训练中的多面手。

3. 跳跃性练习

跳跃性练习属于快速力量训练的范畴，快速力量训练的功效不仅能增加肌肉力量，而且能对肌肉进行塑形，一举两得。

（1）原地纵跳。

跳离地面时，空中身体保持“直棍”状态。

（2）分腿跳。

跳离地面时，空中保持两腿分开。

（3）抱膝跳。

跳离地面时，屈膝，大腿尽量靠近身体，空中保持双手轻触膝。

以上动作连续跳跃时的重点：触地时间短，落地就起，保持快速爆发。

二、速度素质及其训练方法

速度是指人体快速运动的能力。速度包括反应速度、位移速度、频率速度。

反应速度是指人体在一个刺激或信号之后，最短时间内对其做出反应的能力。例如，短跑中的起跑，乒乓球运动员根据对方的出球迅速做出相应的技术动作等。位移速度指人体完成某个动作或某一系列动作所用时间的快慢，如篮球运动员投篮时的出手速度、羽毛球运动员挥臂杀球的速度等。频率速度是指用最快速度克服阻力完成同样的、重复（周期性）动作的快慢，如短跑中的步频。

（一）技术训练

摆臂：强有力的摆臂动作将会增加运动员加速跑时的向前驱动力。

动作要领：上臂与前臂折叠成 90°左右，前摆幅度不超过鼻尖，后摆肘关节尽量向后，两臂擦身而过，摆臂时核心稳定，摆幅要大。

高抬腿：踝关节“末端用力”技术，增强步频，增大步幅。

动作要领：重心上提，大腿高抬。

折叠腿跑：帮助改进支撑腿膝角变化幅度、增大步幅。

动作要领：脚跟踢到臀部，交换腿速度快。

（二）速度素质的专项力量训练：重视跳跃练习

1. 途中跑的专项力量——反应力量

优秀运动员途中跑触地时间为 80～100 毫秒，该阶段的运动表现主要取决于运动员大腿的股后肌群和小腿的比目鱼肌以拉长-缩短周期为主要收缩形式的反应力量。

训练方法：多级跳（立定三级跳、五级跳）练习、跳深练习、跳箱练习、小栏架跳跃练习。

2. 髋关节肌群力量训练

“髋”是短跑运动员的“发动机”，在一个跑的周期中，髋关节所完成的全部机械功是膝关节的 14.6 倍，是踝关节的 2.3 倍。

训练方法：深蹲跳。

动作要领：臀部后坐，快速爆发。

三、耐力素质及其训练方法

耐力素质是指在一定的负荷强度下，机体能够承受的一种较长时间的运动能力。耐力素质的实质是通过提升机体运动供能系统的能力，延长机体在一定运动状态下承受一定负荷的时间。

（一）耐力素质训练的好处

（1）心血管、呼吸系统的活性、能力增强。

（2）减脂塑形，改善骨骼肌形态结构。

（3）运动范围扩大。

（4）长时间运动能力提高。

（二）耐力素质的分类

根据是否有氧气参与的供能为主要供能方式，耐力素质可以分为有氧耐力与无氧耐力。不同的项目，需要不同的耐力素质。

1. 有氧耐力训练手段

（1）匀速持续跑。

训练方法：跑的距离尽可能多，运动时间在 1 小时以上，心率控制在 150 次/分左右。

训练要求：匀速连续地跑进。

（2）越野跑。

训练方法：跑的速度可以适当变化，心率控制在 150～170 次/分，运动时间为 1.5～2 小时。

训练要求：在空气清新的环境，以及相对松软、有弹性的路面进行。

（3）变速跑。

训练方法：负荷强度由低到高，心率控制在 130～180 次/分，练习时间持续 30 分钟以上。

训练要求：根据运动员能力控制速度和距离。

（4）间歇跑。

训练方法：训练负荷量较小，训练中每次练习持续时间不长。负荷强度较大，心率达到 170～180 次/分，在机体尚未完全恢复前进行下一次练习。

训练要求：整个训练持续时间尽可能延长，至少 30 分钟。每次练习的间歇可以用放松跑和慢走的形式进行积极性休息。

（5）法特莱克跑。

训练方法：在野外、山坡、平原等地形条件下，由练习者自己掌握距离不等的快跑、慢跑、匀速跑、加速跑等交替进行的连续练习方法。

训练要求：练习时间一般不超过 30 分钟。

除了跑的练习，有氧耐力训练手段还有很多，如游泳、自行车、登山等运动都是提高有氧耐力的有效手段。

2. 无氧耐力练习手段

（1）固定间歇时间跑。

训练方法：采用 80%～90%的练习强度，心率达到 180～190 次/分，一次练习的持续时间和距离稍长，练习的重复次数不宜过多。

训练要求：间歇时间固定不变，可采用距离相等或不等的练习。如果距离不等，练习顺序由短到长，最后一组练习也基本保持规定强度。

（2）逐渐缩短间歇时间跑。

训练方法：采用 80%～90%的练习强度，心率达到 180～190 次/分，一次练习的持续时间和距离稍长，练习的重复次数不宜过多。

训练要求：间歇时间逐渐缩短，可采用距离相等或不等的练习。如果距离不等，练习顺序由短到长，最后一组练习也基本保持规定强度。

（3）短距离间歇跑。

训练方法：可采用 30～60 米距离，间歇时间 1 分钟左右。采用 95%以上大强度练习，持续时间 10 秒左右。

训练要求：保持高强度训练。练习重复次数、组数根据练习者情况而定。

（4）长距离间歇跑。

训练方法：可采用 100～150 米距离，间歇时间 2 分钟以上。采用 95%以上的大强度练习，持续时间 10 秒以上。

训练要求：保持高强度训练。练习重复次数、组数根据练习者情况而定。

四、柔韧素质及其训练方法

柔韧素质是指人体各个关节的活动幅度及肌肉、肌腱和韧带等软组织的伸展能力。

（一）柔韧训练的意义

（1）降低潜在的运动损伤风险（如肌肉疼痛和肌肉损伤）。

（2）增大动作幅度、改进动作技术、提高运动水平。

（3）促进关节周围血液循环、稳定关节。

（4）活跃关节周围肌肉，提高肌肉的质量。

（二）柔韧素质的分类

（1）按训练目的分，柔韧素质包括一般柔韧性和专项柔韧性。

一般柔韧性——为适应一般技能发展所需要的柔韧素质。

专项柔韧性——由于项目的特殊需要，对某些关节在幅度、方向等表现上存在一定的标准。

（2）按外部运动状态分，柔韧素质包括动力性柔韧性和静力性柔韧性。

动力性柔韧性——肌肉、肌腱、韧带根据动力性技术动作需要，拉伸到解剖学允许的最大限度能力，随即利用强有力的弹性回缩力来完成所要完成的动作。

静力性柔韧性——肌肉、肌腱、韧带根据静力性技术动作的需要，拉伸到动作所需要的位置角度，控制其停留一定时间所表现出的能力。

（3）按用力主体分，柔韧素质包括主动柔韧性和被动柔韧性。

主动柔韧性——训练者主动运动中表现出来的柔韧素质水平。

被动柔韧性——在一定外力协助下完成或在外力作用下表现出来的柔韧素质水平。

（4）按训练部位分，柔韧素质包括上肢柔韧性、下肢柔韧性、腰部柔韧性和肩部柔韧性。

（三）柔韧素质训练方法

1. 静力拉伸法

静力拉伸法是指通过缓慢的动作，并较长时间使某些环节固定于某一种姿势，拉伸肌腹、肌腱、韧带等软组织的练习方法。静力拉伸有主动拉伸和被动拉伸两种，不管采用哪种方法，均是训练者在拉伸软组织时，迫使被拉伸的软组织达到酸、胀、痛的程度，然后停留约 10 秒钟，每天重复 15 次左右，可分数次进行。这种牵拉方法容易控制，拉到可以忍受的酸痛程度为止，不易拉伤。静力牵拉也是训练后整理活动放松肌肉的一种重要方法。静力牵拉法有四个优点：第一，能量消耗少；第二，软组织不会因突然受力或用力过猛而发生拉伤；第三，不会激发牵张反射，就是不会引起肌肉主动收缩；第四，拉伸效果比较理想。

但在静力拉伸练习结束后，应当做一些动力性放松活动，以防止软组织发生永久性变形而丧失弹性，并避免局部供血不足，影响软组织的新陈代谢。

2. 动力拉伸法

动力拉伸法是指依靠练习者自身动作，原动肌有节奏地、较快并重复地收缩，使与关节运动相反一侧的对抗肌反复被拉伸的练习方法。例如，连续前摆腿，通过髂腰肌等屈髋肌群多次收缩，使股后肌群、小腿三头肌等被重复拉伸，使它们的伸展性得到发展。各种大幅度、多方向的踢腿及连续挥臂、转体等都属动力性拉伸练习。

这种练习的优点是接近于某些专项技术动作的要求，既发展了主动肌的力量，又发展了对抗肌的伸展性。但动力性拉伸的速度、幅度不易控制，容易拉伤；同时，快速牵拉，因受牵拉的肌肉产生的张力大，从肌梭传向中枢神经的冲动会引起肌肉的牵张反射，使受牵拉的肌肉紧张。实践证明，在发展肌肉伸展性的方法上，最好也是“静动”结合，这样能取得较好的练习效果，并有助于预防肌肉损伤。

3. PNF 拉伸法

PNF 拉伸法（Proprioceptive Neuromuscular Facilitation）首先采用静力性拉伸并在其后立刻针对同一肌群进行静力性收缩 6～10 秒，然后再以静力性拉伸将这一肌肉进一步拉长，如此重复。PNF 拉伸法是利用肌肉在收缩阶段会刺激腱梭造成神经反射的逆转，因而促使肌肉进一步放松。一般而言，进行 PNF 拉伸时需要有同伴协助。此法被广泛用于运动员身上，用以治疗肌肉的损伤，由于 PNF 拉伸法具有显著的效果与较高的伤害发生率，因此操作时建议由专业人员来执行或从旁协助。

五、灵敏素质及其训练方法

灵敏素质是指处在特定运动场景中的肢体感受刺激，并根据需要迅速改变方向或变换动作的能力。核心特征：变——方向改变、动作改变；快——判断决策快、动作速度快。二者关系为：变是根本，快是关键。

基础素质训练：力量、速度、耐力、柔韧。

综合性训练：反应能力＋变向能力＋动作能力（准确性、协调性）。

灵敏素质训练方法有：标志物跑、变向跑、绳梯练习、多边形跳跃、小栏架练习、看或听信号练习等。

（一）标志物跑

标志物跑的形式、方向，根据教练的要求可采用前进、侧行、后退和旋转等不同变化，密切结合专项。

（二）变向跑

各种不同的折返加速跑，根据教练的要求可采用不同的跑动形式，密切结合专项。

（三）绳梯练习

根据训练目的需要，绳梯练习可做纵向、横向的各种变化，密切结合专项。

（四）多边形跳跃

根据训练目的需要，多边形跳跃可做单腿、两腿和不同方向与形式的各种变化，密切结合专项。

（五）小栏架练习

结合专项，根据训练目的需要，小栏架练习可做单腿、两腿不同方向和形式的各种跑动与跳跃练习。

（六）看或听信号练习

根据训练目的需要，看或听信号进行专项步法和刺靶等练习。

六、身体素质专项内容训练方法

（一）立定跳远的训练方法

立定跳远属于力量素质考核范畴，参考力量训练，尤其是下肢力量训练方法进行训练。立定跳远的动作要领由预摆、起跳、腾空、落地四个部分组成。

1. 预摆

两脚左右开立，约一肩宽，两臂用力前后摆动。

2. 起跳

两臂后摆时，两腿弯曲下蹲，两脚快速用力蹬地，同时两臂猛地向前摆动，带动身体朝上、朝前起跳。注意起跳时身体与地面成45°角（前倾）。

3. 腾空

腿和摆臂要协调，空中身体充分展开，随后两腿用力前伸，这一步非常关键。

4. 落地

落地前收腹含胸，小腿尽可能地前伸。注意落地时全身保持向前的惯性。

训练安排建议：上肢力量训练和核心稳定性力量训练每周各练1次，分别选择其中的3个动作，根据个人能力完成3组。下肢力量训练选取3个动作，隔天练8～12次/组，完成3组。立定跳远隔天练，每次完成10～15次。

（二）仰卧起坐的训练方法

仰卧起坐属于力量素质考核范畴，参考核心稳定性力量训练方法。

仰卧起坐动作要领：仰卧屈膝，手轻扶头后或耳侧，起上体，肘关节触碰到腿；下肢保持固定，仰卧时两肩触垫。

训练安排建议：核心稳定性力量训练每天练习，选择其中的 3～5 个动作，兼顾腹部和背部，8～12 次/组，根据个人能力完成 3～5 组。

（三）引体向上的训练方法

引体向上属于力量素质考核范畴，参考力量训练方法。引体向上是经典背部力量训练动作之一。引体向上是人体手臂抓握力、上肢力量、背部力量和腰腹肌力量的美与力量的综合体现。

引体向上动作要领：起始姿势双手用宽握距正握（掌心向前）单杠，略宽于肩，两脚离地，两臂自然下垂伸直。用背阔肌的收缩力量将身体向上拉起，当下颌超过单杠时稍作停顿，静止 1 秒，然后逐渐放松，让身体缓慢下降，直到恢复完全下垂。身体上拉时吸气，还原时呼气，不可长时间憋气。

训练安排建议：上肢力量训练和核心稳定性力量训练动作隔天练，分别选择其中的 3 个动作，根据个人能力完成 3 组；另外，可以增加杠铃或哑铃俯身划船和斜面引体向上的练习，8～12 次/组，根据个人能力完成 3～5 组。

杠铃或哑铃俯身划船动作要领：

（1）宽距站姿，双手正握，杠铃握距比肩稍宽，哑铃以一臂的距离悬于两肩下方。两臂完全伸直；微微屈膝，从臀部屈背，保持身体成 45°不变；持铃在身前，稍稍低于膝关节。

（2）收紧肩胛骨，绷紧整个上身，将杠铃或哑铃提至上腹部。

（3）稍停顿，然后缓缓下铃，还原到起始位置。

斜面引体向上动作要领：斜面引体向上利用高度适宜的低单杠，杠面高度与练习者胸部齐平。面向单杠，自然站立，双手分开，与肩同宽，正握杠，两腿前伸，保持两臂与躯干呈 90°，身体斜向下垂；然后做屈臂引体，当下颌能触到或超过横杠时，伸臂复原，身体要保持挺直，不塌腰、挺腹。

（四）50 米跑的训练方法

50 米跑属于速度素质考核范畴，参考速度素质训练方法。从技术、专项力量及实战三个方向出发，从以下几方面循序渐进地设计速度训练计划：

（1）了解自己的速度素质水平，清楚自己的负荷水平。

（2）确定自己的速度素质发展方向。

（3）确定自己所需要的速度素质训练动作。

（4）以心率为衡量标准，确定与训练强度有关的训练频率、组数、次数、时间间隔等数据。

（5）设计应符合系统论的原则，处理好速度素质同其他素质训练的关系，合理安排各个素质训练的顺序，使各素质间互相促进和良性转移。

（6）训练前要调整好自身的状态，可以通过集中注意力和用强度较小并保持一段时间的活动进行调整。

（7）训练后要注重对肌肉进行放松。肌肉放松，张弛有度，能够减少肌肉本身的内阻力，增强肌肉合力，使血液循环通畅。

（五）800 米跑、1 000 米跑的训练方法

800 米跑和 1 000 米跑属于有氧耐力和无氧耐力混合的项目，参考耐力素质训练方法，以下提供三种间歇训练法。

1. 短距离间歇（发展无氧耐力）

（1）300～500 米跑，4～5 次。

（2）保持心率＞190 次/分。

（3）间歇 4～5 分钟，至心率 130 次/分。

（4）训练总量约为目标距离的 1.5 倍。

2. 中长距离间歇（发展混氧耐力）

（1）600～800 米跑，2～3 次。

（2）保持心率在 175～185 次/分。

（3）间歇至心率恢复到 130 次/分。

（4）训练总量为目标距离的 1.5～2 倍。

3. 变换间歇/距离间歇（发展抗乳酸能力）

（1）300 米快速跑＋300 米中速跑＋200 米快速跑＋200 米中速跑。

（2）200 米中速跑＋200 米快速跑＋200 米中速跑＋200 米快速跑。

（3）保持心率在 180 次/分左右。

（4）间歇至心率恢复到 120 次/分。

（5）训练总量为目标距离。

（六）坐位体前屈的训练方法

参考柔韧素质的训练方法，制定坐位体前屈的训练量。

（1）柔韧素质天天练，每次 10～15 分。

（2）被动拉伸大腿后部肌群，拉伸 2～3 次。

（3）动力性练习：前踢腿和侧踢腿，各完成 3 组，每个练习重复 10～20 次。

（4）静力性练习：完成坐位体前屈动作 6～8 组，每组持续 15～30 秒。

思考题

（1）身体素质都有哪些具体内容？你认为哪项身体素质训练对你来说最重要？为什么？

（2）请说出你喜欢的运动项目，并谈一谈身体素质训练对你进行运动项目训练的影响。

（3）总结自己身体素质的优势和不足，并结合自身特点列出身体素质训练的计划。

第十二章　校园体育竞赛的组织与开展

第一节　开展校园体育竞赛的意义

一、当前体教融合的要求

2020年审议通过并发布的《关于深化体教融合促进青少年健康发展的意见》（以下简称《意见》）是为贯彻落实习近平总书记关于体育强国建设的重要指示和全国教育大会精神，充分发挥党委领导和政府主导作用，深化具有中国特色体教融合发展，推动青少年文化学习和体育锻炼协调发展，促进青少年健康成长、锤炼意志、健全人格，培养德智体美劳全面发展的社会主义建设者和接班人，经国务院同意，根据“一体化设计、一体化推进”原则而提出的。

《意见》中对加强学校体育工作、完善青少年体育赛事体系做了明确要求，如开展丰富多彩的课余训练、竞赛活动，扩大校内、校际体育比赛覆盖面和参与度；大中小学校在广泛开展校内竞赛活动基础上建设学校代表队，参加区域内乃至全国联赛；义务教育、高中和大学阶段学生体育赛事由教育、体育部门共同组织，拟定赛事计划，统一注册资格；等等。

因此，体教融合的要求就是让学校体育在促进青少年“享受乐趣、增强体质、健全人格、锤炼意志”上起到重要作用。这样的要求不仅需要日常体育课的培养，更需要课后完善的校园竞赛体系支持，因为“如果学校体育没有体育竞赛就无法培养广大青少年的竞争意识与团队合作精神，青少年更享受不到体育的乐趣，体质健康也就无从谈起”。所以，建立良性互动的体育教学、课外锻炼及校园竞赛体系就是体教融合要求下学校体育的重要工作之一。

二、体育育人的平台

体育竞赛要求在规定的时空内按照事先约定的规则进行角逐。所谓的公平竞赛就是在这个有规则的时空内发挥出自己的专长和潜能，虽然结果有胜败，但在规则的公平要求下胜者不骄，败者不馁，不分种族，不分贫贱，这才是公平竞赛最重要的体现。在这个过程中，培养的团队协作、坚忍精神、规则意识、家国情怀则是在其他课程和活动培养中不容易达到的目标，因此竞技运动可以说是体育课的延伸，是体育育人的重要手段，是体育教育达到价值塑造、能力培养、知识传授“三位一体”育人目标的重要组成部分。

“三位一体”最初是清华大学在全面深化教育教学改革中提出的育人理念，即价值塑造、能力培养、知识传授“三位一体”，回答了教育工作的主要问题，即“培养什么人”“如何培养”和“谁来培养”。“三位一体”教育模式的内部关系不是割裂的而是融通延续的，它不仅贯穿在教育教学的整体过程中，而且共融在学生德智体美劳的全面发展中。其中，价值塑造指的是培养以价值观为核心的品性，如好奇心或尊重多元的意识；能力培养可以是多维度的，包括阅读、写作、口头表达、时间管理等；而知识传授可以是学科知识，也包括其他非学科知识，而后者也许就是核心知识。反映在体育教育教学中，“三位一体”就体现为学校通过全方位的体育文化建设——重视利用学校的师生员工在体育教学、运动竞赛、体育宣传教育、体育设施建设等活动中所创造的精神和物质财富的总和，实现培育和践行社会主义核心价值观。因此，体育教育教学必须以第一课堂、社团协会、竞技队伍为依托，针对知识普及、兴趣提高、专业强化等多层次需求，创造全方位的教育教学闭环，而在这一过程中，校园体育竞赛就为课堂提供了延伸，为社团和队伍提供了舞台。

（一）竞赛对于体育课延伸的作用——知识传授

目前，各高校体育课平台建设如火如荼，每所高校除了基础的体育课程，都有各自的特色项目，以清华大学为例，其共开设“三大球”、游泳、武术、击剑、网球、羽毛球、乒乓球、藤球、跳水、射箭、健美操、艺术体操等近 60 门课程，涉及了竞技体育（奥运项目）、休闲体育和民族传统体育等各类项目。如此多的项目教授的知识需要有一个平台在课下进行巩固，而校园体育竞赛无疑是最好的巩固平台。

（二）竞赛对于体育类社团发展的作用——能力培养

作为各高校开展体育运动的有力支撑，社团是一股不可忽视的力量，在“五育并重”的当下，各高校更是大力发展学生社团，其中体育类的社团作为体育课程的延伸和学生兴趣的载体更是方兴未艾。以清华大学为例，目前校内在册社团共有 258 家，其中体育类 55 家，除了如足球、篮球、排球、乒乓球、羽毛球等常规的体育协会，帆船协会、高尔夫球协会、滑雪协会、跳水协会、击剑协会、滑板协会、棒垒球协会、马术协会、花样滑冰协会、极限飞盘协会、冰壶协会、冰球协会等一系列时尚类体育协会也得到了蓬勃发展。为了使得社团发展得更好，组织该项目的体育竞赛就成了社团发展中很重要的一项任务，而在组织比赛中获得的能力培养无疑是体育带给学生超出体育技能的收获。

（三）竞赛对于健全人格的作用——价值塑造

体育有助于激发学生奋发进取的拼搏精神。体育在人们为了满足需要而进行的物质变换状态活动中，体现了人对自身能力世界的开发和对外部世界的挑战，换言之，体育即人为应对外部世界的不断挑战而实现对自我开发与超越的无限过程。这种挑战既是“生理-身体”的，更是“心理-精神”的，特别是对后者的克服与超越最能激发人们的拼搏精神。体育在人与自我、他者和社会互动中展开的特性使得它成为个体社会化的理想平台，对于集体建设和爱国主义精神的养成具有显著作用。

第二节 校园体育竞赛的种类与驱动力

一、校园体育竞赛的种类

校园体育竞赛以不同的类型存在于校园之中，我们按规模大小将其划分为小型体育竞赛、中型体育竞赛和大型体育竞赛。这三者有时又因组织形式的不同，有些小型、中型竞赛也能转化为大型竞赛。

（一）小型体育竞赛

小型体育竞赛从竞赛形式上讲一般为自发式的比赛，比赛规模限于班级内和班级间或导师团队内和导师团队间，比赛的目的以娱乐为主，兼具轻型竞技，校内体育主管部门和社团组织一般不介入其中，使用的规则一般为内部协商，其比赛的成绩一般也不纳入校园体育竞技计分系统。但有些班级或导师团队间的比赛由于组织形式的不同又可以转变为大型赛事，如清华大学的班级篮球赛、班级足球赛和班级排球赛。虽然这些赛事都是班级间的竞赛，但因其由团委、学生会或社团组织承办，参与竞赛的班级数都在100个以上，因此属于大型体育竞赛。另外，清华大学研究生会还组织了以导师团队为单位的“师门杯”系列体育竞赛（包含羽毛球等一些项目），比赛涉及校内各类导师团队，因此也属于大型体育竞赛。当小型体育竞赛转变为大型体育竞赛后是否按照大型体育竞赛纳入校园体育竞技计分系统，应以各学校的实际情况而定，但一般来说要纳入校园体育竞技计分系统的项目需使用正式的比赛规则，其竞技性应大于娱乐性。以清华大学为例，班级篮球赛等班级类项目就纳入了校园体育竞技计分系统，而“师门杯”由于其更注重师门同乐，所以未纳入校园体育竞技计分系统。

（二）中型体育竞赛

中型体育竞赛从竞赛形式上一般为有组织的比赛，其组织单位多为各院系学生系统部门，比赛规模一般为院系内和组织系统内比赛，比赛的目的以选拔人才和提升组织内体育氛围为主，校内体育主管部门和社团组织部分介入，使用正式比赛规则，其比赛成绩视情况纳入校园体育竞技计分系统。以清华大学为例，各院系自组织的院系内运动会，一般田径运动会会有体育部教师参与指导，其他如足球、篮球、排球等均由院系自行组织，其目的均为选拔优秀选手代表系内参与校内竞赛，清华大学院系内部比赛均不计入校园体育竞赛计分系统。组织系统内部比赛一般指研究生招生规模逐渐扩大后研究生内部需要有自己的赛事，以提升体育氛围，如清华大学研究生会每年会举办研究生运动会，运动会的裁判工作由体育部负责。研究生运动会以田径比赛为主，辅以部分兼具参与娱乐性质的项目。虽然这是一个组织系统内部的比赛，但因其覆盖了整个学校的研究生系统并由校内体育部门全力参与，所以研究生运动会就由中型体育竞赛变为大型体育竞赛，其成绩也纳入校园体育竞赛计分系统，但因其有娱乐性质项目，所以在计分权重上会进行相应调整。

（三）大型体育竞赛

大型体育竞赛指由相关体育部门组织举办的全校或校际的由众多队伍和运动员参加的正式比赛，比赛使用正式的规则，为竞技性比赛，比赛成绩计入校园或校际体育竞技积分系统。各项目的大型竞赛除自行排名计分外也可以进行综合排名，形成由多项目组成的校园竞赛体系，如清华大学马约翰杯竞赛体系就是由田径、足球、篮球等 40 多个单项组成的校园竞赛体系。另外，为了促进和选拔优秀的学生参加校际竞赛，为校争光，还可以将其在校际比赛中的成绩进行换算加权，计入校园体育竞赛计分系统。大型校园体育竞赛需要各方力量支持，投入巨大的人力、物力才能组织好比赛，后续的校园体育竞赛组织一节将围绕如何打造大型校园体育竞赛系统进行讲解。

二、校园体育竞赛的驱动力

校园体育竞赛主要由三种驱动力推动，其中后两种驱动力又是大型校园体育竞赛的力量源泉，不同的驱动力会产生不同的组织形式，不同的组织形式又部分对应不同的竞赛种类。

（一）个人爱好

个人爱好是一切体育竞赛的最初始阶段，有了爱好就有参与竞赛的意愿和体验竞赛的需求。一般来说，我国大学校园中的体育爱好养成分为三类项目：第一类为大众项目，是入学之前学生就已经有所接触的项目，如田径、足球、篮球、排球、乒乓球、羽毛球、游泳等，这些项目由于学生们有一定的基础，所以要想在大学阶段进一步激发个人兴趣，就需要教师在课堂上教授进阶技巧并对学生进行课外引导；第二类为观看过比赛但未亲身实践的项目，一般来说，这类项目初高中阶段亲身接触的学生较少，需要有比较专业的指导，如手球、棒垒球、台球等，这些项目应根据各高校设立体育课的情况开展，由于此类项目学生没有亲身实践的经历，所以更多的是教授基本技巧；第三类涉及的项目有的开展成本高，有的比较小众，有的属于极限运动，如高尔夫、马术、击剑、滑板、跳水、冰雪项目等，这类项目由于之前很多人为零基础、零接触，所以在教授时先要让学生了解规则，再慢慢深入，但这些项目往往新颖、独特，很容易引起学生的兴趣，因此课下应鼓励学生设立社团，为未来形成规模打下基础。上述三类项目如能激发出学生兴趣，成为其个人爱好，就可以鼓励学生开展自发式竞赛。自发式竞赛以个人或班级间“约战”为主，并不限于通过各类社交媒体的网络自组织比赛，自发式竞赛是校园体育竞赛中成本最低、效率最高、普及最广的一类比赛形式，一般对应的竞赛种类为小型体育竞赛。

（二）教学延伸

教学延伸是体育主管部门推动竞赛的原动力。学校体育主管部门有动力去推动一项校园体育竞赛的原因一般有三种。首先是需要推动学生基础身体素质的提高，基于这类原因，通常会考虑田径、游泳、三大球等基础项目，各高校基本都会开设这些课程，因此以课程为基础，通过教师课外辅导等一系列手段让这些项目在学生中广泛开展自发性的比赛，然后择机由体育部门组织校级竞赛是这类教学延伸的一般模式。由于有校级竞赛的设立，因此又可推动各院系单位自行开展竞赛。其次是需要形成高校自己的文化传统，基于这类原因，各高校通常会选择一个大项或某一大项中的一个小项重点发展，如长跑、篮球、武术等，通常选择该项目的高校在这个项目上有比较出色的师资，以此为依托会形成一套班队、系队、社团、校队的一系列人才梯队，同时形成班赛、系赛、校赛的一套竞赛体系，如清华大学的长跑文化形成就是基于各系系队、长跑爱好者协会、中长跑二队和校中长跑队的一套人才梯队，而清华大学的篮球文化形成就依赖于各系的篮球比赛，校团委学生会组织的班级篮球赛、校级马约翰杯篮球赛和马约翰杯三对三篮球赛这一套竞赛体系。最后是需要推动某一项目在校际比赛中为校争光，在这里讨论的是非高水平运动员的校际竞赛，因此要完成这项任务就必须由相应的教师从课堂上选拔优秀学生辅助教师建立校级单项赛事，将赛事计入校园体育竞赛计分系统，从赛事中选拔优秀选手组成校队，可见校级单项赛事在其中起到了中流砥柱的作用。基于以上三种原因，由教学延伸作为动力推动的校园体育竞赛对应的形式为各院系单位举办的竞赛和校级学生系统或体育部门组织的竞赛两类，同时对应的竞赛种类为中型体育竞赛和大型体育竞赛。

（三）社团驱动

大型校园体育竞赛组织的骨干力量是社团，而社团组织发展壮大的动力源泉也是大型体育竞赛的组织，所以二者是互相成就。体育类社团组织的形成一般有两种情况：一是在体育课上形成个人兴趣，又在指导教师的授意下建立社团；二是本身对某项运动有浓厚的兴趣并与一群志同道合的学生一起为推广这项运动建立社团。不管是上述哪种原因举办该项目的校级赛事一定是社团的重要任务。在由多个单项组成的大型校园竞赛体系中，校级体育主管部门能亲自负责的项目并不多。以清华大学为例，在马约翰杯竞赛体系的 40 多个项目中，由清华大学体育部举全部之力亲自负责的只有田径运动会、校园马拉松、新生运动会、阳光长跑接力赛等几个项目，大部分项目均由社团协会承办，在承办的过程中社团影响力不断扩大，一批优秀的学生得到了赛事组织的锻炼，为校园竞赛体系的建设做出了巨大贡献，因此由社团驱动的竞赛是校园竞赛中的主力，其对应的形式就是社团主责，对应的竞赛种类为大型体育竞赛。

第三节　校园体育竞赛的组织

一、校园体育竞赛的总体规划

大型校园竞赛的举办主要有两种驱动力：一种是教学延伸或学校建设体育文化的总体需要，另一种是社团协会或各竞赛队伍在指导教师的引导下自发的办赛需要。这就决定了校园竞赛的多样性，而如需将各个院系的参与积极性发挥到最大限度则必然需要以统筹的方式将所有比赛综合计分排出名次，因此在做竞赛总体规划设计时，首先需要建立竞赛委员会，以处理各项比赛事务，竞赛委员会的组成应由学校主管体育的教学部门牵头，由主管学生的部门辅助，由校学生会、研究生会和各院系学生组织、体育类协会和竞赛队伍共同深度参与，以达到充分沟通协调具体事务、寓教于赛的目的；其次需要确定各竞赛分项，在确定项目的过程中一定要统筹考虑体育课开课、社团协会和竞赛队伍之间的对应。以清华大学为例，共开设体育课近 60 项，拥有体育类社团 55 家，竞赛队伍共涉及 44 个项目、56 支队伍，校内体育竞赛共设 40 余项，课程、社团队伍和竞赛基本实现一一对应。

二、校园体育竞赛的赛事组织

在设立了竞赛委员会和确定了项目后，最重要的是要设置总的竞赛规程，包括竞赛宗旨、竞赛名称、竞赛项目等一系列与比赛相关的内容。其中，竞赛宗旨应鲜明地体现党和时代的要求，以及学校体育应实现的目标；竞赛名称包含总竞赛的全称、各分项命名的规范，以及在有赞助商冠名的情况下竞赛名称的命名规则；竞赛项目应将本年度设置的所有项目写全，另外根据每年设项的不同进行动态调整。其他具体与比赛相关的内容详细说明如下。

（一）分组办法

由于从一般意义上来说，体育竞赛的成绩与参赛人员的基数有显著正相关，因此针对院系较多且院系人数相差较大的学校，应考虑分组比赛。分组的原则一般来说要根据各校实际情况选择一个人数线，学生数达在线上的分为一大组，学生数在线下的分为一大组，如实际情况更为复杂也可再扩充组别，但为了比赛的精彩程度，一般不超过四个大组。在各单项比赛中，由于有些比赛参与院系较少，可根据实际情况进行并组比赛，在单项比赛中统一记取名次，但在总体计分时进行区别。同时，根据各院系招生情况可对院系进入的组别进行调整，一般建议按照本科生学制规定四年一调。

（二）项目设置

在总项目数不多的情况下可将所有项目全部计分，但如果设项过多，很多院系无法承担所有项目都参赛的压力。一般来说，各院系对项目的总承载量在 10 项左右，因此如果总项目超过 10 项，原则上体育主管部门就应对选项进行引导，引导的原则为优先保证基础大项（如田径）、各校需要夯实的课程延展项目和需要发展的特色项目，以及学生参与度较高的项目。如有选项机制，则需要各院系在规定时间内提交本院系所选项目，并进行公示。另外，还应设置各项目准入准出机制，对于院系选择较少的项目，可以末位淘汰的方式逐渐退出，对于新增项目应设置准入规则，如新项目申请承办的体育协会须在近两年内有主办全校单项比赛的经历，向竞赛委员会提出申请并综合考核通过后，允许放入下一年度竞赛项目中作为试行，但不列为计分项目，同时考察该单项协会在当年试行比赛中的影响力、院系参与率等，试行一年效果良好的可在第二年转为正式竞赛项目。

（三）承办原则

首先需要明确承办单位资格，针对两种办赛驱动力和具体比赛规模的不同，其承办单位也应有所区别。一般来说，规模大或者有特殊考虑的项目由体育主管部门直接承办，其他项目可交由院系学生组织、社团竞赛队伍承办，但需要对承办流程做具体要求。其次需要明确承办单位的职责，如制订详细周密的承办计划，确定负责人按时推进承办工作，定期向竞赛委员会汇报工作进度，在承办结束后完成承办工作经验的培训与交接工作等。最后需要设定承办流程，流程应包含但不限于对申请承办单位的审核验证，要求承办单位在规定时间内提交承办项目的竞赛规程，要求承办单位设立仲裁机构并服从竞赛委员会的指导，要求在承办结束后提交相关总结等。

（四）参赛资格

校园体育竞赛需在竞争性与参与性中找到平衡，同时促进校园内外所有相关人员在竞技平台上共同融合，因此在确定参赛资格时应统筹考虑在校学生、体育特长生（一般指高水平运动员）、在职教职工和校友等多种身份人员的参赛问题。一般来说，参赛主体应为全日制在校注册的本科生和研究生（包含留学生），各校视本校情况考虑非全日制以及其他特殊情况的在读学生参赛范围。其中，为保证各院系竞赛水平相当，应考虑对体育特长生的参赛进行适当限制，如选项或人数等。同时，为促进共同融合，教职工和校友原则上可以纳入校园体育竞赛，但应具体设置准入机制，报备规则和审批流程，以保证校园体育竞赛中在校学生的主体地位。其他个别事项，如学生转系、体育特长生毕业后以校友身份参赛等问题应由竞赛委员会牵头设定专门规则。

（五）竞赛办法

为保证校园竞赛的正规性，比赛在原则上都采用国家体育总局审定的最新竞赛规则。各项竞赛规则最终解释权归竞赛委员会所有。一般来说，比赛报名总数超过 8 支队伍方可将该项目的分数计入总分，并在组比赛时总参赛队伍大于 8 支，但每个大组的参赛队伍少于 6 支的情况下可根据各校实际情况对获得的分数进行削减。如有需特别发展或夯实的项目可不受上述参赛队伍对获得分数的限制。计分方面应设置所有项目分数之和排序的总冠军，该奖项作为校园体育竞赛的最高奖项以学年度为时限，按参加基础项目和其他选择的项目得分之和计算总分。同时，为鼓励学生代表本校参加所属省市或全国竞赛，可根据实际情况对代表本校参加校际竞赛获得名次的学生予以分数奖励并计入其院系得分。

（六）仲裁规则

在竞赛委员会之下应设置仲裁委员会，其作为校园体育竞赛最高执法监督组织，为一级仲裁，由学校主管体育的教学部门牵头，由主管学生的部门辅助；各单项赛事承办方应设置二级仲裁机构，比赛裁判由各单项承办单位外请或由体育教师担任。一级仲裁委员会负责受理二级仲裁机构提交的不能处理或协调的申诉；受理参赛院系不满二级仲裁结果而递交的申诉，召开仲裁委员会会议讨论，并做出最终裁决；对比赛中违反竞赛规则相关规定的行为进行处罚。二级仲裁机构负责受理参赛院系递交的申诉并做出裁决；对比赛中违反竞赛规则相关规定的行为进行处罚。一级仲裁委员会在做出仲裁时，需要召开仲裁委员会会议。会议出席委员须达到全体委员的 2/3 以上才能通过最终裁决决定。最终裁决决定需要所有出席委员签字方能生效。

三、校园体育竞赛的注意事项

（一）设立领队制度

各院系比赛纪律总负责人应至少为院系分管学生工作的党委副书记，各院系领队必须由院系学生组组长和院系团委书记及以上职务人员担任（如无本科生院系可分别由院系研工组组长和院系研团总支书记担任）。领队须组织好参赛队伍，对抗性较强的项目应亲临现场，并负责管理本院系观众观赛秩序，杜绝不文明观赛现象。出现问题时要及时解决，保障比赛的顺利进行。

（二）确保安全参赛

要明确对各参赛院系提出一些安全要求和提醒：需明确参赛运动员比赛时必须着运动服装和运动鞋。除棋类项目比赛之外，不得身着便服、便鞋（皮鞋）和佩戴危险饰物参赛。各院系在组队参赛时，要进行安全教育，制订安全措施，赛前做好准备活动，等等。必要时院系要组成医疗小组，有救治措施并准备适量外用药品。各院系在参赛前（一般为 6～8 周）要成立代表队并进行动员，有组织、有计划地进行训练。凡有较严重病史、参赛前一周内患病或熬夜通宵的学生都不宜参加较剧烈的运动和激烈的比赛。

思考题

（1）开展校园体育竞赛的意义有哪些？

（2）校园体育竞赛的驱动力有哪几种？请说一说其中哪一种对你最重要，原因是什么。

第十三章　高职体育教育与职业体能训练

第一节　高职体育教育概述

高等职业教育是我国职业教育体系中的高层次教育，是高等教育的重要组成部分，包括高等职业专科教育、高等职业本科教育、研究生层次职业教育。职业教育培养高素质技术技能人才，使受教育者具备从事某种职业或者实现职业发展所需要的职业道德、科学文化与专业知识、技术技能等职业综合素质和行动能力，主要培养生产、建设、服务、管理等一线技术技能型人才。高等职业教育与高等普通教育虽然同为我国高等教育的重要组成部分，但由于在人才培养规格、专业架构依据、教学实施路径、评价标准体系等方面存在明显差异，使得高等职业教育学校体育和体育课程与高等普通教育学校体育和体育课程存在差异。2020 年 10 月 15 日，中共中央办公厅、国务院办公厅印发的《关于全面加强和改进新时代学校体育工作的意见》中强调“职业教育体育课程与职业技能培养相结合，培养身心健康的技术人才”，这是今后高等职业教育学校体育工作和体育健康课程建设的重要依据。

一、未来职业的劳动特点

伴随着高技术、智能化向整个生产、生活领域的冲击和渗透，脑力劳动将成为基本的劳动形式，从而使人类摆脱繁重的、重复性的体力劳动，投入到创造性的劳动中来，并将拥有更多的自由时间。未来职业劳动具有以下特点。

（一）机体负荷下降

由于单纯的体力劳动或机械操作职业明显减少，智能化介入使劳动者体力付出与劳动的时间减少，虽然不同类型的工作，劳动强度存在较大差异，但对多数职业来讲，身体在劳动中所受负荷将逐步减小。

（二）阶层的界限将模糊

社会分工更加精细化，职业逐渐向专业化方向发展。因新的工作设备和条件变化，对职业内容有了新的要求，未来“白领”“蓝领”阶层的界限将越来越模糊。职业的专门化需要经常重复身体某些部位的动作，以及环境、心理压力，使人容易产生重复部位与心理上的疾病。

（三）职业灵活性增加

在淘汰旧职业的同时，新兴职业也在不断出现，并呈现出工作场所不固定、工作时间更加灵活、服务对象多元化等特点，这使得职业对体育锻炼的需求产生了变化。

二、体育教育与职业人发展

高职学校人才培养注重高素质技术技能培养，深化产教融合，完善学训融合是高职教学特色，高职学校体育教学要紧盯学校专业人才培养方案，按照专业人才培养方案中的素质要求、实训要求、工作就业面向、岗位特点等，合理做好体育教学设计，安排合理选项运动项目，为学生可持续发展服务。

（一）体育重塑职业人的健康体魄

现代科学技术在社会生活中的应用使人们的生产方式和生活方式都发生了极大的变化，繁重的体力劳动大大减少，脑力劳动的比重逐步增加。在动作技能上，过去那种大幅度、高强度的劳动动作被由小肌肉群参加的小动作所取代，要求劳动者灵活、准确、协调地控制生产的过程，快速而准确地判断和处理许多仪表的数据；有时还要求人们屏住呼吸，注视屏幕或凝神细看。这些都使劳动者在生产过程中大脑皮质长时间高度集中。这种集中要比单纯的肌肉活动对人体的要求更高，更容易使人疲劳，更需要进行生理上和心理上的调节。

体育对人的身心发展起着主导作用。首先，体育锻炼能促进人脑清醒、思维敏捷。长时间脑力劳动会让人感到头昏脑涨，这是大脑供血不足和缺氧造成的。进行体育锻炼可使疲劳的大脑获得积极休息，改善大脑的供血情况，使大脑保持正常的工作状态。其次，体育锻炼能促进血液循环，提高心脏功能。实践证明，经常从事有氧运动，能使心脏产生工作性肥大，心肌增厚，收缩有力，心搏徐缓，血容量增加，这就大大减轻了心脏的负担，从而减少了冠心病、脑卒中等现代文明病发生的概率。再次，体育锻炼能调节心理，使人朝气蓬勃，充满活力。从事体育活动，特别是从事那些自己感兴趣的运动项目，能使人产生一种非常美妙的情感体验，心情舒畅，精神愉快。运动的激励还可以增强人的自尊心、自信心和自豪感，为生活增添情趣，调整某些不健康的心理和不良情绪，并能缓解现代社会带给人的精神压力，帮助其消除紧张情绪。最后，参加体育锻炼还能提高人体对外界的适应能力。从事体育运动能提高人体的应变能力，使人善于应对各种复杂多变的环境。

（二）体育培养职业人的竞争意识

竞争意识是现代职业人必备的心理品质。美国普林斯顿大学在一份研究报告中指出：

“现代的生产及生活方式更接近于体育中的比赛，在机会相等的条件下，谁的节奏更快些，竞争意识更强些，谁就有可能占据优势。”英国生物学家达尔文证实了生物的进化过程遵循着自然选择，生存竞争，适者生存、不适者淘汰的规律，这是社会和自然界发展变化的基本法则。体育的竞争持续性恰恰体现了这一法则，只有竞争才有发展，只有竞争才有进步。

随着我国社会经济的发展，人们的生活方式、行为方式和价值观念等方面都发生了巨大的变化，安于现状的“躺平”行为难以适应社会的这一变化。要在竞争中取胜，就必须敢于面对竞争、参与竞争，积极的竞争意识是成功者必备的素质。体育竞赛强调规则的完整性和准确性，一旦认可，任何人都必须遵从，据此竞争和创新。体育竞赛强调机会均等，大家站在同一起跑线上，要求每个人尽自己最大努力去争取、去把握，从而增强了参加者的竞争意识。体育竞赛给人带来特有的健康向上的竞争意识，成为不可替代的现代化的精神动力，为培养现代人提供了意识形态营养。

（三）体育培养职业人的团队与工匠精神

所有事业和成就都是团队精神的一种反映，任何人都已经不可能在某个领域凭借一己之力取得很大的成就。现代社会科技飞速发展，新技术、新装备更新愈来愈快，操作也更加复杂，要完成一项工作往往需要多种专业人才的共同参与，需要通过集体的知识和智慧才能实现。可见，各行各业都需要合作，它是任何一个成功的行为不可分割的组成部分。

体育竞赛非常讲究团结合作，人人都应承认和尊重个人在集体中的价值，都应理解别人在比赛中的地位和作用。每个队员都应无私地互相协作，为提高全队的战斗力而去努力完成自己的任务。体育竞赛尽管只有少数队员代表全队上场比赛，但是它不仅要有几个愿意勇挑重担、善于合作和艰苦奋斗的核心队员，还要有替补队员心悦诚服地甘当配角，要把全队的利益放在个人利益之上，只有这样才能使场上场下的队员同心同德，努力实现共同的目标。体育运动恰好给现代人提供了一个互相交流、互相尊重、齐心协力去争取胜利的锻炼机会。它可以培养现代人的团队精神，增强合作意识，使个人的思想、情感和行为与集体和谐一致，把个体融于整体之中，并相信集体努力的成果要比个人努力的成果重要得多。体育竞赛对现代人在实际工作中摆正自己的位置，团结一致去实现共同的目标有着积极的作用。

高职院校大力倡导工匠精神，工匠精神的内涵比较丰富，其特质是精益求精、追求卓越、一丝不苟、精雕细琢等品质。体育精神中的勇攀高峰、永不言败、健康向上、追求极致的品质要求与工匠精神的要求高度契合。

（四）体育拓展职业人的职业能力

体育运动技能与许多职业岗位技能相近，良好的运动技能可促使职业技能的提升，如海员的游泳，野外探测类专业的攀登，酒店、空中乘务、文员等窗口服务类专业的形体训练，高空作业人员的平衡能力，安保人员的格斗与防身术，等等（表 13-1）。高职体育教育的专项化训练在提升运动能力的同时，还能促进学生今后的职业适应能力。裁判员等级证书的取得，也有助于学生在企业体育文化建设中发挥积极的作用。同时，体育职业越来越成为年轻人选择的职业，作为朝阳产业的体育产业在我国得到了快速的发展，其人才需求量也较大，学生通过高职体育课程教学及课余拓展培训取得相关体育从业证书，可有效拓展就业渠道，助力职业发展。

表 13-1　职业岗位与体育职业对应表

专业举例	主要就业岗位群	建议体育职业资格
酒店管理、休闲、教育	前台、康体部、市场部	社会体育指导员（游泳、健美操、网球、乒乓球、健身、瑜伽等）
房地产经营	营销、物业管理	社会体育指导员（游泳、高尔夫）、体育场地工
海事	远洋、内河运输	游泳救生员、社会体育指导员（航海模型）
导游、旅行社管理	旅行社	社会体育指导员（攀岩、滑翔伞）
电子信息	计算机维护员、程序员	体育社会指导员（电子竞技、无线电测向）
表演艺术	模特、演员	体育经纪人、体育社会指导员（艺术体操）

三、高职体育教育的特征

高职体育教育包括体育课程、课余锻炼、校园体育活动与竞赛、体质测试、体育社团等环节，其中体育课程是高职学校体育工作的核心环节。高职体育课程以身体练习为主要手段，以立德树人为根本任务，对以增强体质（体能）、掌握体育知识和技能、促进体育素养和健全人格养成、提高职业准备水平为目标的公共必修课程，学生应修满规定学时（不少于 108 学时）、学分（不少于 6 学分），考核合格后方可毕业。

高职体育课程是寓体育知识技能掌握与运用、促进身心和谐发展、思想品德教育、文化科学教育、生活教育、职业综合素质养成教育于体育学习活动之中的教育课程，是培养德智体美劳全面发展的高素质技术技能人才的重要途径。

（一）基本目标

体育课程学习能培养学生的体育兴趣，使其掌握科学的体育锻炼方法，至少熟练掌握 2 项体育运动的基本技术技能；全面发展学生的体能，使学生养成自觉参与体育锻炼的习惯，不断提高其运动能力；使学生形成健康的心理品质、良好的人格特征、积极的竞争意识和良好的团队合作精神。

1. 发展目标

发展目标是在实现基本目标的基础上，针对学有余力的学生及高职学校的专业特性确定的。

通过课程学习，学生能够制定科学合理的体育运动处方，具有较高的体育运动技能水平和体育欣赏能力，养成自觉进行体育锻炼的习惯，增强终身体育意识。

学生应结合今后所要从事的职业资格标准，利用体育的手段，掌握发展职业体能的方法，了解常见职业性疾病的成因、预防方式和体育康复的方法，促进良好职业综合素养的养成。

2. 具体目标

（1）享受快乐：通过公共体育教学，培养学生的体育兴趣，学、练、赛贯穿全过程，学生具有较高的体育运动技能水平和体育欣赏能力，在体育教学中快乐参与。

（2）增强体质：通过 4 个学期公共体育教学，学生至少掌握 2 项运动技能，全面发展体能和必要的职业体能，了解常见职业性疾病的成因、预防方式和体育康复的方法，养成自觉进行体育锻炼的习惯，增强终身体育意识。

（3）完善人格：体育课程思政贯穿于公共体育教学全过程，发扬体育精神与工匠精神，培养团结协作、相互配合的精神，促进职业素养养成。

（4）锤炼意志：通过体育活动与竞赛，学生形成健康的心理品质、良好的人格特征、积极的竞争意识，学会尊重，遵守规则，学会坚持，控制情绪。

（二）课程任务

高职院校体育坚持立德树人根本任务，学校体育在人才培养中发挥着不可替代、不可或缺的作用。健全人格、锤炼意志是高职体育的首要任务。弘扬社会主义核心价值观，培养爱国主义、集体主义、社会主义精神，是高职体育教育的重要内容之一。体育有利于培养学生的组织性、纪律性、集体主义等。教师针对学生的种种表现及时对他们进行教育，可达到事半功倍的效果。促进健康，增强体质，是由体育的特殊教育作用决定的。体质具有遗传性，但在后天环境中和一定条件下，体质是可以改变的。例如，有计划地改变生活方式，注意平衡膳食，加强体育锻炼，可以增强体质。高职院校学生处于生长发育的高峰期，可塑性大，科学合理地进行体育锻炼具有十分重要的意义。

1. 强健体魄

在未来社会，体育将更广泛深入地走进每个人的生活，成为提高未来生活质量的一部分。高职院校应帮助学生掌握科学锻炼身体的方法，并使其至少学会 2 项运动技能；通过学、练、赛促进学生身心健康发展，加快健康中国建设。

2. 发扬工匠精神

学生通过学习钻研运动技术技能，精雕细琢，追求卓越，将体育精神与工匠精神相融合，促进高职学生工匠精神品质的形成。

3. 加强课程思政建设

通过体育的学、练、赛，对学生进行潜移默化的课程思政教育，可以使学生形成规则意识、纪律意识、团队合作精神、勇于承受挫折与失败的意志品质，以及完善的人格、发扬爱国主义精神。

4. 强化育人功能

发挥体育的育人功能，以体载德，以体筑智，以体育美，以体促劳，五育并举，发挥体育的支撑作用。

5. 开展体育活动与竞赛

开展体育活动与竞赛，完善课后体育活动与竞赛体系，建立体育第二课堂机制，帮助学生树立健康第一的教育理念。

第二节　职业体能训练

一、岗位工作姿态与体育锻炼

（一）久坐（伏案）类职业体能训练

久坐（伏案）类职业体能训练表如表 13-2 所示。

表 13-2　久坐（伏案）类职业体能训练表

身体工作姿态特征	主要职业岗位	对应高职专业类	锻炼重点部位
以脑力劳动为主导，以“伏案型”为主要工作方式。每个工作日的 8 小时劳动中，坐在座位上的时间可达 6～7 小时	行政文员、各类设计员、会计金融从业人员、IT 行业从业人员、职业司机等	现代文秘、财务会计、金融证券、艺术设计、产品设计、信息技术、交通运输等	颈肩部、眼部、腰背部、腕部

久坐（伏案）类职业体能训练方法举例

1. 屈伸探肩

目的：主要发展胸锁乳突肌、斜方肌的力量。

要领：坐立均可，上背挺直，双手叉腰，眼睛正视前方。头缓缓地向左偏，努力接近左肩，保持 6～8 秒，还原；以相同的姿势换方向做，还原。

2. 摸耳屈伸

目的：主要发展胸锁乳突肌、斜方肌的力量。

要领：坐立均可，双手自然放于体侧，眼睛正视前方。右手叉腰，同时将左手侧上举，越过头顶去摸右耳，同时头向左侧倾斜，还原；再用右手以同样的姿势去摸左耳，还原。

3. 手侧压颈屈伸

目的：主要发展胸锁乳突肌、斜方肌的力量。

要领：坐立均可，上背挺直，眼睛正视前方。左手按头左侧，右手叉在右侧腰间。左手用力把头向右侧推压，而颈部则用力顶住，不让头被轻易压倒，但应逐渐被压倒。然后，颈部用力把头向上、向左抬起，而左手则用力压住头部，不让其轻易抬起，但逐渐完全竖直。练完一侧，换练另一侧。

4. 双手正压颈屈伸

目的：主要发展斜方肌的力量。

要领：坐立均可，上背挺直，眼睛正视前方，双手十指交叉，按在脑后。双手用力压头部，使其向前下屈，颈部则用力顶住，不让头部被轻易下压，但应逐渐被压到下颌触及锁骨。然后，颈部用力把头向上抬起，而双手则用力压住头部，不让其轻易抬起，但应逐渐抬到原位。

5. 耸肩

目的：主要发展斜方肌的力量。

要领：坐立均可，上背挺直，双手叉腰，眼睛正视前方。把两肩缓缓往上提，尽力去碰双耳，保持 6～8 秒，然后放下。

6. 肩绕环

目的：主要发展斜方肌的力量。

要领：坐立均可，上背挺直，双手叉腰，眼睛正视前方。两肩经前向后展，做以肩关节为中心的绕环动作。

7. 俯立划船

目的：主要发展背阔肌上、中部及斜方肌、三角肌的力量。

要领：上体前屈近 90°，抬头，正握杠铃。然后两臂从垂直姿势开始，屈臂将杠铃拉近小腹后还原，再重新开始。上拉时应注意肘靠近体侧，上体固定，不屈腕。

8. 俯卧两头起

目的：主要发展伸展躯干和伸髋的肌肉力量。

要领：俯卧在垫子或长凳上，两臂前伸，两腿并拢伸直。两臂和两腿同时向上抬起，腹部成背弓，然后积极还原，连续练习。15～20 次为 1 组。

9. 眼运动

目的：一般而言，眼常做的是关闭动作，虽然看东西时眼球肌肉也朝各方向转动，但如果做一下眼部运动，会增加转眄流精的美态。

要领：笔直地正坐，肘贴胸部，掌心向上，指尖前伸，运力于指尖，然后指尖朝上伸，眼睛顺势逐渐上望，指尖改朝向下时，眼睛也顺势下望；最后，左手指尖朝左，右手指尖朝右侧伸，眼睛则顺势朝两侧望去。

（二）久站类职业体能训练

久站类职业体能训练表如表 13-3 所示。

表 13-3　久站类职业体能训练表

身体工作姿态特征	主要职业岗位	对应高职专业类	锻炼重点部位
从事服务、营销、教学等工作，身体形态以站立为主，有时持续站立在 3 小时以上	酒店前厅接待员，教师、餐厅服务员、柜台销售员、烹饪师、模特、客运站务人员等	酒店管理、市场营销类、烹饪制作类、教育类、客运服务类、表演艺术（模特）等	腰腹部、面部表情、下肢、形体姿态

久站类职业体能训练方法举例

1. 直腿上举

目的：主要发展腹直肌、髂腰肌的力量。

要领：仰卧于垫子上，两腿并拢伸直，双手放于体侧。两腿直腿并拢，靠腹部的力量将腿慢慢举起，保持躯干与大腿成 120°，静止 5～10 秒，然后还原。

2. 仰卧侧提腿

目的：主要发展腹内、外斜肌的力量。

要领：仰卧于垫上，侧提右膝碰右肘，然后侧提左膝碰左肘。反复练习。

3. 借球搭桥

目的：主要发展躯干的主要肌肉、绳肌、臀部和股四头肌的力量以及脊柱的稳定性。

要领：平躺，两脚放在健身球上，膝盖微屈，手臂置于体侧，做搭桥练习。脚跟用力压球面，保持身体平衡。慢慢放下身体，回到初始位置。

4. 屈膝直腿

目的：主要发展股四头肌、股二头肌的力量。

要领：双手叉腰站立于踏板上，左腿半蹲，右腿伸直前举，还原，交换腿继续做，停 6～8 秒。

5. 形姿训练

目的：通过各部位与正确站姿训练，塑造良好的形体。

（1）体前屈。

预备姿势：站立，两腿并拢。

动作做法：体前屈，双手握踝或腿后抱拢，停止一定时间。

（2）体后屈。

预备姿势：身体成仰卧。

动作做法：仰卧成桥。要求臂、腿伸直，肩拉开。

（3）腿部柔性。

腿部柔韧训练主要是发展腿部的前、侧、后肌群的伸展性和迅速收缩的能力，以及髋、踝关节的灵活性，须经常采用前、侧、后等三个不同方向的压、扳、踢、控、劈腿等方式来进行练习。

（4）直角坐。

动作做法：用力绷脚面或加外力下压脚面。

（5）站姿训练。

在职业活动中，基本站姿有 2 种：体前交叉式和体后交叉式。

体前交叉式：男士一般左脚向左横迈一小步，两脚展开，两脚尖与脚跟的距离相等，两脚之间距离小于肩宽为宜，双手在腹前交叉，右手大拇指与四指分开搭在左手腕部，身体重心放在两脚上，腰背挺直，注意不要挺腹或后仰。女士一般站成右丁字步，即两脚尖稍稍展开，右脚在前，将右脚跟靠于左脚内侧前端，腿绷直并紧，腰背立直，双手在腹前交叉，右手握左手的手指部分，使左手四指不外露，左、右手大拇指内收在手心处。

体后交叉式：两脚跟并拢，两脚尖展开 60°左右，腿绷直，腰背直立，双手在身后交叉，右手搭左手腕部，双手手心向上收。

练习方法：①两人一组，背靠背站立。要求两人的脚跟、小腿、臀部、肩部、后脑勺都贴紧。每次训练坚持 15～20 分钟。②靠墙站立。要求脚跟、小腿、臀部、肩部、后脑勺都紧贴着墙。每次训练坚持 15～20 分钟。

要求：练习时上体始终保持端正，立腰、夹臀。

（6）面部肌肉操。

深深地吸入一口气，使两腮鼓起来。稍等一会儿，将口角横拉做“一”发音状，收紧笑脸的肌肉，重复做 20 次，最好每天起床后对镜做。

微笑的练习：为使双颊肌肉向上抬，口里可念着普通话的“一”字音。此外，还要训练眼睛的“笑容”。取厚纸一张，遮住眼睛下边部位，对着镜子，回忆过去的美好生活，使笑肌抬升收缩，嘴巴两端做出微笑的口型，随后放松面部肌肉，眼睛随之恢复原形。

（三）变姿类职业体能训练

变姿类职业体能训练如表 13-4 所示。

表 13-4　变姿类职业体能训练表

身体工作姿态特征	主要职业岗位	对应高职专业	锻炼重点部位
劳动（工作）中以坐、站、行走、乘车等相交替的姿势进行，时而是静力性的工作，时而是动力性的工作，而且静力性工作与动力性工作交替进行，且没有一定的规律	导游、医护人员、新闻工作者、户外作业人员、市场销售专员等	导游、临床医学、工程类专业、农林类等	躯干力量、灵敏性、柔韧性、耐久力

变姿类职业体能训练方法举例

1. 慢速跑健身法

跑步时，呼吸要深、长、细、缓，有节奏。呼吸的节奏可为两步一呼、两步一吸或者三步一呼、三步一吸。呼吸时，要尽量用腹式呼吸，吸气时鼓腹，呼气时尽量吐尽。跑步时，步伐要轻快，全身肌肉放松，两臂自然摆动。

2. 健身走

健身走是在自然行走的基础上，躯干伸直、收腹、挺胸、抬头，随走步速度的加快而肘关节自然弯曲，以肩关节为轴自然前后摆臂，同时腿朝前迈，脚跟先着地，过渡到前脚掌，然后推离地面。健步走时，上、下肢应协调运动，并配合深而均匀的呼吸。健步走的速度快慢是决定锻炼效果的关键因素，通常可分为慢步走（每分钟 70～90 步）、中速走（每分钟 90～120 步）、快步走（每分钟 120～140 步）、疾步走（每分钟 140 步以上）。

3. 跳绳

跳绳是一种比较剧烈的运动，应根据自己的身体状况制订切实可行的计划和目标，并通过一个阶段的系统锻炼后再逐渐延长跳绳的时间和增加跳绳的次数。

4. 游泳

游泳和跑步有很大的相似之处，主要的不同是游泳在以手臂和腿的运动来推动人体在水中前进的同时，还必须花费一定的能量使身体免于下沉，因此完成同等距离的运动时，游泳消耗的能量是跑步的 4 倍之多。由于水的浮力减轻了人体承重关节的负荷，所以游泳是一种较为安全的健身方法。

5. 登楼梯

（1）爬楼梯法。

弯腰、屈膝、抬高脚步，两臂自然摆动，尽可能不抓扶手。每秒钟爬一级，爬 4～5 层楼，每次练习往返 2～3 趟，每趟之间可稍作休息。开始阶段，每次练 5 分钟左右，待身体适应后，可以加快速度，每秒钟 2 级，并增加往返趟数，时间为 10 分钟左右。这项运动比较适合中老年人。

（2）跑楼梯法。

先用 30～60 秒的原地跑作为准备活动，然后采用正常跑步的动作跑楼梯。脚步用力均匀，前脚掌着地，先跑上 2～3 层，往返 80～90 级台阶，逐渐跑上 4～5 层。每趟 3～4 分钟，每次锻炼不超过 5 趟，时间为 15～18 分钟，每趟间歇时间不超过 2 分钟。跑楼梯的运动量比较大，适合中青年人。

6. 有氧舞蹈

该运动第一次普及是在 20 世纪 70 年代，后逐渐被发展成广受欢迎、具有强烈节奏感的爵士舞、拉丁舞和街舞等。它是一种以锻炼身体为目的、以徒手运动为基础、结合舞蹈动作并在音乐伴奏下进行的健身活动。锻炼者可根据自己的年龄特点、体能状况和锻炼目的等，选择或自编有氧舞蹈进行锻炼。

7. 灵敏练习

灵敏练习方法主要有交叉步→侧跨步→滑步→障碍跑、滑跳→交叉步跑→转身滑步跑等组合练习，跑绳梯等。

8. 抗压训练

抗压训练方法主要有信任背摔、穿越电网、破冰等，以及意念放松、按摩放松、运动放松（可结合音乐）等。

（四）工厂操作姿态类职业体能训练

工厂操作姿态类职业体能训练表如表 13-5 所示。

表 13-5 工厂操作姿态类职业体能训练表

身体工作姿态特征	主要职业岗位	对应高职专业	锻炼重点部位
工作时没有固定的姿势，时站、时坐、时蹲、时伏、时跪。其劳动特点是既有体力劳动又有脑力劳动	机械设备操作员、工程安装人员、工程师、设备维修人员等	机械数控、设备安装、工程建设、港口物流等	局部肌群力量、协调性

工厂操作姿态类职业体能训练方法举例

1. 直臂体前平举哑铃

目的：主要发展三角肌前部的力量。

要领：身体直立，在大腿前部双手持哑铃，手心相对。直臂，以肩关节为肘，从身体前部平举哑铃，沿半圆运动路线举过头顶。沿原运动路线返回开始姿势，上举时吸气，放下时呼气。

2. 持铃头后伸臂

目的：主要发展肱三头肌的力量。

要领：身体直立，双手持哑铃，屈肘举于脑后，手心相对。以肘关节为轴，前臂内旋，虎口相对，将哑铃举过头顶。沿原运动路线返回开始姿势，上举时吸气，放下时呼气。

3. 侧弯举

目的：主要发展前臂伸指肌群，同时发展上臂前侧肌群。

要领：双手或一手侧握哑铃（拳眼向前），上臂紧贴体侧，持铃向上弯起至肩前，缓慢下放还原。

4. 正握腕弯举

目的：主要发展前臂肌群和上臂外侧肌群的力量。

要领：单手或双手正握哑铃（手心朝下），握距与肩同宽，上臂紧贴体侧。向上弯举哑铃，举至极限后缓慢下放还原。前臂肌群始终保持张紧用力状态。

5. 反握腕弯举

目的：主要发展前臂屈肌群的力量。

要领：坐在凳端，单手或双手手心向上，反握哑铃，握距与肩同宽，前臂贴放于大腿上，手腕放松，用力将哑铃向上弯起至不能再弯时为止，然后放松还原。此动作可前臂垫在平凳上做，也可单手持哑铃做。

6. 手内旋弯举

目的：主要发展前臂肌群的力量。

要领：坐姿，一手持哑铃一端，另一手支撑，持铃手前臂贴在大腿、平凳或斜板上，做手的内旋外转动作。可加大质量快速进行，以提高前臂肌的力度和灵敏性。

7. 俯立臂屈伸

目的：主要发展肱三头肌的力量。

要领：自然站立在凳的一端，上体前屈至背部与地面平行，左手以手掌支撑在凳上，右手持哑铃，屈肘，使右上臂紧贴体侧，与背部平行，前臂下垂手持铃，上臂贴身，固定肘部位置，持铃向后上方举起至臂伸直，再慢慢放下还原。前臂往后伸时吸气，放下时呼气。

8. 哑铃前弓步

目的：主要发展股四头肌、臀大肌的力量。

要领：直立，直背抬头，双手手心向内握哑铃，直臂下垂。一腿尽量远地向前迈一大步，大腿几乎与地面平行。另一腿尽量伸直，然后身体恢复开始的直立姿势。两腿交替重复练习。

9. 腿弯举

目的：主要发展股二头肌的力量。

要领：俯卧于卧推凳上，使膝盖正好抵住凳缘。两腿伸直，使脚跟紧贴于上托缘的下缘。双手握住凳的前端。集中收缩股二头肌，使小腿彻底收紧，保持这个状态1～2秒，然后慢慢还原。

10. 抗热、抗寒、抗风雨、抗辐射的能力

室外工作时，夏天的炎热、冬天的寒冷及风霜雨雪，都可使人体免疫能力降低，导致机体不适，进而引发疾病，因此，人们可加强有氧能力的锻炼，提高免疫力，学校可开展定向越野、野外素质拓展等项目，培养学生一般的耐力素质、抗疲劳能力及野外生存能力、环境适应能力等。

11. 平衡能力

平衡能力又叫动态平衡。对于高空作业者，像高空建筑工、高层清洗工（蜘蛛人），必须具备良好的平衡能力及静力性耐力。因此，在体能训练或运动项目选择时，应考虑发展前庭稳定性、下肢肌肉静力性耐力、灵敏性。

平衡能力的锻炼方式主要有：

（1）一对一面向站立，双手直臂相触，虚实结合相互推，使对方失去平衡。

（2）一对一弓步牵手面向站立，虚实结合互推互拉，使对方失去平衡。

（3）各种站立平衡，如俯平衡、搬腿平衡、侧平衡等。

（4）头手倒立，如肩肘倒立、手倒立停一定时间。

（5）在肋木上横跳、上下跳练习。

（6）急跑中听信号完成急停动作。

（7）在平衡木上做一些简单动作。

（8）发展旋转的平衡能力练习。

二、职业性损伤与运动康复

运动缺失，肌肉失衡，长时间或在不良环境中从事生产劳动，会使身体产生职业病和职业性损伤。例如，久坐伏案型职业容易出现颈椎、腰椎病，下背痛等，以及肩周炎、腕管综合征、腱鞘炎、上下肢麻木或感觉异常、颈源性头痛、斜颈、骨性关节炎等。个人的不良生活方式容易出现体态问题，如高低肩、长短腿、脊柱侧弯、圆肩驼背、O 型腿、X 型腿、步态异常等。运动疗法是指根据患者的疾病特点、临床表现和功能状态，借助医疗器械、手法操作及患者自身的力量，通过主动与被动的方式，改善患者局部与整体的功能，提高其身体素质的一种治疗方法。

（一）颈椎病

（1）在工作（劳动）中应经常做几秒钟的抬头、活动颈部的活动。

（2）在工间操的编制中要加强头颈部的活动内容，如颈部前后左右运动或侧摆运动等。

（3）在业余活动中要重视颈部的活动。

（4）加强颈肩部肌群力量和柔韧性练习。

（二）腰肌劳损

（1）工作时要经常变换体位，纠正不良姿势。工间操编制中要重视和加强腰部的活动内容。

（2）平时要加强腰背肌及脊椎间韧带的锻炼和保护，在体育运动或搬抬重物前要做好准备活动，防止突然用力，使腰部扭伤。

（3）在业余体育活动中，可以每天倒走几次，每次 3～5 分钟。

（4）可以经常参加太极拳、五禽戏、健身操的锻炼，这些传统的健身方法对预防腰肌劳损很有益处。

（5）应加强腰部肌群力量和柔韧性练习。

（三）腕管综合征

（1）伸臂抖腕。双手平举伸直，五指并拢，以腕关节为轴心，做背屈，下弯扇形（约 120°），各 10 次。

（2）握拳伸指。双手四指弯曲，握入掌内，拇指快速握住二、三、四指，呈控拳状，然后伸展，五指分叉。反复做 24 次。

（3）四指握拇。双手拇指弯曲，握入掌内，四指快速屈曲，将拇指握紧，呈握拇拳状，然后伸展，五指分叉。重复做 24 次。

（4）击敲劳宫。一手握空拳，敲另一手的掌心正中央（劳宫穴），左右手互换，各做 12 次。

（5）双腕互撞。双手握空拳（或伸直），掌根对敲，互撞 24 次。

（6）腕背相击。双手握空拳，向屈侧微弯，将腕部相击，作用于腕背横纹肌处（阳池穴），做 24 次。

（7）敲打合谷。双手握拳，相向对敲第一、第二掌骨之间（合谷穴），做 24 次。

（8）对击后溪。双手握拳，相向对敲第五掌骨外侧（后溪穴），做 24 次。

（四）视疲劳综合征

1. 转眼法

选一安静场所，或坐或站，全身放松，清除杂念，两眼睁开，头颈不动，独转眼球。先将眼睛凝视正下方缓慢转至左方，再转至凝视正上方，至右方，最后凝视正下方，这样先顺时针转 9 圈。再让眼睛由凝视下方转至右方，至上方，至左方，再回到下方，这样，再逆时针方向转 9 圈。总共做 4 次。每次转动，眼球都应尽可能地达到极限。这种转眼法可以锻炼眼肌，使眼灵活自如，炯炯有神。

2. 眼呼吸凝神法

选空气清新处，或坐或立，全身放松，两眼平视前方，徐徐将气吸足，眼睛随之睁大，稍停片刻，然后将气缓慢呼出，眼睛也随之慢慢微闭，连续做 9 次。

3. 极目法

早晨在空气清新的地方，自然站立，两眼先平视远处的一个目标，再慢慢将视线收回，到距眼睛 35 厘米时，再将视线由近而远转移到原来的目标上。如此反复数次，然后再进行深呼吸，对调节眼功能有一定好处。

4. 熨眼法

此法最好坐着做。全身放松，闭上双眼，然后快速相互摩擦两掌，使之生热，趁热用双手捂住双眼，热散后双手猛然拿开，两眼也同时用劲一睁，如此做 3～5 次，能促进眼部血液循环，增强新陈代谢。

（五）下肢静脉曲张

下肢静脉曲张的主要原因通常是因为静脉瓣膜有损坏，故应该避免举重、跳远、短跑、投掷等引起腹压增高的活动，但是可以从事游泳、慢跑、自行车、跳绳等运动。仰卧蹬骑自行车对于防治单纯性下肢静脉曲张有着较好的锻炼效果。患者仰卧在床上或地板上，两腿悬空做类似骑车蹬踩动作，可以改善站立过久带来的下肢胀痛、沉重等症状。对于那些症状轻或尚未出现明显病痛的患者，可配穿医用弹力袜或绑腿，进行跑步、自行车、体操等肢体运动，以利于下肢有规律地运动与肌肉舒缩，从而发挥小腿“肌肉泵”的作用，防止腿部静脉瘀血。各种呼吸练习有助于调节胸腹腔的压力，所以在运动中也应注意调节呼吸。运动后可抬高肢体或做向心性按摩，促进下肢静脉的血液回流。平时可做一些医疗操，如平卧于床，抬高患肢 45°维持 1～2 分钟，或者直抬腿向上、向下运动数分钟，每日练习 2～3 次，均有助于下肢静脉血液回流加快。

（六）下背痛

下背痛的预防方法主要是保持正确的姿势，站立时尽量使头部、颈部、胸椎及腰椎成直线，不要驼背，也不要腹部过度前挺。腹肌的收缩也有助于保持正确的姿势。适度的运动可以训练肌肉的力量及耐力，以竖脊肌为主的腰部肌肉是人体重要的姿势肌和动作肌，对维持躯干的正直姿势起重要作用，因此着重强化核心肌肉群，增强肌力及肌耐力，并矫正姿势，可以预防和治疗下背痛。选择运动项目时多考虑轻量运动，如太极、气功和游泳。此外，还应注意适度休息，如果工作需要比较长的时间，大约20分钟便要起身做个简单的伸展操，如做游泳的动作，尽量向前和向两侧伸长身体；或坐在椅子上，一条腿膝盖弯曲后转向一侧并跨出一步，还原，换腿再做。也可以紧贴椅背坐在椅子上，挺直脊柱，微微低头，向两侧轻轻转动。

（七）脊柱畸形

脊柱畸形的运动处方主要是矫正体操，其内容主要是做和畸形方向相反的躯干运动，以便有选择地加强肌肉牵伸挛缩组织。准备姿势多用卧位或匍匐位。这些姿位可减轻脊柱的静力负荷，松解脊柱关节，以便脊柱运动，同时可利用体重做负荷，提高躯干肌肉锻炼的效果。用上肢在肋木或单杠上悬挂，有助于加强牵伸挛缩组织。矫正体操的动作应严格根据畸形的部位及方向来选择：脊柱后凸患者，应着重做挺胸及扩胸练习；脊柱前凸患者，应着重做增强腹肌和臀肌，牵伸腰骶部肌肉、韧带的活动；脊柱侧凸患者，应着重做节段性侧弯练习，使动作中形成的侧弯与畸形侧弯部位一致而方向相反。当一臂上举，肩带向对侧倾斜时，胸椎即向同侧凸出；当一腿提起，骨盆向对侧倾斜时，腰椎即向对侧凸出；一侧的上下肢同时举起时，即产生一个胸椎凸向同侧、腰椎凸向对侧的S形侧凸，可用来矫治方向相反的S形侧凸，避免在矫正一个侧凸时使另一个侧凸加重。

（八）尘肺病

对于尘肺病，可采用中华优秀传统体育项目，如健身气功功法、太极拳、八段锦等，增加通气和换气功能，改善缺氧状态，改善心肺功能；同时，也可用慢跑与快走防止肺组织弹性减退，患者可根据自身情况掌握慢跑速度，一般来说以边跑边与人说话不觉难受、不喘粗气，跑后每分钟脉搏次数不超过170次减去年龄为宜。另外，慢跑与散步可以交替进行（量力而行）。

呼吸操：取立位、坐位或仰卧位，一手放于前胸，另一手放于腹部，做腹式呼吸。吸气时尽量挺腹，胸部不动；呼气时腹部内陷，尽量将气呼出。呼吸需按节律进行，吸与呼之比为1∶2或1∶3，用鼻吸气，用口呼气，呼气时口唇收拢，做吹口哨状，胸向前倾，要求深吸缓呼，不要用力。每分钟呼吸保持在7～8次，每日锻炼2次，每次10～20分钟。呼吸操可增加呼吸肌功能，使膈肌活动增加。其以腹式呼吸为主，加大呼吸幅度，增加通气量，减少肺内残留气体，从而改善通气和换气功能。

思考题

（1）体育对职业人发展的作用有哪些？

（2）高职体育课的任务有哪些？

（3）根据你的专业，谈一谈提升职业体能的主要方法。

（4）举例说明如何预防职业性疾病、主要的运动疗法有哪些。

参考文献

理论篇参考文献

[1]周西宽.体育基本理论[M].北京:人民体育出版社,2006.

[2]王传方.体育功能:审视与厘清体育基本问题的必然路径选择[J].南京体育学院学报(自然科学版),2014,13(3):88-91,96.

[3]《体育概论》编写组.体育概论[M].北京:北京体育大学出版社,2013.

[4]胡小明.体育的价值区域与探索路径[J].体育科学,2007(11):9-14.

[5]刘波,匡辉.再谈体育的迁移价值[J].清华大学学报(哲学社会科学版),2001(S1):126-130.

[6]清华大学《马约翰纪念文集》编辑组.马约翰纪念文集[M].北京:中国文史出版社,1998.

[7]王秀阁.关于"课程思政"的几个基本问题:基于体育"课程思政"的思考[J].天津体育学院学报,2019,34(3):188-190.

[8]刘纯献,刘盼盼.体育课程思政的内容、特点、难点与价值引领[J].体育学刊,2021,28(1):1-6.

[9]赵富学,陈蔚,王杰,等."立德树人"视域下体育课程思政建设的五重维度及实践路向研究[J].武汉体育学院学报,2020,54(4):80-86.

[10]董翠香,樊三明,朱春山,等.从认识到实践:高校体育教师课程思政教学问题聚焦与消解策略[J].武汉体育学院学报,2022,56(5):5-12,38.

[11]鲁婷婷,闫振龙.大学生道德健康评价指标构建及实证分析[J].当代教育与文化,2020,12(4),94-98.

[12]田野,张雪生,田惠迎.运动与肌浆网功能(综述)[J].体育科学,1995(5):57-62,75.

[13]宋刚,王馨塘,谢敏豪.运动与肌肉干细胞[J].体育科学,2006(6):93-96.

[14]张景华,王柯,曹振波.身体活动对血液循环维生素D水平的影响——对观察性和实验性研究的系统综述与meta分析[J].上海体育学院学报,2021,45(10):81-96.

[15]满晓霞,魏高峡.运动重塑大脑海马:来自神经科学的研究证据与发展展望[J].武

汉体育学院学报，2021，55(4)：74-81.

[16]聂衍刚，林崇德，彭以松，等. 青少年社会适应行为的发展特点[J]. 心理学报，2008(9)：1013-1020.

[17]张斌，谷晨. 体育的迁移价值及影响它的教育因素——读马约翰《体育的迁移价值》[J]. 体育文化导刊，2005(6)：62-63.

[18]钟义信. 人工智能：概念·方法·机遇[J]. 科学通报，2017，62(22)：2473-2479.

[19]江小涓. 体育产业发展：新的机遇与挑战[J]. 体育科学，2019，39(7)：3-11.

[20]任海. 论体育产业对中国体育发展的影响[J]. 体育科学，2015，35(11)：13-18.

实践篇参考文献

[1]俞樟炎. 青少年奥林匹克田径基础知识及训练技巧[M]. 北京：中国友谊出版公司，1994.

[2]孙南，熊西北，张英波. 现代田径训练高级教程[M]. 北京：北京体育大学出版社，2021.

[3]张树峰. 现代田径运动技术与训练[M]. 北京：化学工业出版社，2018.

[4]刘金凤. 田径教学与训练[M]. 成都：西南交通大学出版社，2014.

[5]尹军，袁守龙. 身体运动功能训练[M]. 北京：人民体育出版社，2017.

[6]朱笛，温宇红. 游泳运动教程[M]. 北京：高等教育出版社，2015.

[7]许琦. 我国竞技游泳运动水平发展特征、影响因素及发展规律的研究[D]. 北京：北京体育大学出版社，2006.

[8]中国游泳协会. 游泳竞赛规程 2014-2018[M]. 北京：人民体育出版社，2014.

[9]单保海，林然，姜亚秀. 大学体育[M]. 西安：西安交通大学出版社，2022.

[10]刘天宇，孙建华. 李惠堂足球思想的内涵与价值[J]. 中国学校体育(高等教育)，2017，4(2)：12-15.

[11]阮捷成. 球王李惠堂[J]. 体育世界，1997(2)：34-35.

[12]任远. 大学体育与健康教程[M]. 北京：高等教育出版社，2021.

[13]朱明江. 高校篮球运动教学开展的理论与实践[M]. 北京：中国水利水电出版社，2017.

[14]丛向辉. 高校篮球运动开展研究与教学创新[M]. 北京：中国纺织出版社，2018.

[15]王新. 高校篮球训练研究[M]. 长春：东北师范大学出版社，2019.

[16]毛剑杨，刘海磊. 篮球运动理论与育人实现途径研究[M]. 成都：西南交通大学出版社，2018.

[17]艾克. NBA 篮球训练法[M]. 高博，译. 北京：化学工业出版社，2013.

[18]皮埃尔. 篮球战术图解[M]. 王江少，陈彦玟，译. 北京：北京体育大学出版社，2007.

[19]余丽华，张月英，高瞻. 篮球：普通高校篮球选修课教材[M]. 北京：北京体育大学出版社，2007.

[20]刘静民. 板球基础教程[M]. 北京：人民体育出版社，2009.

[21]程锡森，曾三明. 手球运动的理论与方法[M]. 天津：天津大学出版社，2016.

[22]郑刚. 我国橄榄球运动的发展演变[J]. 体育文化导刊，2014(6)：74-77.

[23]董刚,冯聪.毽球教程[M].北京:化学工业出版社,2016.

[24]尹玉峰.怎样打曲棍球[M].北京:人民体育出版社,1999.

[25]林茂春.体育知识百科全书[M].延吉:延边人民出版社,1999.

[26]郭立亚.网球[M].重庆:西南大学出版社,2012.

[27]《网球运动教程》编写组.网球运动教程[M].北京:北京体育大学出版社,2013.

[28]刘青.体育院校通用教材:网球运动教程[M].北京:人民体育出版社,2012.

[29]程锡森,张先松.休闲健身运动概论[M].武汉:中国地质大学出版社,2015.

[30]徐雅莉,骆繁荣.休闲体育科学论及健身方法指导[M].北京:中国书籍出版社,2016.

[31]张新萍,武东海,尚瑞花.大学体育新兴运动项目教程[M].广州:中山大学出版社,2018.

[32]黄益苏,史绍蓉.中国传统体育[M].长沙:中南工业大学出版社,2000.

[33]黄益苏,张东宇,蔡开明.传统体育运动[M].北京:高等教育出版社,2007.

[34]柳斌杰.灿烂中华文明·体育卷[M].贵阳:贵州人民出版社,2006.

[35]吴建锋,郭林.舞龙运动的历史起源与发展[J].兰台世界,2012(30):33.

[36]黄益苏.龙狮表演与竞赛[M].长沙:湖南文艺出版社,1999.

[37]许声宏.空手道[M].北京:北京体育大学出版社,2010.

[38]郭建平.空手道教学与训练[M].长沙:湖南师范大学出版社,2012.

[39]中国空手道协会安徽团队.体育空手道[M].合肥:合肥工业大学出版社,2012.

[40]人民教育出版社体育与健康室,中国滑冰协会.滑冰[M].北京:人民教育出版社,2021.

[41]吴兆祥.体育百科大全[M].合肥:安徽人民出版社,1998.

[42]唐云松.越野滑雪[M].长春:吉林出版集团有限责任公司,2010.

[43]叶鸣.冬奥会体育欣赏[M].上海:立信会计出版社,2018.

[44]人民教育出版社体育与健康室,中国滑冰协会.冰球[M].北京:人民教育出版社,2021.

[45]李波.轮滑运动从入门到精通[M].北京:人民邮电出版社,2021.

[46]付进学,张晓明,夏娇阳.轮滑运动教程[M].北京:北京体育大学出版社,2008.

[47]亓昕.瑜伽教程[M].北京:北京大学出版社,2013.

[48]瑞龙.哈他瑜伽关键肌肉全解[M].蔡孟梅,常虹,译.上海:上海锦绣文章出版社,2008.

[49]艾扬格 B K S.瑜伽之光[M].王晋燕,译.北京:世界图书出版公司,2017.

[50]张锐.拒绝伤害:安全教育与自卫防身[M].北京:北京大学出版社,2020.

[51]张锐.安全教育与自卫防身[M].北京:北京体育大学出版社,2004.

[52]钱俊伟,方翔.户外探索:户外运动认知及基础技能[M].兰州:甘肃人民出版社,2022.

[53]韩建阳.高校龙舟课程思政建设研究[J].枣庄学院学报,2022,39(4):126-130.

[54]刘路辉.优秀男子龙舟运动员划桨技术的运动学分析[D].黑龙江:牡丹江师范学院,2017.

[55]严波涛.全运会运动项目文化研究[M].西安:陕西人民出版社,2021.
[56]贾书申,刘海元.高职体育立体化教程[M].北京:北京体育大学出版社,2017.
[57]毛晓峰,杨渝疆,饶浩.高职体育与健康教程[M].北京:人民体育出版社,2019.
[58]胡振浩,张溪,田翔.职业体能训练[M].北京:高等教育出版社,2008.